公務員試験
過去問攻略Vテキスト ⑰

TAC公務員講座 編

数的処理（下）

TAC出版
TAC PUBLISHING Group

●—— はしがき

本シリーズのねらい——「過去問」の徹底分析による効率的な学習を可能にする

合格したければ「過去問」にあたれ。

あたりまえに思えるこの言葉の、ほんとうの意味を理解している人は、じつは少ないのかもしれません。過去問は、なんとなく目を通して安心してしまうものではなく、徹底的に分析されなくてはならないのです。とにかく数多くの問題にあたり、自力で解答していくうちに、ある分野は繰り返し出題され、ある分野はほとんど出題されないことに気づくはずです。ここまできて初めて、「過去問」にあたれ、という言葉が自分のものにできたといえるのではないでしょうか。

頻出分野が把握できたなら、もう合格への道筋の半分まで到達したといっても過言ではありません。時間を効率よく使ってどの分野からマスターしていくのか、計画と戦略が立てられるはずです。

とはいえ、教養試験も含めると20以上の科目を学習する必要がある公務員試験では、過去問にあたれといっても時間が足りない、というのが実状ではないでしょうか。

そこでTAC公務員講座では、みなさんに代わり全力を挙げて、「過去問」を徹底分析し、この『過去問攻略Vテキスト』シリーズにまとめあげました。

網羅的で平板な解説を避け、不必要な分野は思いきって削り、重要な論点に絞って厳選収録しています。また、図表を使ってわかりやすく整理されていますので、初学者でも知識のインプット・アウトプットが容易にできるはずです。

『過去問攻略Vテキスト』の一冊一冊には、“無駄なく勉強してぜったい合格してほしい”という、講師・スタッフの思いが込められています。公務員試験は長く孤独な戦いではありません。本書を通して、みなさんと私たちは合格への道を一緒に歩んでいくことができるのです。そのことを忘れないでください。そして、必ずや合格できることを心から信じています。

2019年2月 TAC公務員講座

●—— 第２版（大改訂版） はしがき

長年、資格の学校 TAC の公務員対策講座で採用されてきた『過去問攻略Ｖテキスト』シリーズが、このたび大幅改訂されることになりました。

◆より、過去問攻略に特化

資格の学校 TAC の公務員講座チームが過去問を徹底分析。合格に必要な「標準的な問題」を解けるようにするための知識を過不足なく掲載しています。

『過去問攻略Ｖテキスト』に沿って学習することで、「やりすぎる」ことも「足りない」こともなく、必要かつ充分な公務員試験対策を進められます。

合格するために得点すべき問題は、このテキスト１冊で対策できます。

◆より、わかりやすく

執筆は資格の学校 TAC の公務員講座チームで、受験生指導に当たってきた講師陣が担当。受験生と接してきた講師が執筆するからこそ、どこをかみ砕いて説明すべきかがわかります。

読んでわかりやすいこと、講義で使いやすいことの両面を意識した原稿づくりにこだわりました。

◆より、使いやすく

・本文デザインを全面的に刷新しました。
・「過去問 Exercise」などのアウトプット要素も備え、知識の定着と確認を往復しながら学習できます。
・TAC 公務員講座の講義カリキュラムと連動。最適な順序でのインプットができます。

ともすれば 20 科目以上を学習しなければならない公務員試験においては、効率よく試験対策のできるインプット教材が不可欠です。『過去問攻略Ｖテキスト』は、上記のとおりそのニーズに応えるべく編まれています。

本書を活用して皆さんが公務員試験に合格することを祈念しております。

2022 年９月 TAC 公務員講座

●——〈数的処理（下）〉はしがき

本書は近年の大卒区分公務員試験で合格点を目指すすべての人に向けて書かれた数的処理テキストです。下巻では、空間把握、資料解釈を扱っています。

数的処理は公務員試験に占める配点比率が高いことから、合格のためにはおろそかにできない重要科目です。一方で実際の公務員試験を眺めると、実に多様な問題が出題されており、こんなに解けるようになるのかと不安に感じる受験生もいるでしょう。また、一部の分野では数学を道具として使いますが、これに苦手意識のある初学者は、数学や算数からやり直さなければならないのか、と悩んでしまうかもしれません。それも無理からぬことであり、数的処理は多くの受験生にとって負担になる科目ではないでしょうか。

このたびの大改訂では、掲載している問題をTAC公務員講座の講義で実際に使われているものに厳選し、少ない演習で多くの問題が解けるように一層の工夫をしました。各節の冒頭では要点や知識の整理を行い、代表的な例題を通して、問題の「型（かた）」を見せています。しかし、すぐにこれが解けなくても大丈夫です。「正解へのプロセス」で問題文の読み方から解説してありますので、これを読んだ後しばらく考えてみてください。それでも正解できない場合は、解説を読んで理解ができれば十分です。

この理解の助けになるのが、「正解へのプロセス」から「解説」にわたって設けた「タグ」です。タグは問題を解く核心です。判断推理や空間把握と呼ばれる分野など、数的処理には通常の学校教育では触れることのない分野も含まれます。このような分野では、型で問題を分類し、タグで示した手法を繰り返し実践することでスムーズに解答できるようになります。

そのうえで節末に設けた過去問Exerciseに取り組み、吸収してきた知識と解き方の型を実践することで、さらに定着させてください。前から順に読んでいけば、徐々に必要な知識が積み上げられ、本書を読み終わるころには実力が定着するように問題を配置しました。

本書では、数的処理の出題の多くを、独自の分類で「型」として類型化しています。型から漏れるものや出題頻度の低い問題、難度が高いため正答率が低く合否を左右しない問題は省きました。ですから、本書に掲載されている問題は合格に必要な最低限のものであると思って取り組んでください。その取組みそのものが、合格に最大の効果を発揮します。

また、数的処理で用いる算数・数学をはじめとした知識は本書に掲載してあります。高度なものは１つもありませんから、食わず嫌いをせず、どんどん使い慣れてください。本書をしっかり読み込めば、数少ない数的処理の基礎事項だけで、様々なレベル、様々な試験の問題が解けるようになることを実感できるはずです。

2022年9月　TAC公務員講座

本書の使い方

本書は、本試験の広範な出題範囲からポイントを絞り込み、理解しやすいよう構成、解説した基本テキストです。以下は、本書の効果的な使い方ガイダンスです。

本文

★★★

3 様々な資料

ここでは、いままで学んだ資料解釈の応用を見ていきます。相関図や三角図表など、読み方に知識を要するものもありますが、第2節までに学んだ基本のフォームは崩さず、問題に応じて臨機応変に対応する技術を身につけましょう。

❶ 相関図

相関図(散布図)とは、**横軸と縦軸の2つの座標軸の作る座標平面上に、2つの数値を組にして打点(プロット)した資料である**[1]。2つの値に相関関係があるかを見るときに有効である。

例1 右の相関図はx=(社員数)、y=(売上高)を表しており、2点A、Bはそれぞれ A社、B社の(社員数, 売上高)を表している。

この図から、次のようなことがわかる。

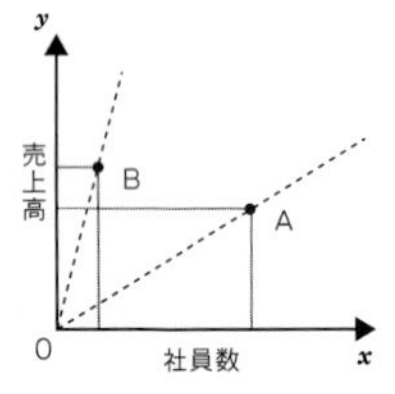

❶ **社員数について見る**と、A社の方がB社より多い。

これは、**x座標を比較**すればよい。

❷ **売上高について見る**と、B社の方がA社より多い。

これは、**y座標を比較**すればよい。

❸ 社員1人当たりの売上高について見ると、B社の方がA社より大きい。

社員1人当たりの売上高は$\frac{(売上高)}{(社員数)}$で計算でき、これは図の原点Oとそれぞれの点を結んだ**破線の傾きを見て比較**すればよい[2]。

1 2つの数値の組 (x, y) は座標平面 (2次元) 上に表現されるため、「2次元データ」と呼ばれる。

2 グラフの直線の「傾き」とは、右に＋1増加したときの縦の増加量 (正負あり) を表す。傾きが正であ

●アウトライン

その節のアウトラインを示しています。これから学習する内容が、全体の中でどのような位置づけになるのか、留意しておくべきことがどのようなことなのか、あらかじめ把握したうえで読み進めていきましょう。

●例

具体例を挙げながら知識やテクニックを実践する様子を示しています。

●脚注

試験とは直接関係しないものの、学習にあたって参考にしてほしい情報を「脚注」として適宜示しています。

●重要度

各種公務員試験の出題において、この節の内容がどの程度重要かを示していますので、学習にメリハリをつけるための目安として利用してください。

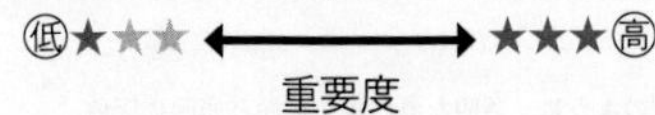

重要度

❹ 社員数×売上高について見ると、A社の方がB社より大きい。

これは、原点OとAを頂点としx軸、y軸を辺とする長方形の面積と、OとBを頂点としx軸、y軸を辺とする長方形の面積を比較すればよい。

このように相関図では、図形的、視覚的に考えることができる値は計算を回避して処理するというスタンスで取り組むとよい。

また、次の２つも相関図でよく用いる性質である。

相関図の問題を解く際によく用いる性質

❶ 「xに対するyの比率」や「xの単位量あたりのy」は$\frac{y}{x}$で計算でき、これは相関図の原点と点を結ぶ直線の傾きであることに注意する。

※ 「yに対するxの比率」や「yの単位量あたりのx」は$\frac{x}{y}$で計算でき、これは相関図の原点と各点を結ぶ直線の傾きの逆数になる。分数は逆数を取れば大小関係が逆転するので、$\frac{y}{x}$と大小関係が逆になることに注意する。

❷ $y>x$を満たす領域、$y<x$を満たす領域は、それぞれ直線$y=x$の上側①、下側②である（右図）。なお、直線$y=x$は原点（0, 0）とy座標とx座標が一致する点（a, a）を結んだ直線である。

る場合は、直感的には上り坂の「傾斜」をイメージすればよく、「傾斜が大きい」ほど「傾きが大きい」と考えればよい。

（※図はいずれもサンプルです）

●公式・知識

覚えておきたい公式や知識についてまとめています。

例題

●問題
ここまでの学習内容を身に付けられているかをチェックするための、TACオリジナル問題です。まずは自分で考えてみましょう。

例題 3-6 図のように、透明な直円錐の側面と底面に灰色の球が内接している。これらをある方向から平面で切断したときの断面図としてあり得るのはどれか。なお、球の断面図は灰色で表す。

❶ ❷ ❸ ❹ ❺

正解へのプロセス

テーマの把握 問題文からテーマを把握する。
消去法 解法として消去法が使えるかどうかを判断する。
知識 球の切断面、直円錐の切断面は知識として覚えておくこと。

解説

直円錐と球を同時に切断したときの断面図を考える問題である。**テーマの把握**
形を考えるので消去法を意識する。**消去法**
異なる立体を同一平面で同時に切断したときは、一度に両方の立体の断面図を考えるのではなく、まずは個別の断面図を考えるようにする。そこで、明らかに間違っている断面図は消去する。
まず、内側にある球の断面図を考える。球はどの方向から切断してもその断面図は円であるが、❸、❺は円となっていないため不適である。**知識**
次に、直円錐の断面図を考える。直円錐の断面図には切断する方向によっていろいろな形が現れるが、❶では円であるので、底面に対して平行に切断する必要があ

●正解へのプロセス
問題を解くための着眼点や考えの進め方、それぞれの段階でこれまでに習得したどの知識を使うべきかなど、問題の正解に至るためのプロセスを具体的に示しています。問題への取り組み方をある程度パターン化して捉えられるよう、**テーマの把握**、**知識**など、検討のポイントになる要素を「タグ付け」しています。

●図解
視覚的に解説したほうがわかりやすくなるものについては、図解を設けて説明しています。

る。また❷、❹は楕円であるので、斜めに切断する必要がある。

そこで、このことを踏まえて球の切断を同時に考えると次のようになる。

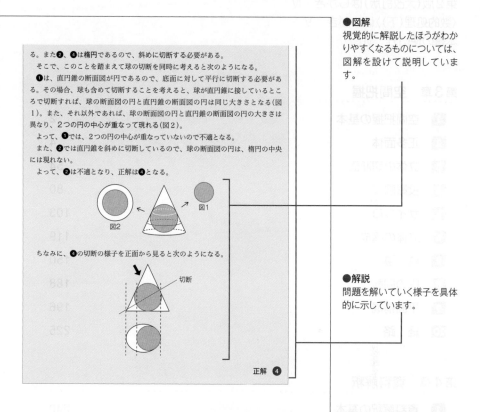

❶は、直円錐の断面図が円であるので、底面に対して平行に切断する必要がある。その場合、球も含めて切断することを考えると、球が直円錐に接しているところで切断すれば、球の断面図の円と直円錐の断面図の円は同じ大きさとなる(図1)。また、それ以外であれば、球の断面図の円と直円錐の断面図の円の大きさは異なり、2つの円の中心が重なって現れる(図2)。

よって、❶では、2つの円の中心が重なっていないので不適となる。

また、❷では直円錐を斜めに切断しているので、球の断面図の円は、楕円の中央には現れない。

よって、❷は不適となり、正解は❹となる。

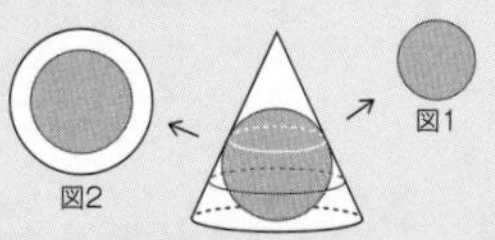

図2　図1

ちなみに、❹の切断の様子を正面から見ると次のようになる。

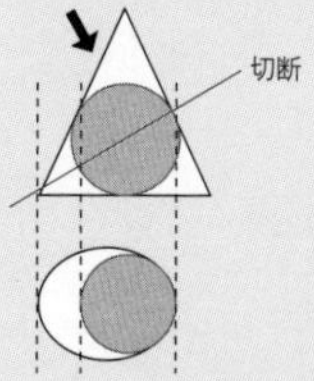

切断

正解 ❹

●解説
問題を解いていく様子を具体的に示しています。

過去問Exercise

節の学習の最後に、過去問を使った問題演習に取り組んでみましょう。

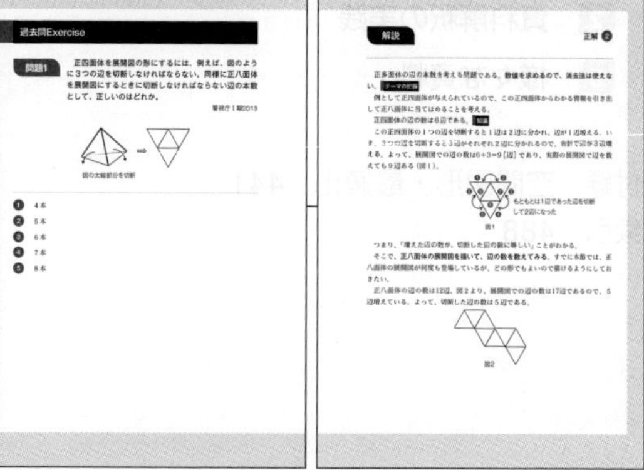

CONTENTS

第3章

空間把握

空間把握では、図形の構成や切断などについての問題を扱います。そのため、公式の単純なあてはめではなく、試行錯誤が求められる場面が多くあります。基本的な問題の型(パターン)はそれほど多くないので1つひとつ押さえていきましょう。

★★★

空間把握の基本

この節の内容は、空間把握の問題を解くための主な作業をまとめたものです。必ずしもすべての問題に対応する作業ではありませんが、問題に応じてどの作業が必要なのかを理解していきましょう。それぞれの具体的な作業は各節で説明しているので、そちらを参照してください。

---

1 テーマの把握

空間把握の多くの問題は、**テーマを把握することで、どの作業が必要かを判断することができる**。また、消去法を意識して解くべきかそうでないかも判断できる。

テーマの把握

一般的に、図形の形を考える場合は消去法を意識すべきであり、数値を求める場合は消去法が使えない。

2 消去法

空間把握の問題に使う消去法とは、**特徴的な部分に着目**し、その部分の正誤を判断して、誤っていればその時点でその選択肢を消去するというものである。

消去法

しかし、**正しければその時点でその選択肢が正解となるわけではなく、正解の可能性が残るにすぎない**。他の４つの選択肢が消去できて、初めて正解となる。

よって、消去法での解法は、いかに判断しやすい選択肢から考えていけるかが勝負どころになる。そのためには、以下に説明する作業を行っていき、**図形の全体を把握するのではなく、特徴的な部分に着目すること**を意識してほしい。

3 必要な知識

知識だけで解ける問題もある。また、各テーマにおいて知っておくべき知識をうまく使っていく。**知識**

4 作　図

空間把握の出題では、与えられた図に対して情報を追加で書き込んで解いていくことがある。この作業を第３章では**作図**と呼ぶことにする。**作図**

具体的には問題に応じて見ていくが、次のようなものがある。

❶ 線を引く、図形を描く
❷ 図形を移動させる
❸ 数値を書き入れる

5 平面化

立体図形をそのまま考えるのではなく、平面にして考えると判断しやすい。**平面化**

6 数え上げる

数値を求めるのに公式を使う場合もあるが、多くは、**単純に数え上げる場合が多い**。**カウント**

また、数えることによって、数値が**規則的に現れる**ケースもある。

★★★

2 正多面体

正多面体は公務員試験全般で出題が見られるテーマの１つですが、出題頻度はそこまで高くありません。しかし、空間把握を学習する上では最も基本となる内容です。特に、展開図の考え方は次節以降でも必要となる内容ですので、しっかりと学習をしておく必要があります。

1 正多面体の性質

1 正多面体の定義

すべての面が**同一の正多角形**で構成され、すべての**頂点に集まる面の数が等しい**凸多面体[1]を正多面体という。

2 正多面体の種類

正多面体は、**正四面体**、**正六面体**(立方体)、**正八面体**、**正十二面体**、**正二十面体**の５**種類**しかない。各正多面体における、**正多角形**(**面の形**)および**頂点に集まる面の数**は次のようになる。

正多面体	正四面体	正六面体(立方体)	正八面体
面の形	正三角形	正方形	正三角形
頂点に集まる面の数	3	3	4
	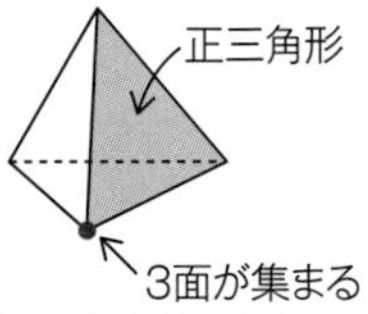 正三角形 / 3面が集まる	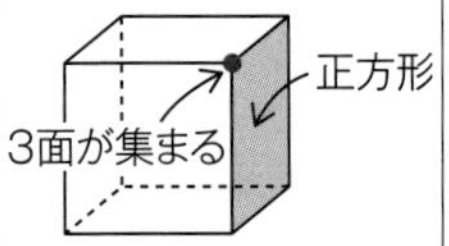 正方形 / 3面が集まる	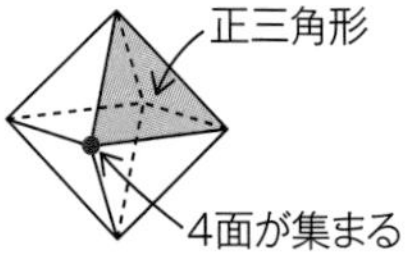 正三角形 / 4面が集まる

1　多面体とは、４つ以上の平面で囲まれた立体のことであり、凸多面体とは、２つの面で作られる角度が180°未満のもの（凹みがないもの）をいう。

正多面体	正十二面体	正二十面体
面の形	正五角形	正三角形
頂点に集まる面の数	3	5
	正五角形 3面が集まる	正三角形 5面が集まる

3 正多面体の面の数・頂点の数・辺の数について

実際に前掲のような図を描いて頂点の数、辺の数を数えてもよいが、正十二面体や正二十面体の図を描くことは難しいだろう。そこで、頂点の数、辺の数を計算で求める方法も知っておきたい。一例として、**正六面体の場合の求め方**を次の例1で示しておく。

例1

正六面体を構成している面は**正方形**であるので、1つの面にある頂点の数は**4個**(図1)である。また、正「**六**」面体なので**6面**で構成されているから、頂点の数は**4×6＝24**［個］とひとまず計算できる。しかし、この計算では図2での頂点●を**重複して3回数えている**。このことはすべての頂点に当てはまるので、正しい頂点の数を求めるには重複分の3で割ればよく、**24÷3＝8**［**個**］となる。

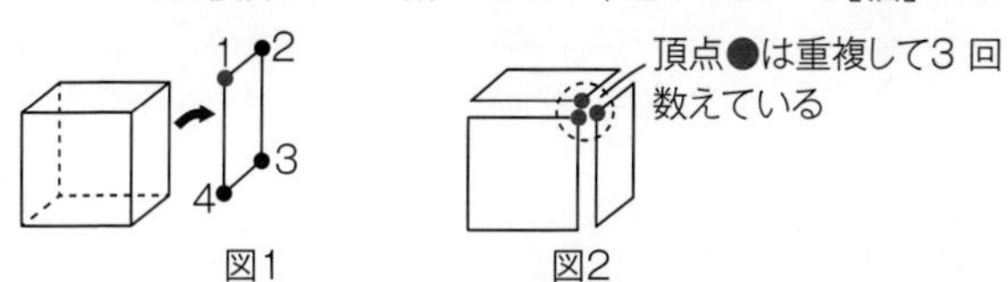

図1　図2

一方、正方形の辺の数は**4辺**(図3)なので、辺の数は**4×6＝24**［**辺**］とひとまず計算できる。しかし、この計算では図4での辺┃を**重複して2回数えている**。このことはすべての辺に当てはまるので、正しい辺の数を求めるには重複分の2で割ればよく、**24÷2＝12**［**辺**］となる。

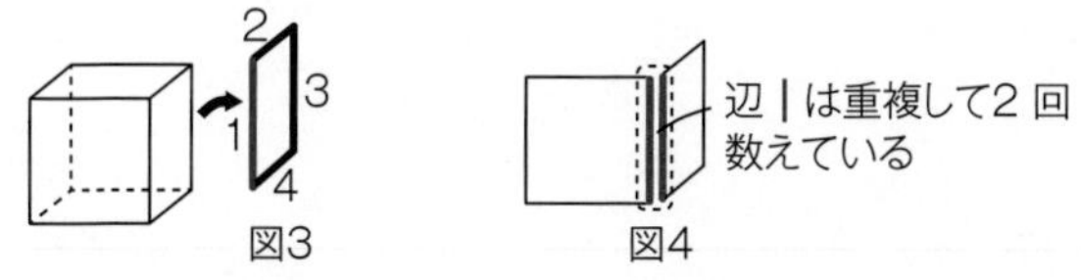

図3　図4

このように、5種類の正多面体の頂点の数、辺の数を計算で求めると次の表のようになる。数字の複雑さはないので、**面の数も含めて暗記するのが望ましい**。しかし、単純暗記は危険なので、表下の❶〜❸の性質などを利用して暗記するとよい。

正多面体	面の数	頂点の数	辺の数
正四面体	4	4	6
正六面体	6	8	12
正八面体	8	6	12
正十二面体	12	20	30
正二十面体	20	12	30

❶ 面の数は、正多面体の名称に含まれる数と同じである。例）正四面体の面の数は4面

❷ 正四面体は（面の数）＝（頂点の数）、正六面体と正八面体をセットにすると、面の数と頂点の数は逆になる。また、正十二面体と正二十面体のセットでも同じことがいえる。

❸ 辺の数は、オイラーの多面体定理[2]で求めるとよい。

オイラーの多面体定理

任意の凸多面体において、面の数、頂点の数、辺の数には次のような等式が成り立つ。

（面の数）＋（頂点の数）－（辺の数）＝2

2 オイラーの多面体定理という言葉は覚える必要はない。

例題 3-1

図のように、正十二面体の１つの頂点に集まる各辺の中点を結んだ破線に沿って正十二面体を切断し、三角すいを切り取る。この作業をすべての頂点で行ったとき、あとに残る立体の面の数として正しいのはどれか。

❶ 24
❷ 26
❸ 28
❹ 30
❺ 32

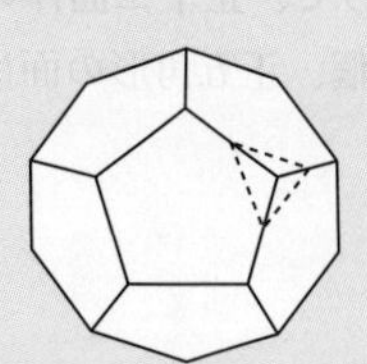

正解へのプロセス

テーマの把握 問題文からテーマを把握する。また、解法として消去法が使えるかどうかを判断する。

作図 いくつか三角すいを切り取ってみると、あとに残る面がわかる。

知識 正多面体の面、頂点、辺の個数を使う。

解説

切断後の立体の面の数を求める問題である。**数値を求めるので、消去法は使えない。** **テーマの把握**

このままでは、作業後にどのような形の面がいくつ残るのかは判断できない。また、どの知識を使えばよいのかも判断しにくい。

よって、「１つの頂点に集まる各辺の中点を結んだ破線に沿って正十二面体を切断」する**という作業をいくつかの頂点で行ってみる**(図１)。**作図**

結果から、あとに残る立体は、**正三角形**と**正五角形**の２種類の面から構成されていることがわかる(図２)。

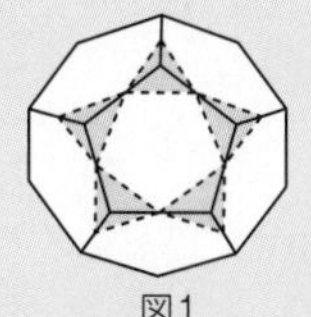
図1

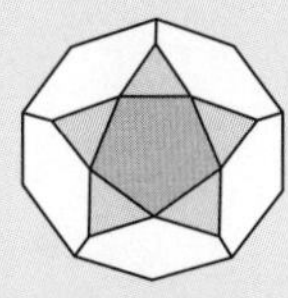
図2

実際にすべての頂点で同じ作業をして面を数え上げることは難しいので、図２より作業後の立体の構成面が、**もとの正十二面体のどの場所にできたかを考える。**

知識

正三角形は、もとの正十二面体の頂点に、正五角形は、もとの正十二面体の面にそれぞれできていることがわかる。どの頂点でも同じ作業をするわけだから、このことは正十二面体のすべての頂点および面についていえる。

したがって、正十二面体の**頂点の数は20個**、**面の数は12個**あるので、正三角形の面は**20個**、正五角形の面は**12個**でき、面の数は20＋12＝**32**［**個**］となる。

正解 **5**

❷ 正多面体の双対性

1 正多面体の内部の正多面体

正多面体の各面の重心を頂点として、これらの頂点のうち辺を挟んで隣り合う2個の頂点を結ぶと、内部に正多面体ができる。正四面体、正六面体、正八面体で内部に正多面体を作ると次のようになる。

① 正四面体の場合

面は正三角形なので、中線を引き、その線を頂点方向から2：1に内分する点が重心である。この作業をすべての面で行うと図1のように4個の頂点(●)が得られる。そして、これらの頂点のうち辺を挟んで隣り合う2個の頂点を結ぶと図2のように内部に正四面体ができる。

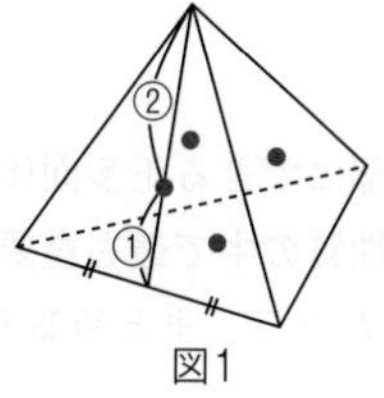

図1

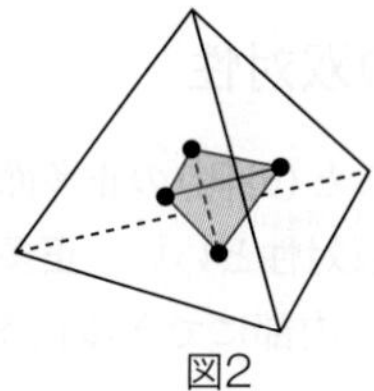
図2

② 正六面体の場合

面は正方形なので、対角線の交点が重心である。この作業をすべての面で行うと図3のように6個の頂点(●)が得られる。そして、これらの頂点のうち辺を挟んで隣り合う2個の頂点を結ぶと図4のように内部に正八面体ができる。

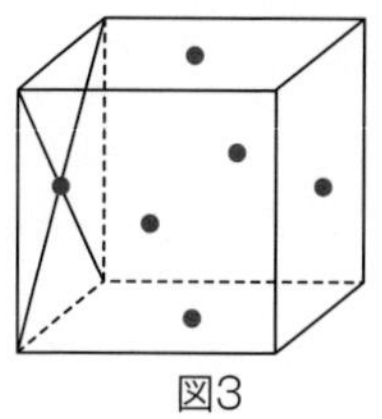
図3

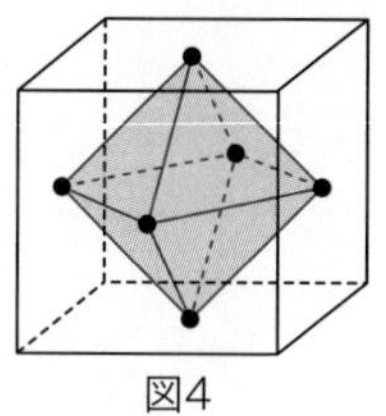
図4

③ 正八面体の場合

面は**正三角形**なので、**中線**を引き、その線を**2：1**に**内分する点**が**重心**である。この作業をすべての面で行うと図5のように**8個**の頂点(●)が得られる。そして、これらの頂点のうち辺を挟んで隣り合う2個の頂点を結ぶと図6のように内部に**正六面体**ができる。

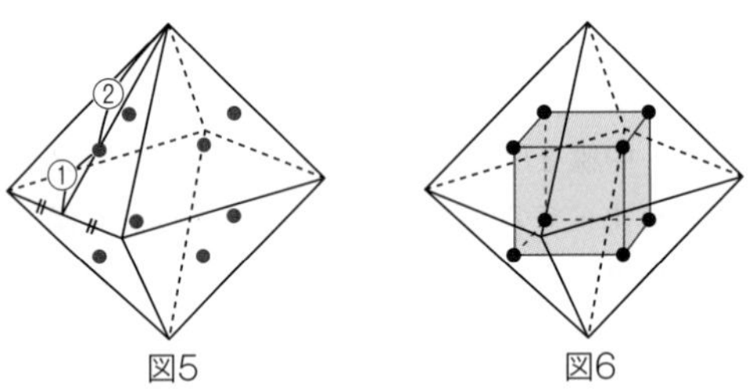

図5　　図6

2 正多面体の双対性

上記のように、もと(外側)の正多面体と内部にできる正多面体が**対**になっている関係を**正多面体の双対性**(そうついせい)といい、**正多面体の性質の中で最も重要な性質**である。もとの正多面体を$\boldsymbol{T}_1$、内部にできる正多面体を$\boldsymbol{T}_2$とし、まとめると次のようになる。

$\boldsymbol{T}_1$		$\boldsymbol{T}_2$
正四面体	⇨	正四面体
正六面体	⇨	正八面体
正八面体	⇨	正六面体
正十二面体	⇨	正二十面体
正二十面体	⇨	正十二面体

例題 3-2

ある正多面体Aについて、各面の重心を頂点として、辺で隣り合う2面の頂点どうしを直線で結んでいったところ、正多面体Aの内部に辺の数が12の正多面体ができた。このとき、正多面体Aの名称と辺の数の組合せとして正しいのはどれか。

	正多面体A	辺の数
❶	正四面体	6辺
❷	正六面体	8辺
❸	正八面体	12辺
❹	正十二面体	20辺
❺	正二十面体	30辺

正解へのプロセス

テーマの把握 問題文からテーマを把握する。また、解法として消去法が使えるかどうかを判断する。

知識 双対性、正多面体の面、頂点、辺の個数を使う。

解説

「正多面体Aについて、**各面の重心を頂点**として、辺で隣り合う2面の頂点どうしを直線で結んでいったところ」とあるので、**正多面体の双対性に関する問題**である。**知識のみで解けるので、消去法を意識しなくてもよい。** **テーマの把握**

内部にできたのが「**辺の数が12の正多面体**」とあるので12辺の正多面体を考えると、**正六面体と正八面体**の2つがある。**知識**

よって、内部にできた正多面体は、正六面体か正八面体のどちらかであるので、それぞれの場合で外側の正多面体Aの名称と辺の数を考える。

内部にできた正多面体が**正六面体**の場合、正多面体の双対性から外側の正多面体Aは**正八面体**であり、辺の数は**12辺**である。

内部にできた正多面体が**正八面体**の場合、正多面体の双対性から外側の正多面体Aは**正六面体**であり、辺の数は**12辺**である。

内部の正多面体		外側の正多面体A	Aの辺の数
正六面体	⇨	正八面体	12辺
正八面体	⇨	正六面体	12辺

Aの名称と辺の数との組合せが正しいのは❸である。

正解 

3 展開図の基本

1 見取図と展開図

立体を平面上に表す図として、見取図と展開図がある。

① 見取図

見取図とは、立体を見たときと同じように描いた図である。そして、平行面で構成されている立体の見取図は、**平行な2面の両面を表すことはできず、一方の面のみを表すことができる。**

② 展開図

展開図とは、立体を辺を境目に切り開いて平面上に広げた図である。**構成する面が少なくとも1辺で他の面とつながっていなければ展開図とはいえない。**

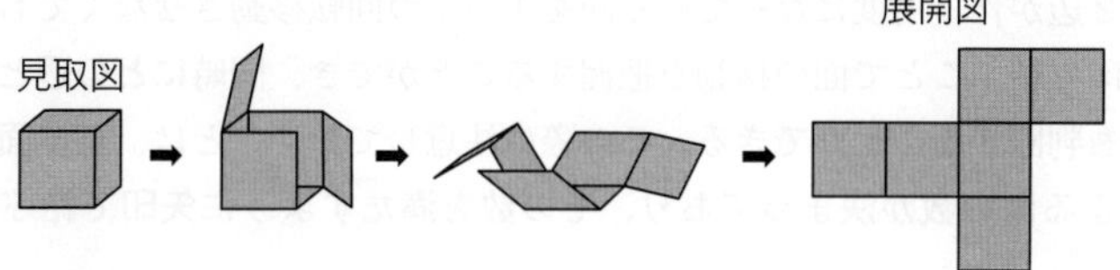

2 展開図の組立て

出題される展開図の問題では、2次元の情報(展開図)を3次元(立体)に組み立てることが要求される。しかし、試験会場で実際に紙を折り曲げて組み立てることはできないし、頭の中で想像することも難しい。したがって、展開図上で判断するための知識を身につけておく必要があり、その知識を使って実際に**展開図上で作図しながら解いていく**とよい。

まず、知識としては次の5点を知っておきたい。そして、それらの知識を具体的に各正多面体に当てはめたものを後述する。

① 平行な2面の位置関係

正四面体を除いた4種類の正多面体は、いずれも**平行な2面の組合せ**で構成されている。よって、展開図上においても**平行な2面の位置関係**が存在する。

② 重なる２辺が作る角度

展開図を組み立てたときに正多面体の表面にできる辺は、**展開図上の２辺が重なることによってできたものである**。この重なる２辺の位置関係を展開図上で判断するときは、**重なる２辺が作る角度**を覚えておくとよい。

③ 面の回転移動

平行な２面の組合せがわかりにくいときや必要に応じて面を動かしたいときには、**頂点に対して面を回転移動して、展開図の同一性を失わずに変形させることができる**。ただし、どのような面でも回転移動ができるわけではなく、**重なる２辺が作る角度になっている面のみ回転移動ができる**。さらに、その面につながっている面も一緒に回転移動ができる。

④ 重なる頂点（辺）の結び方

重なる２辺が作る角度になっている面を１つ１つ回転移動させなくても、重なる頂点を矢印で結ぶことで面の移動を把握することができ、**同時にどの辺とどの辺が重なるかも判断することができる**。その際に注意しておくことは、**正多面体ごとに頂点に集まる面の数が決まっており、その数を満たすように矢印で結ぶことである**。

⑤ 面の配列順

２つの正多面体の平行面に着目して、平行な２面の組合せが同じであっても、この２つの正多面体は同じとならない場合がある。「同じ／異なる」の判断は、**１つの頂点に集まる面の配列順を時計回りに見ていく**とよい。

注意 実際に展開図を組み立てる作業をするわけではないが、展開図から見取図を作ることを考えるとき、辺の折り方は谷折りではなく**山折りにする。つまり、見えている面が表面となるように折り曲げる**。

山折りにする

4 正六面体の展開図

1 平行な２面の位置関係

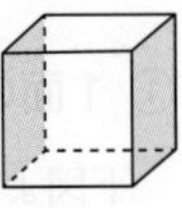

次の見取図のように、色つきの２面は平行な関係にあり、このような平行な２面の組合せは正六面体では**3組**ある。**展開図上では、3面の正方形が１列に並んだときの両端の2面が平行な２面になる。**

例2

右の展開図において、平行な２面の組合せを３組示せ。

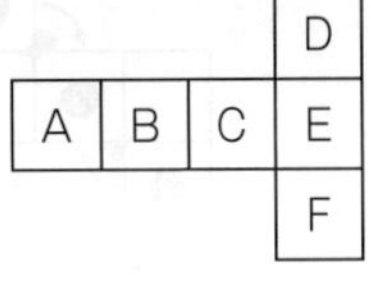

３面の正方形が１列に並んだときの両端の２面が平行な２面であるので、平行な２面の組合せは、(AとC)、(BとE)、(DとF)になる。

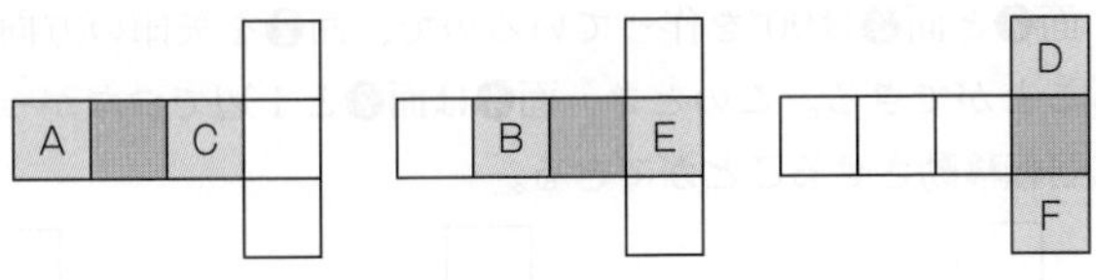

2 重なる２辺が作る角度

正六面体は、１つの頂点に**正方形が３面集まる**。正方形の１つの内角は90°であるので、展開図では、図１のように**90°の開きが生じる**。点線になっている辺を山折りにして、この90°を作る２辺(赤線)が重なるように近づけると、膨らみを持った立体の一部を作ることができる(図２)。したがって、正六面体の展開図において、**重なる２辺が作る角度は90°**である。

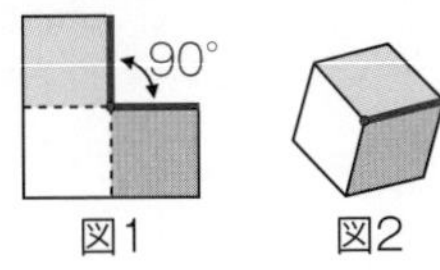

図1　図2

3 面の回転移動

重なる2辺が作る角度は90°であるので、頂点に対して、90°だけ面を回転移動させることができる。

① 1面のみの回転移動

下図より、面❶と面❸、面❷と面❸はそれぞれ90°を作っているので、面❶および面❷をそれぞれ矢印の方向に90°だけ回転移動させることができる。

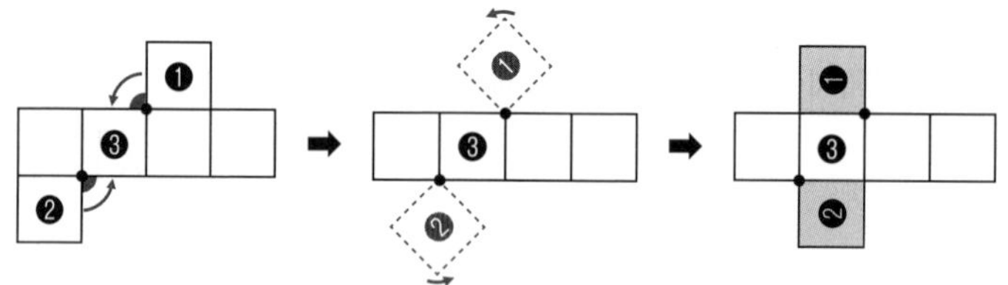

② 複数面の回転移動

下図より、面❷と面❸は90°を作っているので、面❷を矢印の方向に90°だけ回転移動させることができる。このとき、面❹は面❷と1辺でつながっているので、面❷と一緒に回転移動させることができる。

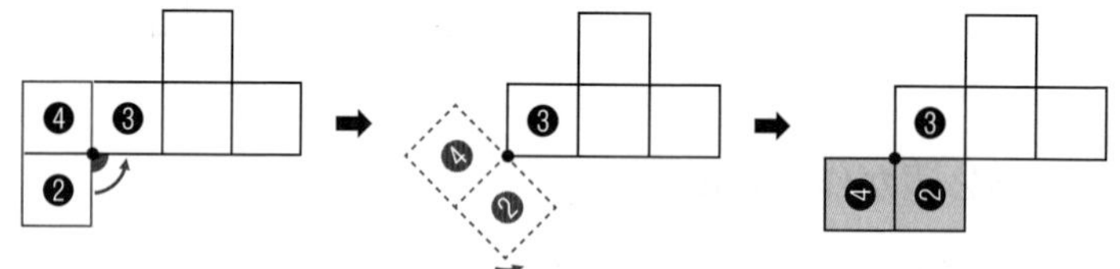

例3 右の展開図において、平行な２面の組合せを３組示せ。

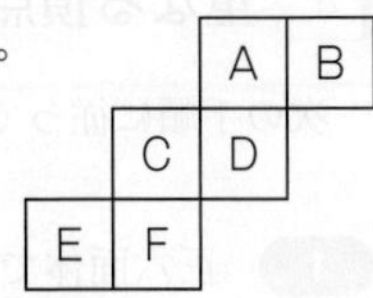

図１より、面Ｂと面Ｄは90°を作っているので、面Ｂを矢印の方向に90°だけ回転移動させることができる。よって、図２より、**面Ｂと面Ｃが平行**となる。

図２より、面Ｄと面Ｆは90°を作っているので、面Ｆを矢印の方向に90°だけ回転移動させることができる。このとき、面Ｅは面Ｆと１辺でつながっているので、面Ｆと一緒に回転移動させることができる。よって、図３より、**面Ａと面Ｆ、面Ｄと面Ｅ**がそれぞれ平行となる。

以上より、平行な２面の組合せは、(ＡとＦ)、(ＢとＣ)、(ＤとＥ)になる。

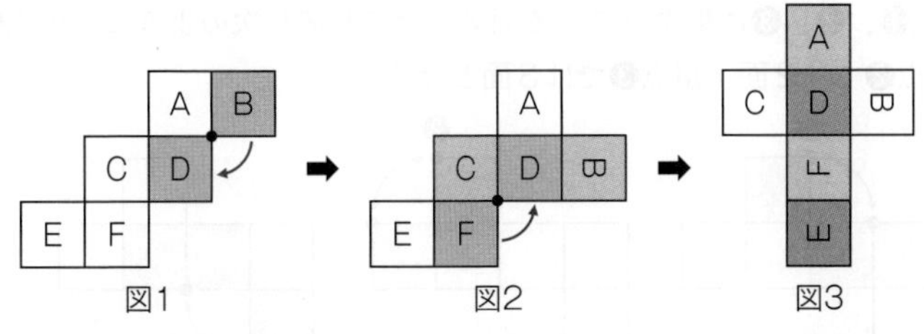

③ 回転移動以外の移動

図のように、**４面の正方形が１列に並んでいるとき**は、展開図を組み立てると、両端の２辺(┃)が重なるので、その辺を含む面、または、その面とつながっている面も一緒に反対側に移動させることができる。例えば面❶の右の辺を切断して、面❶と面❷を一緒に面❸の右隣に移動させることができる。

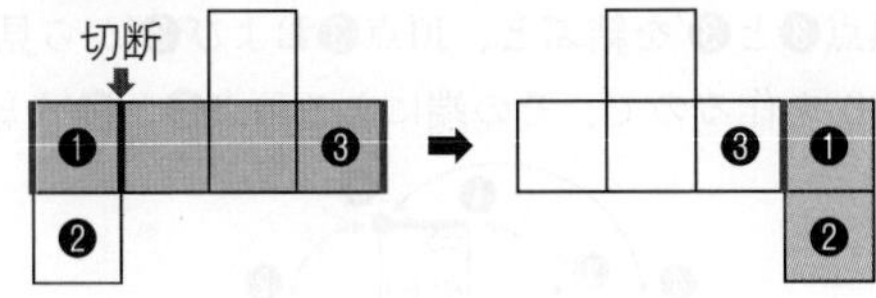

4 重なる頂点（辺）の結び方

次の手順に従って、頂点を矢印で結んでいけばよい。

1 正六面体では、90°を作っている２辺は重なるので、その２辺の端の頂点は、組み立てたときに必ず重なる。よって、図において、(❶と❶′)、(❷と❷′)、(❸と❸′) をそれぞれ矢印で結ぶ。

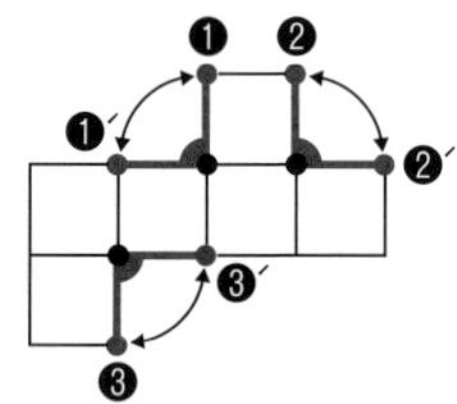

2 頂点❶、❷、❸に集まっている面の数はそれぞれ次のように、頂点❶では３面、頂点❷では２面、頂点❸では３面となる。

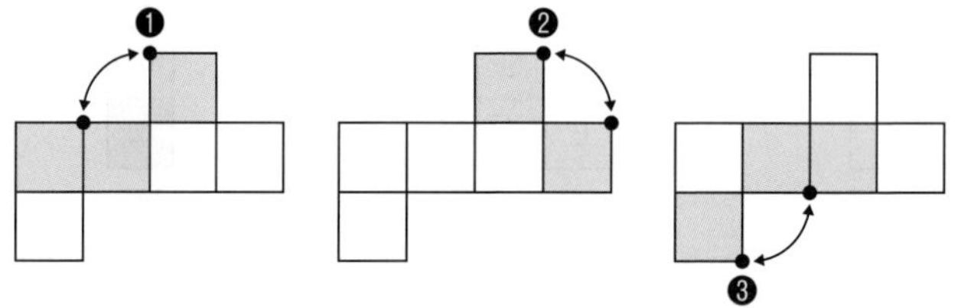

3 正六面体の頂点には面が３面集まって立体を作る。ということは、４面以上は集まらず、２面だともう１面集まる。

上の図において、頂点❶と頂点❸には３面集まっているので、これ以上面は集まらない。したがって、頂点❶と❶′を結ぶと、頂点❶および❶′から見て外側にある隣の２辺（赤着色）が90°を作るので、その端にある頂点❷と❹を結ぶことができる。また、頂点❸と❸′を結ぶと、頂点❸および❸′から見て外側にある隣の２辺（赤着色）が90°を作るので、その端にある頂点❺と❺′を結ぶことができる。

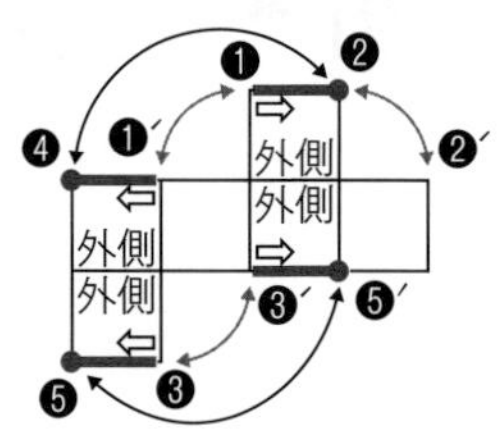

4 頂点❺には3面集まっているので、これ以上面は集まらない。したがって、頂点❺と❺′を結ぶと、頂点❺および❺′から見て外側にある隣の2辺（赤着色）が90°を作るので、その端にある頂点❻と❻′を結ぶことができる。

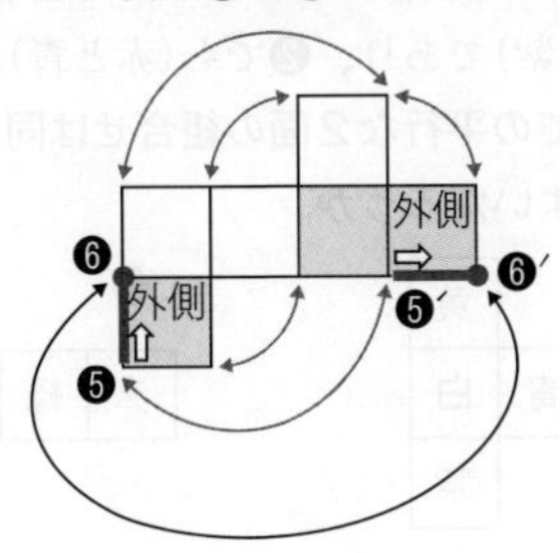

これより、すべての頂点が結ばれたので、終了となる。

では、この作図から、わかることを考えてみる。

例4

右の展開図を組み立てたとき太線の辺と隣り合う面はBとCのどちらか。

図1のように、重なる頂点を矢印で結ぶと、辺❶❷と辺❸❹が重なることがわかり、太線の辺と隣り合う面は<u>面B</u>とわかる。

さらに、頂点❶と頂点❹が重なり、頂点❷と頂点❸が重なるので、面Aと面Bが隣り合うと図2のように「A」に対する「B」の向きも判断することができる。

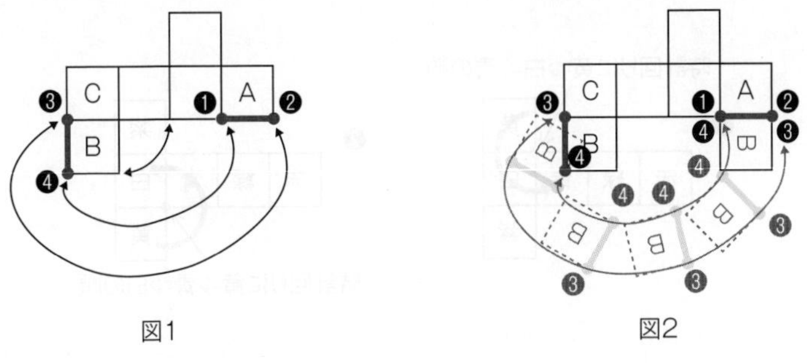

このように、頂点を結ぶと、隣り合う面やそのときの面に書かれた文字や模様などの向きを判断することができる。

5 面の配列順

下図の２つの正六面体の展開図において、平行な２面の組合せを考える。❶は(赤と青)、(緑と白)、(黄と紫)であり、❷でも(赤と青)、(緑と白)、(黄と紫)であるので、**この２つの展開図での平行な２面の組合せは同じである**。よって、**同じ正六面体であると結論づけてよいだろうか**。

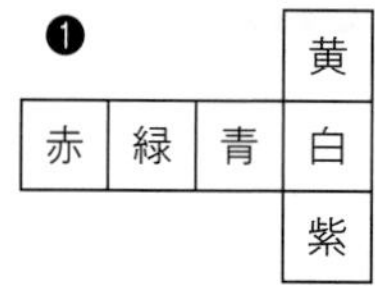

実際に組み立ててみよう。白を正面、青を左面として折り曲げると、❶では**黄が上面、紫が下面**となり、❷では**紫が上面、黄が下面**となり、❶と❷では**上下面が逆**となる。つまり、❶と❷は異なる正六面体であると結論づけることができる。

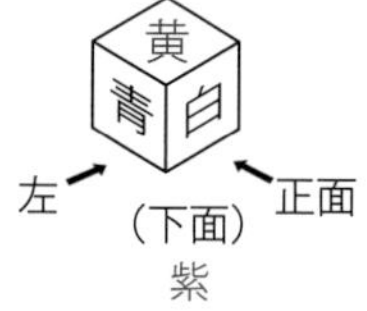

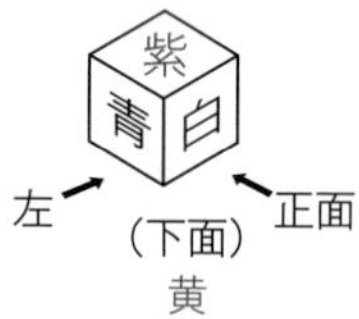

このように、展開図において平行な２面の組合せが同じでも、組み立てると異なる正六面体となる場合がある。「同じ／異なる」の判断をするには、**１つの頂点に集まる同じ３面に着目し、配列順を時計回りに見ていく**とよい。

展開図において「青・黄・白」の３面が集まっている頂点に着目する。**黄の面から時計回りに読む**と、❶では、**黄⇨白⇨青**の順であり、❷では、**黄⇨青⇨白**の順である。よって、**配列順が異なる**ので、この２つの正六面体は異なることがわかる。

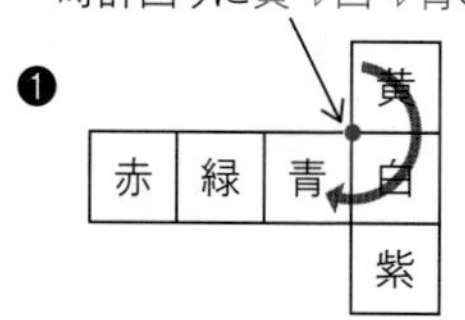

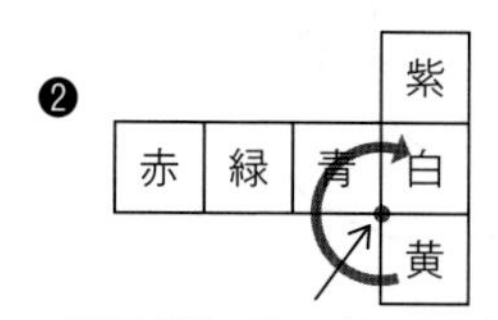

例題 3-3 次の見取図は、正六面体の3つの面の一部に色をつけたものである。この正六面体の展開図として、妥当なのはどれか。

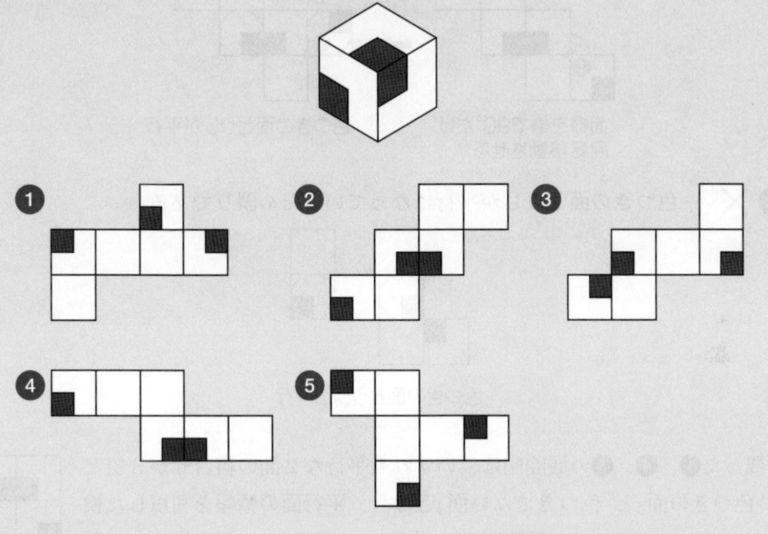

正解へのプロセス

テーマの把握 問題文からテーマを把握する。
消去法 解法として消去法が使えるかどうかを判断する。
知識 平行な2面の位置関係を使う。
作図 面の回転移動をする。または、重なる頂点を矢印で結んで面の位置関係を把握する。
平面化 見取図から展開図を考える。

解説

正六面体の見取図から展開図を考える問題である。**テーマの把握**
形を考えるので消去法を意識する。**消去法**
与えられた見取図を見ると、色のついている3面は1つの頂点に集まっているので、この3面はいずれも平行な関係ではない。つまり、平行な2面は3組とも「色つきの面」と「色つきでない面」となる。**知識**
まずは、平行な2面の関係に着目する。必要に応じて面を回転移動させる。**作図**

❷ ×　頂点●に対して、面❶を矢印の方向に90°だけ回転移動させると、色つきの面どうしが平行となるため誤りである。

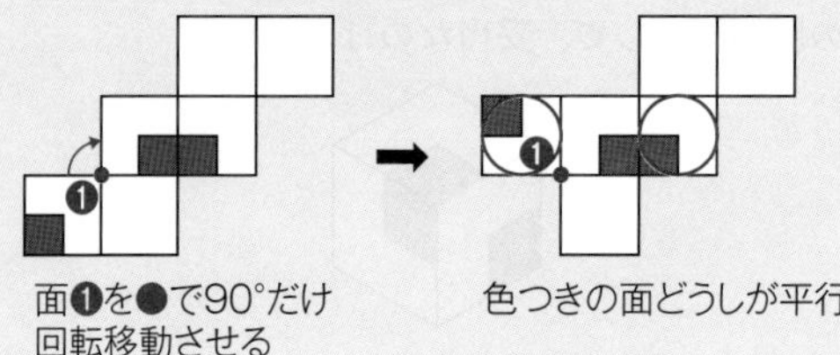

面❶を●で90°だけ回転移動させる　　色つきの面どうしが平行

❸ ×　色つきの面どうしが平行になっているため誤りである。

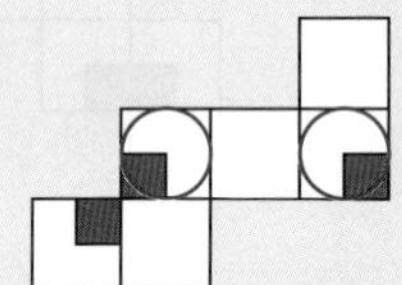

色つきの面どうしが平行

残った❶、❹、❺の展開図は、いずれも平行な２面の組合せが３組とも「色つきの面」と「色つきでない面」となり、**平行面の情報を利用した検討ができない**。そこで、見取図の３面のみの展開図の一例を描くと、図１のようになり、**色つきの面の位置関係が一目でわかる**。**平面化**

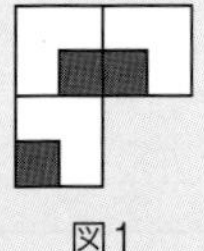

図1

❶ ○　１列に４面が並んでいるので、面❷を面❸の右隣に移動させる。さらに、頂点●、次に頂点●に対して、面❹を矢印の方向に２回回転移動させる。そうすると、１つの頂点に色つきの３面が集まる。この３面の展開図の上下を逆にすると、色つき部分の配置が図１と同じであることがわかる。

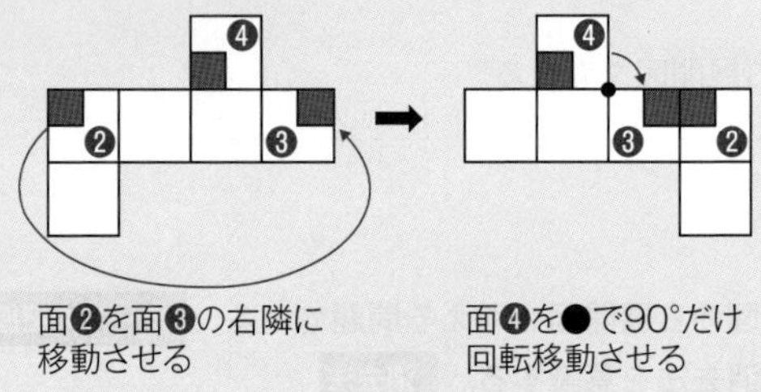

面❷を面❸の右隣に移動させる　　面❹を●で90°だけ回転移動させる

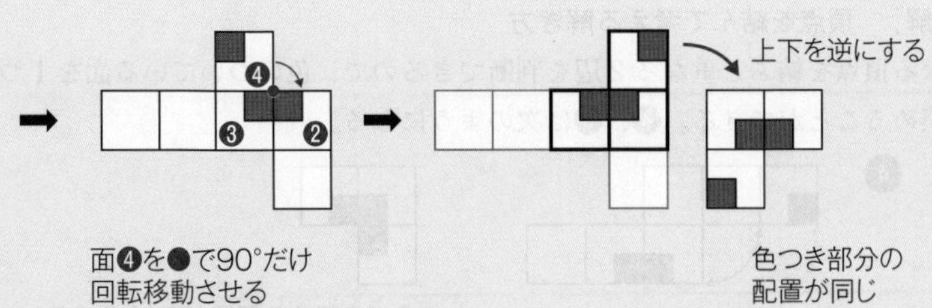
上下を逆にする
面❹を●で90°だけ
回転移動させる
色つき部分の
配置が同じ

❹ ×　　頂点●に対して、面❺と面❻を一緒に矢印の方向に90°だけ回転移動させる。さらに、頂点●に対して、面❺を90°だけ矢印の方向に回転移動させると、1つの頂点に色付きの面が3面集まる。しかし、色つき部分の配置が図1と異なるため誤りとわかる。

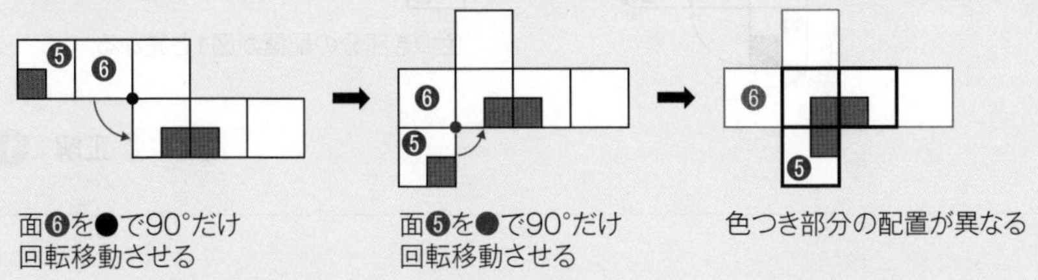
面❻を●で90°だけ
回転移動させる
面❺を●で90°だけ
回転移動させる
色つき部分の配置が異なる

❺ ×　　頂点●に対して、面❼および面❽をそれぞれ矢印の方向に90°だけ回転移動させる。さらに、中段には1列に4面が並んだので、面❼を面❾の右隣に移動させ、また、頂点●に対して、面❽を矢印の方向に90°だけ回転移動させる。そうすると、1つの頂点に色つきの面が3面集まる。しかし、色つき部分の配置が図1と異なるため誤りとわかる。

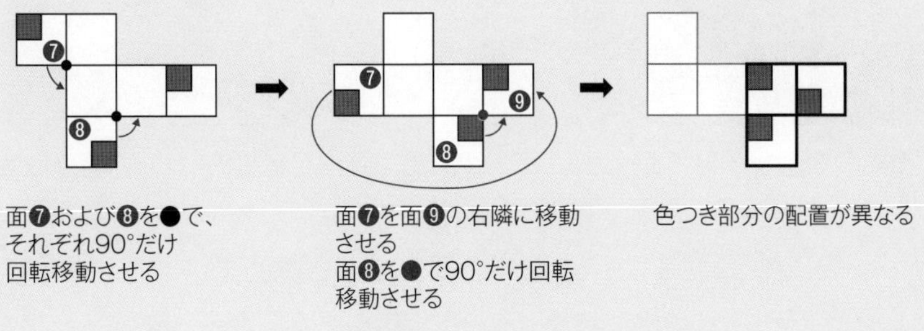
面❼および❽を●で、
それぞれ90°だけ
回転移動させる
面❼を面❾の右隣に移動
させる
面❽を●で90°だけ回転
移動させる
色つき部分の配置が異なる

［別　解］　頂点を結んで考える解き方

重なる頂点を結ぶと重なる２辺を判断できるので、色のついている面を１つの頂点に集めることができる。❹、❺は次のようになる。

❹

❺

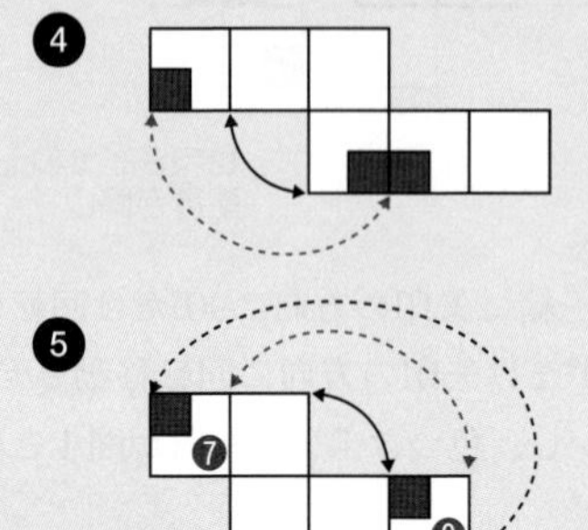

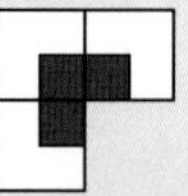

色つき部分の配置が図1と異なる

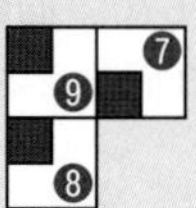

色つき部分の配置が図1と異なる

正解 

❺ 正八面体の展開図

1 平行な2面の位置関係

次の見取図のように、色つきの2面は平行な関係にあり、このような平行な2面の組合せは正八面体では**4組**ある。**展開図上では、4面の正三角形が1列に並んだときの両端の2面が平行な2面になる。**

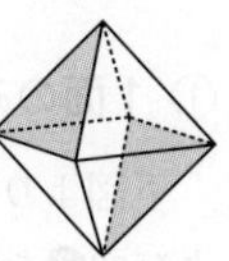

例5

右の展開図において、平行な2面の組合せを4組示せ。

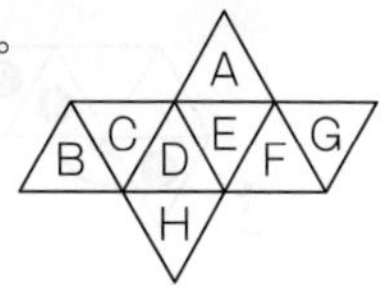

4面の正三角形が1列に並んだときの両端の2面が平行な2面であるので、平行な2面の組合せは、(BとE)、(CとF)、(DとG)、(AとH)になる。

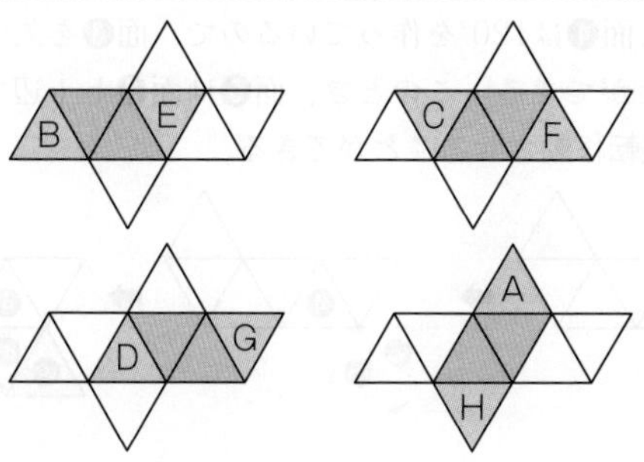

2 重なる2辺が作る角度

正八面体は、1つの頂点に**正三角形が4面集まる**。正三角形の1つの内角は60°であるので、展開図では、図1のように**120°の開きが生じる**。点線になっている辺を山折りにして、この120°を作る2辺(赤線)が重なるように近づけると、膨らみを持った立体の一部を作ることができる(図2)。したがって、正八面体の展開図において、**重なる2辺が作る角度は120°**である。

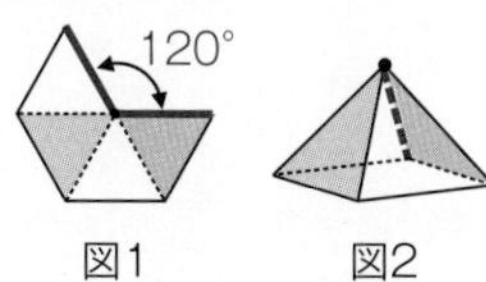

図1　図2

3 面の回転移動

重なる2辺が作る角度は120°であるので、頂点に対して120°だけ面を回転移動させることができる。

① 1面のみの回転移動

下図より、面❶と面❷、面❸と面❹はそれぞれ120°を作っているので、面❶および面❸をそれぞれ矢印の方向に120°だけ回転移動させることができる。

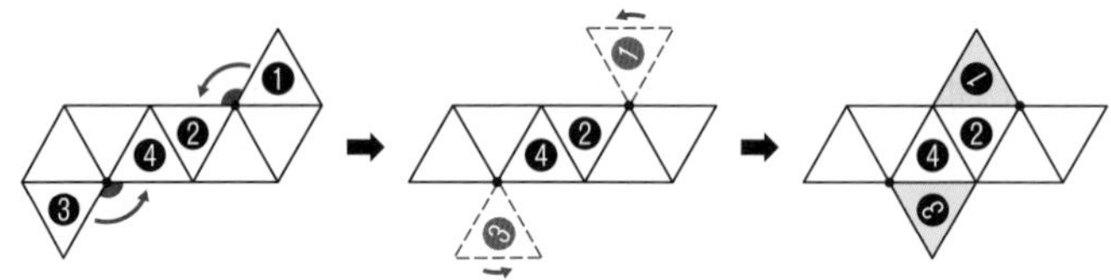

② 複数面の回転移動

下図より、面❸と面❹は120°を作っているので、面❸を矢印の方向に120°だけ回転移動させることができる。このとき、面❺は面❸と1辺でつながっているので、面❸と一緒に回転移動させることができる。

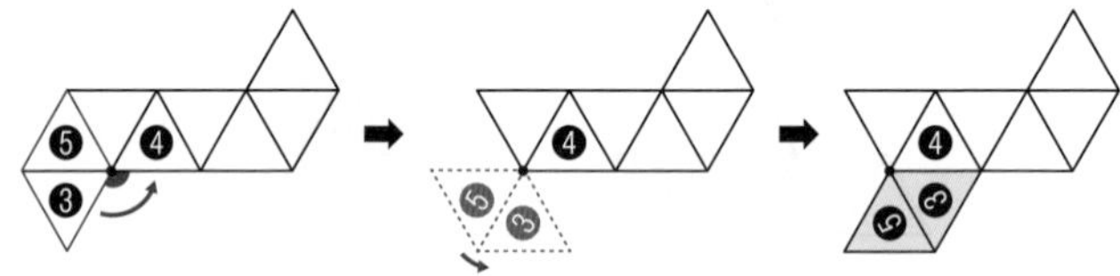

例6

右の展開図において、平行な２面の組合せを４組示せ。

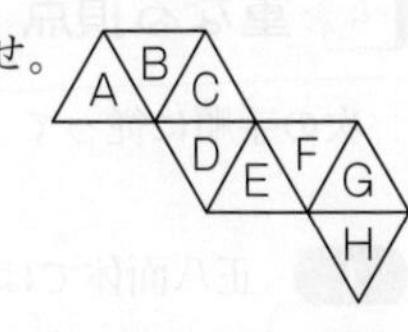

４面の正三角形が１列に並んだときの両端の２面が平行な２面であるので、**面Bと面E、面Dと面G**はそれぞれ平行となる。

図１より、面Aと面D、面Eと面Hはそれぞれ120°を作っているので、面Aおよび面Hを矢印の方向にそれぞれ120°だけ回転移動させることができる。よって、図２より、**面Aと面F、面Cと面H**がそれぞれ平行となる。

以上より、平行な２面の組合せは、(AとF)、(BとE)、(CとH)、(DとG)になる。

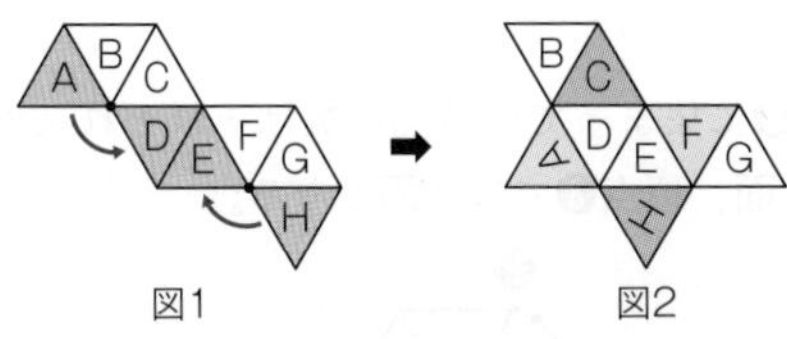

③ 回転移動以外の移動

図のように、６面の正三角形が１列に並んでいるときは、展開図を組み立てると、両端の２辺(❙)が重なるので、その辺を含む面、または、その面とつながっている面も一緒に反対側に移動させることができる。例えば面❷の右の辺を切断して、面❶と面❷を一緒に面❸の右隣に移動させることができる。

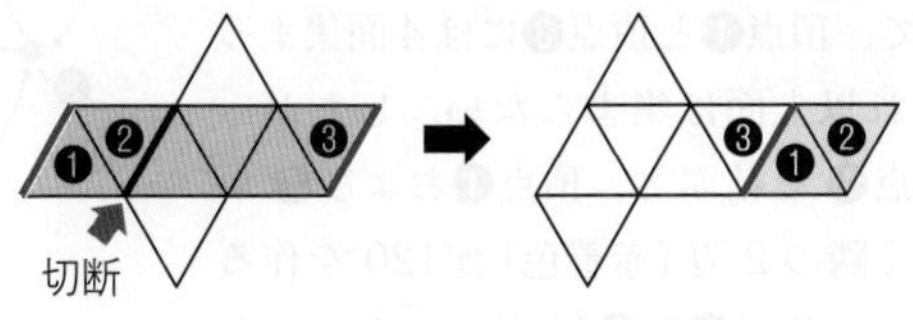

4 重なる頂点（辺）の結び方

次の手順に従って、頂点を矢印で結んでいけばよい。

1 正八面体では、120°を作っている２辺は重なるので、その２辺の端の頂点は、組み立てたときに必ず重なる。よって、図において、（❶と❶′）、（❷と❷′）、（❸と❸′）をそれぞれ矢印で結ぶ。

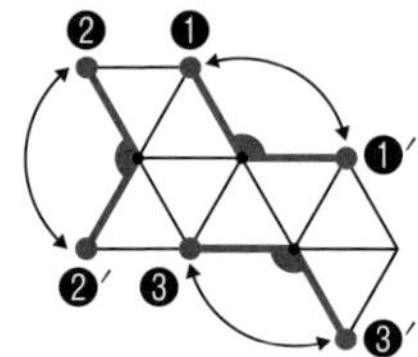

2 頂点❶、❷、❸に集まっている面の数はそれぞれ次のように、頂点❶では４面、頂点❷では２面、頂点❸では４面となる。

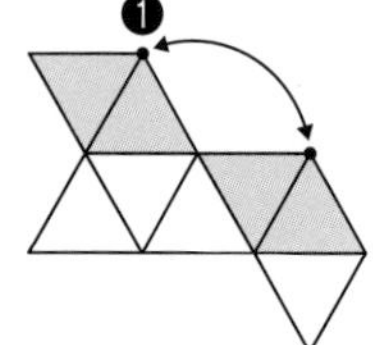

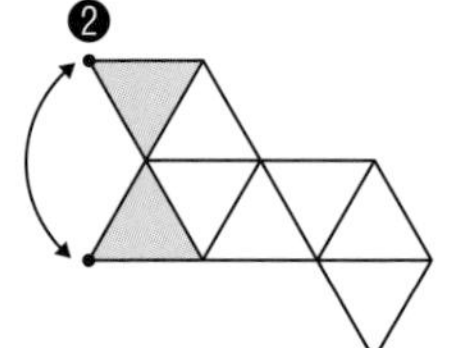

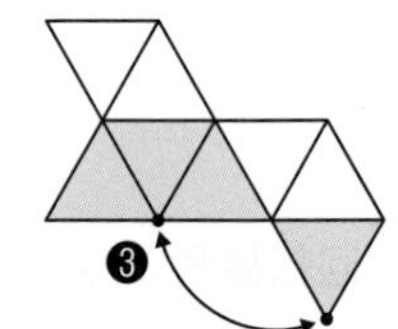

3 正八面体の頂点には面が４面集まって立体を作る。ということは、５面以上は集まらず、２面および３面だともう２面および１面集まる。

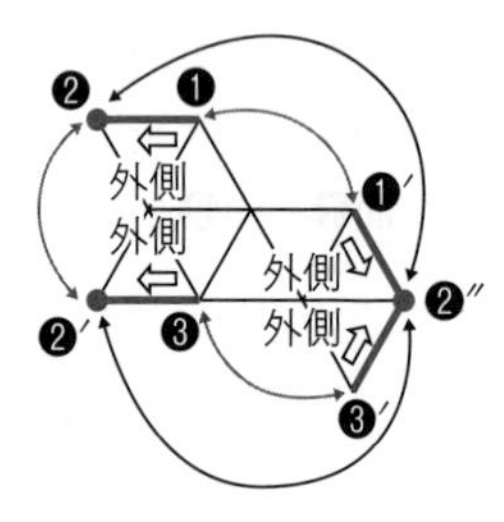

上の図において、頂点❶と頂点❸には４面集まっているので、これ以上面は集まらない。したがって、頂点❶と頂点❶′を結ぶと、頂点❶および❶′から見て外側にある隣の２辺（赤着色）が120°を作るので、その端にある頂点❷と❷″を結ぶことができる。また、頂点❸と頂点❸′を結ぶと、頂点❸および❸′から見て外側にある隣の２辺（赤着色）が120°を作るので、その端にある頂点❷′と❷″を結ぶことができる。

これより、すべての頂点が結ばれたので、終了となる。

では、この作図から、わかることを考えてみる。

例7

右の展開図を組み立てたとき太線の辺と隣り合う面はどれか。

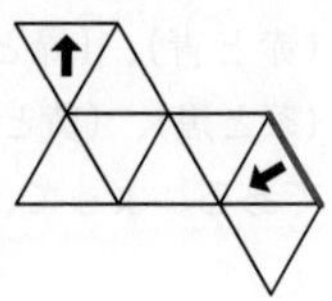

図1のように、重なる頂点を矢印で結ぶと、辺❶❷と辺❸❹が重なることがわかり、太線の辺と隣り合う面は⬆面とわかる。

さらに、頂点❶と頂点❹が重なり、頂点❷と頂点❸が重なるので、↙面と⬆面の2面が隣り合うと図2のように2本の矢印の向きも判断することができる。

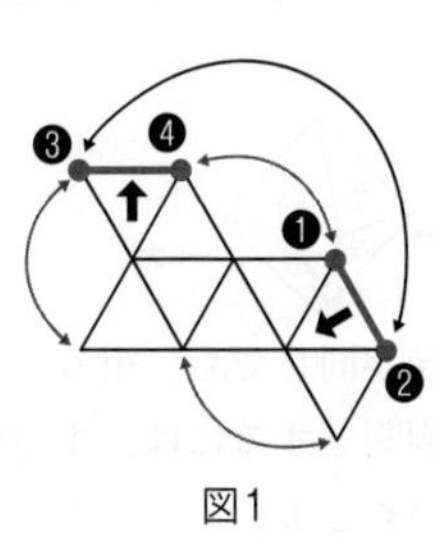

図1

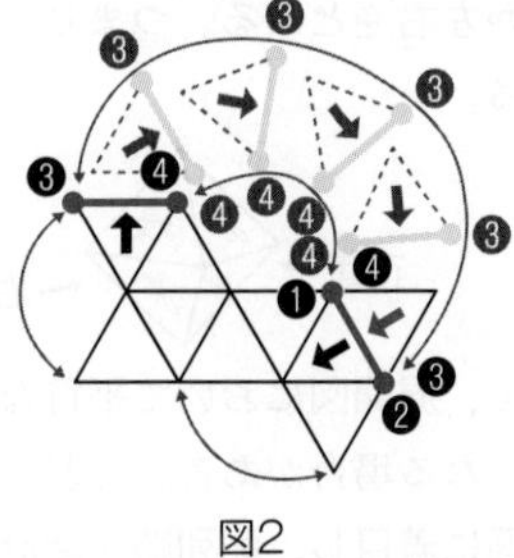

図2

このように、頂点を結ぶと、**隣り合う面**やそのときの面に書かれた**文字や模様**などの向きを判断することができる。

5 面の配列順

下図の２つの正八面体の展開図において、平行な２面の組合せを考える。❶は(赤と青)、(緑と白)、(茶と黒)、(黄と紫)であり、❷でも(赤と青)、(緑と白)、(茶と黒)、(黄と紫)であるので、この２つの展開図での平行な２面の組合せは同じである。よって、同じ正八面体であると結論づけてよいだろうか。

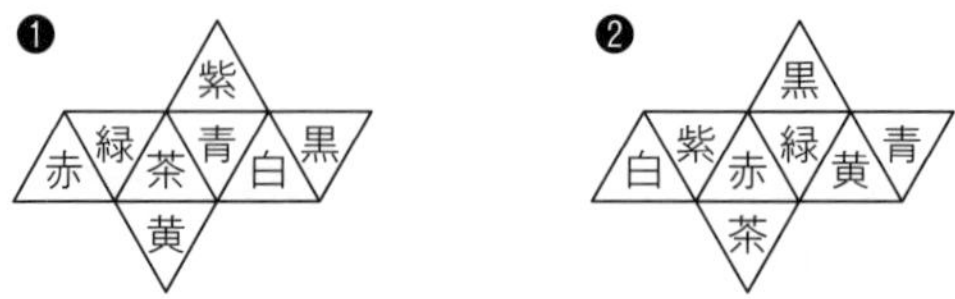

実際に組み立ててみよう。赤を正面上、緑を右面上として折り曲げると、❶では黄が正面下、茶が右面下となり、❷では茶が正面下、黄が右面下となり、❶と❷では下の２面が左右逆となる。つまり、❶と❷は異なる正八面体であると結論づけることができる。

このように、展開図において平行な２面の組合せが同じでも、組み立てると異なる正八面体となる場合がある。「同じ／異なる」の判断をするには、１つの頂点に集まる**同じ４面**に着目し、配列順を時計回りに見ていくとよい。

展開図において「赤・緑・茶・黄」の４面が集まっている頂点に着目する。赤の面から時計回りに読むと、❶では、赤⇨緑⇨茶⇨黄の順であり、❷では、赤⇨緑⇨黄⇨茶の順である。よって、配列順が異なるので、この２つの正八面体は異なることがわかる。

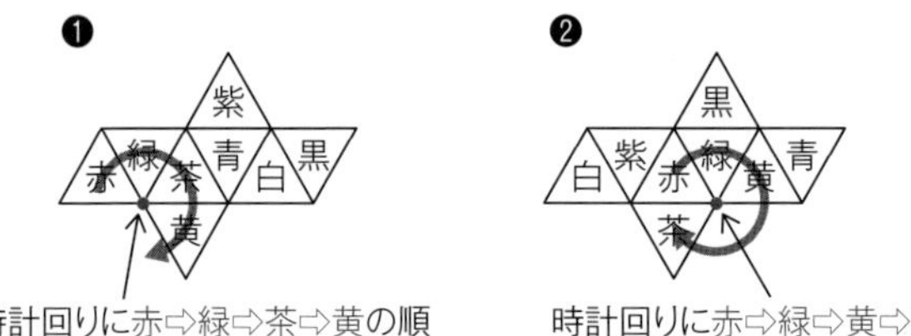

例題 3-4

右図は、①～⑧の数字を書き込んだ正八面体の展開図である。これと同じ数字の配置になる正八面体の展開図として、妥当なのはどれか。

ただし、数字の向きは考えなくてよい。

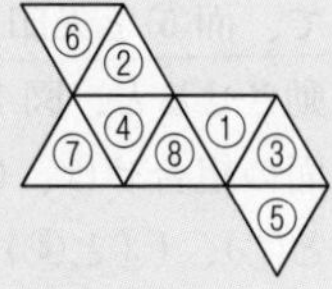

❶
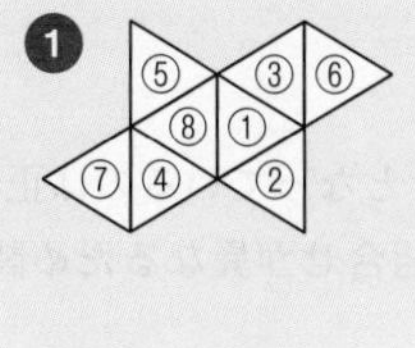

❷
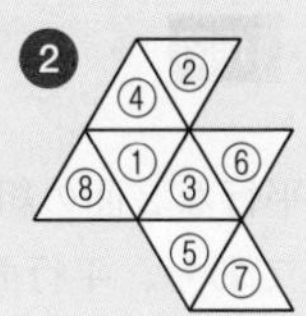

❸
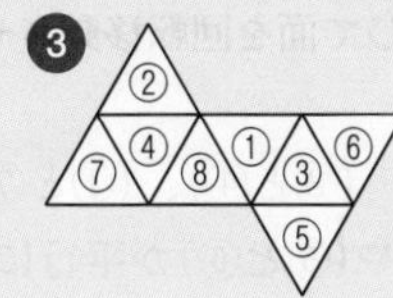

❹
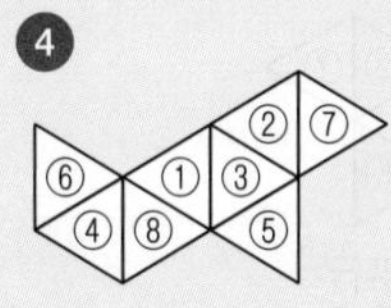

❺
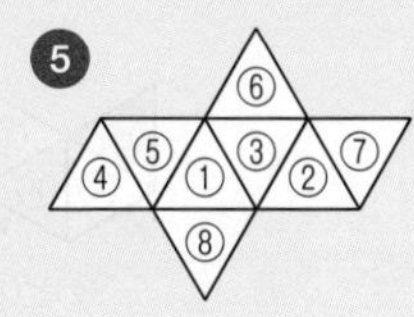

正解へのプロセス

テーマの把握 問題文からテーマを把握する。

消去法 解法として消去法が使えるかどうかを判断する。

知識 平行な2面の位置関係を使う。

作図 面の回転移動をする。または、重なる頂点を矢印で結んで面の位置関係を把握する。

解説

正八面体の展開図から展開図を考える問題である。**テーマの把握**

形を考えるので消去法を意識する。**消去法**

すべての選択肢を眺めて、まず❷の頂点●には正三角形が5面集まっていることに気づく。正八面体の頂点には5面が集まることはないので、❷は誤りである。

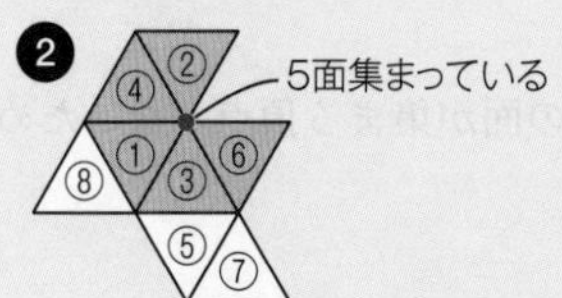

次に、与えられた展開図の頂点●に対して、面⑤を矢印の方向に120°だけ回転移動させると、図1のようになり、平行な2面の組合せは、(⑥と⑧)、(②と⑤)、(①と⑦)、(③と④)となる。知識

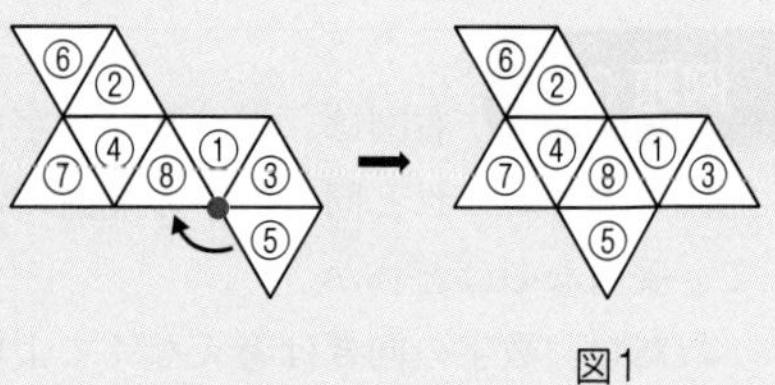

図1

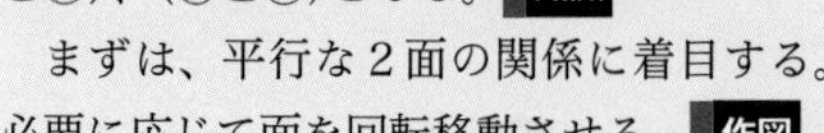

まずは、平行な2面の関係に着目する。必要に応じて面を回転移動させる。作図

❹ ×　(③と④)、(①と⑦)が平行な2面の組合せとなっているのは正しいが、(②と⑧)や(⑤と⑥)が平行になっており、平行面の組合せが異なるため誤りである。

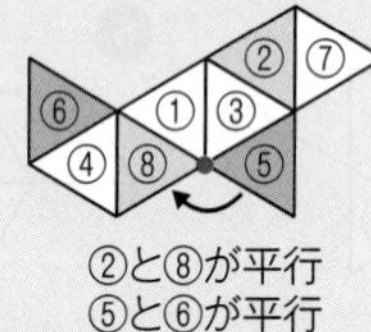

②と⑧が平行
⑤と⑥が平行

残った❶、❸、❺の展開図は、いずれも平行な2面の組合せは正しく、平行面の情報を利用した検討ができない。よって、1つの頂点に着目して、集まる4面の配列順を確認する。まず、与えられた展開図より、①、③、⑤、⑧の面が集まる頂点があり、⑧の面を出発面とすると、時計回りに、⑧⇨①⇨③⇨⑤と並んでいることがわかる。知識

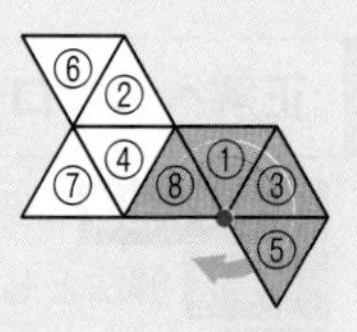

❶ ×　①、③、⑤、⑧の面が集まる頂点はあるが、この4面は時計回りに、⑧の面を出発面とすると、⑧⇨⑤⇨③⇨①と並んでいるため誤りである。

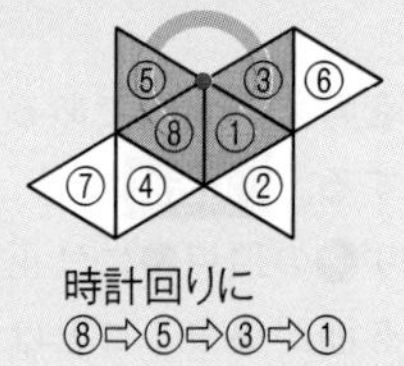

時計回りに
⑧⇨⑤⇨③⇨①

❺ ×　①と③と⑤と⑧の面が集まる頂点がないため誤りである。

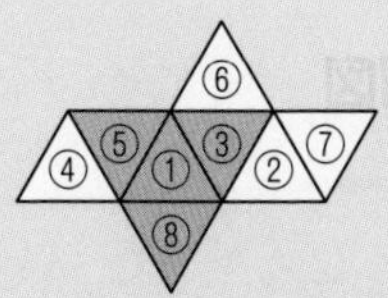

①、③、⑤、⑧の面が集まる頂点がない

❸ ◯　①、③、⑤、⑧の面が集まる頂点があり、この４面は時計回りに、⑧の面を出発面とすると、⑧⇨①⇨③⇨⑤と並んでいる。

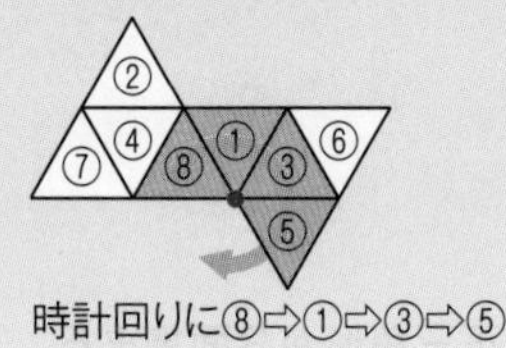

時計回りに⑧⇨①⇨③⇨⑤

正解 

6 その他の正多面体の展開図

1 正四面体の展開図

① 平行な２面の位置関係

次の見取図のように、**正四面体には平行な２面は存在しない。**

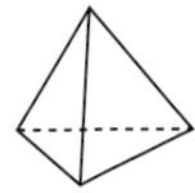

② 重なる２辺が作る角度

正四面体は、１つの頂点に**正三角形が３面集まる。**正三角形の１つの内角は60°であるので、図１のように、**180°の開きが生じる。**点線になっている辺を山折りにして、この180°を作る２辺(赤線)が重なるように近づけると、膨らみを持った立体の一部を作ることができる(図２)。したがって、正四面体の展開図において、**重なる２辺が作る角度は180°である。**

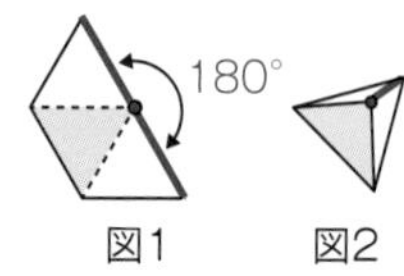

図1　図2

③ 面の回転移動

重なる２辺が作る角度は180°であるので、頂点に対して180°だけ面を回転移動させることができる。

下図より、面❶と❷は180°を作っているので、**面❶を矢印の方向に180°だけ回転移動させることができる。**

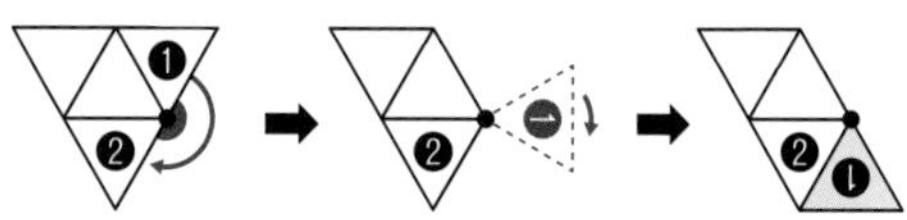

2 正十二面体の展開図

① 平行な2面の位置関係

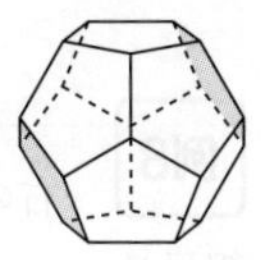

次の見取図のように、色つきの2面は平行な関係にあり、このような平行な2面の組合せは正十二面体では**6組**ある。**展開図上では、4面の正五角形が1列に並んだときの両端の2面**が平行な2面になる。

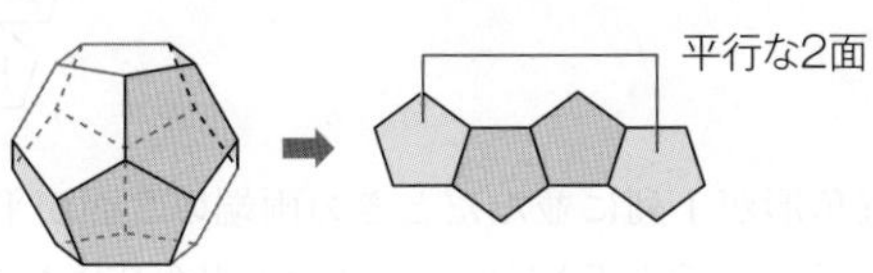

② 重なる2辺が作る角度

正十二面体は、1つの頂点に**正五角形が3面集まる**。正五角形の1つの内角は108°[3]であるので、図1のように、**36°の開きが生じる**。点線になっている辺を山折りにして、この36°を作る2辺(赤線)が重なるように近づけると、膨らみを持った立体の一部を作ることができる(図2)。したがって、正十二面体の展開図において、**重なる2辺が作る角度は36°**である。

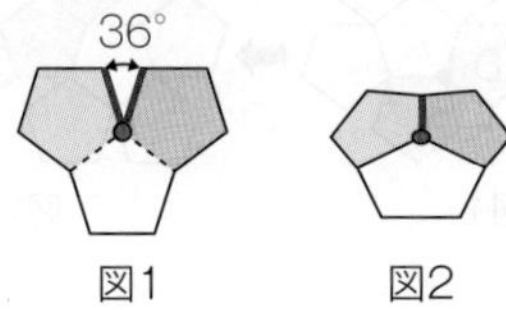

図1　　図2

③ 面の回転移動

重なる2辺が作る角度は36°であるので、頂点に対して36°だけ面を回転移動させることができる。

下図より、**面❶と面❷**は36°を作っているので、**面❶を矢印の方向に36°だけ回転移動させることができる。**

---

3 正五角形の1つの内角は$\frac{180\times(5-2)}{5}=108$ [°] である。上巻第1章第9節を参照。

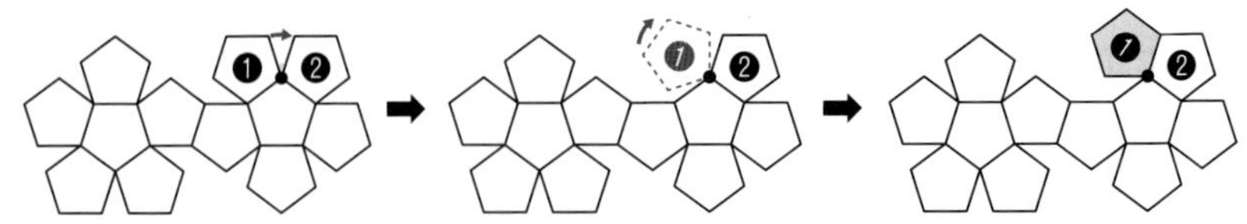

例8

右の展開図において、平行な２面の組合せを６組示せ。

まず、４面の正五角形が１列に並んだときの両端の２面が平行な２面であるので、(AとD)、(BとE)、(CとF)が平行な２面の組合せになる。

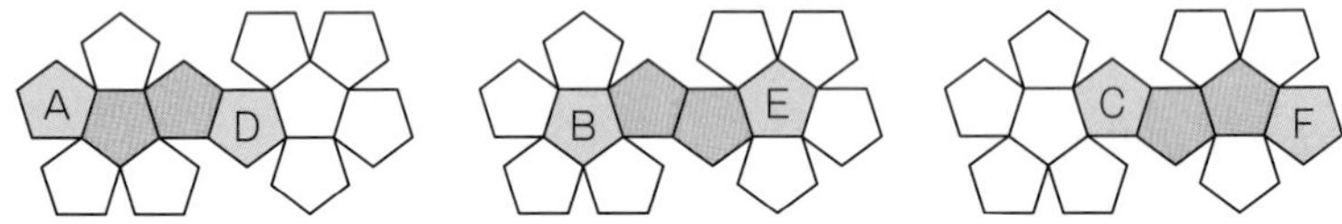

図１より、面Cと面G、面Dと面Ｌはそれぞれ36°を作っているので、面Gおよび面Ｌをそれぞれ矢印の方向に36°だけ回転移動させることができる。よって、図２より、**面Gと面Ｌ**が平行となる。

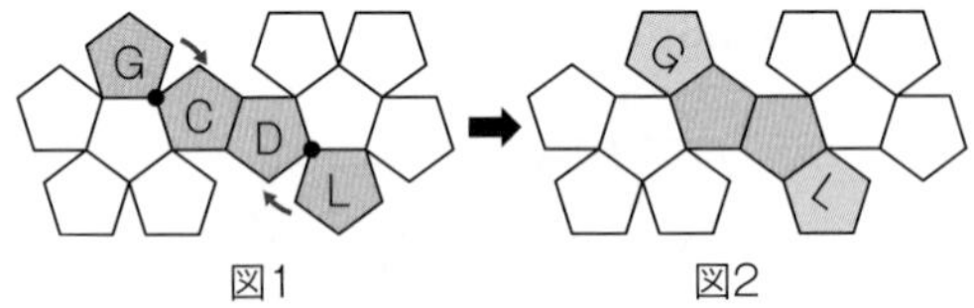

図1　　図2

図３より、面Dと面Ｊは36°を作っているので、面Ｊを矢印の方向に36°だけ回転移動させることができる(図４)。図４より、面Cと面Ｊは36°を作っているので、面Ｊを矢印の方向に36°だけ回転移動させることができる。よって、図５より、**面Hと面Ｊ**が平行となる。

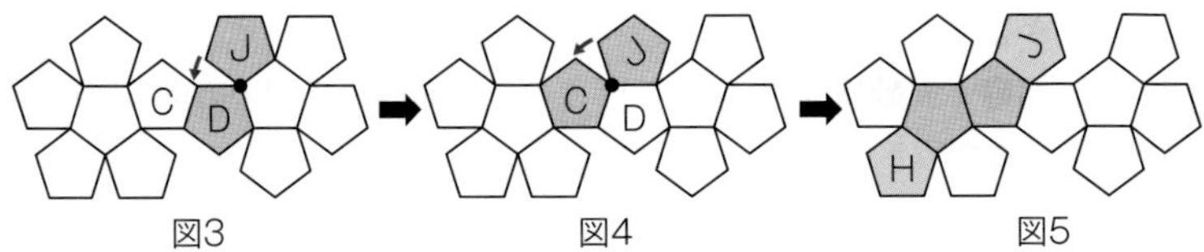

図3　　図4　　図5

図６より、面Cと面Ｉは36°を作っているので、面Ｉを矢印の方向に36°だけ回転移動させることができる(図７)。図７より、面Dと面Ｉは36°を作っているの

で、面Ｉを矢印の方向に36°だけ回転移動させることができる。よって、図８より、面Ｉと面Kが平行となる。

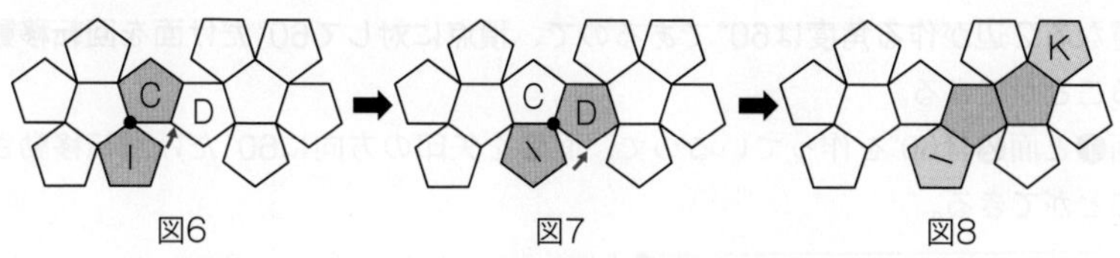

図6　図7　図8

以上より、平行な２面の組合せは、(AとD)、(BとE)、(CとF)、(GとL)、(HとJ)、(IとK)になる。

3 正二十面体の展開図

① 平行な２面の位置関係

次の見取図のように、色つきの２面は平行な関係にあり、このような平行な２面の組合せは正二十面体では**10組**ある。**展開図上では、**６面の正三角形が１列に並んだときの**両端の２面**が平行な２面になる。

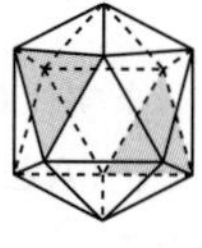

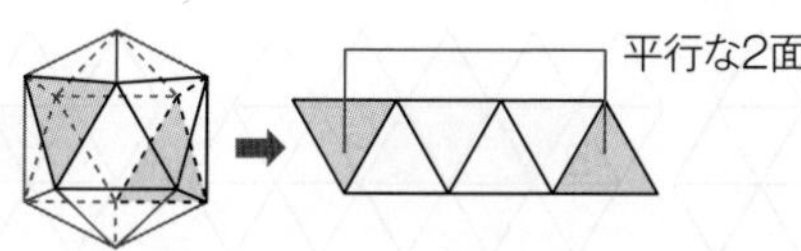

② 重なる２辺が作る角度

正二十面体は、１つの頂点に**正三角形が５面集まる**。正三角形の１つの内角は60°であるので、展開図では、図１のように、**60°の開きが生じる**。点線になっている辺を山折りにして、この60°を作る２辺(赤線)が重なるように近づけると、膨らみを持った立体の一部を作ることができる(図２)。したがって、正二十面体の展開図において、**重なる２辺が作る角度は60°**である。

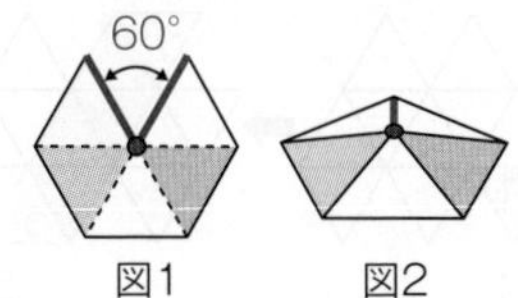

図1　図2

③ 面の回転移動

重なる２辺が作る角度は60°であるので、頂点に対して60°だけ面を回転移動させることができる。

面❶と面❷は60°を作っているので、面❶を矢印の方向に60°だけ回転移動させることができる。

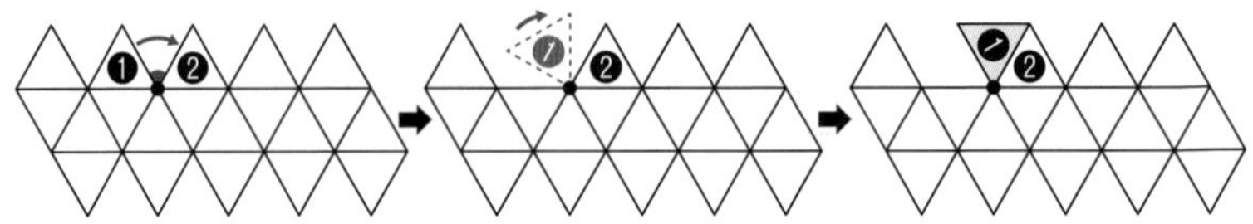

例9

右の展開図において、平行な２面の組合せを10組示せ。

まず、６面の正三角形が１列に並んだときの両端の２面が平行な２面であるので、(AとF)、(BとG)、(CとH)、(DとI)、(EとJ)が平行な２面の組合せになる。

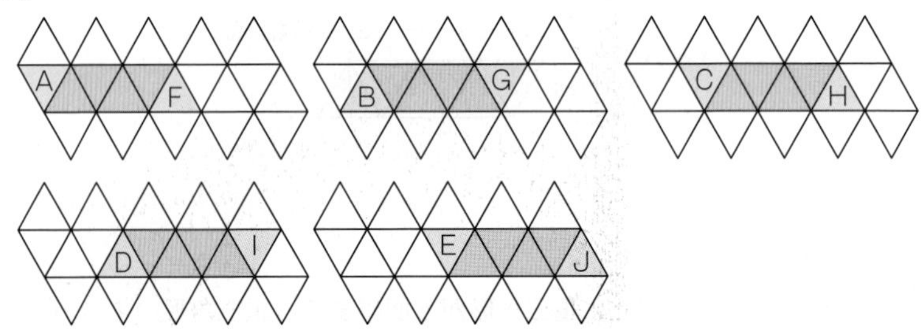

図１より、面Kと面L、面Qと面Rはそれぞれ60°を作っているので、面Kおよび面Rをそれぞれ矢印の方向に60°だけ回転移動させることができる。よって、図２より、**面Kと面Rが平行となる。**

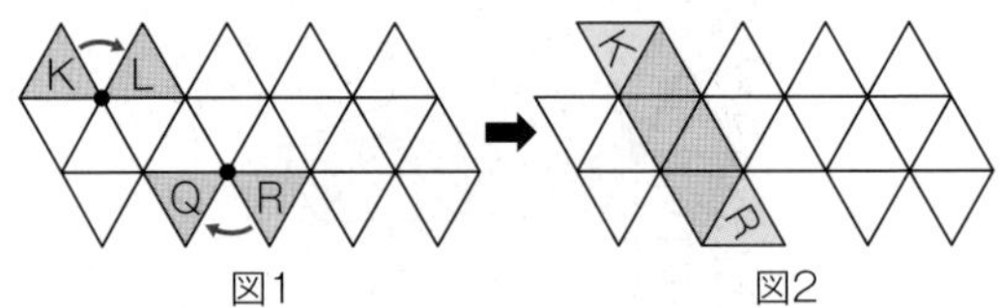

図1　　図2

図３より、面Ｌと面Ｍ、面Ｒと面Ｓはそれぞれ60°を作っているので、面Ｌおよび面Ｓをそれぞれ矢印の方向に60°だけ回転移動させることができる。よって、図４より、**面Ｌと面Ｓ**が平行となる。

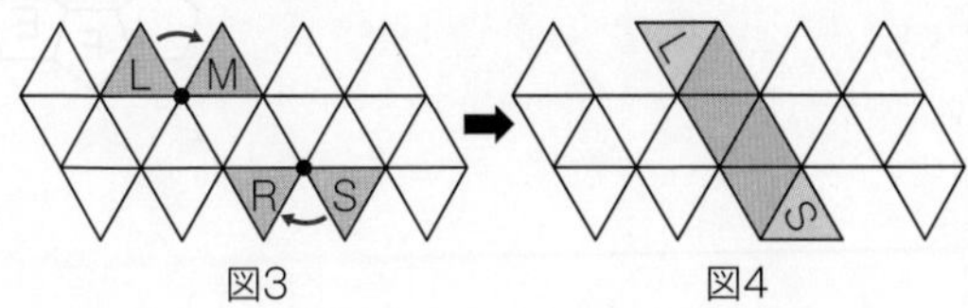

図3　図4

図５より、面Ｍと面Ｎ、面Ｓと面Ｔはそれぞれ60°を作っているので、面Ｍおよび面Ｔをそれぞれ矢印の方向に60°だけ回転移動させることができる。よって、図６より、**面Ｍと面Ｔ**が平行となる。

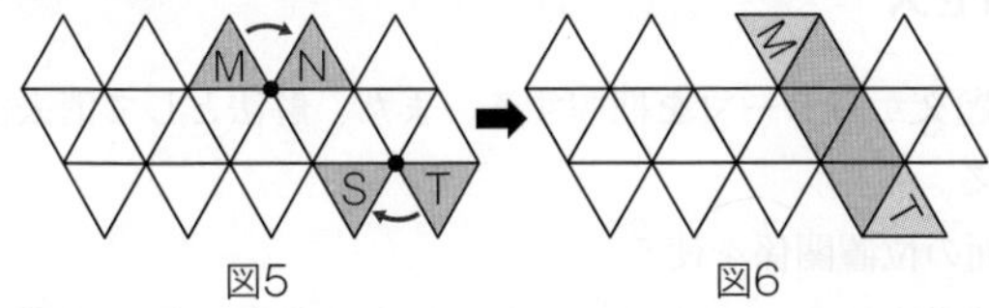

図5　図6

図７より、面Ｍと面Ｎ、面Ｐと面Ｑはそれぞれ60°を作っているので、面Ｎおよび面Ｐをそれぞれ矢印の方向に60°だけ回転移動させることができる。よって、図８より、**面Ｎと面Ｐ**が平行となる。

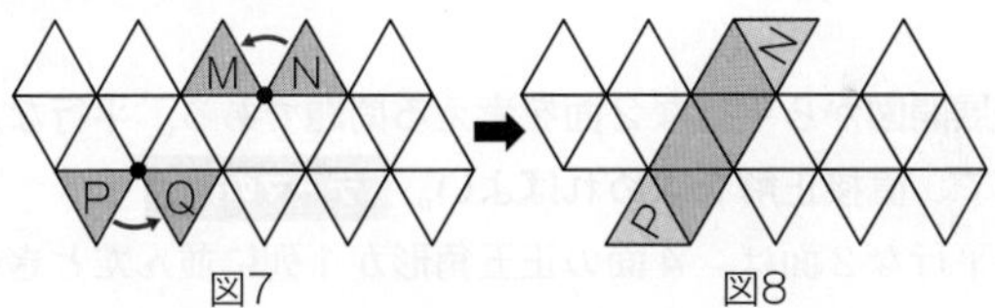

図7　図8

図９より、面Ｎと面Ｏ、面Ｑと面Ｒはそれぞれ60°を作っているので、面Ｏおよび面Ｑをそれぞれ矢印の方向に60°だけ回転移動させることができる。よって、図10より、**面Ｏと面Ｑ**が平行となる。

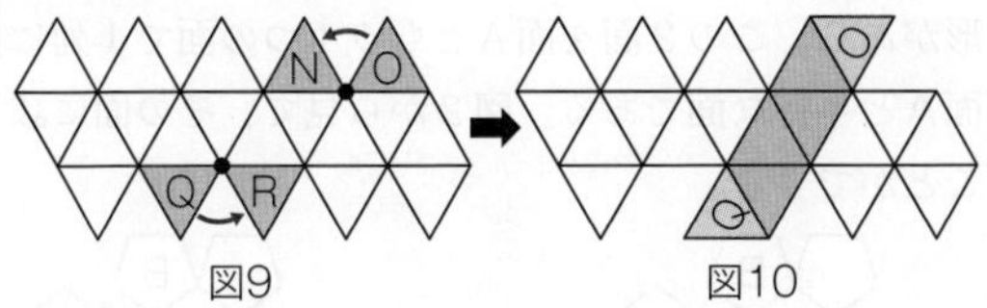

図9　図10

以上より、平行な２面の組合せは、**(ＡとＦ)、(ＢとＧ)、(ＣとＨ)、(ＤとＩ)、(ＥとＪ)、(ＫとＲ)、(ＬとＳ)、(ＭとＴ)、(ＮとＰ)、(ＯとＱ)**になる。

例題 3-5

右図は、正十二面体の展開図である。面Aと平行な面はどれか。

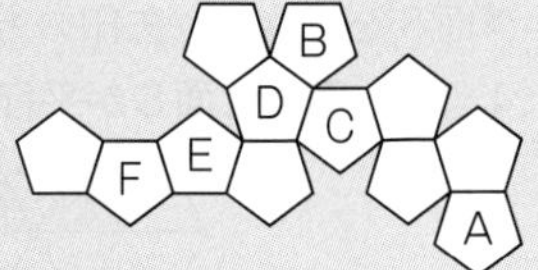

❶ B
❷ C
❸ D
❹ E
❺ F

正解へのプロセス

テーマの把握 問題文からテーマを把握する。また、解法として消去法が使えるかどうかを判断する。

知識 平行な2面の位置関係を使う。

作図 面の回転移動をする。または、重なる頂点を矢印で結んで面の位置関係を把握する。

解説

正十二面体の展開図から平行な2面を考える問題である。平行な2面の位置関係は知識であるので、直接正解を求めればよい。 **テーマの把握**

正二十面体の平行な2面は、**4面の正五角形が1列に並んだときの両端の2面**である。 **知識**

よって、このことに留意しながら、面を36°だけ回転移動させて考える。 **作図**

図1より、面Aと面❶は36°を作っているので、頂点●に対して面Aを矢印の方向に36°だけ回転移動させると図2のようになる。図2より、面Aの上側に❶と❷の2面の正五角形があり、この2面を面Aともう1つの面で1列に挟むことができれば、その面が面Aと平行な面である。図2から見て、その面に該当するのは面Bであると考えることができる。

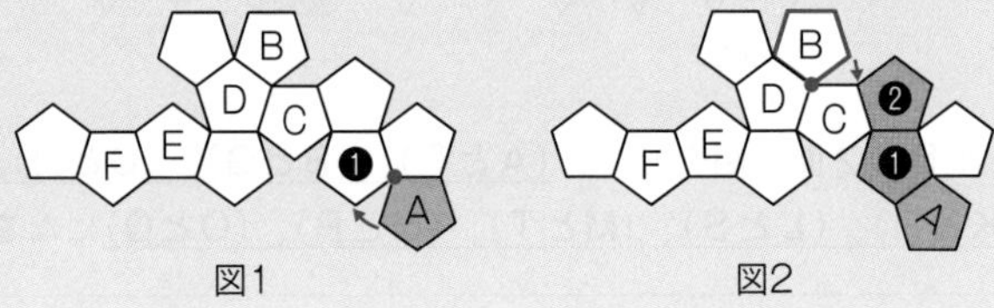

図1　　図2

実際に面Bを回転移動させてみる。図2より、面Bと面Cは36°を作っているので、頂点●に対して面Bを矢印の方向に36°だけ回転移動させると図3のようになる。さらに、図3より、面Bと面❷は36°を作っているので、頂点●に対して面Bを36°だけ回転移動させると図4のようになる。

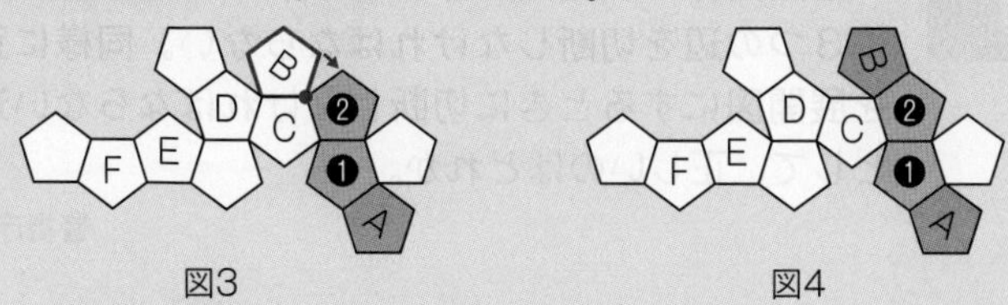

図4より、面Aと面Bは、**4面の正五角形が1列に並んだときの両端の2面**であるので、平行な2面である。

正解 ❶

過去問Exercise

問題1

　正四面体を展開図の形にするには、例えば、図のように３つの辺を切断しなければならない。同様に正八面体を展開図にするときに切断しなければならない辺の本数として、正しいのはどれか。

警視庁Ⅰ類2013

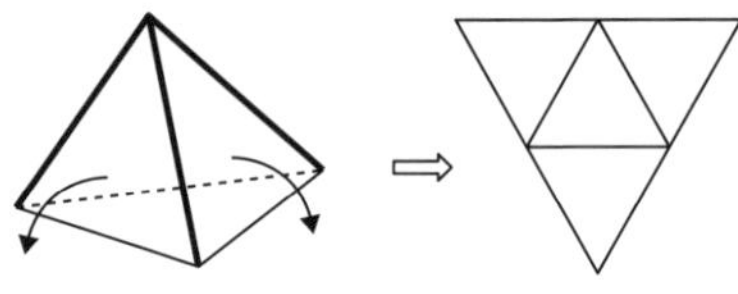

図の太線部分を切断

1. 4本
2. 5本
3. 6本
4. 7本
5. 8本

解説

正解 ❷

正多面体の辺の本数を考える問題である。数値を求めるので、消去法は使えない。 テーマの把握

例として正四面体が与えられているので、この正四面体からわかる情報を引き出して正八面体に当てはめることを考える。

正四面体の辺の数は6辺である。 知識

この正四面体の1つの辺を切断すると1辺は2辺に分かれ、辺が1辺増える。いま、3つの辺を切断すると3辺がそれぞれ2辺に分かれるので、**合計で辺が3辺増える。**よって、展開図での辺の数は6+3=9［辺］であり、実際の展開図で辺を数えても9辺ある（図1）。

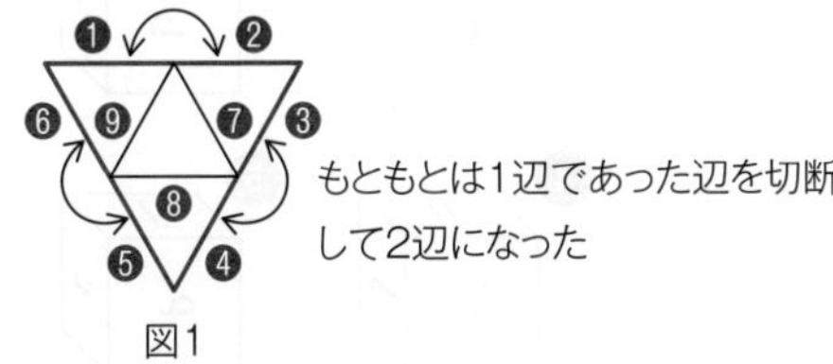

図1

つまり、**「増えた辺の数が、切断した辺の数に等しい」**ことがわかる。

そこで、**正八面体の展開図を描いて、辺の数を数えてみる。**すでに本節では、正八面体の展開図が何度も登場しているが、どの形でもよいので描けるようにしておきたい。

正八面体の辺の数は12辺、図2より、展開図での辺の数は17辺であるので、5辺増えている。よって、切断した辺の数は5辺である。

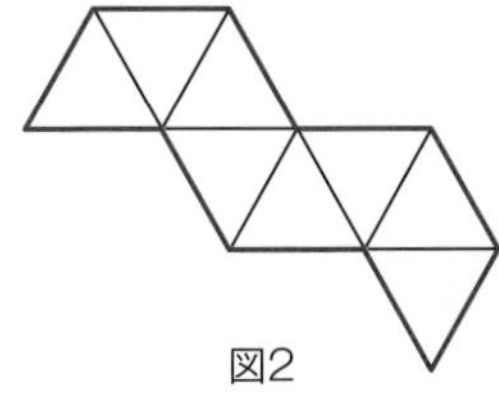
図2

問題2　下の立方体の展開図を組み立てたときの見取図として正しいのはどれか。

裁判所一般職2005

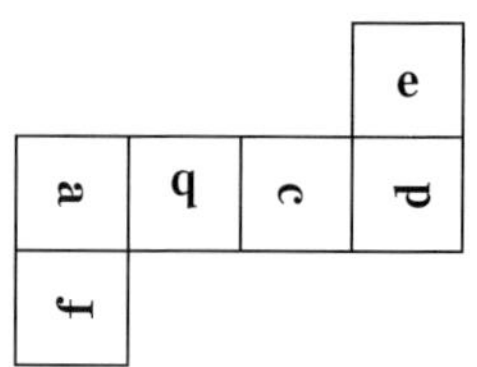

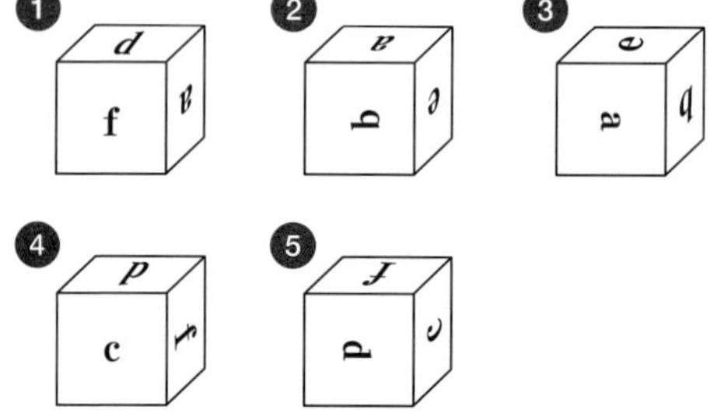

解説

正解 ❺

正六面体の展開図から見取図を考える問題である。 テーマの把握

正しい見取図を考えるので消去法を意識する。 消去法

見取図では平行な2面の両方が見えることはないので、展開図より、「**a**」と「**c**」の面が両方見えている、「**b**」と「**d**」の面が両方見えている、「**e**」と「**f**」の面が両方見えているような見取図は明らかに正しくない。しかし、いずれの見取図も平行な2面のうち1面のみが見えているので、いずれの選択肢もこの段階では除外することができない。 知識

本問はおそらく**アルファベットの向きを考える問題**であるだろう。そして、アルファベットは「**a** ～ **f**」の6文字あるので、**選択肢で多く使われているアルファベットを中心に検討するほうがよい。**

選択肢の見取図で見えている3面を平面化してもよいが、3つのアルファベットの向きを同時に捉えるのは煩雑である。よって、まずは**2面を平面化して、2つのアルファベットの向きを考えてみる。** 平面化

各選択肢において、2面の組合せは次のとおりである。

	2面の組合せ		
❶	(**a**, **d**)	(**a**, **f**)	(**d**, **f**)
❷	(**a**, **b**)	(**a**, **e**)	(**b**, **e**)
❸	(**a**, **b**)	(**a**, **e**)	(**b**, **e**)
❹	(**c**, **d**)	(**c**, **f**)	(**d**, **f**)
❺	(**c**, **d**)	(**c**, **f**)	(**d**, **f**)

表より、❶、❹、❺では「**d**」と「**f**」が共通であるので、「**d**」の面と「**f**」の面に着目する。まず展開図において、頂点を結ぶことで「**d**」の面と「**f**」の面を隣どうしにすると、次のようになる。 作図

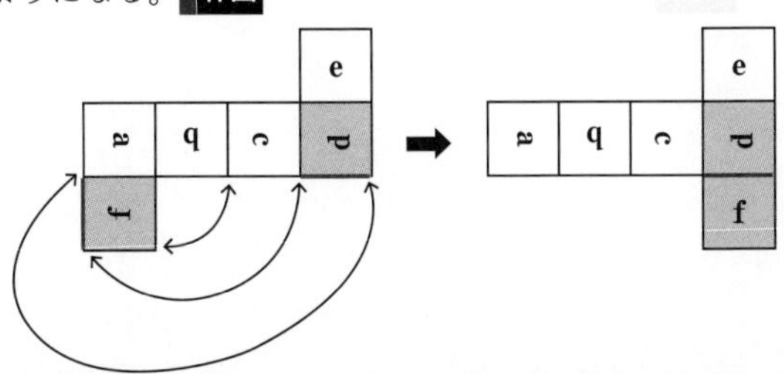

❶の「**d**」の面と「**f**」の面を赤い辺で広げ平面化すると、図1のようになる。展開図と比較すると、**「f」の向きに対して「d」の向きが異なる**。よって、**❶は正しい見取図ではない**。

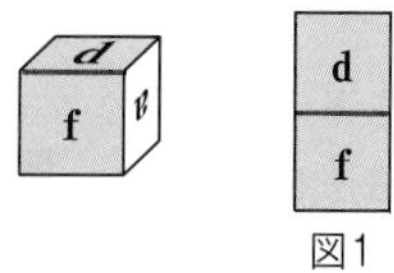

図1

❹の「**d**」の面と「**f**」の面を赤い辺で広げ平面化すると、図2のようになる。展開図と比較できるように、図2を時計回りに90°回転させたものが図3となる。展開図と比較すると、**「d」の向きに対して「f」の向きが異なる**。よって、**❹は正しい見取図ではない**。

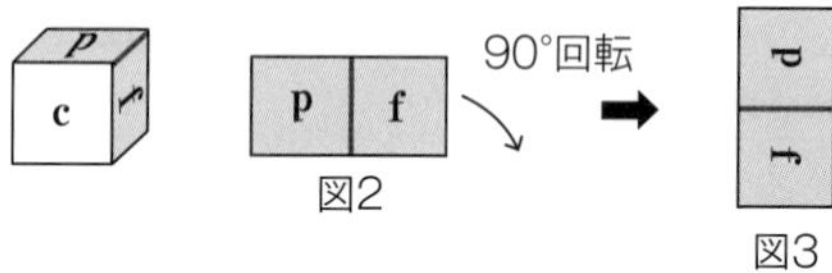

図2　図3

❺の「**d**」の面と「**f**」の面を赤い辺で広げ平面化すると、図4のようになる。展開図と比較できるように、図4を時計回りに180°回転させたものが図5となる。展開図と比較すると、**「f」の向きに対して「d」の向きが同じである**。よって、**❺は正しい見取図の可能性がある**。

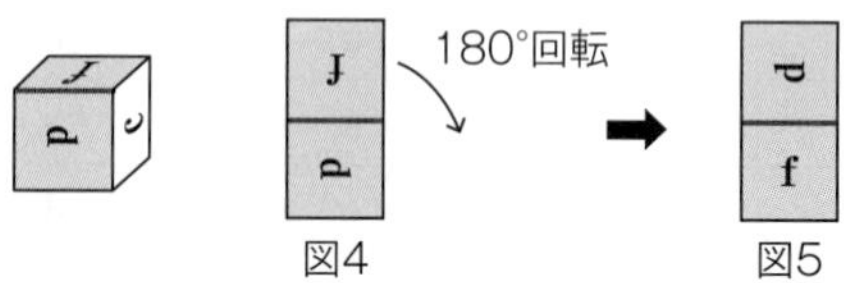

図4　図5

表より、❷、❸では「**a**」と「**e**」が共通であるので、「**a**」の面と「**e**」の面に着目する。展開図において、頂点を結ぶことで「**a**」の面と「**e**」の面を隣どうしにすると、次のようになる。**作図**

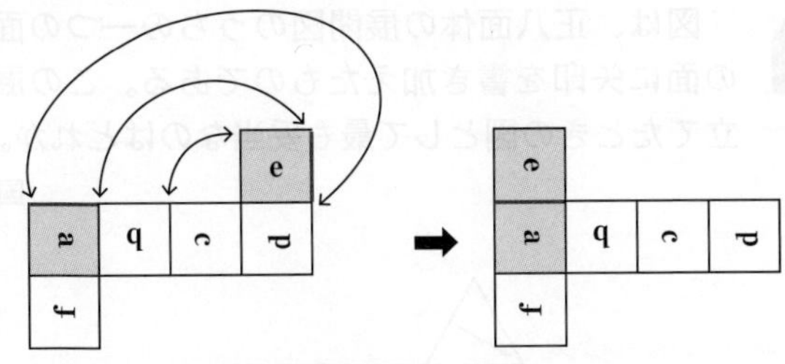

❷の「**a**」の面と「**e**」の面を赤い辺で広げ平面化すると、図6のようになる。展開図と比較できるように、図6を反時計回りに90°回転させたものが図7となる。展開図と比較すると、「**a**」の向きに対して「**e**」の向きが異なる。よって、❷は正しい見取図ではない。

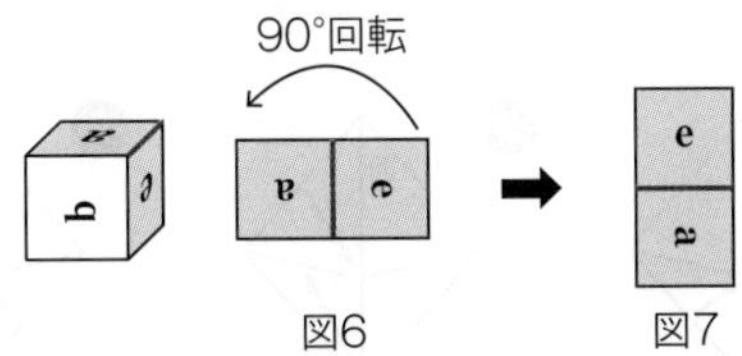

図6　図7

❸の「**a**」の面と「**e**」の面を赤い辺で広げ平面化すると、図8のようになる。展開図と比較すると、「**a**」の向きに対して「**e**」の向きが異なる。よって、❸は正しい見取図ではない。

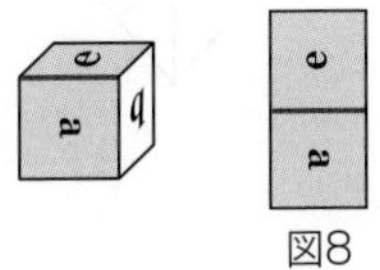

図8

よって、消去法より、正解は❺である。

問題3

図は、正八面体の展開図のうちの一つの面に◎、三つの面に矢印を書き加えたものである。この展開図を組み立てたときの図として最も妥当なのはどれか。

国家専門職2009

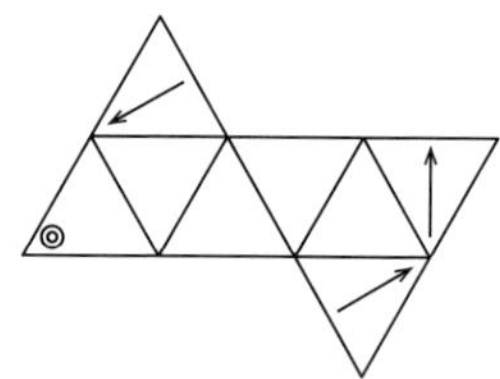

1 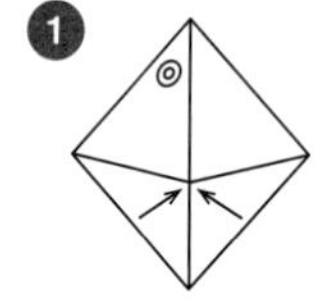

2 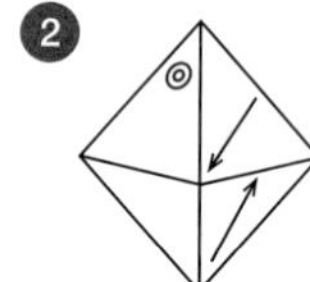

3 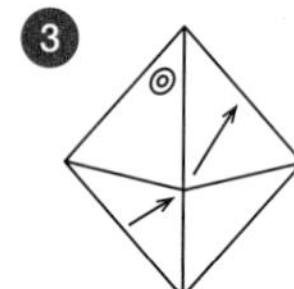

4 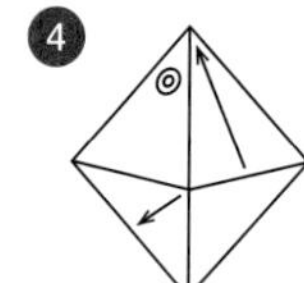

5 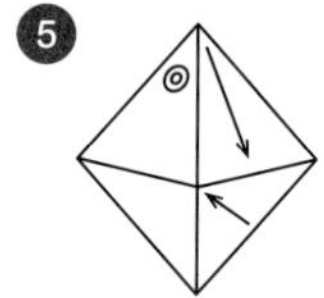

解説

正解 ❺

正八面体の展開図から見取図を考える問題である。 テーマの把握

正しい見取図を考えるので消去法を意識する。 消去法

見取図では平行な２面の両方が見えることはないので、下図の面❶と面❷はともに**頂点に向かっている矢印の描かれた面**であるが、平行な関係にあるため見取図ではどちらかしか見えないはずである。ところが❶を見ると**頂点に向かっている矢印が描かれた面が両方見えている**ので、この見取図は妥当ではない。 知識

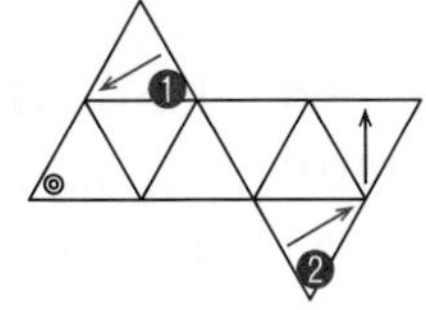

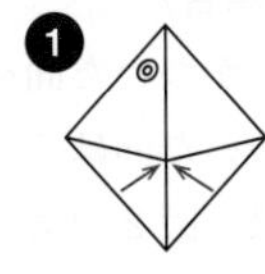

残った選択肢を見ると、頂点に向かっている矢印が描かれた面があるので、その面が展開図の❶なのか❷なのかで場合分けして考える。また、面に描かれた矢印と「◎」が１つの頂点に集まる配列順を検討すればよいので、**問題の展開図を変形させて検討するほうがよい。** 作図

〈面❶が見えている場合〉

頂点●に◎、矢印がついた面を集めてみる。まず、上から２段目には６面が並んでいるので、面❸はこの向きのまま切り取って、左端の面につなげることができる。さらに、面❶を頂点●に対して120°だけ回転移動させることができる。その結果、図１のようになる。

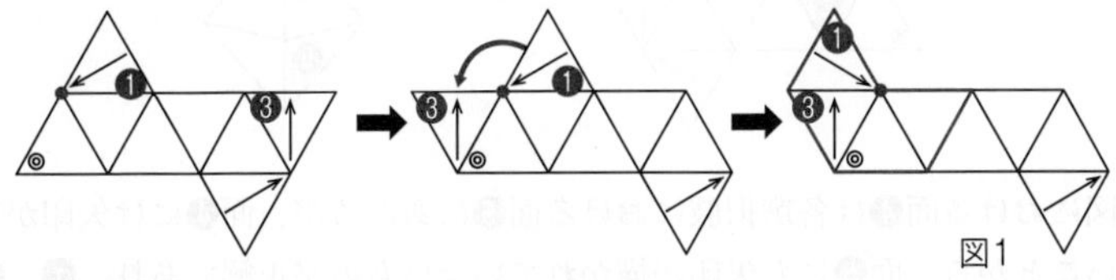

図1

次に、❷～❺の見取図を平面化すると次のようになるので、図１の**赤で囲んだ４面と同じ平面は❺である**ことがわかる。 平面化

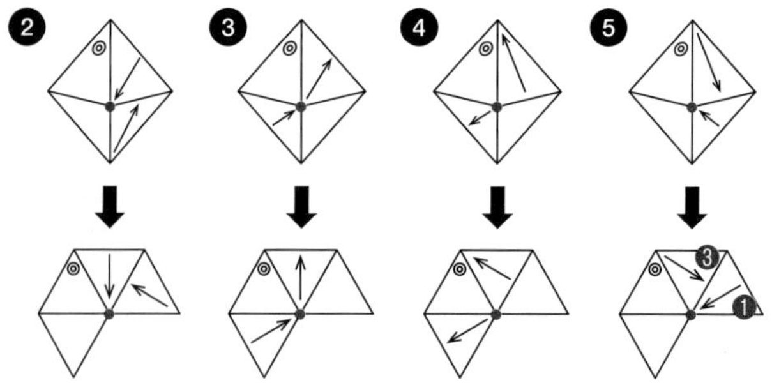

〈面❷が見えている場合〉

頂点●に◎、矢印がついた面を集めてみる。まず、上から２段目には６面が並んでいるので、◎のついた面はこの向きのまま切り取って、右端の面につなげることができる。その結果、図２のようになる。赤で囲んだ４面と同じ平面は選択肢にはない。

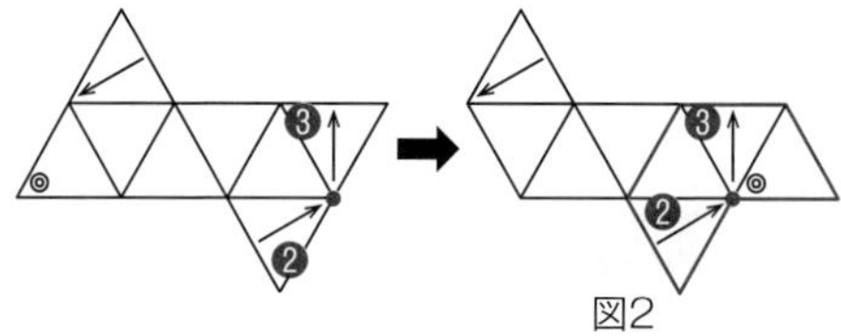

図2

［別　解］

選択肢を見ると、「◎」の面がすべて同じ位置にあることがわかる。

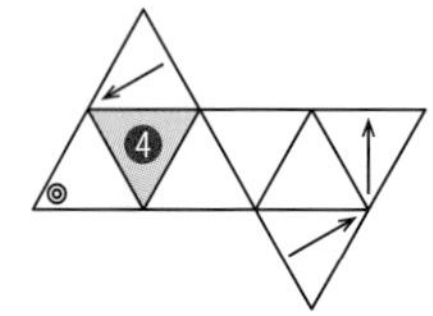

展開図における面❹は各選択肢における面❺にあたるが、面❹には矢印が描かれていないことから、面❺にも矢印が描かれていないものが正解であり、❶、❸、❹を除外することができる。あとは、上記のように❷と❺の見取図を平面化したものを比較すればよい。

問題4　次の展開図を組み立てたとき，面Aと平行になる面として正しいのはどれか。

東京消防庁Ⅰ類2005

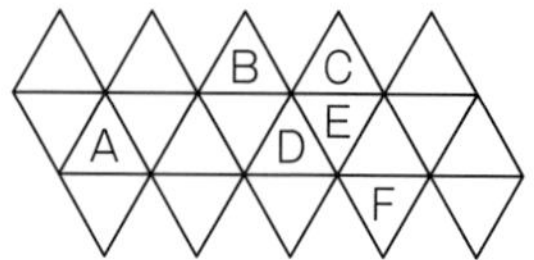

❶ B

❷ C

❸ D

❹ E

❺ F

解説

正解 4

正二十面体の展開図から平行面を考える問題である。平行な2面の位置関係は知識であるので、直接正解を求めればよい。テーマの把握

正二十面体の平行な2面は、6面の正三角形が1列に並んだときの両端の2面である。よって、面Aと平行になる面は面Eとなる。知識

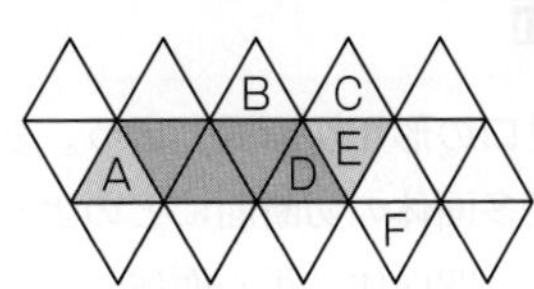

★★★

3 立体の切断面

立体の切断面は、公務員試験全般で出題が見られるテーマの１つです。よく知られている問題は切断面の形を考えさせる問題です。最近は、切断面の面積を求める出題も散見されています。

1 正多面体の切断面

立体を**平面**で**切断**した**切り口**の**形**を**切断面**という。どのように切断するかによって切断面の形は変わるが、**正多面体**の切断面にどのような形があり得るかは知識として覚えておきたい。特に、正四面体、正六面体、正八面体の切断面は、**あり得る切断面とあり得ない切断面を区別しておくことが大切**である。また、**必ず辺の中点を通らないとできない切断面は特に重要である。**

1 正四面体の切断面

① あり得る切断面

正三角形

二等辺三角形

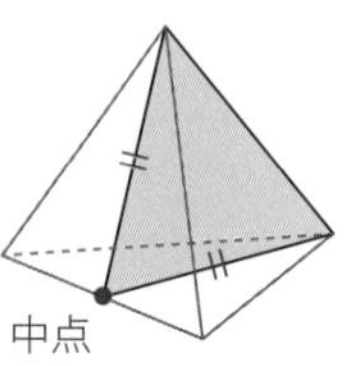

直角三角形

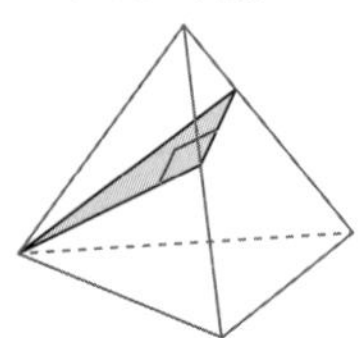

正方形

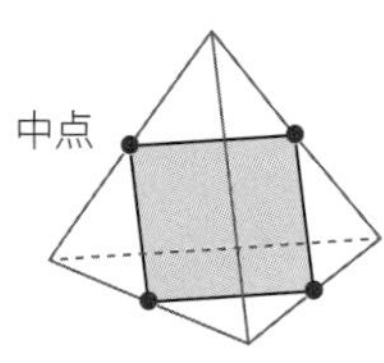

長方形

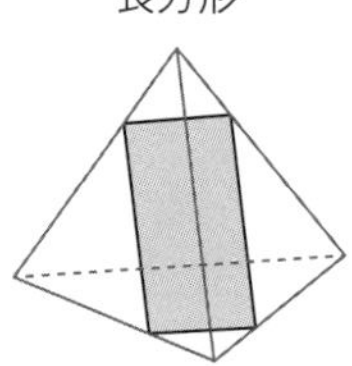

等脚台形[1]

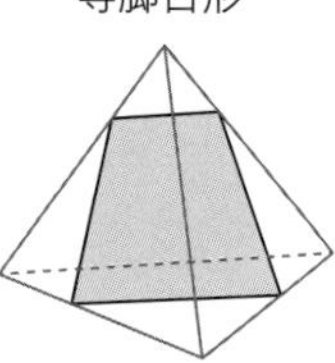

1　１組の対辺（上底と下底）が平行で、底辺の両端の内角が互いに等しいものを等脚台形という。

② あり得ない切断面

ひし形(正方形を除く)、平行四辺形(長方形を除く)、五角形以上が切断面に現れることはない。

2 正六面体の切断面

① あり得る切断面

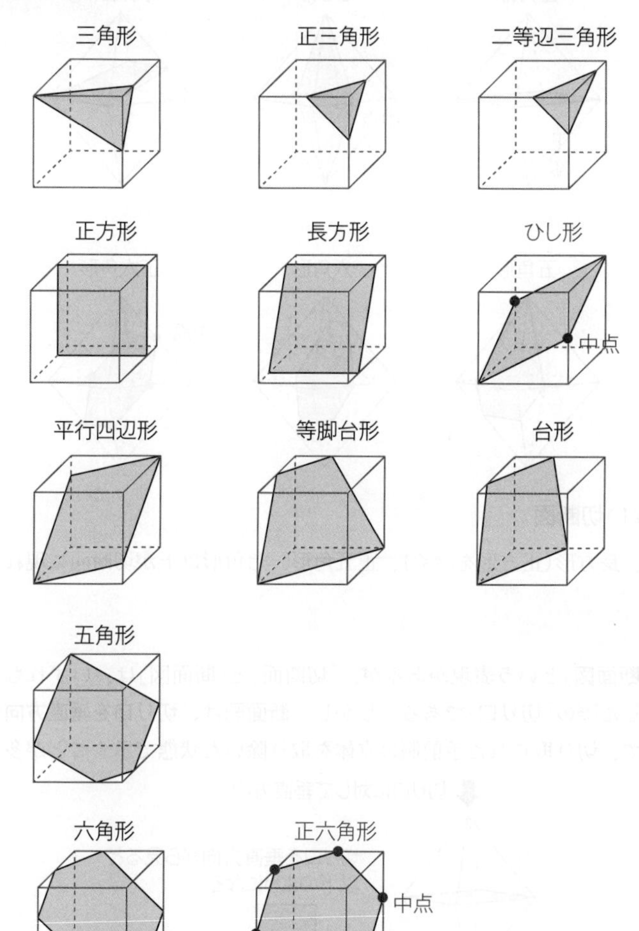

② あり得ない切断面

直角三角形、正五角形、七角形以上が切断面に現れることはない。

3 正八面体の切断面

① あり得る切断面

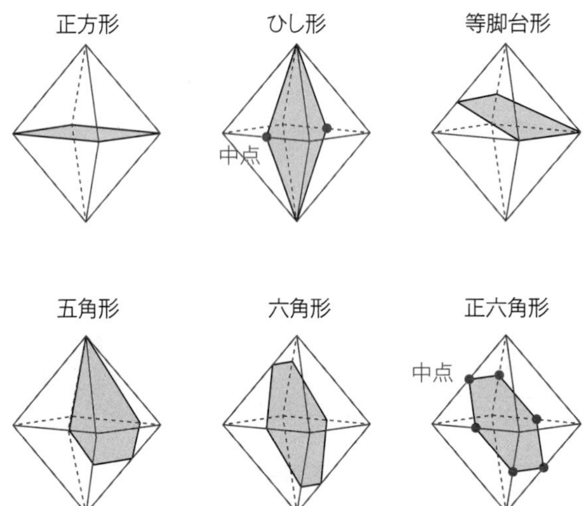

② できない切断面

三角形、長方形(正方形を除く)、正五角形、七角形以上が切断面に現れることはない。

注意「**断面図**」という表現があるが、「切断面」と「断面図」は、いずれも立体を平面で切断した際の「**切り口**」である。しかし、**断面図は、切り口を垂直方向から見たときの図**で、切り取られた手前側の立体を取り除いた状態で示すことが多い。

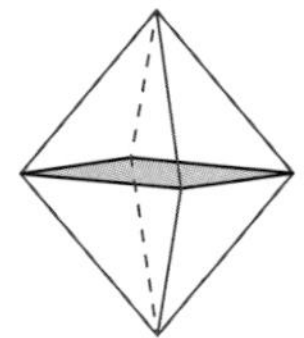

2 球・円柱・円錐の切断面

球・円柱・円錐を平面で切断した切り口の形(切断面)についても知識として覚えておきたい。その際に、**切断の方向とその切断面をセットにしておくことが大切**である。

1 球の切断面

どの方向から切断しても切断面は**円**である。切断面が球の中心を通る場合は、**円の半径は球と同じ**になり、それ以外を通る場合は、**円の半径は球の半径より小さい**。

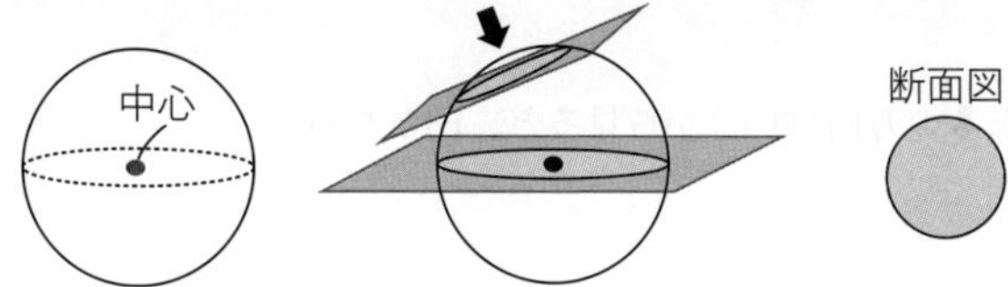

2 円柱の切断面

切断の方向とその切断面の組合せは次のようになる。

① 底面と平行に切断

底面と平行に円柱を切断すると、切断面は**円**となる。

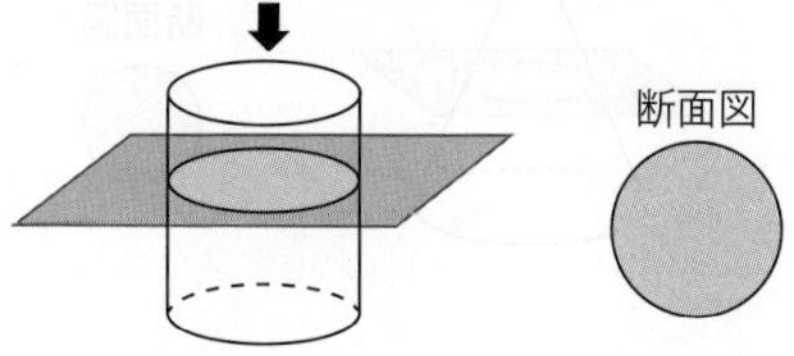

② 底面と垂直に切断

底面と垂直に円柱を切断すると、切断面は**長方形**となる。

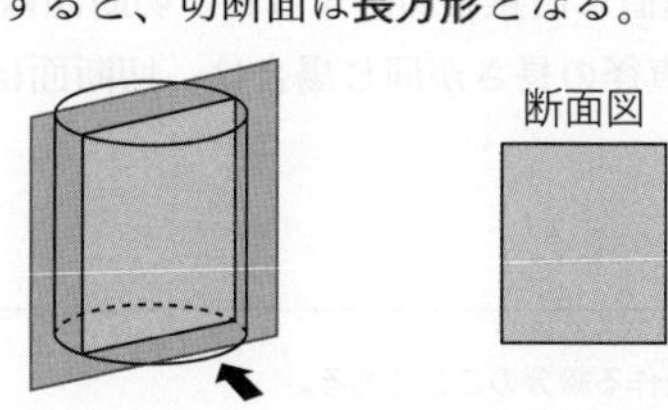

③ 斜めに切断

斜めに円柱を切断すると、切断面は**楕円**となる。また、斜めの位置によっては、切断面は、**一部が欠けた楕円**となることもある。

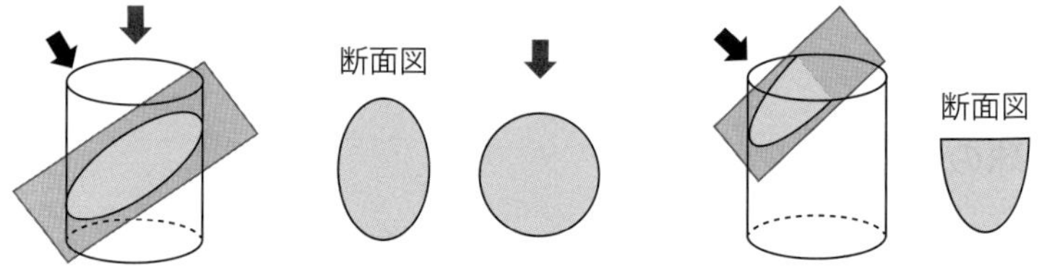

注意 楕円を⬇の方向(真上)から見ると、**円**となる。

3 円錐の切断面

切断の方向とその切断面のセットは次のようになる。

① 底面と平行に切断

底面と平行に円錐を切断すると、切断面は**円**となる。

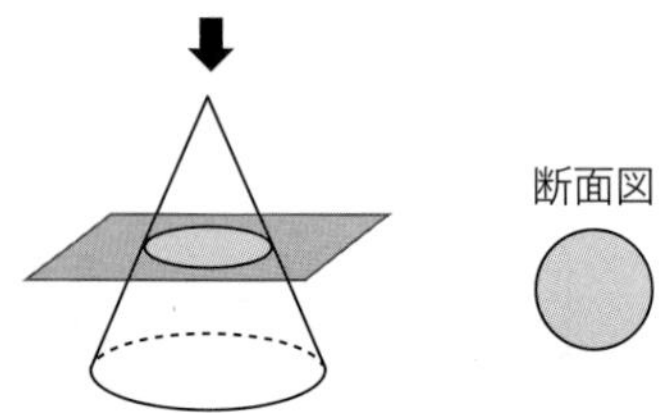

② 頂点を通り底面と垂直に切断

頂点を通り底面と垂直に円錐を切断すると、切断面は**二等辺三角形**となる。円錐の母線[2]と底面の円の直径の長さが同じ場合は、切断面は**正三角形**となる。

---

2 母線とは、円錐の側面を作る線分のことである。

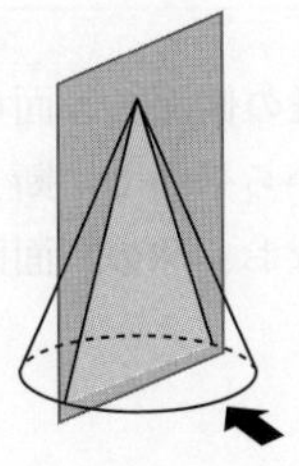

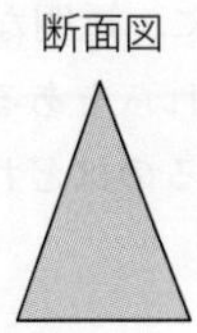

③ 斜めに切断

斜めに円錐を切断すると、平面の傾き加減によって切断面は異なる。傾き加減を考えるために、底面と平行に切断するときを**傾き＝0**、母線と平行に切断するときを**傾き＝α**とする。

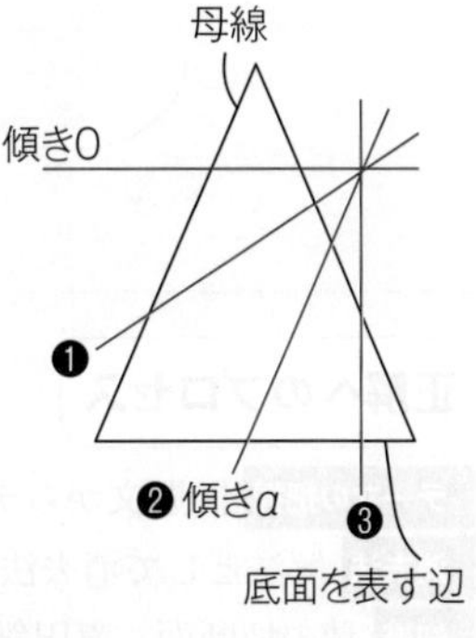

❶　傾きが0とαの間のとき、切断面は**楕円**となる。
❷　傾きがαのとき、切断面に**放物線**が現れる。
❸　傾きがαより大きいとき、切断面に**双曲線**が現れる。

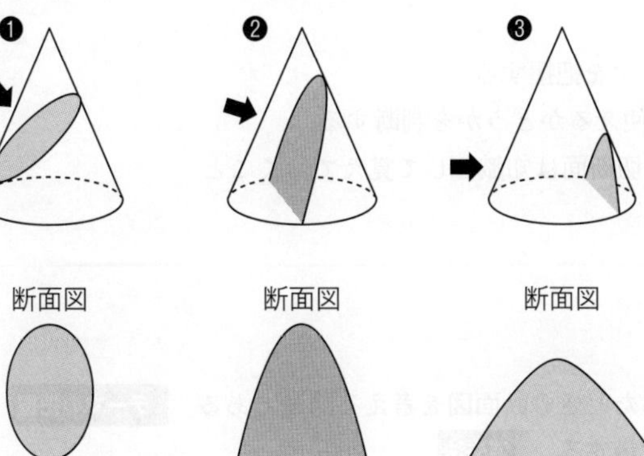

断面図　断面図　断面図

例題 3-6

図のように、透明な直円錐の側面と底面に灰色の球が内接している。これらをある方向から平面で切断したときの断面図としてあり得るのはどれか。なお、球の断面図は灰色で表す。

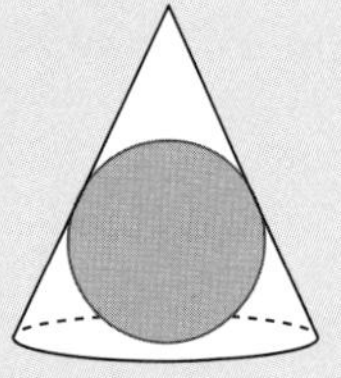

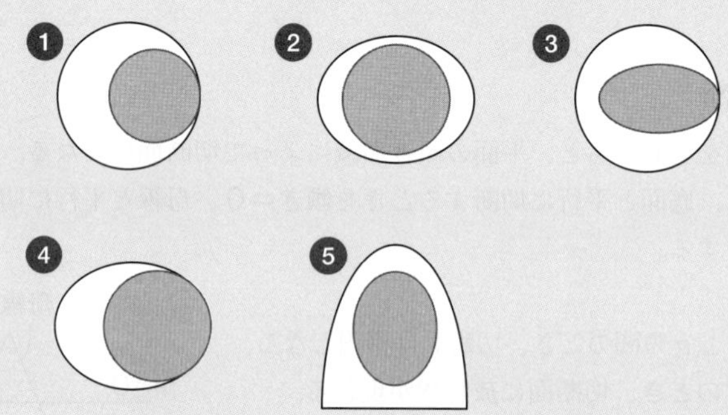

正解へのプロセス

テーマの把握 問題文からテーマを把握する。

消去法 解法として消去法が使えるかどうかを判断する。

知識 球の切断面、直円錐の切断面は知識として覚えておくこと。

解説

直円錐と球を同時に切断したときの断面図を考える問題である。**テーマの把握**

形を考えるので消去法を意識する。 **消去法**

異なる立体を同一平面で同時に切断したときは、一度に両方の立体の断面図を考えるのではなく、まずは個別の断面図を考えるようにする。そこで、明らかに間違っている断面図は消去する。

まず、**内側にある球の断面図を考える**。球はどの方向から切断してもその断面図は**円**であるが、❸、❺は円となっていないため不適である。**知識**

次に、直円錐の断面図を考える。直円錐の断面図には切断する方向によっていろいろな形が現れるが、❶では**円**であるので、**底面に対して平行に切断する必要があ**

る。また❷、❹は楕円であるので、斜めに切断する必要がある。

そこで、このことを踏まえて球の切断を同時に考えると次のようになる。

❶は、直円錐の断面図が円であるので、底面に対して平行に切断する必要がある。その場合、球も含めて切断することを考えると、球が直円錐に接しているところで切断すれば、球の断面図の円と直円錐の断面図の円は同じ大きさとなる(図1)。また、それ以外であれば、球の断面図の円と直円錐の断面図の円の大きさは異なり、2つの円の中心が重なって現れる(図2)。

よって、❶では、2つの円の中心が重なっていないので不適となる。

また、❷では直円錐を斜めに切断しているので、球の断面図の円は、楕円の中央には現れない。

よって、❷は不適となり、正解は❹となる。

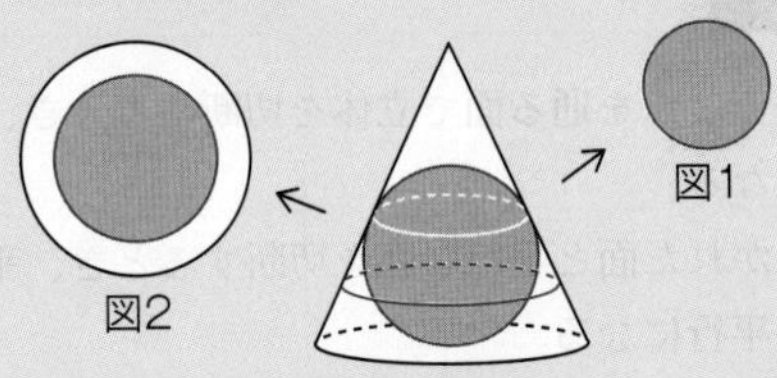

ちなみに、❹の切断の様子を正面から見ると次のようになる。

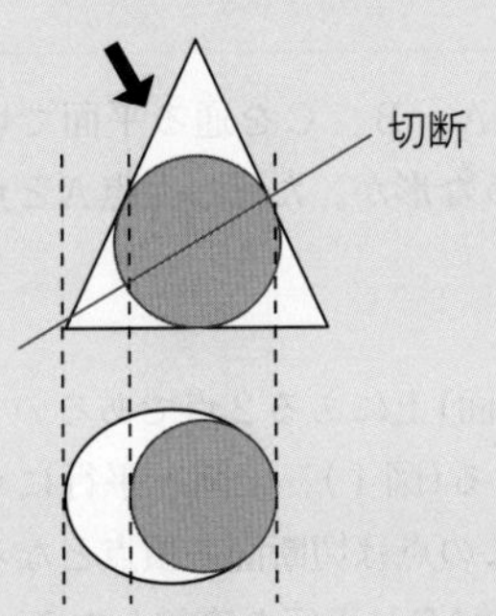

正解 

3 切断線の引き方

切断面の辺を切断線といい、立体図形の表面に切断線を引くことができれば、切断面の形を知ることができる。切断線の引き方にはルールがあり、そのルールに沿って切断線を引けばよい。予め、「**いくつかの点を通る**」という指示があることが多く、それらの点が立体図形の**頂点または辺上**にあれば、それらの点は**切断面の頂点**となる。

1 基本の引き方

切断線の引き方Ⅰ

❶ 同一平面上にある２点を通る面で立体を切断するとき、**その２点を直線で結んだ線**が切断線となる。

❷ ❶の切断線が引かれた面と**平行な面**を切断するとき、平行な面に現れる切断線は❶の切断線と**平行になる**。

※ 一般的に❶⇨❷を繰り返して切断線を引く場合が多い。

例1

正六面体を、３点A、B、Cを通る平面で切断したときの切断面はどのような形か。ただし、点Aと点Cはそれぞれ辺の中点である。

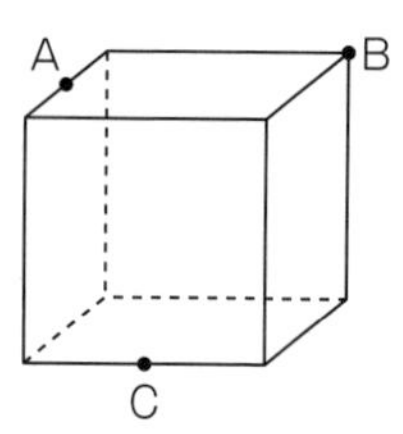

点Aと点Bは同一平面(上面)上にある２点であるので、**直線で結ぶ**と切断線ABができる(図１)。上面と平行になる下面を見ると、点Cがあり、この点は切断面の頂点となる。よって、下面にできる切断線は、**点Cを通り、切断線ABと平行な直線となる**。右面にできる端をDとおくと、図２のように切断線CDができる。

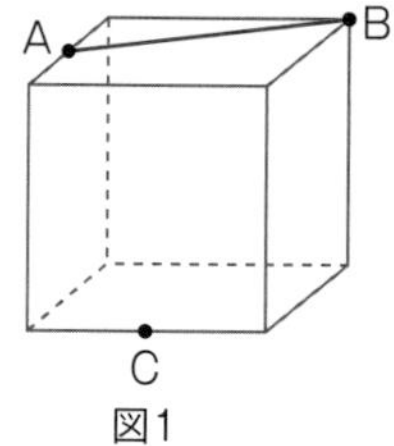

図1

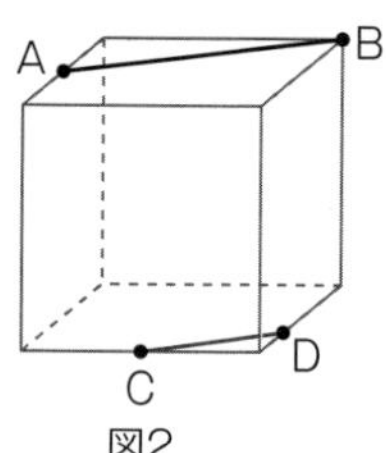

図2

点Bと点Dは同一平面(右面)上にある2点であるので、直線で結ぶと切断線BDができる(図3)。右面と平行になる左面を見ると、点Aがあり、この点は切断面の頂点となる。よって、左面にできる切断線は、点Aを通り、切断線BDと平行な直線となる。前面にできる端をEとおくと、図4のように切断線AEができる。

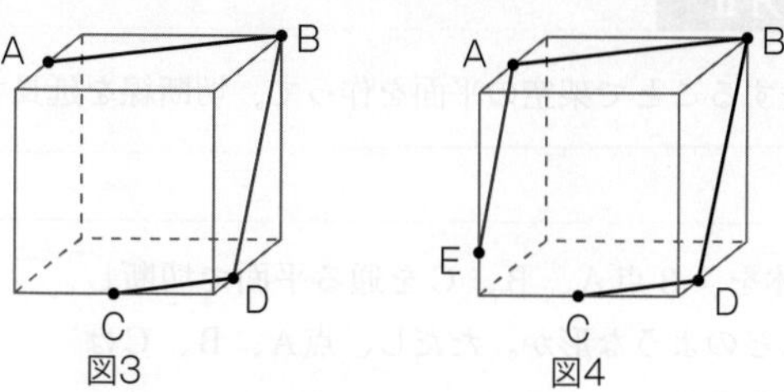

図3　図4

最後に、点Cと点Eは同一平面(前面)上にある2点であるので、直線で結ぶと切断線CEができ、切断面(<u>五角形</u>)が完成する(図5)。

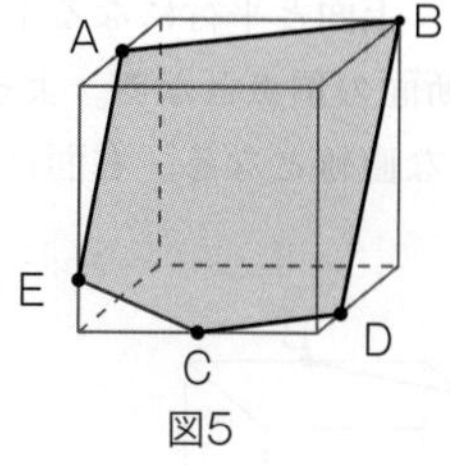

図5

2 面・立体を延長する

上記の❶と❷でうまく切断線が引けない場合は、次のルールに従う。

切断線の引き方Ⅱ

面や立体を延長することで架空の平面を作って、切断線を延長するとよい。

例2

正六面体を、３点A、B、Cを通る平面で切断したときの切断面はどのような形か。ただし、点A、B、Cはそれぞれ辺の中点である。

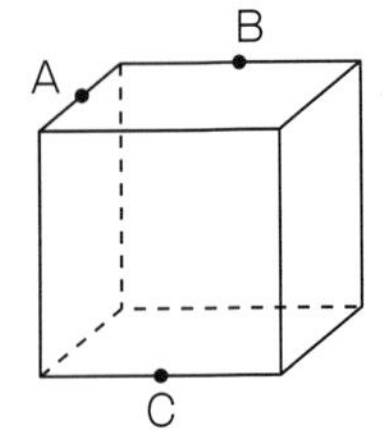

点Aと点Bは同一平面(上面)上にある２点であるので、**直線で結ぶと切断線ABができる**。上面と平行になる下面を見ると、点Cがあり、この点は切断面の頂点となる。よって、下面にできる切断線は、**点Cを通り、切断線ABと平行な直線となる**。右面にできる端をDとおくと、切断線CDができる(図１)。

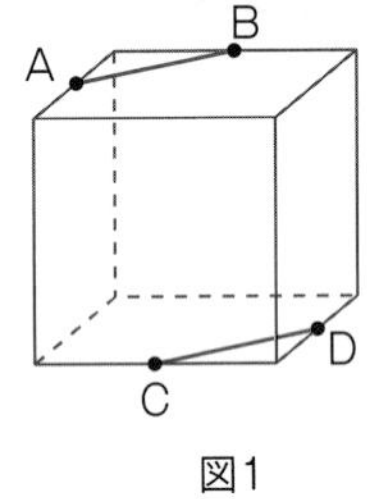

図1

点Aと点C、点Bと点Dはそれぞれ同一平面上にある２点ではないので、**直線で結ぶことはできない**。そこで、**下面と後面を延長した平面**(色つきの面)を作り、この延長した面上に**切断線CDを延ばす**と、突き当たりに点Pを作ることができる(図２)。

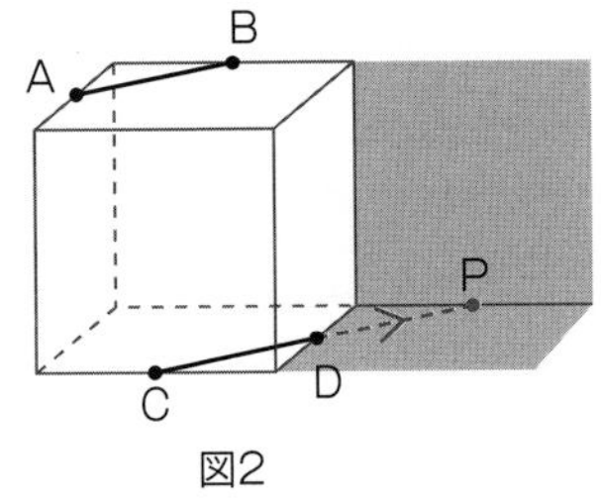

図2

この点Pは点Bと同一平面(後面)上にある２点であるので、**直線で結ぶと切断線**ができ、実際の右面にできる端をＥとおくと、立方体を切断する切断線BEとなる。さらに、点Ｄと点Ｅは同一平面(右面)上にある２点であるので、**直線で結ぶと切断線**DEができる(図３)。

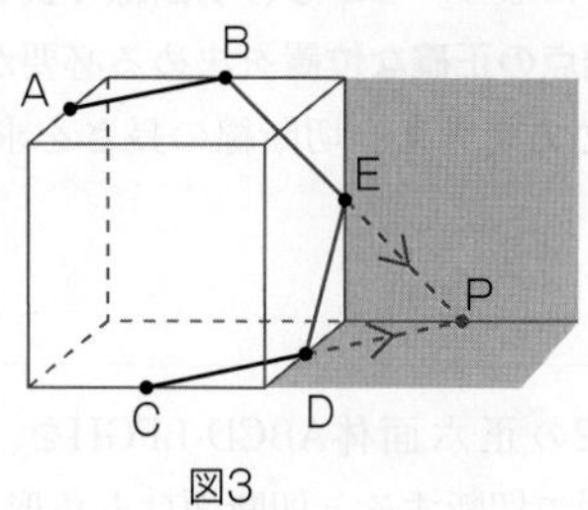

図3

次に、左面にできる切断線は、**切断線DEと平行になるように引き**、新たにできる端をＦとおくと、切断線AFができる(図４)。最後に、点Ｃと点Ｆは同一平面(前面)上にある２点であるので、**直線で結ぶと切断線**CFができ、切断面(<u>正六角形</u>)が完成する(図５)。

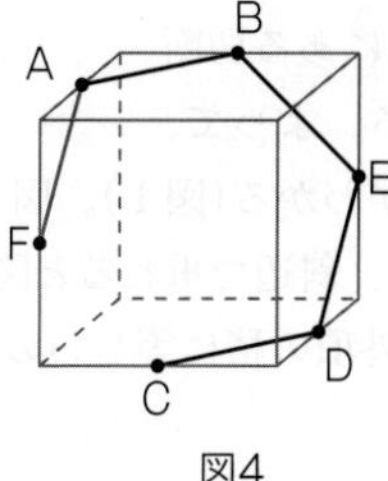

図4

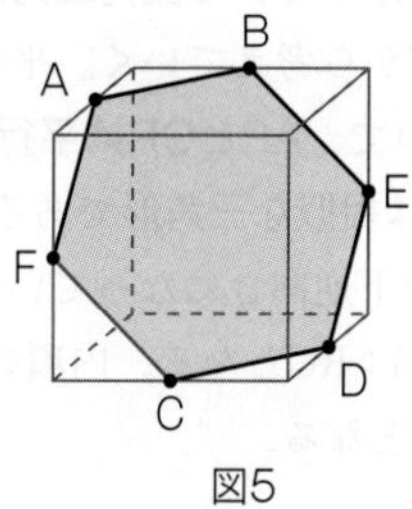

図5

3 切断線の端点を正確に求める

試験会場では原則、定規の使用は禁止なので、鉛筆などを添えて切断線を引き、切断面の形を把握することになる。しかし、**切断線の長さや切断面の面積などを求める問題では、切断線の端点の正確な位置を決める必要がある**。ここでは、**切断線の端点の正確な位置の決め方を考え**、切断線の長さを求めることについて説明する。

例3

1辺の長さが12の正六面体ABCD-EFGHを、3点A、P、Qを通る平面で切断すると切断面は五角形APSQRとなる。このとき、QSの長さはいくらか。ただし、点P、点Qはそれぞれ辺の中点である。

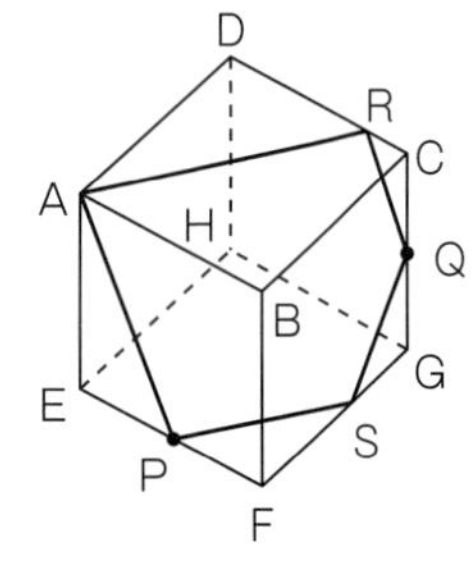

2辺の長さがわかっている直角三角形は△AEPのみであるので、△AEPから考えていく。平行な面にある切断線は平行であるので、**APとQRは平行である**。よって、**△AEPと△QCRは相似な三角形**であることがわかる（図1）。図1より、△AEPに対して△QCRは上下逆向きになっているので、斜辺で重ねると図2のようになり、比例式は12：6＝6：RCとなる。内項の積は外項の積に等しいので、6×6＝12×RCとなり**RC＝3**となる。

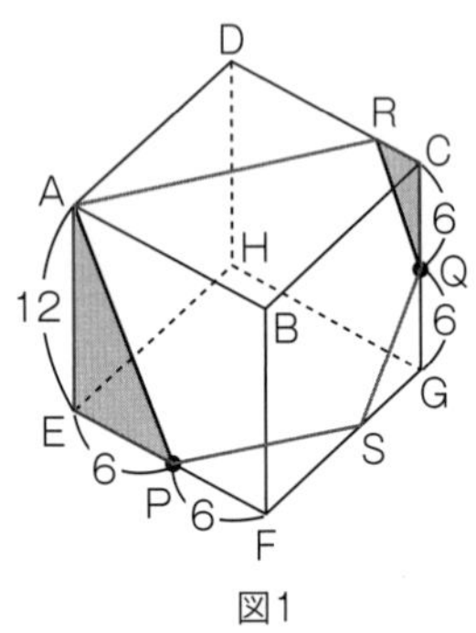

図1

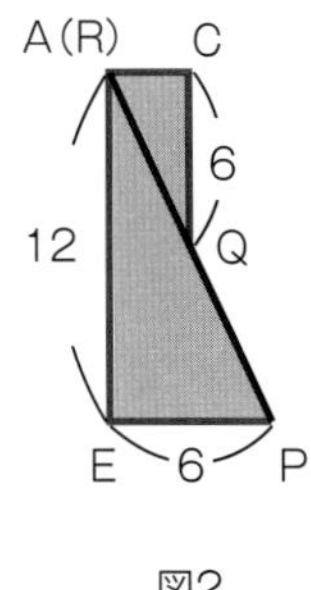

図2

RC＝3より、DR＝12−3＝9となり、△ADRに着目すると、△ADRと△SFPは相似な三角形であることがわかる(図3)。図3より、△ADRに対して△SFPは上下逆向きになっているので、斜辺で重ねると図4のようになり、比例式は12：9＝SF：6となる。9×SF＝12×6となり、**SF＝8**となる(図5)。

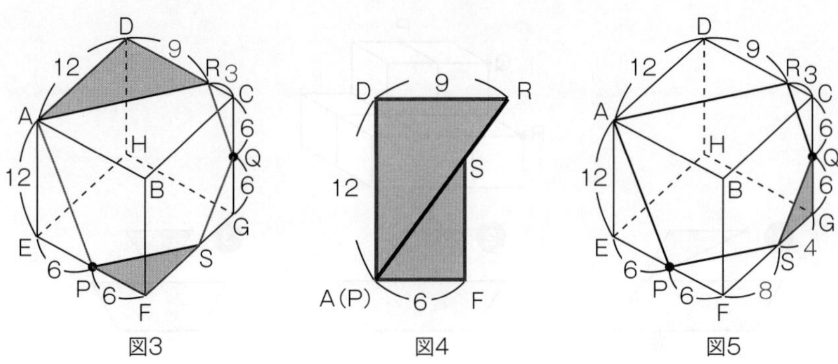

図3　図4　図5

したがって、**GS＝12−8＝4**となり、図5のように直角三角形GQSに着目すると、三平方の定理より、$QS^2=6^2+4^2$が成り立つ。$QS^2=36+16=52$より、QS＝<u>$2\sqrt{13}$</u>となる。

例題 3-7

下図のように、同じ大きさの立方体を8個積み上げて立体を作った。点P、Q、Rの3点を通る平面で切断したとき、その断面図の形として妥当なのはどれか。

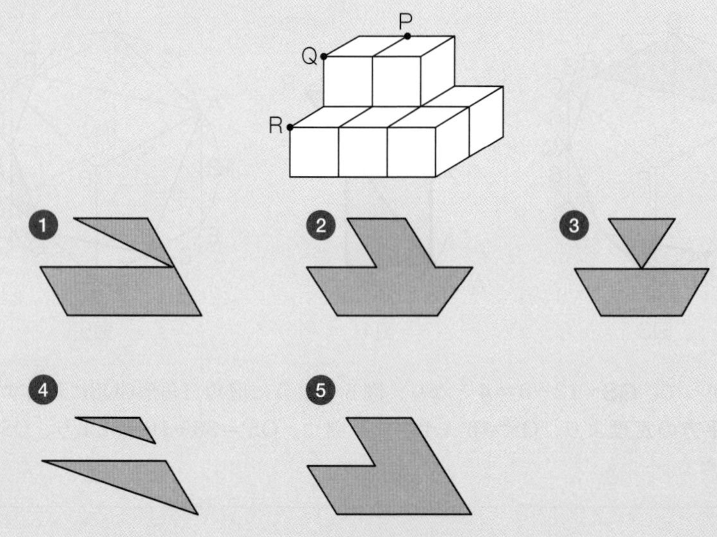

正解へのプロセス

テーマの把握 問題文からテーマを把握する。また、解法として消去法が使えるかどうかを判断する。

作図 断面図の形を考えるので、切断線を図に書き入れていく。

解説

断面図を考える問題である。**実際に図を描かなくては解けないので消去法は使えない。** **テーマの把握**

ルールに則して、**切断線を引いていく。** **作図**

点Pと点Qは同一平面上にある2点であるので、**直線で結ぶと切断線PQができる**(図1)。

次に、切断線PQが引かれた面と平行になる面はいくつかあるが、図1の色つきの面に着目すると点Rがある。**点Rは切断面の頂点となるので、この点から切断面**

の辺となる切断線を引かなければならない。よって、点Rから色つきの面に引くことができる切断線は、切断線PQと平行になり、この切断線の端をSとおくと、切断線RSができる(図2)。

なお、切断線RSは図のように立体の内部に延ばすことはできるが、立体の表面上に現れる切断線がわかれば切断面の形は判断できるので、点Sで止めておく。

よって、点Qと点Sは同一平面上にある2点であるので、直線で結ぶと切断線QSができる(図3)。

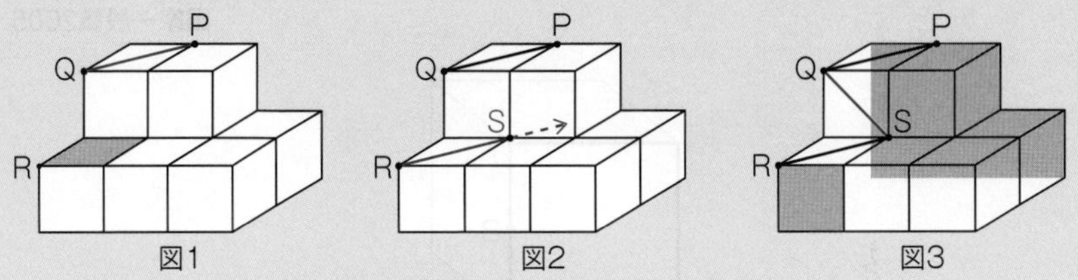

図1　図2　図3

切断線QSが引かれた面と平行になる面はいくつかあるが、図3の色つきの面に着目すると点Rおよび点Pがある。よって、点Rおよび点Pから色つきの面に引くことができる切断線は、切断線QSと平行になり、それぞれの切断線の端をTおよびUとおくと、切断線RTおよび切断線PUができる(図4)。

最後に、点Tと点Uは同一平面(下面)上にある2点であるので、直線で結ぶと切断線TUができ、図5のように切断面が完成する。

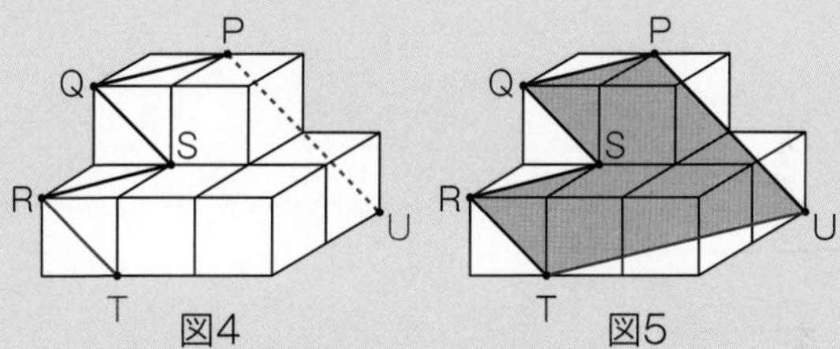

図4　図5

よって、図5を満たす断面図は❺である。

正解 ❺

過去問Exercise

問題1

図のような立方体の二辺の中点A、B及び太線部以外のいずれかの辺の中点の三つの点を必ず通る平面の断面図として、ア～カのうちで、できるものをすべて挙げているのはどれか。

国家一般職2005

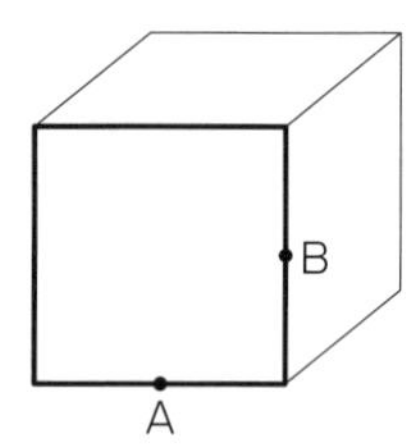

ア　正三角形
イ　正方形
ウ　長方形
エ　正五角形
オ　正六角形
カ　八角形

1　ア、イ

2　ア、ウ、オ

3　イ、エ、カ

4　イ、エ、オ

5　ウ、カ

解説

正解 ❷

立方体の断面図を考える問題である。 テーマの把握

形を考えるので消去法を意識する。 消去法

立方体の断面図として、直角三角形、正五角形、七角形以上はあり得ない。 知識

よって、エ(正五角形)やカ(八角形)を含んでいる❸、❹、❺は不適となり、残った❶、❷のいずれかが正解となる。

切断の様子に制約があるので、実際に切断面を描いてみる。 作図

図1のように中点を1個取り、3個の中点を結ぶと正三角形ができる(図2)。

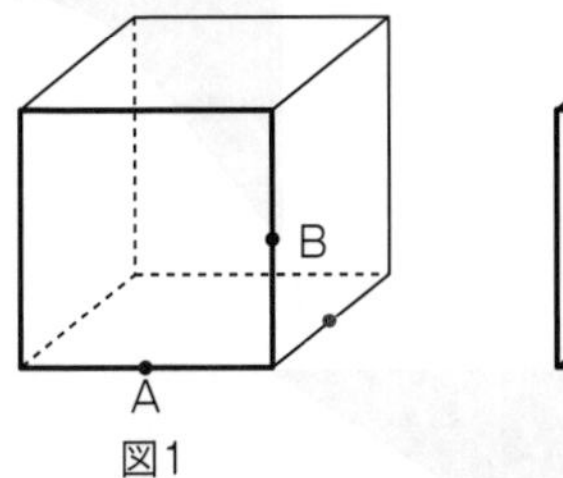

図1

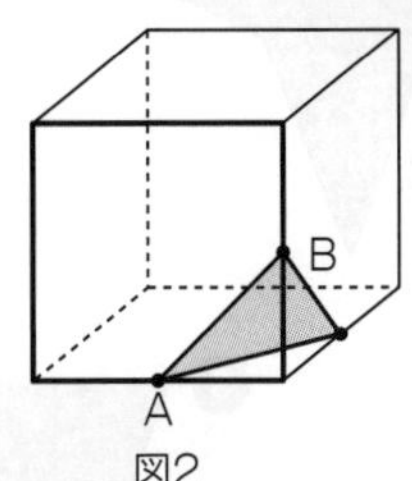

図2

また、切断面が正六角形(図3)となるためには、立方体の**6辺の中点を必ず通らなければならない**(図4)。

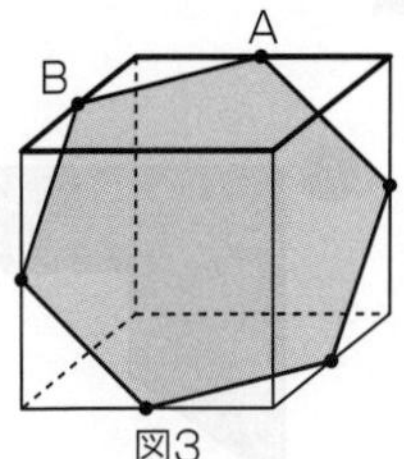

図3

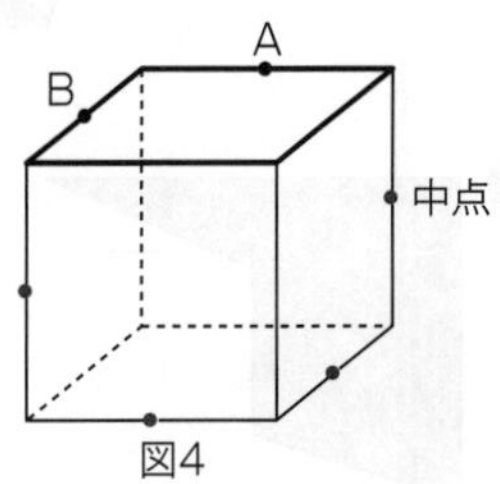

図4

したがって、ア(正三角形)とオ(正六角形)はできるので、この2つを満たす選択肢は❷である。

因みに、ウ(長方形)は図のようにできるが、正方形はこの条件ではできない。

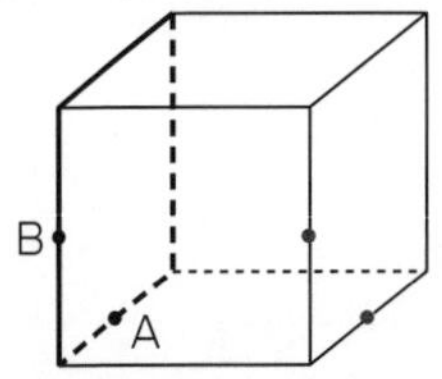

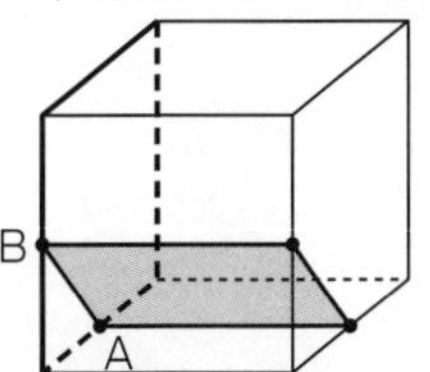

問題2 左図のように、3つの立方体をL字形に並べた形状をした立体を、頂点A、B及びCの3点を通る平面で切断したとき、頂点Pを含む側の立体にできる切断面の形状として、妥当なのはどれか。

東京都Ⅰ類2016

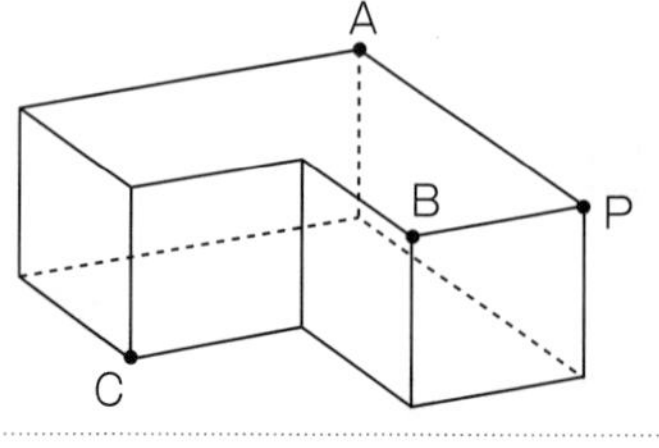

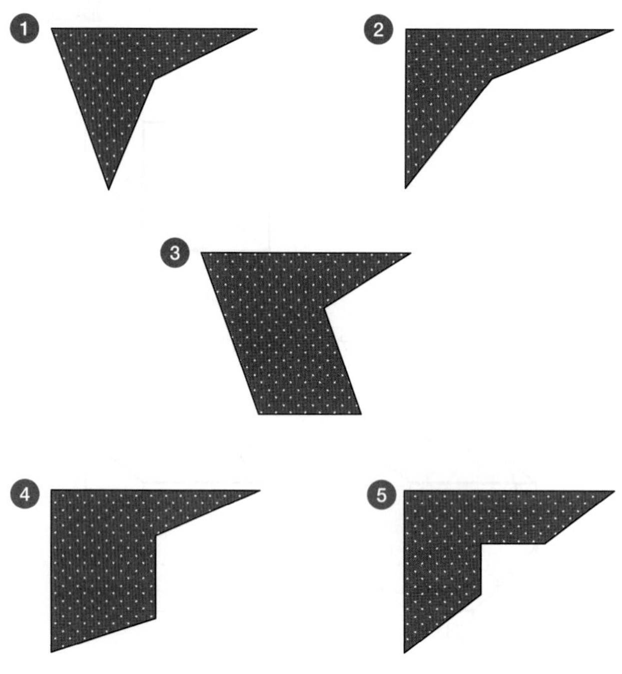

解説

正解 ③

切断面の形を考える問題である。**実際に図を描かなくては解けないので消去法は使えない。** テーマの把握

ルールに則して、**切断線を引いていく。** 作図

点Aと点Bは、同一平面上にある2点であるので**直線で結ぶ**と、切断線ABができる。次に、下面を見ると点Cがあり、この点は切断面の頂点となる。よって、点Cから下面に引くことができる切断線は**切断線ABと平行**になり、切断線の端をDとおくと、図1のようになる。

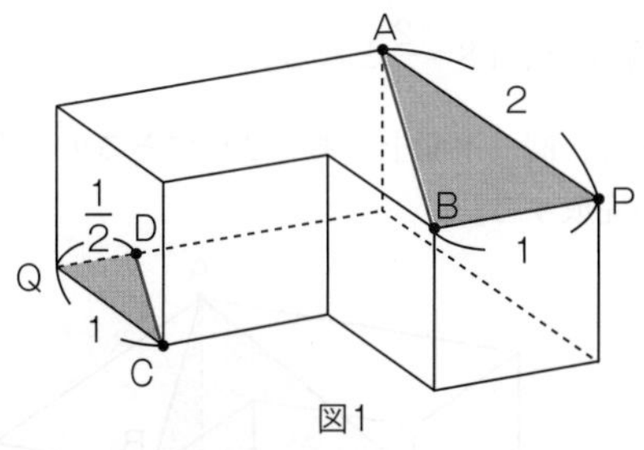

図1

なお、正確に点Dの位置を見つけるには、相似な三角形から比例式を考えればよい。図1のように頂点をQとおき、立方体の1辺の長さを1とすると、AP：BP＝CQ：DQより、2：1＝1：DQが成り立つ。これを解くと、DQ＝$\frac{1}{2}$となる。

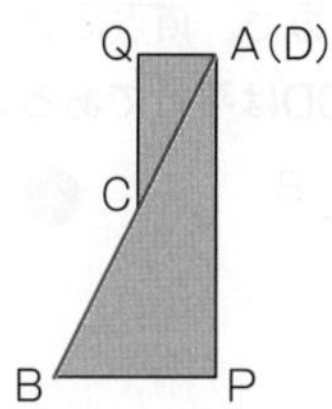

さらに、点Aと点Dは同一平面上にある2点であるので**直線で結ぶ**と、切断線ADができる。次に、前面を見ると点Cがあり、この点は切断面の頂点となる。よって、点Cから前面に引くことができる切断線は**切断線ADと平行**になり、切断線の端をEとおくと、図2のようになる。

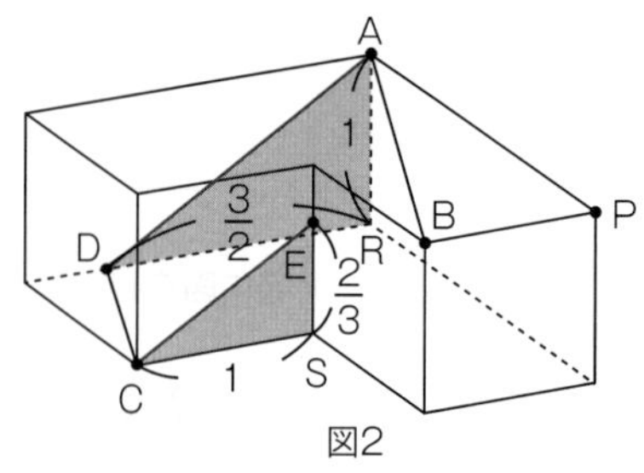

図2

なお、正確に点Eの位置を見つけるには、相似な三角形から比例式を考えればよい。図2のように頂点をR及びSとおくと、AR：DR＝ES：CSより、1：$\frac{3}{2}$＝ES：1が成り立ち、これを解くと、ES＝$\frac{2}{3}$となる。

最後に、点Bと点Eは、同一平面上にある2点であるので**直線で結ぶ**と、図3のようになり、切断面が完成する。

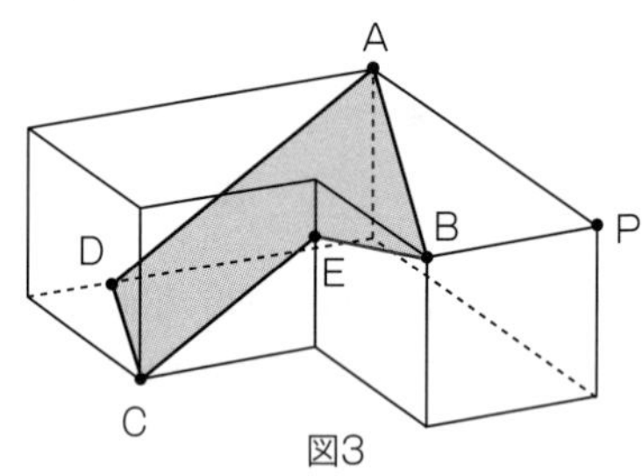

図3

図3に近い形は、❸、❹であるので、頂点にアルファベットを付けると、次のようになる。図3では、**辺ABと辺CDは平行である**ので、❸が正解となる。

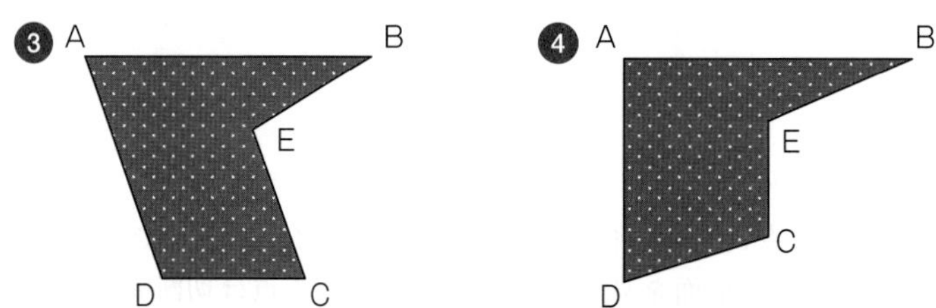

問題3　下の図のような、一辺の長さが6cmの立方体ABCDEFGHを、頂点A、頂点F及び点Pの3点を通る平面で切断したとき、切断面の面積として、正しいのはどれか。ただし、点PはCD上にあり、CPの長さは2cmとする。

東京都Ⅰ類2019

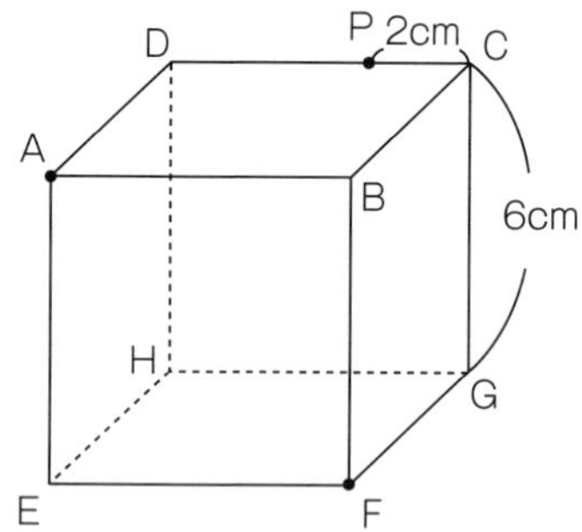

1. $\sqrt{22}\mathrm{cm}^2$
2. $2\sqrt{22}\mathrm{cm}^2$
3. $4\sqrt{22}\mathrm{cm}^2$
4. $6\sqrt{22}\mathrm{cm}^2$
5. $8\sqrt{22}\mathrm{cm}^2$

解説

正解 5

切断面の面積を求める問題である。数値を求めるので消去法は使えない。 **テーマの把握**

切断面の形がわからないと面積を求めることはできないので、**切断線を引いて切断面の形を知る必要がある。** **作図**

点Aと点Pは同一平面（上面）上にある2点、さらに点Aと点Fは同一平面（前面）上にある2点であるので、それぞれを**直線で結ぶ**と切断線AP及びAFができる。

前面と平行な後面を見ると、点Pがあり、この点は切断面の頂点となる。よって、点Pから後面に引くことができる切断線は、**切断線AFと平行**になり、右面に現れる切断線の端を点Qとすると、切断線PQができる（図1）。

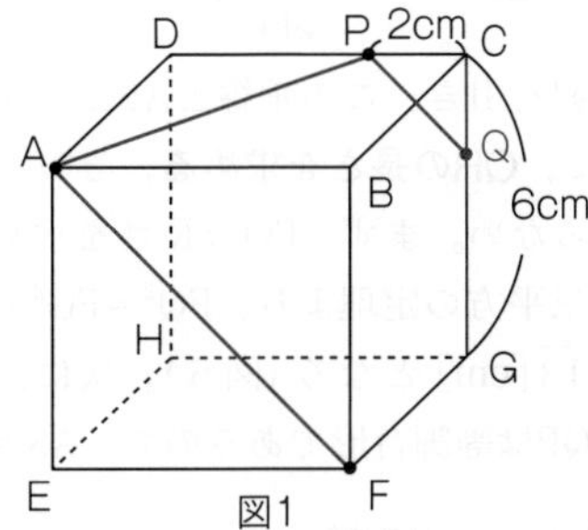

図1

CQの長さを求める。**AFは正方形の対角線であるので、△AEFは直角二等辺三角形である。よって、△PCQも直角二等辺三角形であるので、CQ＝CP＝2［cm］**となる（図2）。点Fと点Qは同一平面（右面）にある2点であるので、この2点を**直線で結ぶ**と切断線FQができ、図3のように切断面が完成する。

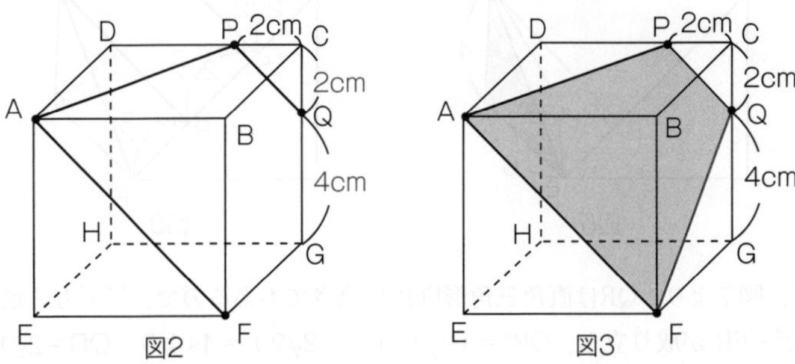

図2　図3

図3より、AFとPQは平行であり、∠PAF＝∠QFAなので、切断面の四角形は等脚台形であることがわかる。（等脚）台形の面積は公式で求めることができ、「（台

形の面積）$=\frac{1}{2}\times$ **{（上底）＋（下底）}×（高さ）**」となる。

PQを上底、AFを下底とすると、△PCQが**直角二等辺三角形**であることより、**PQ（上底）**$=2\sqrt{2}$ **[cm]**、△AEFも**直角二等辺三角形**であることより、**AF（下底）**$=6\sqrt{2}$ **[cm]** となる（図4）。

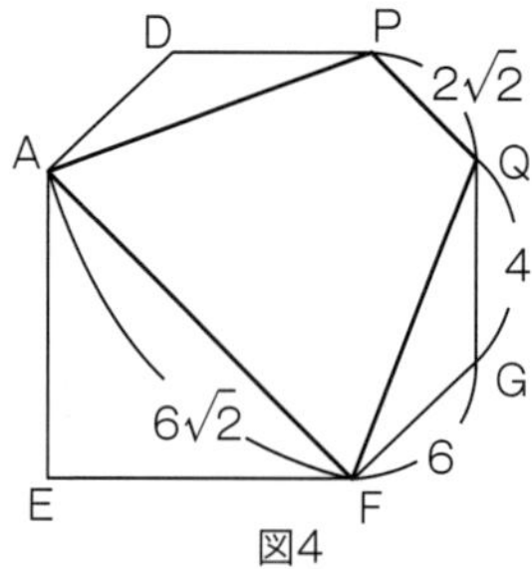

図4

次に、点QからAFに垂線を引き、この垂線とAFとの交点をRとおくと、**QRは台形の高さ**となる。よって、**QRの長さを求める**。そのためには、FQとFRの長さを求めておかなければならない。まず、FQの長さを求める。FQは、**直角三角形FGQの斜辺であるの**で、三平方の定理より、$FQ^2=FG^2+QG^2$が成り立ち、$FQ^2=6^2+4^2=52$より、$FQ=2\sqrt{13}$ [cm] となる（図5）。次に、FRの長さを求める。$RS=2\sqrt{2}$ であり、四角形AFQPは等脚台形であるので、AS＝FRとなる。よって、$FR=\frac{6\sqrt{2}-2\sqrt{2}}{2}=2\sqrt{2}$ [cm] となる（図6）。

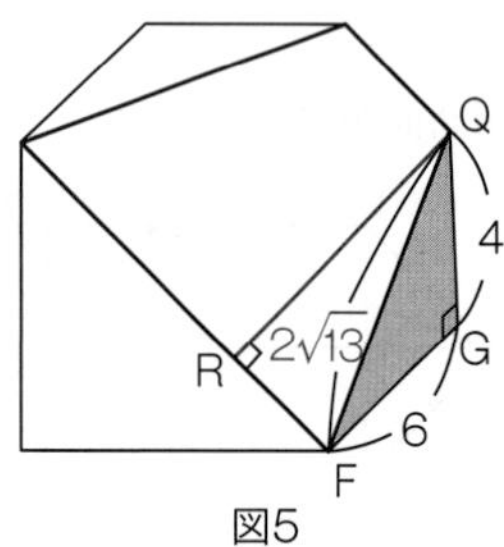

図5

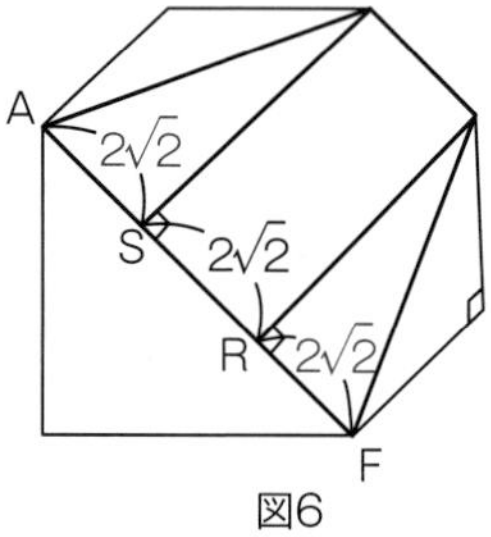

図6

よって、図7より、QRは直角三角形FQRの高さでもあるので、三平方の定理より、$QR^2=FQ^2-FR^2$が成り立ち、$QR^2=(2\sqrt{13})^2-(2\sqrt{2})^2=44$より、**$QR=2\sqrt{11}$ [cm]** となる。

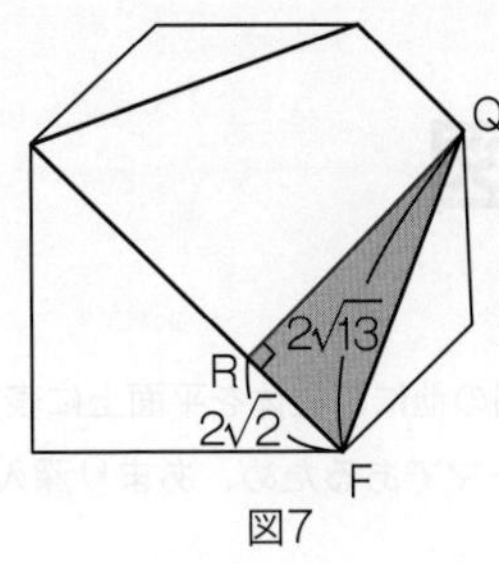

図7

等脚台形AFQPの面積は、$\frac{1}{2}\times(2\sqrt{2}+6\sqrt{2})\times 2\sqrt{11}=8\sqrt{22}$ [cm^2] となる。

★★★

投影図

第2節で紹介した見取図と展開図の他に、立体を平面上に表す図として投影図があります。難度が高く、出題頻度は低いテーマであるため、あまり深入りはせず基本的な考え方を押さえておけば十分でしょう。

❶ 投影図の基本

投影図とは、立体の見取図に、ある方向から平行光線を当てた際に壁にできる影のようなもので、３次元の構造物を２次元に表した図である。

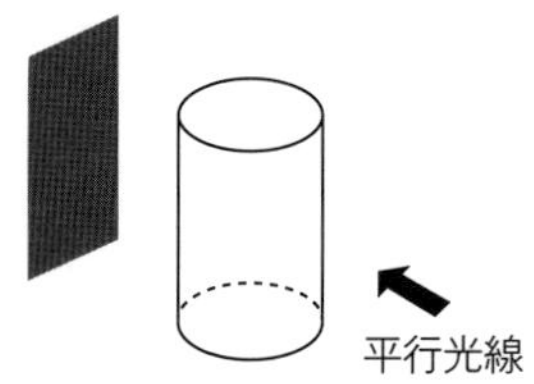

1 投影図の種類

立体の投影図は、**正面図**、**側面図**、**平面図**の３種類が基本である。側面図には**左側面図**と**右側面図**があり、立体を見る方向によって区別される。

❶ 立体を**真正面から見たとき**の投影図を**正面図**という。

❷ 立体を**真横から見たとき**の投影図を**側面図**といい、左から見たときの**左側面図**、右から見たときの**右側面図**がある。

❸ 立体を**真上から見たとき**の投影図を**平面図**という。

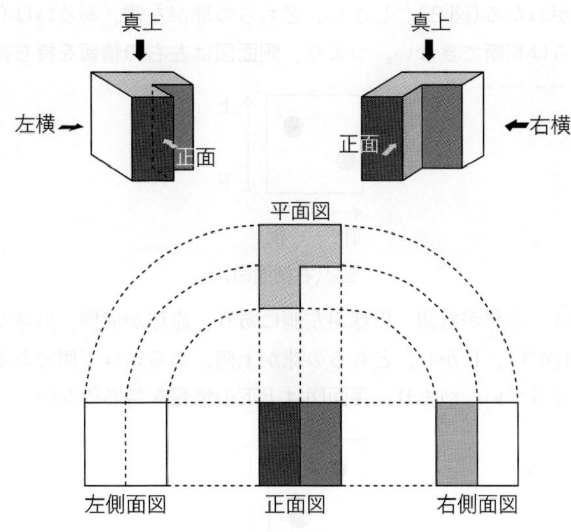

2 投影図から得られる基本情報

例えば、透明な立方体の内部の空間に赤球と黒球が浮いており、その空間の投影図が次のようになるとする。

ここで、投影図ごとに**赤球と黒球の上下・左右・前後の位置を考えてみる**。正面図からは、赤球が右側、黒球が左側にあり、赤球が下側、黒球が上側にあることがわかる(図1)。しかし、どちらの球が前側、あるいは後側であるかは、この図からは判断できない。つまり、**正面図は前後の情報を持ち得ない**。

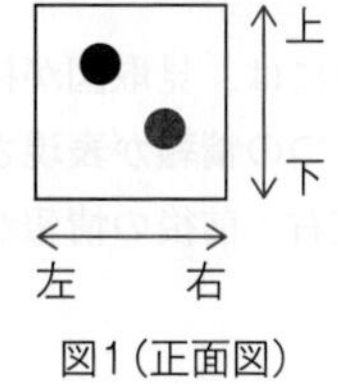

図1(正面図)

次に、右側面図からは、赤球が下側、黒球が上側にあり、赤球が前側、黒球が後側にあることがわかる(図2)。しかし、どちらの球が左側、あるいは右側であるかは、この図からは判断できない。つまり、**側面図は左右の情報を持ち得ない。**

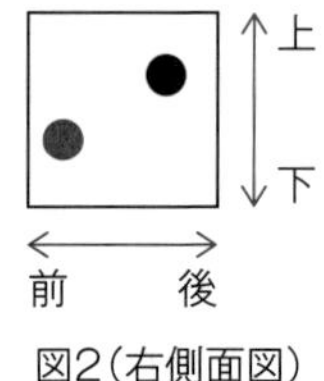

図2(右側面図)

平面図からは、赤球が右側、黒球が左側にあり、赤球が前側、黒球が後側にあることがわかる(図3)。しかし、どちらの球が上側、あるいは下側であるかは、この図からは判断できない。つまり、**平面図は上下の情報を持ち得ない。**

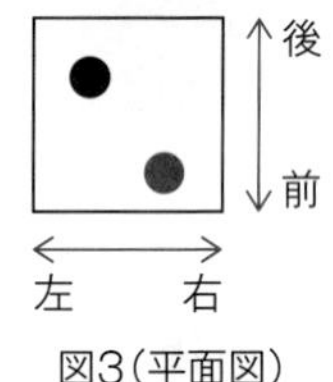

図3(平面図)

ここまでをまとめると、次のようになる(情報あり:○、情報なし:×)。

	上下	左右	前後
正面図	○	○	×
側面図	○	×	○
平面図	×	○	○

注意 それぞれの投影図に上下・左右・前後の軸を書き入れると、位置を見誤る危険性が少なくなる。例えば、**左側面図と右側面図では、前後の位置が逆になる。**

3 投影図の相互関係

前述のように、投影図そのものには、見取図が持つ上下・左右・前後についての3つの情報のうち、**必ずどれか1つの情報が表現されない。**また、2種類の投影図を組み合わせることで、上下・左右・前後の情報が一致する。

① 正面図と側面図

正面図と側面図を組み合わせると、前掲の表よりこの２つの図は**上下**の情報を持っている。つまり正面図で**上から(黒球)→(赤球)**の順で並んでいれば、右側面図でも同様の並び順となり、**上下の関係が一致する。**

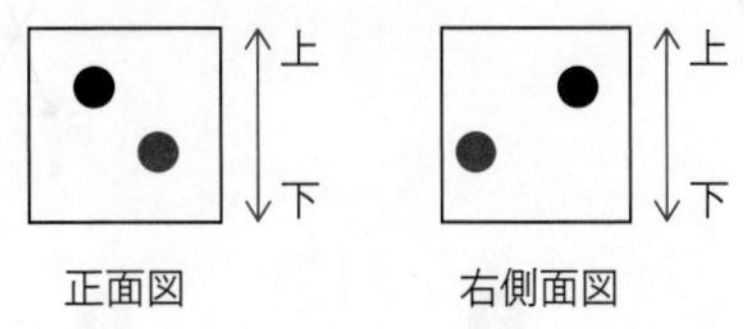

② 正面図と平面図

正面図と平面図を組み合わせると、前掲の表よりこの２つの図は**左右**の情報を持っている。つまり正面図で**左から(黒球)→(赤球)**の順で並んでいれば、平面図でも同様の並び順となり、**左右の関係が一致する。**

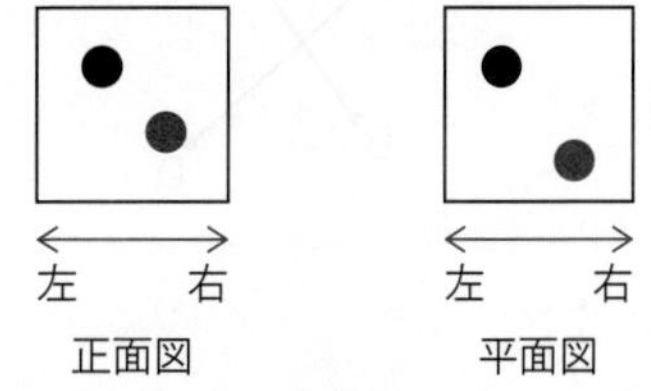

③ 側面図と平面図

側面図と平面図を組み合わせると、前掲の表よりこの２つの図は**前後**の情報を持っている。つまり右側面図で**前から(赤球)→(黒球)**の順で並んでいれば、平面図でも同様の並び順となり、**前後の関係が一致する。平面図での前後の関係は、下側(手前)から上側(奥)に向かって「前→後」という配置になることに気をつけよう。**

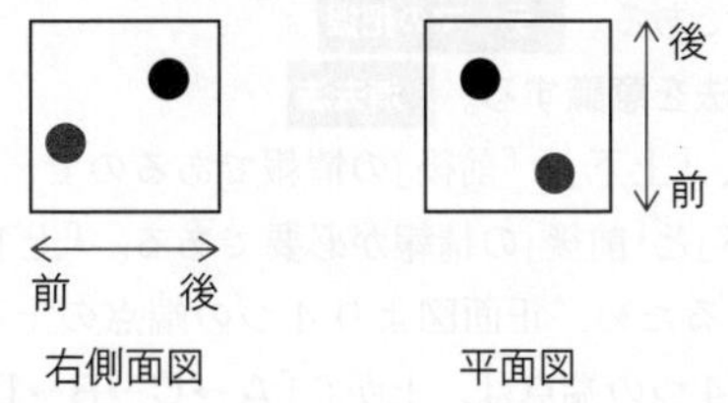

例題 3-8 空間内の２線分の正面図と平面図が下のようであるとき、この２つの線分の右側面図として妥当なのはどれか。

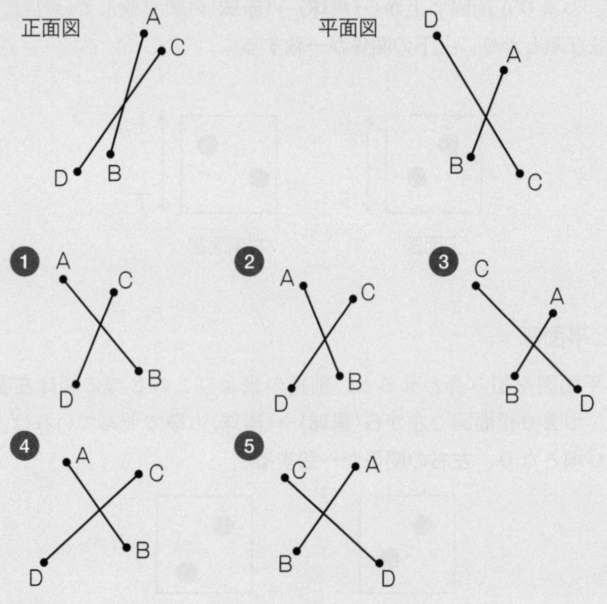

正解へのプロセス

テーマの把握 問題文からテーマを把握する。

消去法 解法として消去法が使えるかどうかを判断する。

作図 ２種類の投影図を組み合わせて、端点の並び順を比較する。

解説

投影図を考える問題である。**テーマの把握**

形を考えるので消去法を意識する。**消去法**

側面図に現れるのは、「上下」と「前後」の情報であるので、選択肢の右側面図を判断するためには、「上下」と「前後」の情報が必要である。「上下」の情報は正面図と右側面図において一致するため、正面図より４つの端点の上下の位置関係を把握する。正面図を見ると、４つの端点は、上から「A→C→B→D」の順で並んでいるので、右側面図においても４つの端点は同じ順で並ばなければならない。**作図**

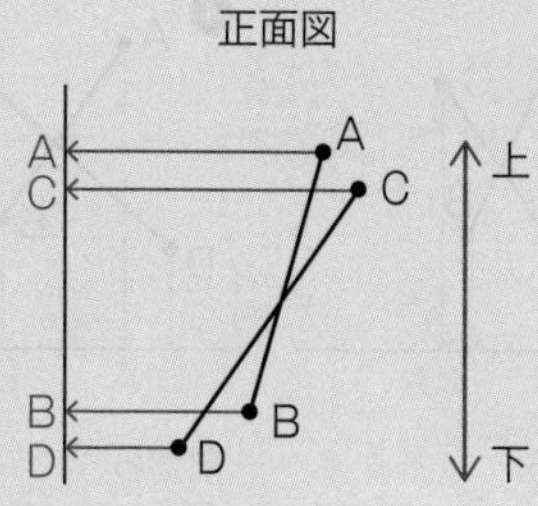

選択肢ごとに４つの端点を上から読んでいく。

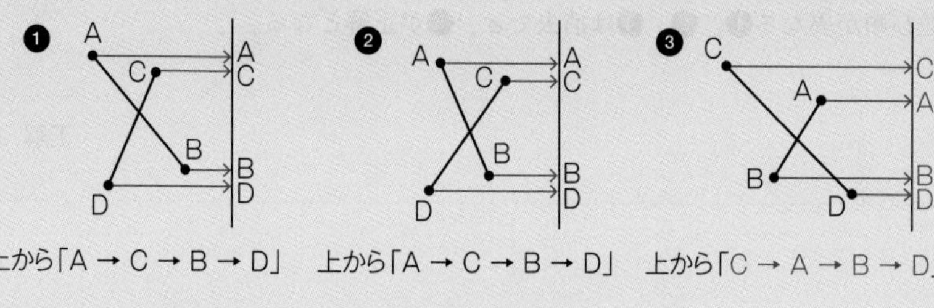

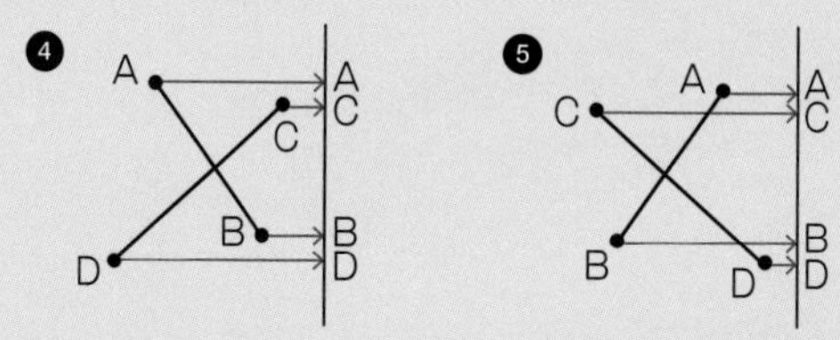

並び順が異なる❸は、この時点で消去できる。

次に、「前後」の情報は平面図と右側面図において一致するため、平面図より４つの端点の前後の位置関係を把握する。平面図を見ると、４つの端点は、前から「C→B→A→D」の順で並んでいるので、右側面図においても４つの端点は同じ順で並ばなければならない。

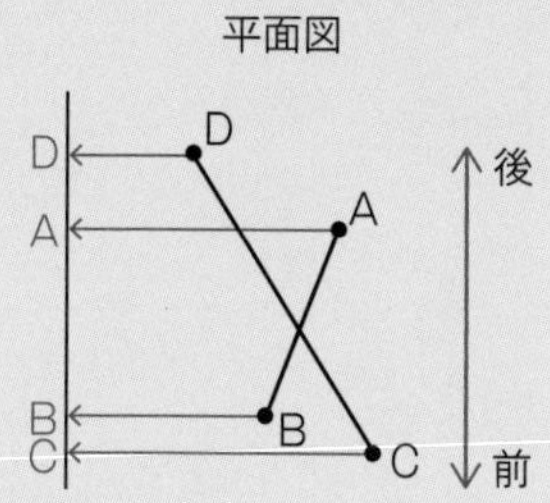

残りの選択肢の４つの端点を前から読んでいく。

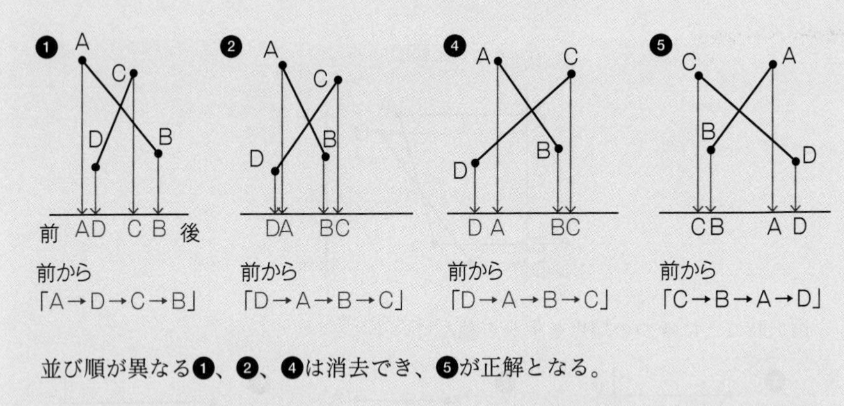

並び順が異なる❶、❷、❹は消去でき、❺が正解となる。

正解 ❺

❷ 立体の投影図

1 見取図から投影図を考える

立体の見取図(3次元)ではっきりと見えている面の情報は、**一通りの投影図**(2次元)**として描くことができる**。投影図の**ルール**を把握して、与えられた投影図の見方を押さえておきたい。

投影図の描かれ方

❶ 見ている方向から**直接見える辺**は**実線**で表す。
⇒ 実線で囲まれた図形は、**1つの面**を表す。実線で囲まれた図形が隣り合っている場合は、見ている方向からはこれらの**2つの面は同一平面ではない**。

❷ 見ている方向から**直接見えない辺**は**点線**で表す。ただし、実線と重なる場合は、実線が優先される。
⇒ 点線は、見ている方向からは見えない辺を表す。点線を挟んだ2つの面は見ている方向からは**同一平面**である。

例1 次の立体の正面図、右側面図、平面図を考える。なお、正面、右横、真上は、右図において、それぞれ矢印の方向である。

正面から見ると、図1より**2面**が見えるので、それぞれを**実線**で表す(正面図)。右横から見ると、図2より**2面**が見えるので、それぞれを**実線**で表す(右側面図)。真上から見ると、図3より**1面**が見え、**直接見えない辺が2辺あるので、これらを点線で表す**(平面図)。

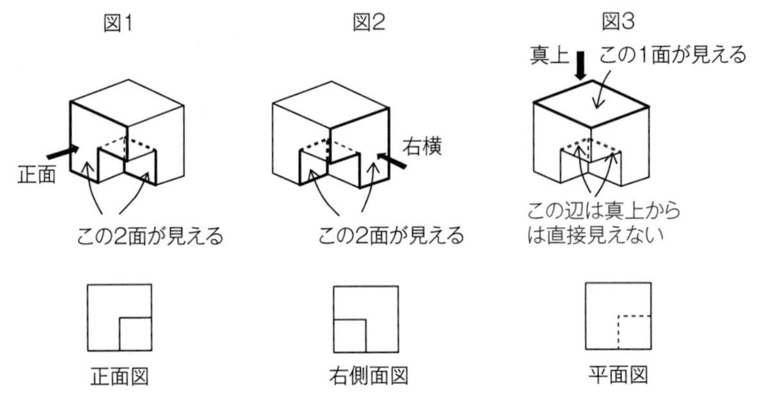

例2　次の立体の正面図、右側面図、平面図を考える。なお、正面、右横、真上は、右図において、それぞれ矢印の方向である。

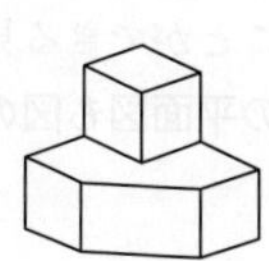

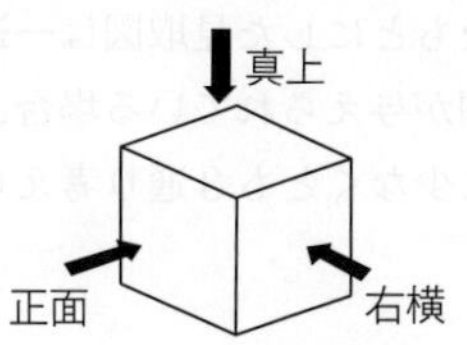

正面から見ると、図4より**3面**が見えるので、それぞれを**実線**で表す。斜めになっている面❶は、赤い矢印線の幅でもわかるように、正面から見ると**正方形**に近い(正面図)。右横から見ると、図5より**3面**が見えるので、それぞれを**実線**で表す(右側面図)。真上から見ると、図6より**2面**が見えるので、これらを**実線**で表す(平面図)。

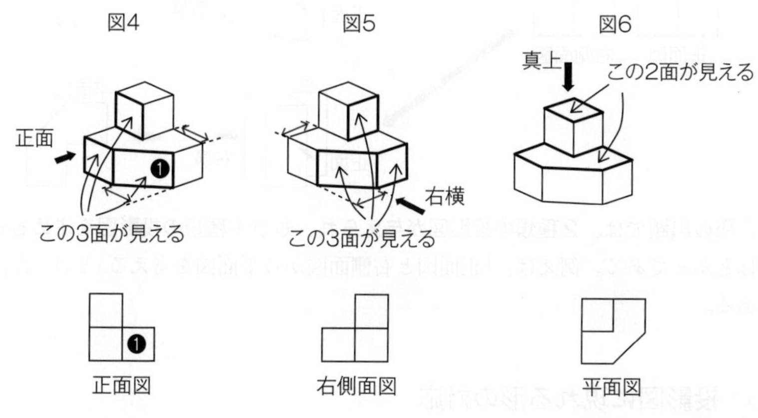

2 投影図から見取図または投影図を考える

立体の見取図ではっきりと見えている面の投影図は一通りしか描けないが、逆に投影図をもとにした見取図は**一通りとは限らない**。例えば、下図のように正面図と右側面図が与えられている場合、この投影図から考えることができる見取図は、次のように少なくとも３通り考えられる。また、**それぞれの平面図も図のように異なる。**

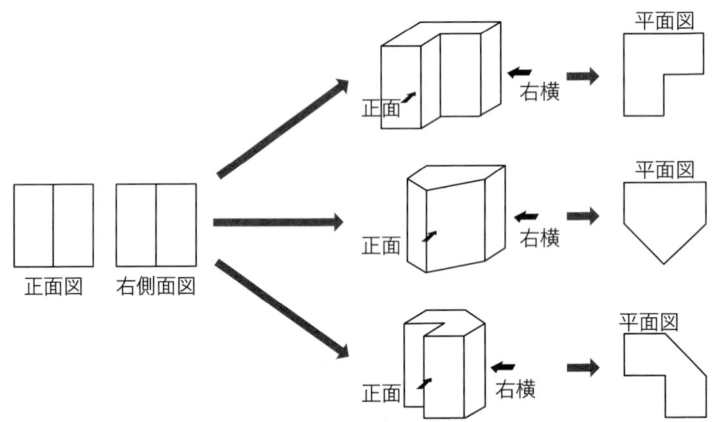

実際の出題では、**２種類の投影図が与えられ、もう１種類の投影図を求めるもの**がほとんどである。例えば、「正面図と右側面図から平面図を考える」といった出題である。

3 投影図に現れる形の対応

ある投影図に$\boldsymbol{n}$角形の面が現れている場合、この面が別の投影図で見えるなら、この$\boldsymbol{n}$角形の面は、**$\boldsymbol{n}$角形**または１つの**辺**となって現れる。

このことを次の例で確認してみよう。その際、**上下・左右・前後の位置から、異なる投影図どうしの頂点・辺・面の対応を考える。**

例3

次の図の正面図、平面図、側面図を考える。

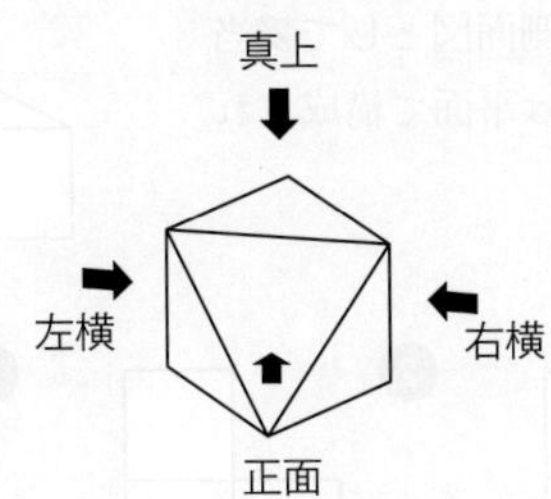

まず、見取図に**上下・左右・前後の軸**を書き入れておく。そして、各頂点をA～Fとし、投影図において対応する頂点を表すと、次のようになる。

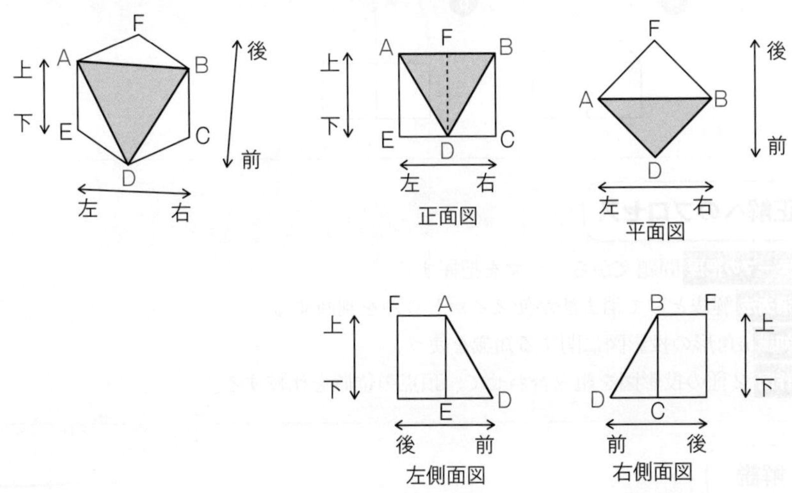

正面図に現れている三角形ABDの面は、平面図においても同じく三角形ABDの面として、左側面図においては辺ADとして、右側面図においては辺BDとして現れることがわかる。三角形として現れた面が、別の角度の投影図において、別の多角形の形をとることはない。

例題 3-9

ある立体の正面図と平面図が右図のようであるとき、左側面図として妥当なのはどれか。なお、各面は平面で構成されているものとする。

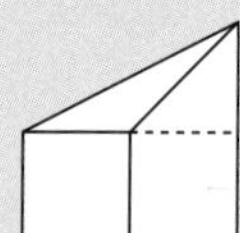
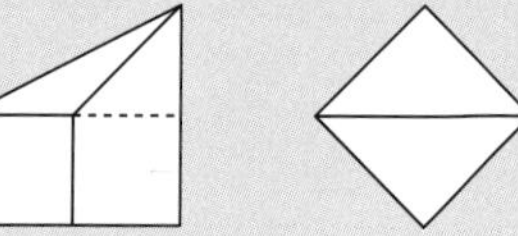

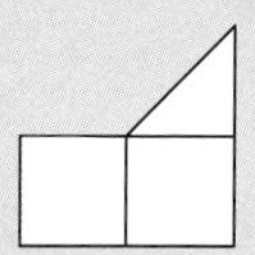

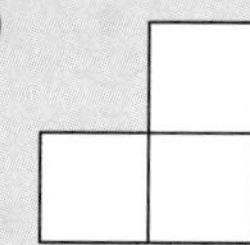

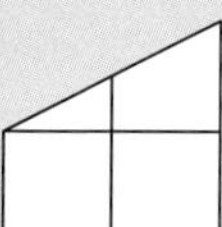

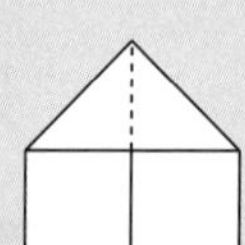

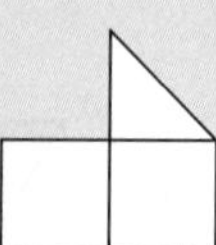

正解へのプロセス

テーマの把握 問題文からテーマを把握する。

消去法 解法として消去法が使えるかどうかを判断する。

知識 n角形の投影図に関する知識を使う。

作図 2種の投影図を組み合わせて、頂点の位置を比較する。

解説

立体の投影図を考える問題である。**テーマの把握**

形を考えるので消去法を意識する。 **消去法**

正面図を見ると、実線で囲まれた三角形の面があり、これは正面から直接見えている面である。この面の上には立体がないので、真上から見るとこの面は**三角形または辺のどちらかとして現れている**はずである。**知識**

正面図

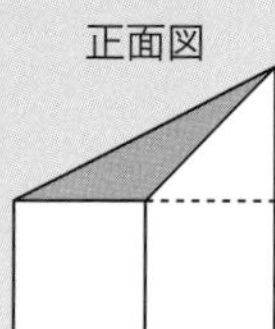

よって、この三角形の各頂点をA、B、Cとし、平面図でのこれらの頂点の位置を考える。ここで「正面図と平面図では、**左右の関係が一致する**」という知識を使う。

正面図より、頂点Aはこの立体の**左端にある点**であり、平面図でも左端に位置する。同じく正面図より、頂点Bはこの立体の**右端にある点**であり、平面図でも右端に位置する。同じく正面図より、頂点Cはこの立体の**左右の中央にある点**であり、平面図でも左右の中央に位置する。したがって、平面図において、正面図の頂点A、B、Cとそれぞれ一致する頂点は下図のようになり、**真上から見ると、三角形として現れる**。

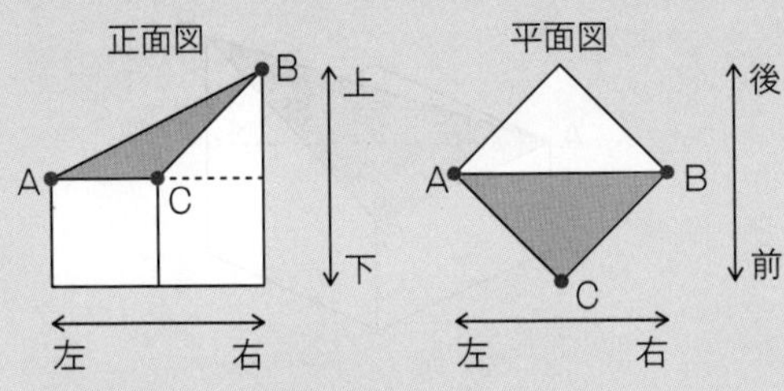

この三角形の面が、左側面図でどの位置にあるかを考える。頂点Aは正面図で**上下の中央**、平面図では**前後の中央**であり、左端にある。よって、頂点Aは左横から必ず見える（図１：すべての選択肢で下側の面の形は共通している）。頂点Bは正面図では一番上、平面図では**前後の中央**である。よって、頂点Bも左横から必ず見え、**頂点Bは左側面図において頂点Aの真上にある**ことがわかる（図２）。頂点Cは正面図では**上下の中央**、平面図では**一番前**である。よって、頂点Cも左横から必ず見え、**頂点Cは左側面図において頂点Aと同じ高さで一番前にある**ことがわかる（図３）。

よって、この３点を結ぶと図３のようになり、この時点で❶、❷、❸は消去することができる。

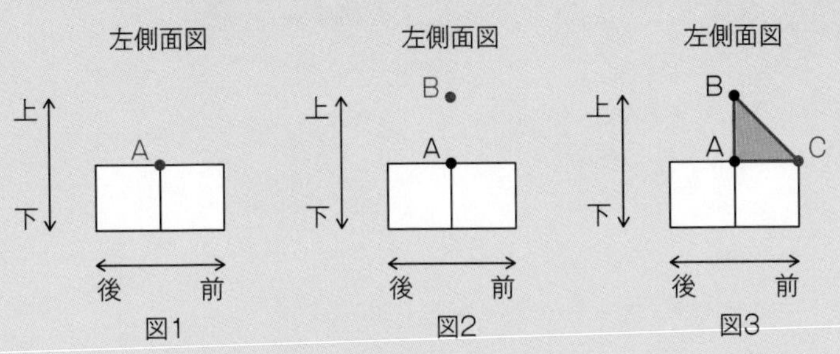

図1　図2　図3

△ABCの面は、**左横から直接見える面**であるので、左側面図ではこの三角形は

実線で囲まなければならない。❹では辺ABに相当する線が点線で現れているので、妥当ではない。

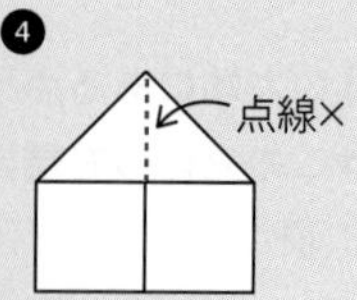

以上より、消去法から正解は❺である。

ちなみに、この立体の見取図は次のようになる。

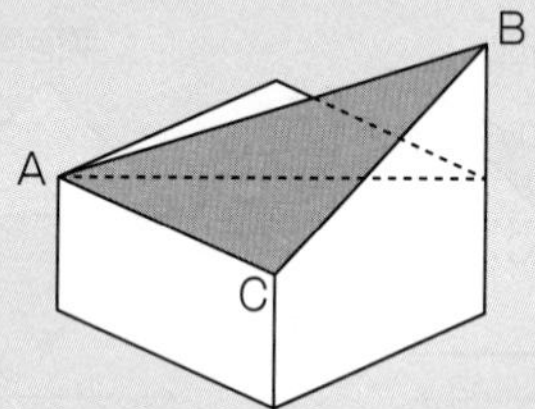

正解 ❺

過去問Exercise

問題1

図Ⅰのように立方体の形をしたガラスがあり、内部には４つの円錐が様々な向きで、埋め込まれている。図Ⅱはこのガラスを真正面から、図Ⅲは真上から見た図である。このガラスを図Ⅰの真横から見た図として、最も妥当なのはどれか。

警視庁Ⅰ類2019

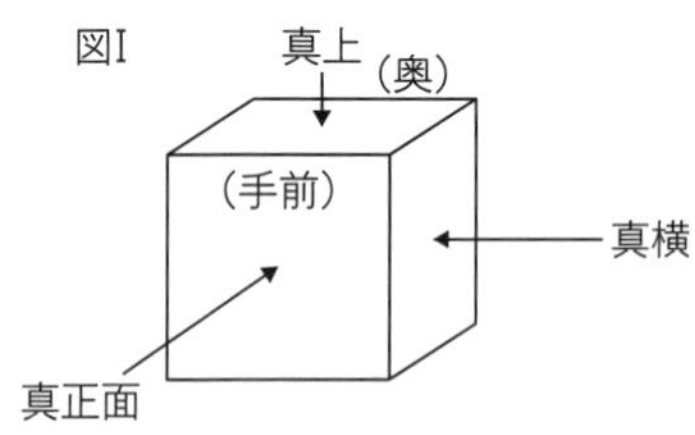

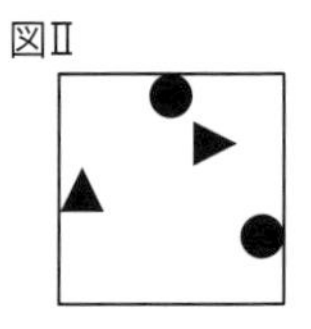

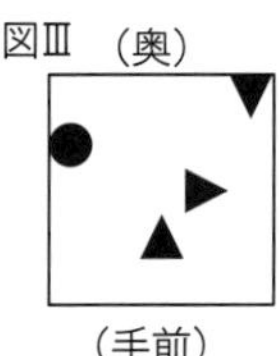

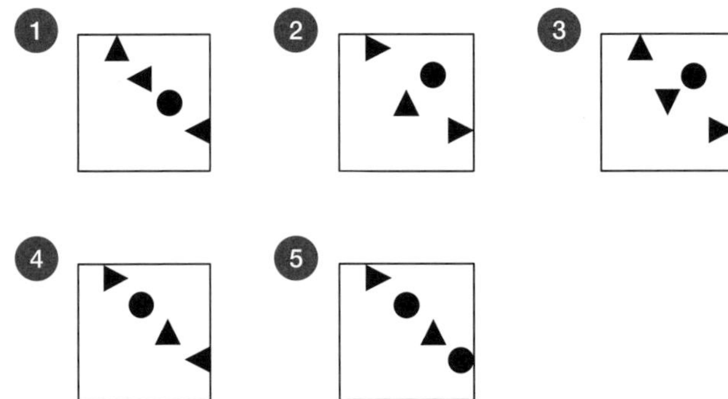

解説

正解 4

真正面と真上の２方向から円錐を見たときに見える円錐の面を考えるので、この面を円錐の影と考えても構わない。よって**投影された影を考える問題**である。

テーマの把握

形を考えるので消去法を意識する。**消去法**

まず、円錐の影の形を考えると、選択肢より、**円と二等辺三角形**の２種類しかないことがわかり、影として「円」が現れる場合は、次のように、円錐を「真上（頂点側）から見たとき」と「真下（底面側）から見たとき」しかない。

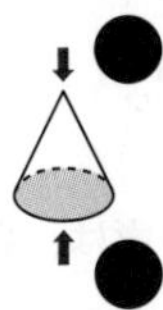

これらの見方は**真逆の見方**であり、円錐の向きによっては、「真正面から見たとき」と「真裏から見たとき」、「右横から見たとき」と「左横から見たとき」がある。しかし、本問においては、真正面、真上、真横（右横）の３方向からの見方しか登場しないため、**真逆になる組合せはない**。よって、**２方向から見たときに、両方とも影が「円」となっている選択肢は誤りである**ことがわかる。このことを踏まえて考えていく。

右横から見た図に現れるのは、「上下」と「前後」の情報であるので、選択肢の**右横から見た図**を判断するためには、**「上下」と「前後」の情報が必要**である。「上下」の情報は真正面から見た図と右横から見た図において一致するため、この２つの図に現れる円錐の影を上から順に対応させて比較する。真正面から見た図およびすべての選択肢の右横から見た図の４つの影を上から順に並べたものが次の図である。

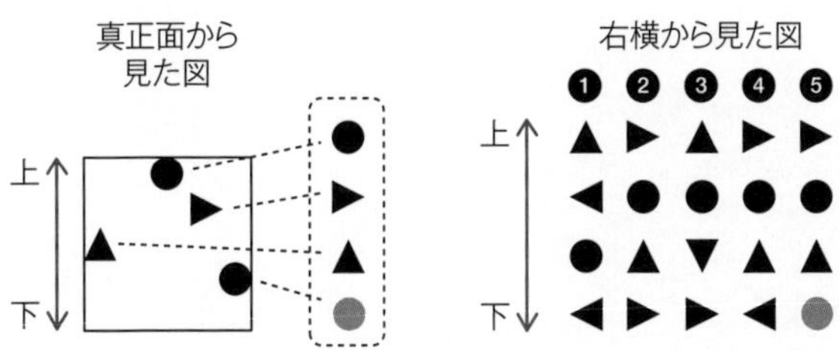

❺における上から４番目の影は、真正面から見た図、右横から見た図の両方において「円」であるので、消去できる。

次に、「前後」の情報は真上から見た図と右横から見た図において一致するため、この２つの図に現れる円錐の影を前から順に対応させて比較する。真上から見た図および残りの選択肢の右横から見た図の４つの影を前から順に並べたものが次の図である。

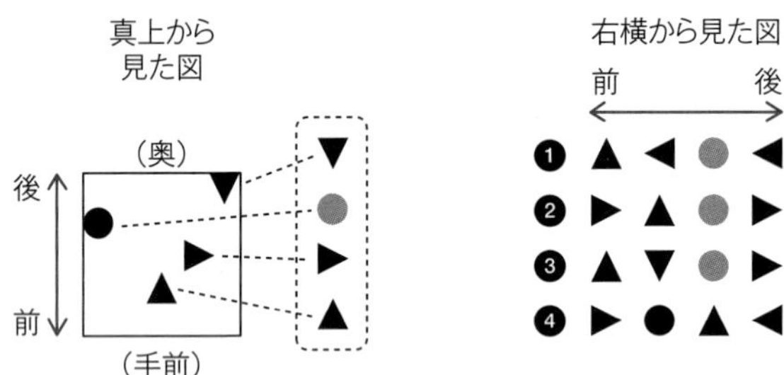

❶、❷、❸における前から３番目の影は、真上から見た図、右横から見た図の両方とも「円」であるので、消去できる。

以上より、消去法から正解は❹である。

問題2

ある立体があり、正面図と側面図がそれぞれ図Ⅰ、図Ⅱで示される。この立体の平面図として正しいのはどれか。

なお、正面図、側面図、平面図とは図Ⅲにおいて、それぞれ矢印の方向から見たものをいう。

国家一般職2001

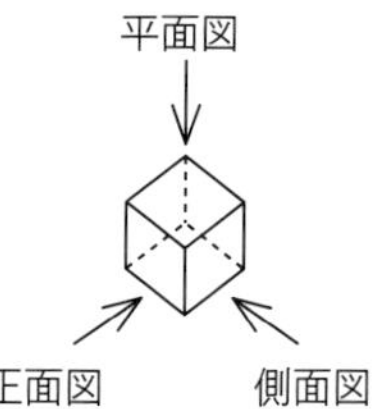

図Ⅲ

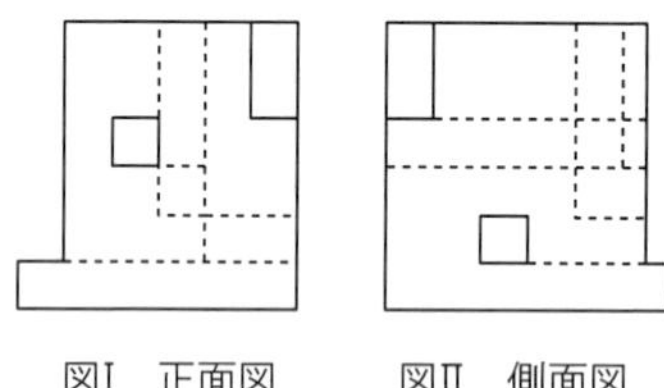

図Ⅰ　正面図　　図Ⅱ　側面図

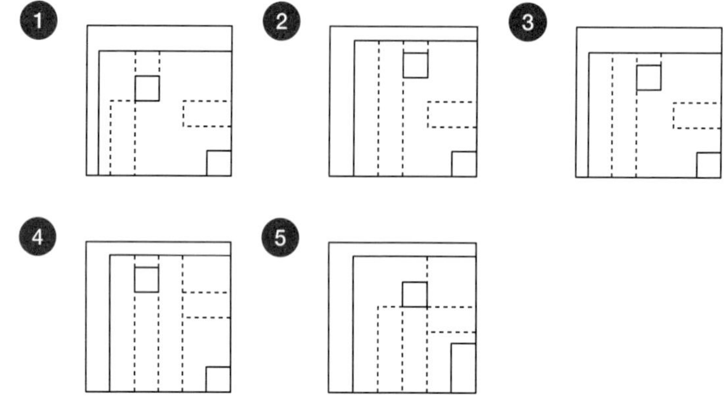

解説

正解 ❷

立体の投影図を考える問題である。 テーマの把握

形を考えるので消去法を意識する。 消去法

正面図（図Ⅰ）を見ると**左端に辺**（ABとする）**がある**。この辺の上には立体がないので、真上から見るとこのABは**辺または面**のどちらかとして現れる。 知識

図Ⅲより本問の側面図は右側面図であるとわかり、右側面図（図Ⅱ）を見ると、**一番後に辺**（CDとする）**がある**。この辺の上には立体がないので、真上から見るとこのCDは**辺または面**のどちらかとして現れる。

そこで、すべての選択肢を確認すると、**いずれの選択肢においても、左端および一番後は長方形の面となっていることがわかる**。よって、ABおよびCDはそれらの長方形の１辺を表すので、**幅に着目**すると、おおよそ**AB：CD＝２：１**である。ここで選択肢を見ると、❶、❸はおおよそAB：CD＝１：２となっており、幅が異なるので消去できる。

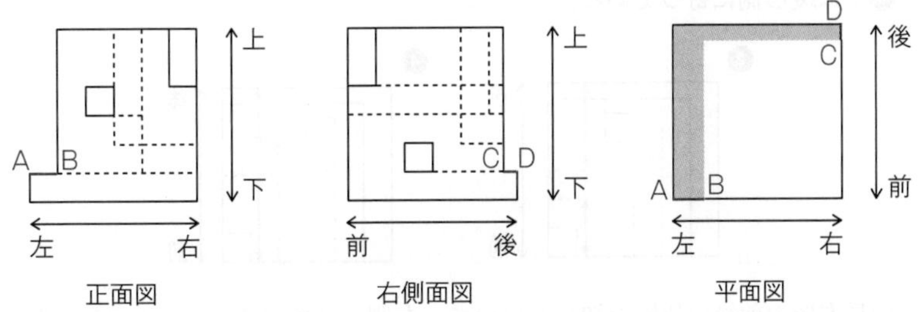

正面図　右側面図　平面図

次に、「正面図と側面図では、上下の関係が一致する」という知識を使う。正面図を見ると、右端の最上部に長方形の面があり、実線で囲まれているので、**正面から直接見える面**であるとわかる。右側面図を見ると、最前部・最上部に長方形の面があり、実線で囲まれているので、**右横から直接見える面**であるとわかる。したがって、これらの面は立体の最上部、最前部、右端の部分を構成していることがわかる。

そこで、２つの長方形の短辺の幅に着目すると**おおよそ同じ幅である**ことがわかり、真上から見ると、この部分に見える図形の１つとして正方形が考えられる。ここで残った選択肢を確認すると、❺は、２つの辺の幅が明らかに異なるので消去できる。

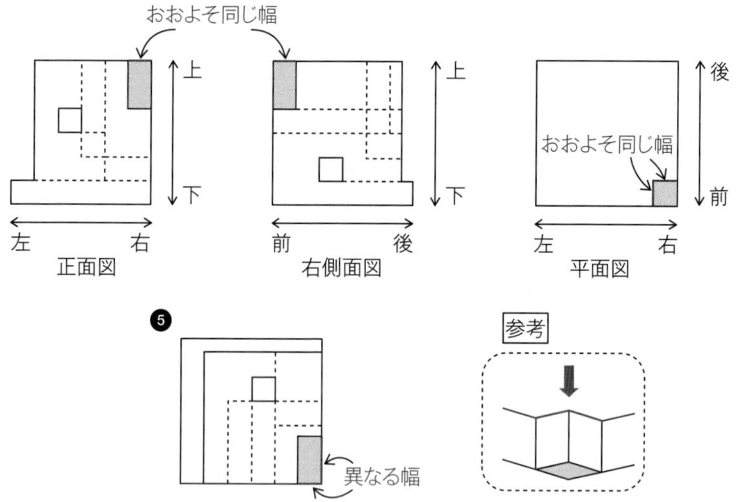

❷と❹に絞れたので、**相違点を確認**する。❷と❹においては図のように、長方形の位置が前後の関係において異なる。この長方形の位置は、❷では**前側に寄っており**、❹では**後ろ側に寄っている**。

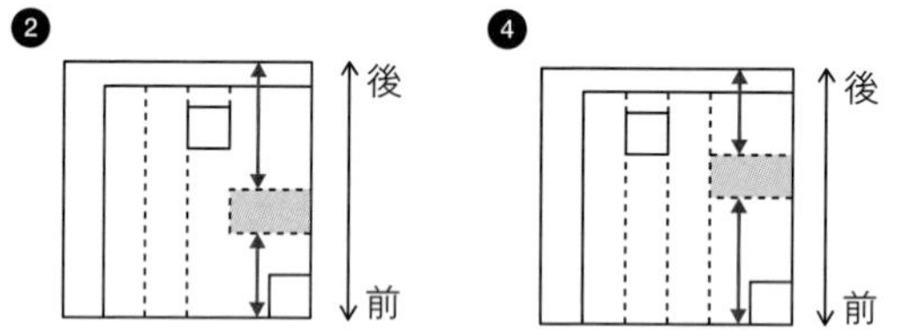

この長方形の前後の位置を知りたいので、右側面図で確認する。この長方形は点線で囲まれているので、明らかに、真上から見ても直接見えない。そこで、右側面図に着目すると、右側面図にある正方形がこの長方形を表しているとわかる。

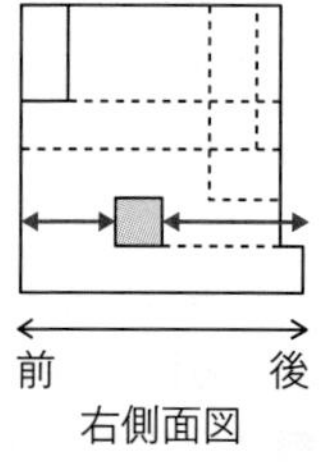

右側面図を見ると正方形は前側に寄っていることがわかるので、❷が妥当である。

5 サイコロ

サイコロを題材とした問題は、サイコロを与えられた形のまま考えるのではなく、適切に平面化して考えるのが最大のコツです。また、サイコロの形状から、正六面体の知識、とりわけ展開図の知識が必要となります。
本試験での出題頻度はそう高くはありませんが、裁判所一般職では一定の頻度で出題されています。

1 サイコロを転がす

サイコロ(正六面体)の問題には、サイコロを複数回、複数方向に「**転がす**[1]」問題がある。サイコロの目が主に問われることから、目の配置を正確に把握することが求められる。

1 サイコロの目

一般的に市販されているサイコロ(正六面体)は、平行な２面の目の数字の和が７になるものである。しかし、公務員試験に使われるサイコロでは、必ずしも平行な２面の目の数字の和が７になるとは限らない。

2 五面図（位相図）

サイコロの目の配置を正確に把握するにはサイコロを**平面化**して考えるとよい。そこで、サイコロの**6面**を上面、下面、左面、右面、前面、後面とし、このうちの下面以外の**5面**を平面化した図を考える。この図のことを**五面図**(位相図)といい、この図を使ってサイコロの問題を解くようにしたい。また、下面は、五面図の下側に( )などで表すことが多い。

1 サイコロを転がす場合は、サイコロの辺を軸にして転がすのであって、サイコロを面などで滑らせながら転がすことはない。

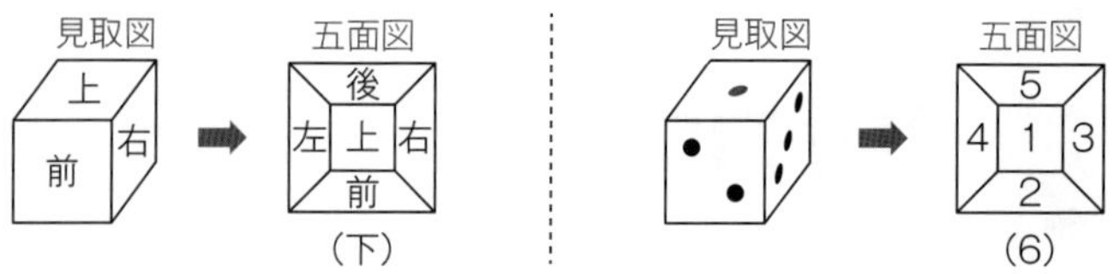

サイコロを上記のように見取図で表すと、「右面が見えるときは、左面は見えない」といった具合に、**平行な２面のうち一方の面しか見えない**。よって、問題において、サイコロの目の配置は**展開図**で示されることが多く、展開図での目の配置を五面図に正確に描き替えなければならない。

例1

次の展開図を五面図に表す。

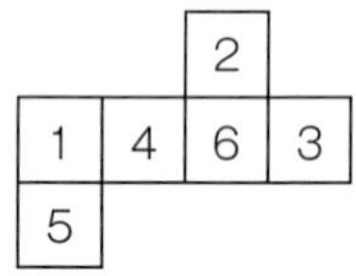

「６」の面を**上面**とすると、「３」の面が**右面**、「２」の面が**後面**となる（図１）。よって、「６」の面と平行な「１」の面が**下面**、「３」の面と平行な「４」の面が**左面**、「２」の面と平行な「５」の面が**前面**となる（図２）。

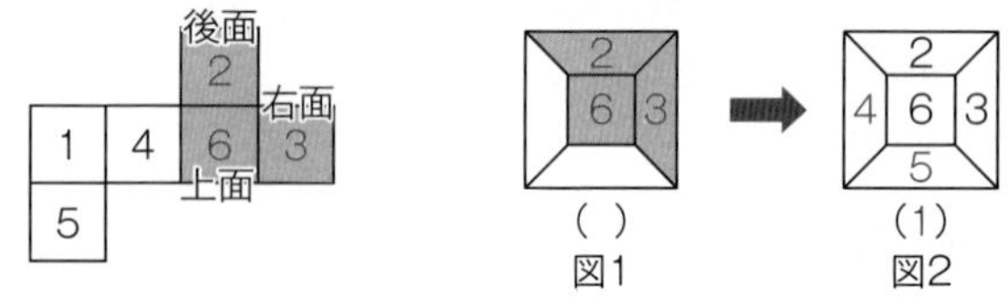

3 サイコロを転がした後の面配置

例えばサイコロを「右→前→左」の順に１回ずつ転がした場合と、「前→左→右」の順に１回ずつ転がした場合とでは、最終的な目の配置は異なるものになる。このように**回転ごとに方向を変える場合**は、１回１回転がしながら目の配置を確かめる必要がある。

しかし、「右に４回、次に前に２回、さらに左に３回」のように**同一方向に複数回転がして方向を変える場合**は、１回１回転がす必要はなく、次の❶～❹を使い、同一方向ごとに転がす前と転がした後の２つの面配置を考えればよい。

	同一方向への回転回数	転がした後の面配置
❶	**4回**	転がす前と同じになる
❷	前または後に**2回**	転がす前と**上下面**、**前後面**がそれぞれ**逆**、左右面は同じになる
❸	左または右に**2回**	転がす前と**上下面**、**左右面**がそれぞれ**逆**、前後面は同じになる
❹	**3回**	**逆方向に1回転がした後**と同じになる

例2

次のような五面図で表されるサイコロを、図の左上のマス目をスタート地点として矢印の方向にマス目に合わせて滑ることなく転がしたとき、ゴールのマス目でのサイコロを五面図で表すとどのような面配置になるか。

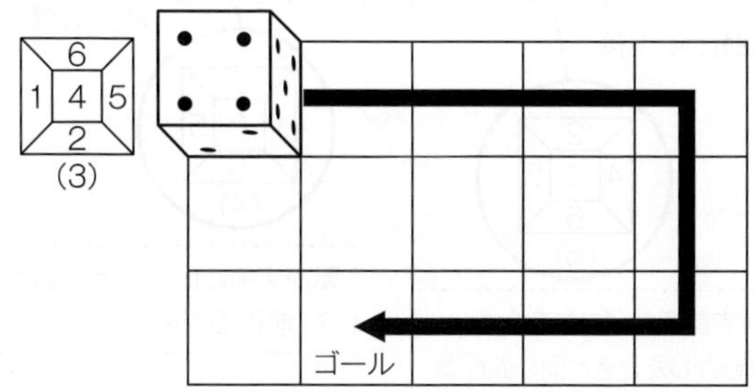

転がす方向を変えるマス目をA、Bとおく。

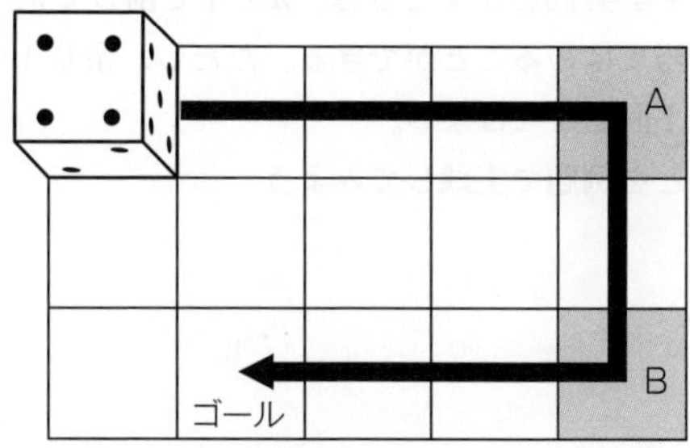

まずスタートからAまでを考える。Aまでは**右へ4回転がす**ので、Aでの五面図は転がす前の五面図(スタート)と**同じ面配置**となる。

次にAからBまでを考える。Bまでは**前へ2回転がす**ので、Bでの五面図は転がす前の五面図(A)と比べて、**上下面が逆、前後面が逆の面配置**となる。

最後にBからゴールまでを考える。ゴールまでは**左へ3回転がす**ので、ゴールでの五面図は<u>**転がす前の五面図(B)を右に1回転がしたものと同じ面配置**</u>となる。

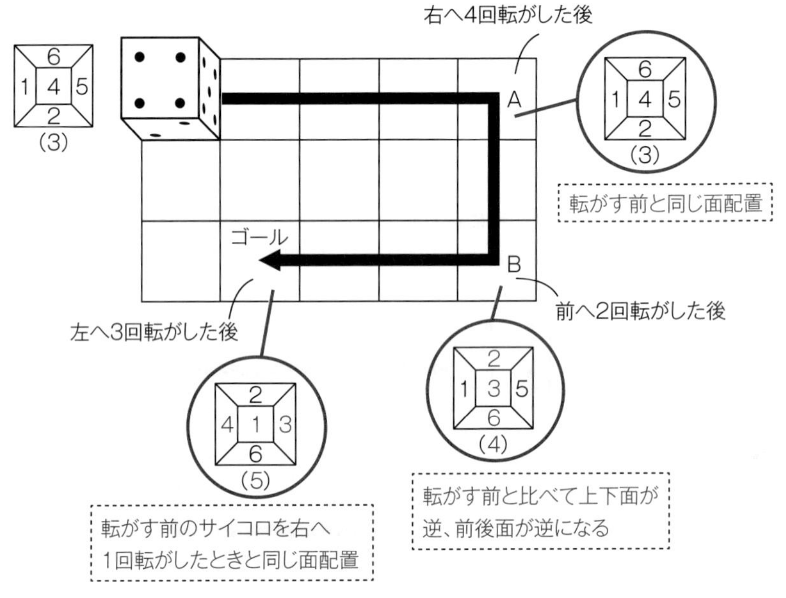

右へ4回転がした後
6
1 4 5
2
(3)
A
B
ゴール
転がす前と同じ面配置
前へ2回転がした後
左へ3回転がした後
2
1 3 5
6
(4)
2
4 1 3
6
(5)
転がす前と比べて上下面が逆、前後面が逆になる
転がす前のサイコロを右へ1回転がしたときと同じ面配置

同じ方向にn (≧4)回転がすときは、nを4で割って余り0、1、2、3を考えれば、❶〜❹に当てはめることができる。ただし、余り1のときは、指定された方向にサイコロを1回転がせばよい。

では、このことを例題で実践してみよう。

例題 3-10

図のような平行な２面の目の数字の和が７であるサイコロを床におき、右方向に13回、その後、前方向に14回、さらに、左方向に11回、それぞれ滑ることなく転がした。転がした後の上面の目の数字はいくらか。

❶ 1
❷ 2
❸ 3
❹ 4
❺ 5

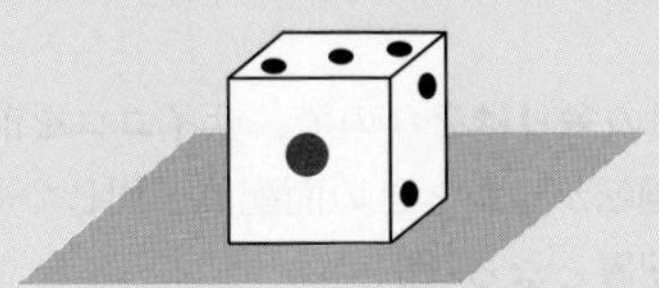

正解へのプロセス

テーマの把握 問題文からテーマを把握する。また、解法として消去法が使えるかどうかを判断する。

平面化 サイコロの見取図または展開図から五面図を作成する。

知識 同一方向に複数回転がすときは、回転数に応じてまとめて処理し、転がした後の面配置を考えればよい。

作図 五面図に数字を書き入れる。

解説

サイコロを転がす問題である。**数値を求めるので消去法は使えない。**

テーマの把握

平行な２面の目の数字の和が７であるから、見取図で確認できる目からその平行面の目がわかる。右面の目が「２」なので左面の目が「５」、上面の目が「３」なので下面の目が「４」、前面の目が「１」なので後面の目が「６」である。よって、与えられたサイコロから五面図を描くと図１となる。**平面化**

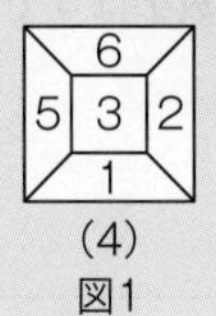

(4)
図1

この五面図を転がし、各面に数字を書き入れる。**作図**

13÷4の余りは１なので、サイコロを右方向に13回転がした後の面配置は、右

方向に**1回**転がしたときの面配置と同じである(図2)。**知識**

図2

14÷4の**余りは2**なので、サイコロを前方向に14回転がした後の面配置は、前方向に**2回**転がしたときの面配置と同じである。よって、**上下面を逆、前後面を逆にした面配置**となる(図3)。

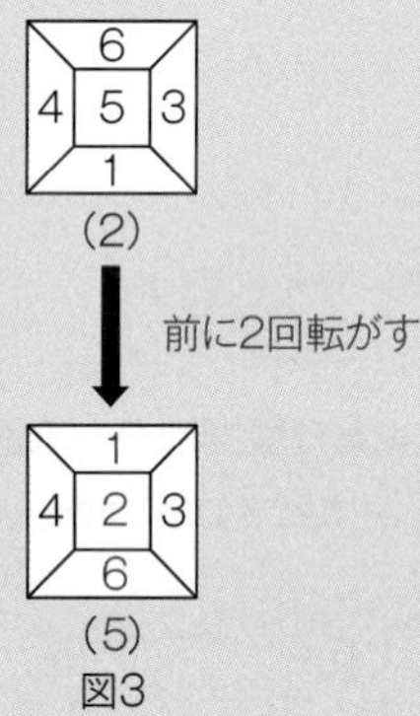

図3

11÷4の**余りは3**なので、サイコロを左方向に11回転がした後の面配置は、左方向に**3回**転がしたときの面配置と同じである。**左方向に3回転がした**後の面配置は**右方向に1回転がした**面配置と同じである(図4)。

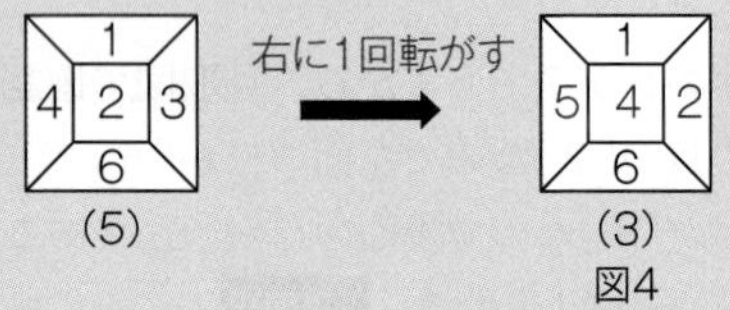

図4

よって、転がした後の上面の目の数字は4である。

正解 4

❷ サイコロを並べる

サイコロ(正六面体)の問題には、一定の規則でサイコロを「**並べる**」問題がある。やはりサイコロの目が問われるため、目の配置を正確に把握することが求められる。よって、❶と同様に五面図を描いて解くようにしたい。

1 接している面の目の数字

このタイプの問題では、接しているサイコロの面の目の数字について、例えば、「**互いに接する面の目の数字が同じ**」や「**互いに接する面の目の数字の和が7**」などのように、「**接している面の目の数字**」についての情報が与えられることが多い。

2 サイコロの面配置

2組の平行な2面の目の数字がわかっている場合、残りの1組の平行な2面の目の数字の配置を知るには、1つの頂点に着目して、**時計回りに3面の配列順を確認**すればよい。

例3

次の2つの五面図は、同じサイコロから作ったものである。このとき、右の五面図の上面の数字はいくつか。

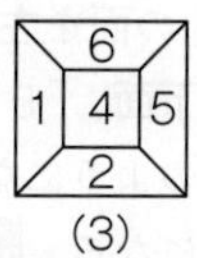

(3)

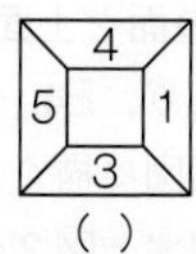

( )

左図において「1、4、6」が集まっている頂点(●)に着目する。「4」から読み始めると、時計回りに「4→1→6」と配列していることがわかる(図1)。**同じサイコロであれば、どの向きであっても「1、4、6」が集まっている頂点での3面の配列順は同じである**。そこで、右図の「1、4、上面」が集まっている頂点(●)に着目すると、時計回りに「4→1→(上面)」である(図2)。したがって、(上面)=6となる(図3)。

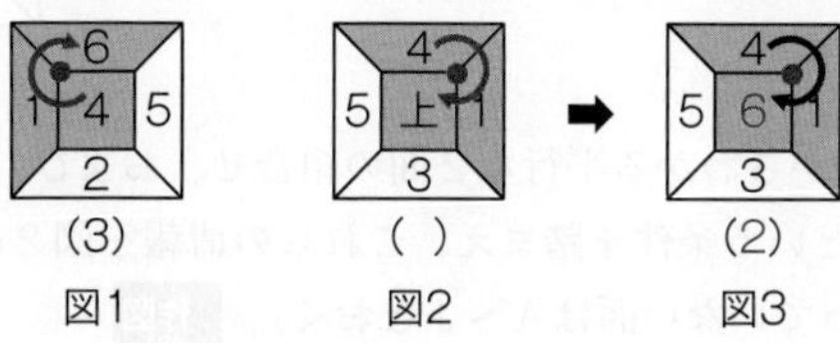

(3) 図1　( ) 図2　(2) 図3

例題 3-11

図Ⅰのような展開図となるサイコロを、図Ⅱのように４個並べた。接する面どうしの目の数字が等しいとき、図Ⅱにあるサイコロ４個の上面に書かれた目の数字の和はいくらか。

❶ 5
❷ 6
❸ 7
❹ 8
❺ 9

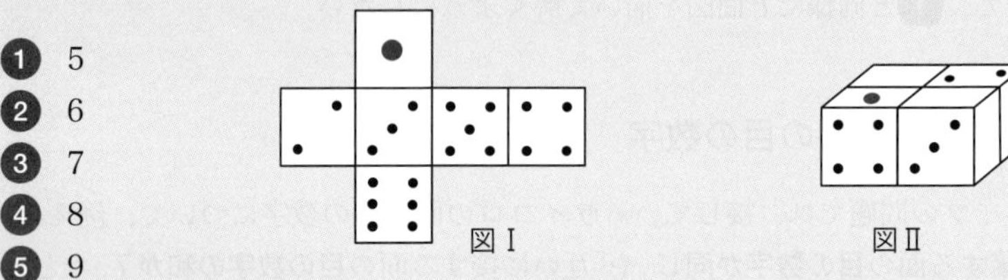

図Ⅰ　図Ⅱ

正解へのプロセス

テーマの把握 問題文からテーマを把握する。また、解法として消去法が使えるかどうかを判断する。

平面化 サイコロの見取図または展開図から五面図を作成する。

作図 五面図に数字を書き入れる。

解説

サイコロを並べる問題である。数値を求めるので消去法は使えない。 **テーマの把握**

図Ⅰの展開図より、「３」の面を**上面**、「２」の面を**左面**、「１」の面を**後面**とすると、平行な２面の位置関係より、「４」の面が**下面**、「５」の面が**右面**、「６」の面が**前面**となる。この面配置を五面図に描くと図１のようになる。また、図Ⅱの４個のサイコロもそれぞれ五面図で表すと図２のようになる。 **平面化**

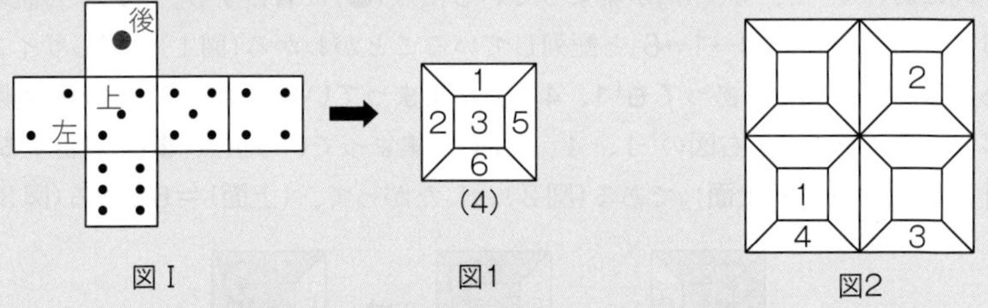

図Ⅰ　図1　図2

図１(または図Ⅰ)からわかる平行な２面の組合せ、および、「接する面どうしの目の数字が等しい」という条件を踏まえ、これらの情報を図２に書き入れると図３のようになる(わかっていない面はA～Jとおく)。 **作図**

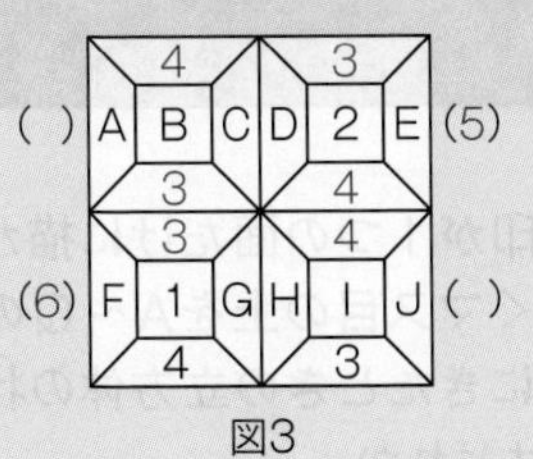

図3

時計回りに「1 → 3 → 2」

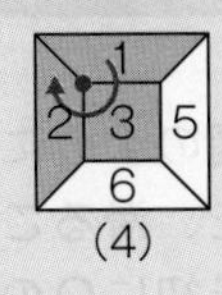

図1の「1、2、3」が集まっている頂点(●)に着目する。「1」から読み始めると、時計回りに「1→3→2」と配列していることがわかる。

4面の目の数がわかっている**左前のサイコロ**と**右後のサイコロ**に着目する。「1、3、G」が集まっている頂点❶に着目すると、時計回りに「**1→3→G**」であるので、G＝「**2**」となる。「2、3、D」が集まっている頂点❷に着目すると、時計回りに「**D→3→2**」であるので、D＝「**1**」となる。よって、「1」と「6」および「2」と「5」はそれぞれ平行、「接する面どうしの目の数字が同じ」より、A＝「6」、C＝「1」、E＝「6」、F＝「5」、H＝「2」、J＝「5」となる(図4)。

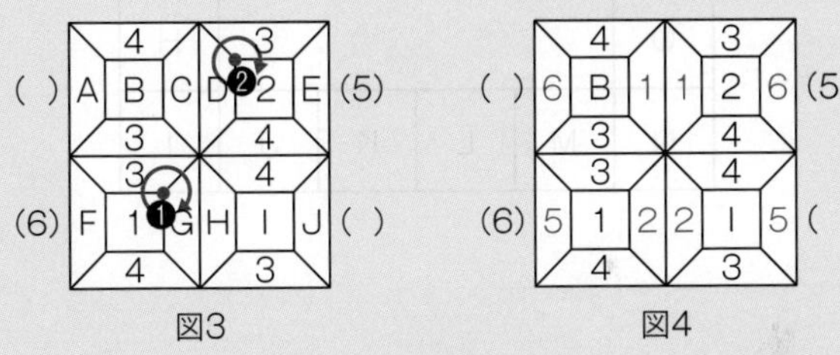

図3　図4

BおよびIを求める。「1、3、B」が集まっている頂点に着目すると、時計回りに「**1→3→B**」であるので、B＝「**2**」となり、「2、3、I」が集まっている頂点に着目すると、時計回りに「**I→3→2**」であるので、I＝「**1**」となる(図5)。

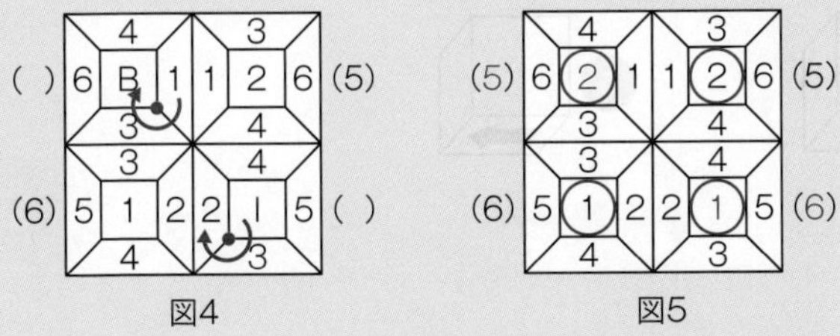

図4　図5

図5より、上面の目の数字の和は、2＋1＋2＋1＝6となる。

正解 ❷

過去問Exercise

問題1 　下図のように、矢印が１つの面だけに描かれている立方体を、滑ることなくマス目の上をA～Qの順に回転させ、最初にQの位置にきたときの立方体の状態を描いた図として、正しいのはどれか。

東京都Ⅰ類2015

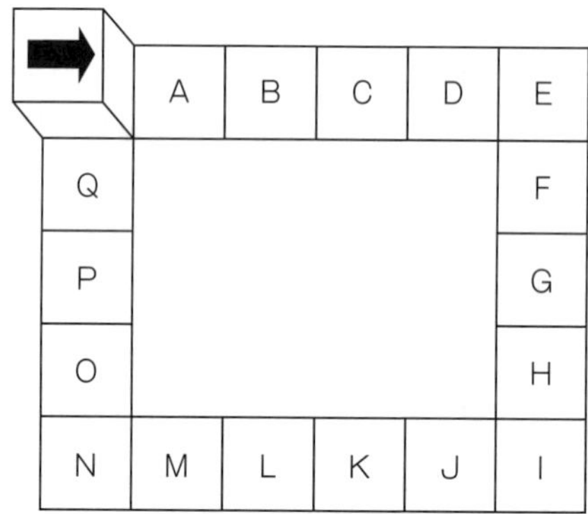

❶ 

❷ 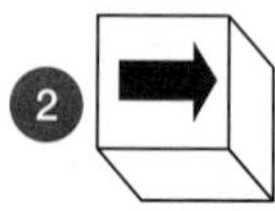

❸ 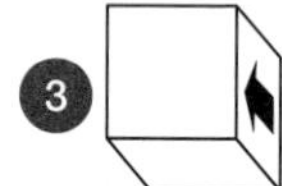

❹ 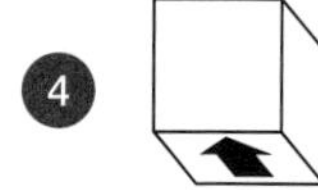

❺ 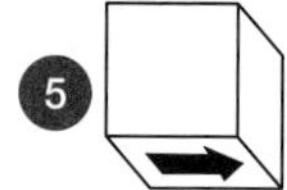

解説

正解 5

立方体を転がす問題である。**実際に転がさないと判断できないので消去法は使えない。** テーマの把握

見取図の立方体をそのまま転がすことはせず、五面図を描く。矢印は、立方体の**上面に右向き**で描かれているので、五面図は図1のようになる。 平面化

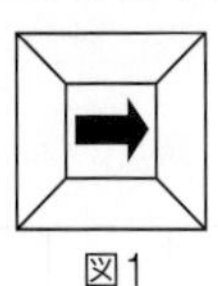

図1

この五面図を転がし、面に矢印を書き入れる。 作図

まず、右に5回転がして**E**まできたときの五面図を考える。同一方向に4回転がすと6面の配置はもとの配置に戻ることから、5÷4の**余りは1**なので、Eでの面配置は、**図1を右に1回転がしたときと等しい**。よって、Eでは図2のようになる。

次に、Eから前に4回転がして**I**まできたときの五面図を考えると、Iでの6面の配置はEでの配置と等しいので、Iでの面配置も図2と同じである。

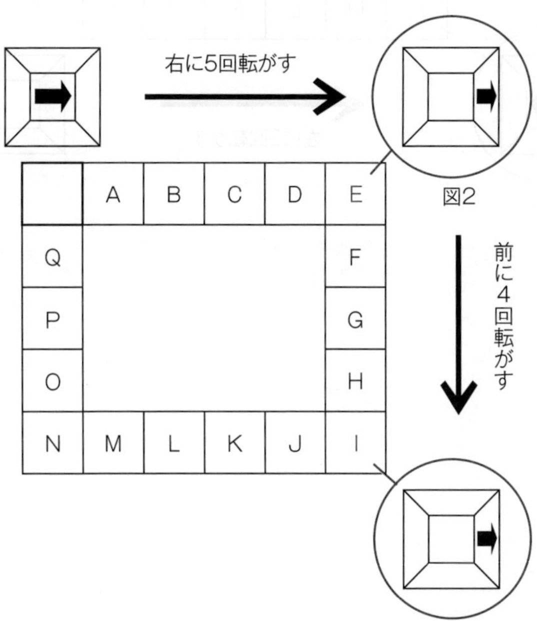

図2

Iから左に5回転がしてNまできたときの五面図を考えると、5÷4の**余りは1**なので、Nでの配置は、**図2を左に1回転がしたときと等しい**。よって、Nでは図3のようになる。

最後に、Nから後に3回転がしてQまできたときの五面図を考える。**同一方向に3回転がしたときの6面の配置は、逆方向に1回転がしたときの配置に等しい**。よって、Qでの配置は、**図3を前に1回転がしたときの配置に等しい**ので、図4のようになる。

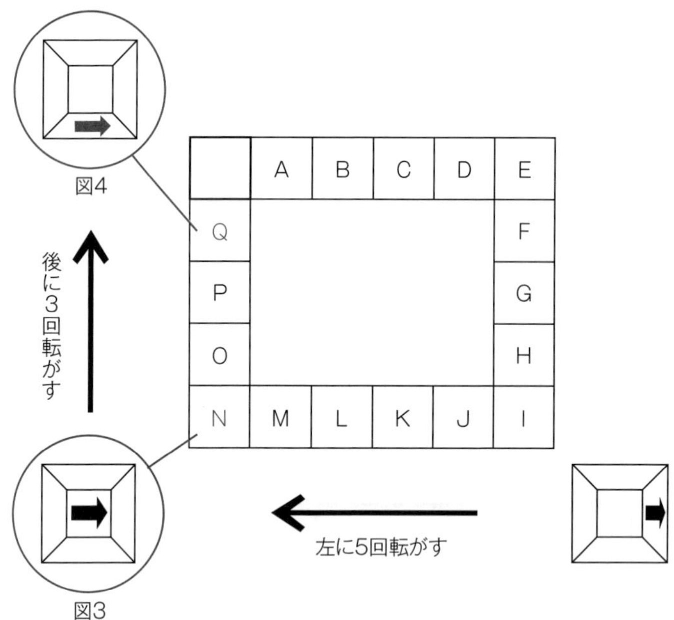

問題2

次の図Ⅰのような展開図のサイコロがある。このサイコロを図Ⅱのとおり、互いに接する面の目の数が同じになるように４個並べたとき、A、B、Cの位置にくる目の数の和はどれか。

特別区Ⅰ類2017

図Ⅰ

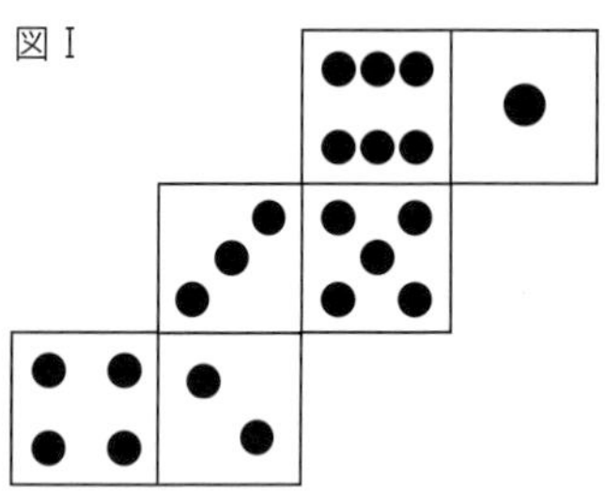

図Ⅱ

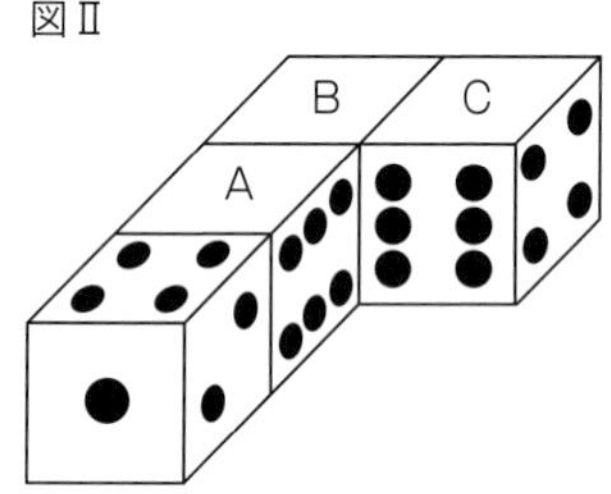

1. 7
2. 9
3. 11
4. 13
5. 15

解説

正解 ②

サイコロを並べる問題である。**数値を求めるので消去法は使えない**。

テーマの把握

サイコロの展開図（図Ⅰ）から五面図を１つ描き、この五面図を実際に並べる。

平面化

「３」の面を**上面**とすると、「５」の面が**右面**、「２」の面が**前面**となる(図１)。よって、「３」の面と平行な「１」の面が**下面**、「５」の面と平行な「４」の面が**左面**、「２」の面と平行な「６」の面が**後面**となる（図２）。

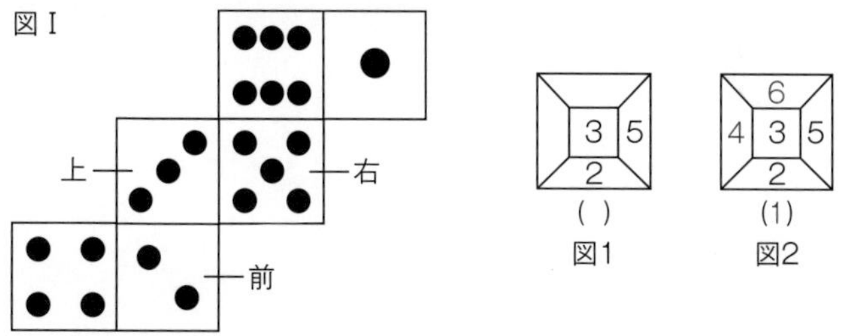

次に、図Ⅱの五面図を描く（図３）。このサイコロの平行な２面の組合せが（１と３）、（２と６）、（４と５）であることと、**「互いに接する面の目の数が同じになる」**という条件に注意しながらわかる目の数を書き込むと、図４のようになる。 **作図**

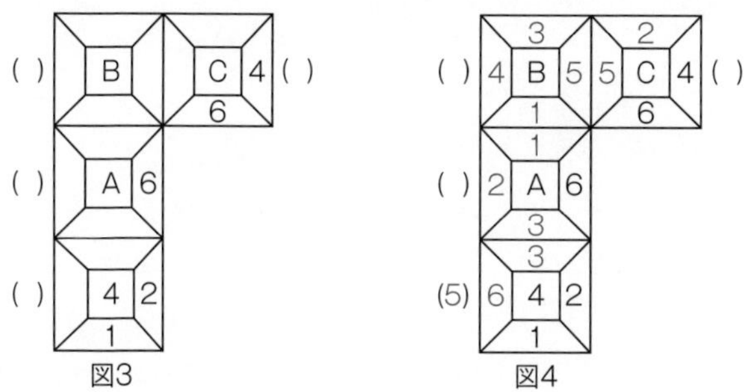

Aの面、Bの面、Cの面をそれぞれ持つサイコロは、平行な２面の組合せが２組わかっているので、残りの２面の配置もわかる。**図２の「２、３、４の面」が集まっている頂点に着目する**と、時計回りに、「**2→4→3**」と３面の配列がわかる（図５）。このことより、図６のように、面Aは４、面Bは２、面Cは３であることがわかる

ので、目の数の和は、4＋2＋3＝9となる。

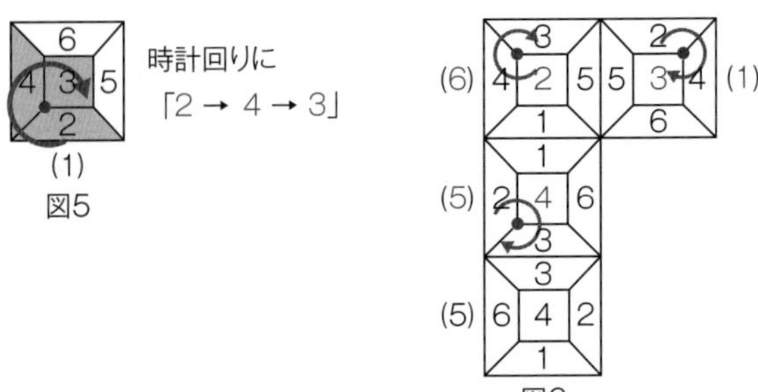

図5

図6

★★★

6 立体の構成

小さな立方体が集まって構成された立体を題材とした問題です。このような立体を考えるときは、適切に平面化するのが最大のコツです。特に、直接見えない部分については、平面化することで可視化して判断しやすくなります。本試験での出題頻度はそう高くはありませんが、裁判所では一定の頻度で出題されています。また、小さな立方体を数えることを要求されることが多いです。

1 積まれた小立方体の最大・最小個数

小立方体を積み木のようにいくつか積み上げて作られた立体について、**正面から見た図や側面から見た図**などの情報から、**積み上げられた小立方体の最大個数や最小個数を求める問題**である。具体例で説明しよう。次のような正面から見た図と右側から見た図から、並べられている小立方体の最大個数と最小個数を考えてみる。

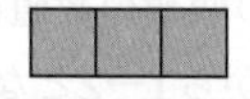

正面から見た図

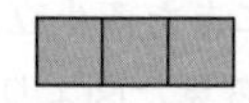

右側から見た図

最大個数は、正面と右側の2方向から見える範囲内に**小立方体が隙間なく並べられていればよい**ので、図1のようになる。最小個数は、2方向から見える範囲内に**最も少ない状態で並べられていればよい**ので、図2のようになる。

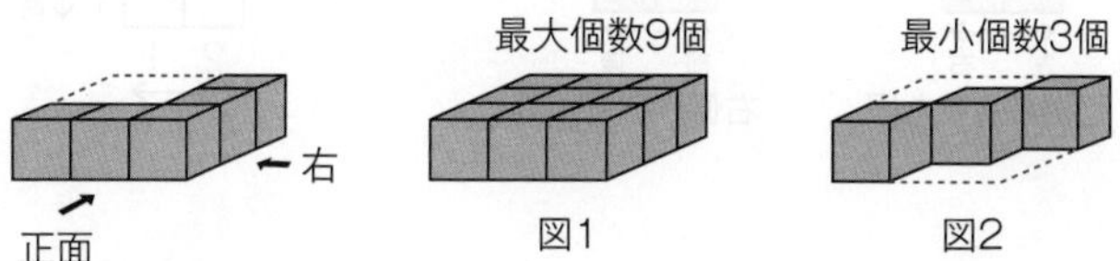

図1　図2

実際には、最大個数と最小個数を手早く求める方法があり、それぞれの手順は次の1、2のようになる。

1 最大個数を求める場合

❶ 正面から見た図、側面から見た図をもとに、それぞれの**列の高さにあたる小立方体の個数の数値**を、**真上から見た図**の枠外に書き入れる。

❷ 枠外に書き入れた**数値の小さい順**に、**タテ列、ヨコ列のマス**に数値を書き入れていく。

❸ すべてのマスに数値を書き入れたら、その数値の合計が**最大個数**となる。

次の 例1 で手順を実践してみる。

例1

1辺が1の小立方体を積み上げて下図に示されるような立体を作りたい。このとき、小立方体は最大で何個使うことができるか。

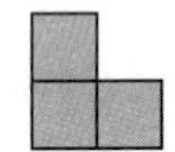
正面から見た図

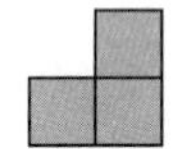
右側から見た図

❶ それぞれの列の高さにあたる小立方体の個数の数値は、正面から見た図より、**左端**から2→1、右側から見た図より、**前**から1→2となり、これらの数値を真上から見た図の枠外に書き入れる。

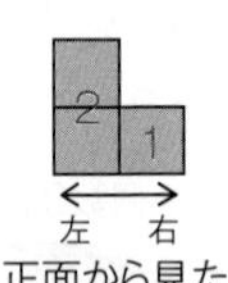

正面から見た図

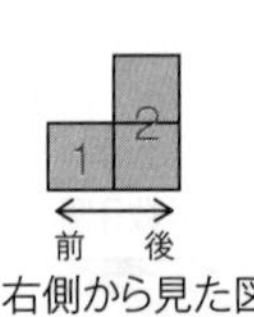

右側から見た図

真上から見た図

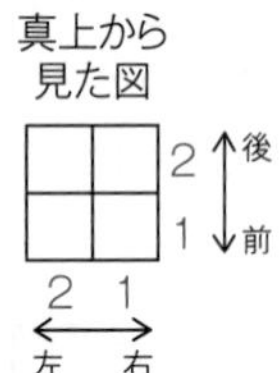

❷「**数値の小さい順**」なので「1」から検討する。枠外に「1」と書かれた2つの列には、**すべて1個積まれていればよい**ので「1」と書き入れる(図1)。次に、枠外に「2」と書かれた2つの列には**2個積まれたマスがあればよい**ので、残りのマスに「2」と書き入れる(図2)。

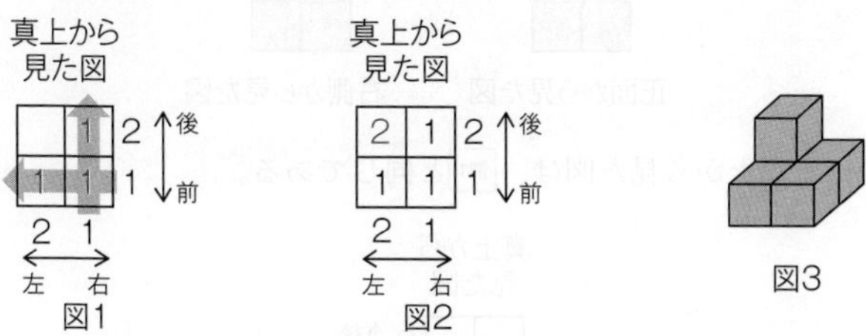

❸ よって、図2の4マスに書かれた数字をすべて足したものが最大個数であるので、最大個数は2＋1＋1＋1＝<u>**5［個］**</u>である。なお、実際の見取図は図3のようになる。

---

2 最小個数を求める場合

❶ 正面から見た図、側面から見た図をもとに、それぞれの**列の高さにあたる小立方体の個数の数値**を、**真上から見た図**の枠外に書き入れる。

❷ 枠外に書き入れた**数値の大きい順**に、タテ方向とヨコ方向が**交わるマス**に数値を書き入れていく。

❸ 一番小さい数値を書き入れたら、マスの数値の合計が最小個数となる。

次の 例2 で手順を実践してみる。

例2 1辺が1の小立方体を積み上げて下図に示されるような立体を作りたい。このとき、小立方体は最小で何個使わなければならないか。

❶ 最初に作る真上から見た図は、例1と同じである。

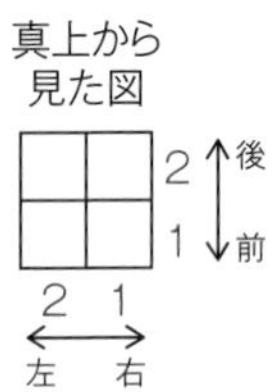

❷ 「**数値の大きい順**」なので「2」から検討する。枠外に「2」と書かれたタテ方向とヨコ方向が**交わるマスには2個積まれていればよい**ので「2」と書き入れる（図1）。次に、枠外に「1」と書かれたタテ方向とヨコ方向が**交わるマスには1個積まれていればよい**ので「1」と書き入れる（図2）。

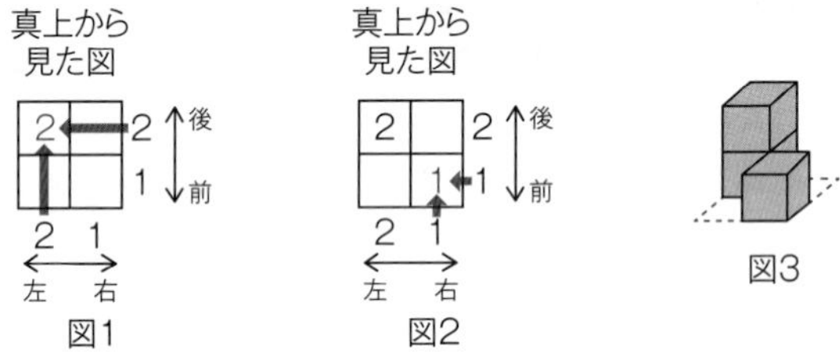

❸ 残りのマスは0個でよく、図2の2マスに書かれた数字をすべて足したものが最小個数であるので、最小個数は2＋1＝__3［個］__である。なお、実際の見取図は図3のようになる。

例題 3-12 下図は、１辺の長さが１の小立方体を積み上げて配置した立体を、正面及び右側から見た図である。これらの図を満たすように小立方体を積み上げるとき、用いられている小立方体の最大個数と最小個数の差として正しいのはどれか。

❶ 13個
❷ 14個
❸ 15個
❹ 16個
❺ 17個

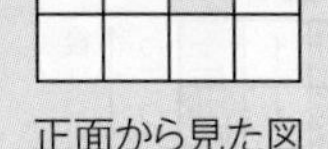
正面から見た図

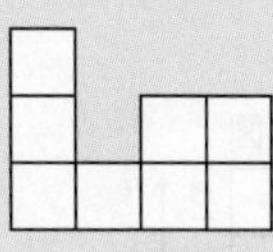
右側から見た図

正解へのプロセス

テーマの把握 問題文からテーマを把握する。また、解法として消去法が使えるかどうかを判断する。

平面化 真上から見た図を利用する。

作図 小立方体の個数を求めるので、数値を図に書き入れていく。

解説

　小立方体の最大個数と最小個数を求める問題である。**数値を求めるので消去法は使えない。** **テーマの把握**

　手順どおり真上から見た図に数値を書き入れていく。**平面化** **作図**

　それぞれの列の高さにあたる小立法体の個数の数値は、正面から見た図より**左端から3→3→1→2**、右側から見た図より**前から3→1→2→2**となる。これらの数値を真上から見た図の枠外に書き入れる（図１）。

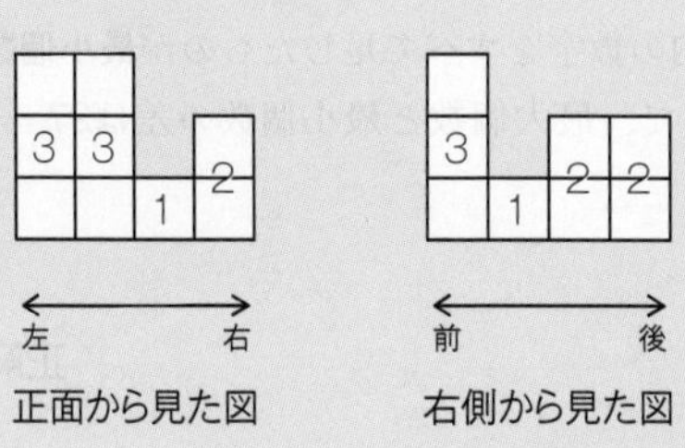

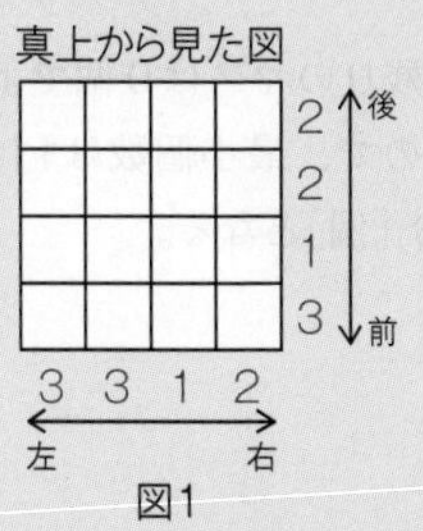

図1

　最大個数を求める。枠外に「１」と書かれた２つの列には、**すべて１個積まれてい**

ればよいので「１」と書き入れる(図２)。次に、枠外に「２」と書かれた３つの列の残りのマスには、**すべて２個積まれていればよい**ので「２」と書き入れる(図３)。最後に、枠外に「３」と書かれた３つの列の残りのマスには、**すべて３個積まれていればよい**ので「３」と書き入れる(図４)。

図４の枠内の数字をすべて足したものが**最大個数**であるので、最大個数は**27個**である。

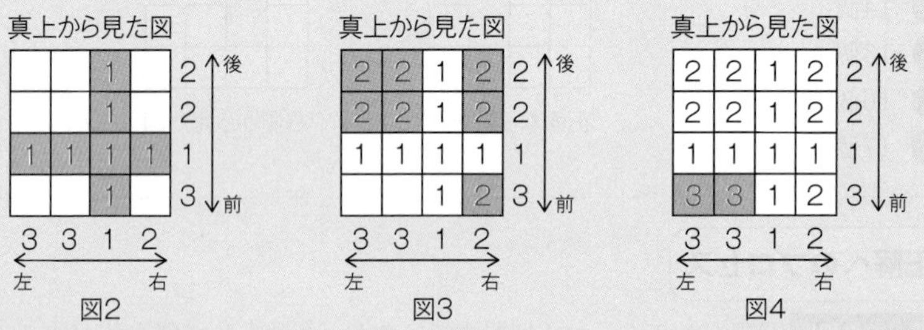

図2　図3　図4

最小個数を求める。枠外に「３」と書かれたタテ方向とヨコ方向が**交わるマスには３個積まれていればよい**ので「３」と書き入れる(図５)。枠外に「２」と書かれたタテ方向とヨコ方向が**交わるマスには２個積まれていればよい**ので「２」と書き入れる(図６)。枠外に「１」と書かれたタテ方向とヨコ方向が**交わるマスには１個積まれていればよい**ので「１」と書き入れる(図７)。

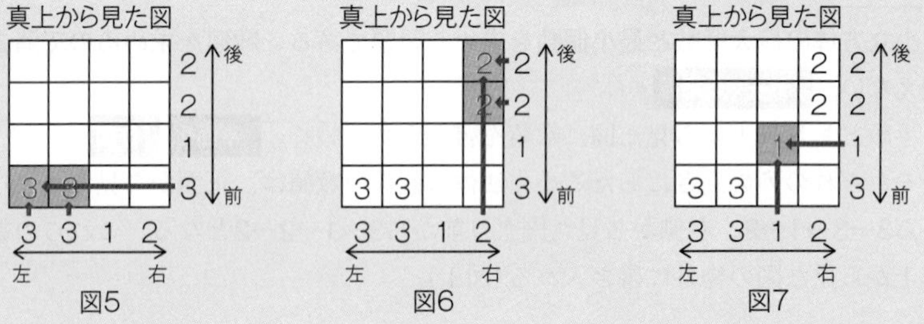

図5　図6　図7

残りのマスは０個でよく、図７の枠内の数字をすべて足したものが**最小個数**であるので、最小個数は**11個**である。よって、最大個数と最小個数の差は27－11＝**16［個］**となる。

正解 ④

2 面に穴が開いた小立方体の個数

小立方体が集まってできた立体に、特定の面から反対側まで貫通するような穴を開ける指示がなされ、いくつか同様の操作を行った後で穴の開いている小立方体を数える問題である。穴の開いている面の数を「2面のみ」のように限定する問題や、穴の開いていない小立方体を数える問題もある。

1 スライスする

このような問題では、立体の見取図を見ながら条件に合う小立方体を数えることはせずに、**立体を段ごとに平面に表す作業**を行った後で小立方体を表す正方形を数えるとよい。このように平面に表す方法を、本書では「**スライスする**」と呼ぶことにする。

「スライスする」方法は、このあと紹介するような、積まれた小立方体に対して**ある処理**を行った後、**特定の小立方体の個数を求める問題**全般においてよく利用されるテクニックである。

例3

図のように36個の小立方体を積み上げた直方体がある。この直方体を水平方向に3段にスライスし、平面化する。

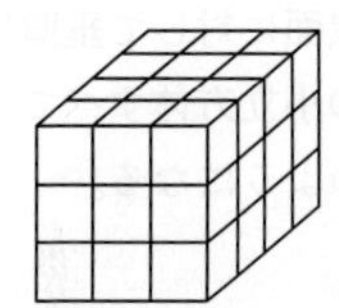

まず、投影図でも言及したように、直方体に対して、図のように**左右軸、前後軸を書き入れておく**と、各段を平面にして作図するときに位置を間違う危険性が少ない。下から1段目、2段目、3段目とスライスし、平面化したものが次の図である。

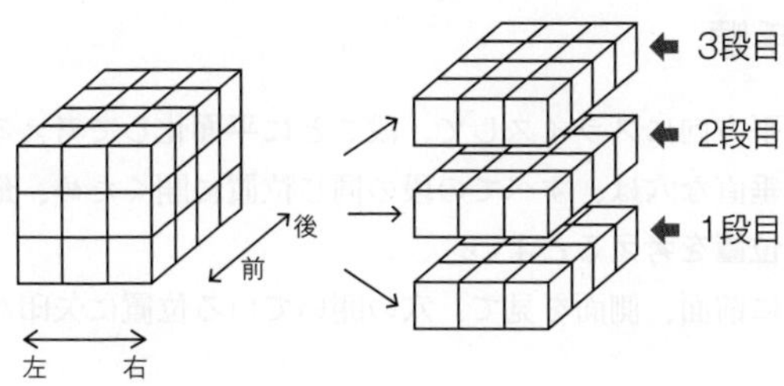

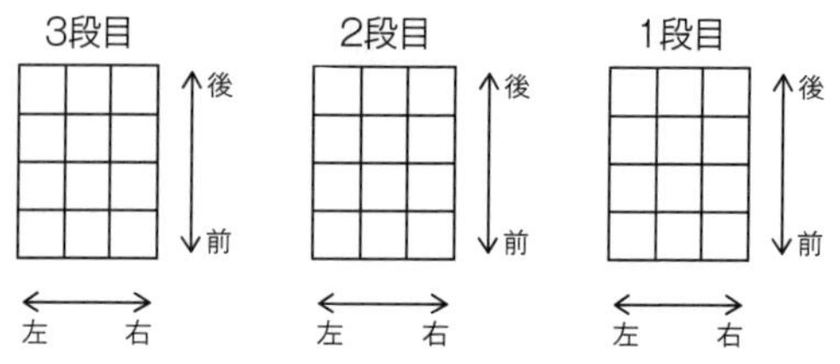

2 穴の開け方

小立方体の面に対して**垂直**に穴を開けるケースが多い。その場合、一列に並ぶ小立方体は面の同じ位置に穴が開く。

例4

9個の同じ大きさの小立方体からなる立方体があり、黒面に対して垂直に反対側まで穴を開ける。

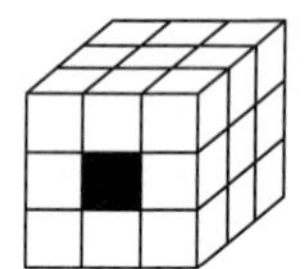

黒面に対して**垂直**に**反対側**まで**穴を開ける**と、図1のように**一列に並んでいる3個の小立方体**すべてに穴が開くことがわかる。この図を真上から見る(**平面化**)と図2のようになる。

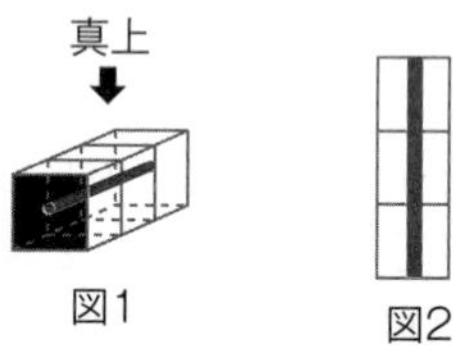

図1　図2

3 一般的な手順

❶ 立体全体を水平方向にスライスして、段ごとに**平面化**して考える。

❷ 上面に対して垂直な穴は、すべての段の同じ位置に開くため、**最初に上面に対して垂直な穴の位置を考えるとよい**。

❸ 後は、段ごとに前面、側面を見て、穴の開いている位置に矢印などを書き入れて図示する。

例題 3-13

右の図は、64個の小立方体からなる大きな立方体である。この立方体の色つきの面に対して垂直な貫通孔を開けたとき、穴の開いている小立方体の個数として、正しいのはどれか。

1. 41個
2. 43個
3. 45個
4. 47個
5. 49個

正解へのプロセス

テーマの把握 問題文からテーマを把握する。また、解法として消去法が使えるかどうかを判断する。

平面化 立方体全体を水平方向にスライスして、段ごとに平面化して考えていく。

作図 小立方体の個数を求めるので、図に記号などを書き入れていく。

解説

穴の開いている小立方体の個数を求める問題である。**数値を求めるので消去法は使えない。** **テーマの把握**

大きな立方体の正面を右図のようにして、4段にスライスして考える。**平面化**

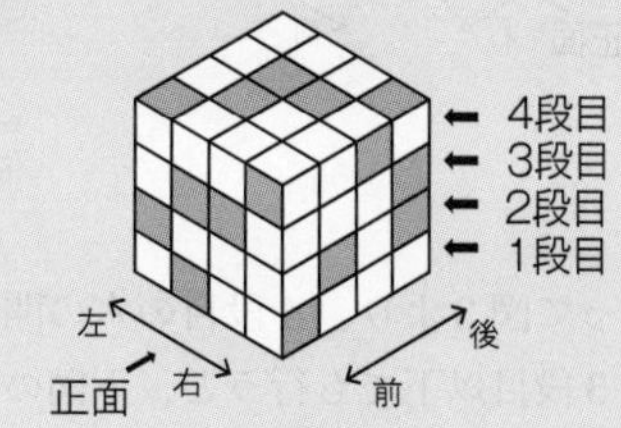

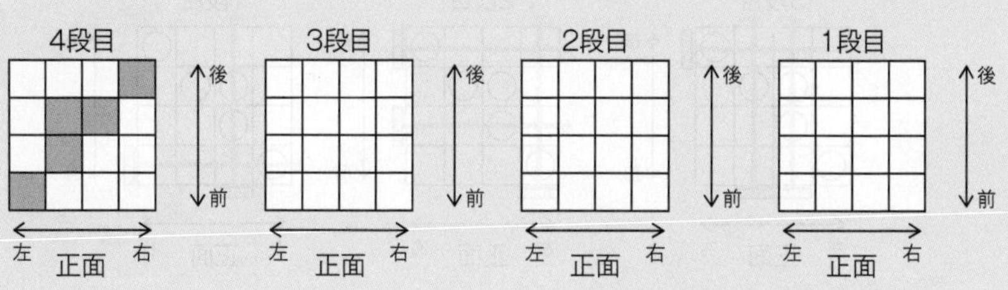

まず、上面から穴の開いている小立方体を考える。穴は色つきの面に対して垂直な貫通孔なので、４段目の色つきの面と同じ位置にある小立方体にはすべて穴が開いている。穴の開いている小立方体を○で図示すると次のようになる。 **作図**

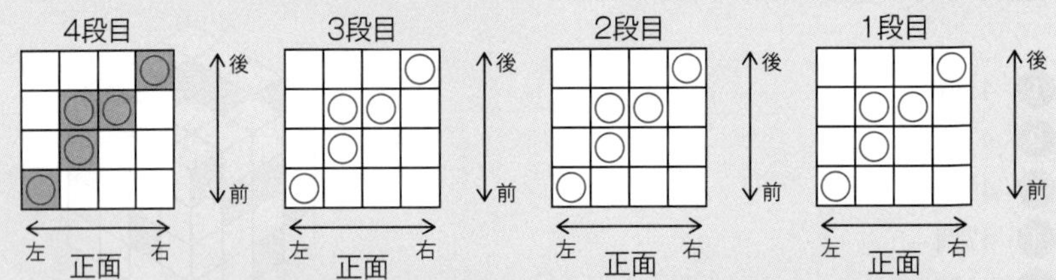

次に、各段の正面および右面から穴の開いている小立方体を考える。図１の４段目において、正面から見て右端の面㋐が色つきの面であるので、この列に並ぶ４個の小立方体はすべて穴の開いている小立方体となる。穴の開いている４個の小立方体を矢印で図示すると図２のようになる。

また、右側から見て後から２列目の面㋑が色つきの面であるので、この列に並ぶ４個の小立方体はすべて穴の開いている小立方体となる。穴の開いている４個の小立方体を矢印で図示すると図３のようになる。

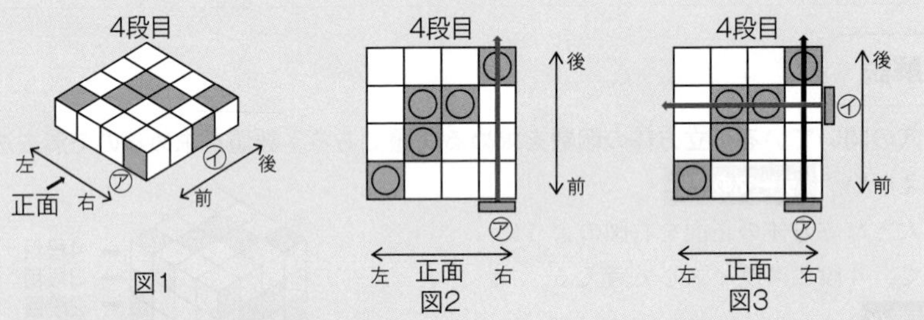

図1　図2　図3

よって図３より、４段目の穴の開いている小立方体は９個となる。上記と同じ作図を３段目以下でも行うと、下図のようになる。

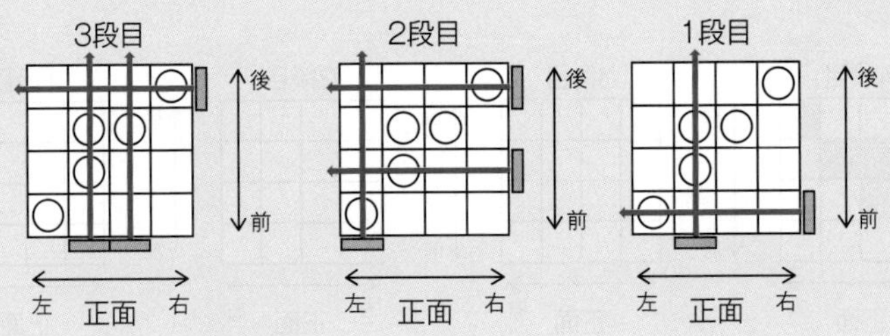

穴の開いている小立方体は、３段目では11個、２段目では12個、１段目では９個となる。よって、４段目から１段目までの合計は、９＋11＋12＋９＝41［個］となる。

正解 

③ 面に色が塗られた小立方体の個数

小立方体が集まってできた立体の表面だけに着色を行う設定の出題がある。小立方体どうしが接している面は着色されず、それ以外の表面が着色される。色の塗られている／塗られていない小立方体の個数や色の塗られた／塗られていない面の数を数える問題である。

1 色の塗り方

図1では立体が床に置かれているが、このように立体の底面が露出していないことがわかる条件が与えられているときは、下方向を除いた前後・左右・上の**5方向**から着色されると考える。

一方、図2のように特に条件がない場合や下方向からも着色することが示される場合は、立体が宙に浮いているような状態だとして、前後・左右・上下の**6方向**から着色されると考える。

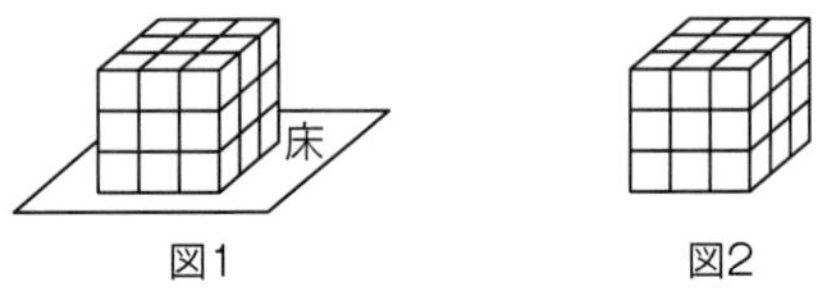

図1　　図2

2 一般的な手順

❶ 立体全体を水平方向にスライスして、段ごとに**平面化**して考える。

❷ 平行な2面ごとに「塗られている／塗られていない」を確認していく（例：最初に前後面、次に左右面、最後に上下面）。

次の 例5 で手順を実践してみる。

例5

右図のような小立方体27個で構成された立方体があり、この立方体の表面に色を塗ったとき、1面だけ着色された小立方体はいくつあるか。ただし、この立方体の底面にも色を塗ることができるものとする。

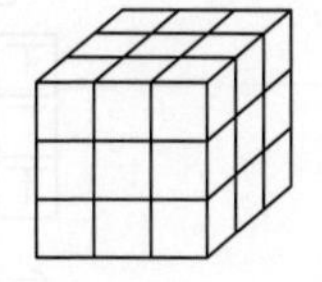

❶ 立方体の正面を下図のようにして、3段にスライスして考える。

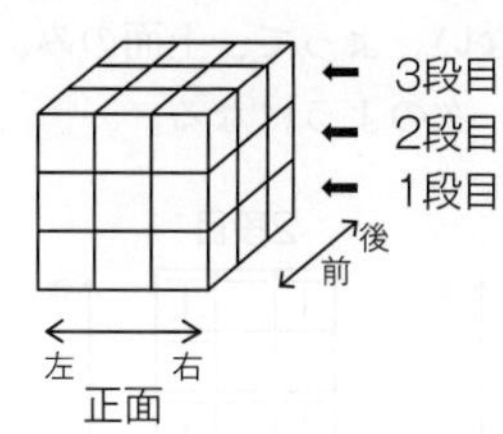

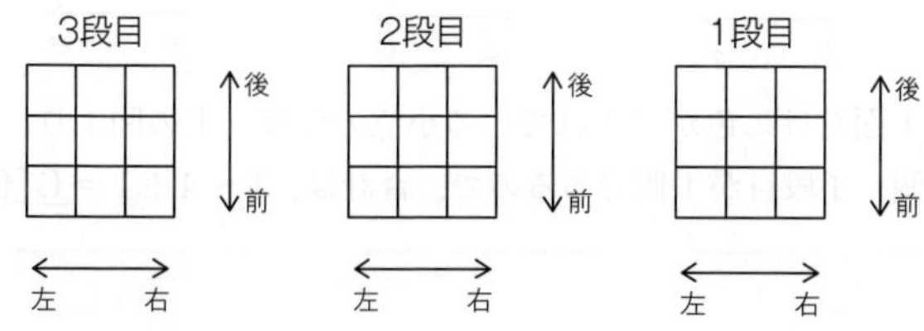

❷ 色の塗られた面の数を、マス目に「正」の字を書き込んでカウントしていく。立方体全体の前面と後面に色を塗ったとき、**前面と後面の両方に色が塗られている小立方体はない**。よって、前面のみ、後面のみ色が塗られている小立方体をカウントすると、次のようになる。

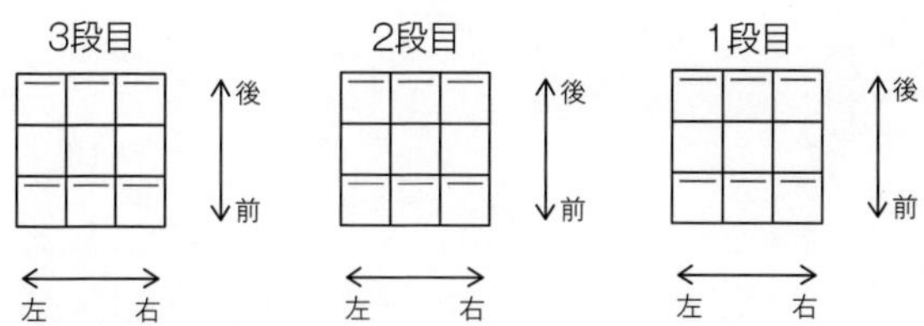

同様に、立方体全体の左面と右面に色を塗ったとき、**左面と右面の両方に色が塗られている小立方体はない**。よって、左面のみ、右面のみ色が塗られている小立方体をカウントすると、次のようになる。

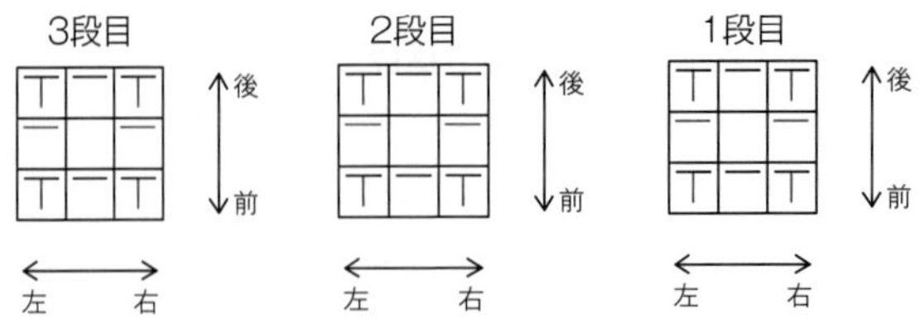

同様に、立方体全体の上面と下面に色を塗ったとき、**上面と下面の両方に色が塗られている小立方体はない**。よって、上面のみ、下面のみ色が塗られている小立方体をカウントすると、次のようになる。

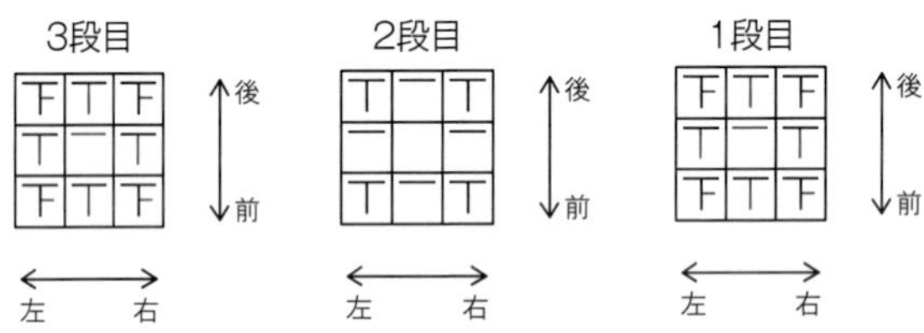

よって、1面だけに色が塗られている小立方体は、上の図より、3段目が1個、2段目が4個、1段目が1個であるので、合計は、1＋4＋1＝<u>6［個］</u>となる。

例題 3-14

下図のように白地の小立方体30個で構成された立体の表面をすべて赤く塗るとき、3面だけ赤く塗られている小立方体の個数として、正しいのはどれか。

1. 7個
2. 8個
3. 9個
4. 10個
5. 11個

正解へのプロセス

テーマの把握 問題文からテーマを把握する。また、解法として消去法が使えるかどうかを判断する。

平面化 立体全体を水平方向にスライスして、段ごとに平面化して考えていく。

作図 小立方体の個数を求めるので、図に記号（または数値）を書き入れていく。

解説

3面だけに色が塗られている小立方体の個数を求める問題である。特に条件がないため底面からも着色される設定の問題だと考える。**数値を求めるので消去法は使えない。** **テーマの把握**

立体の正面を図のようにして、4段にスライスして考える。 **平面化**

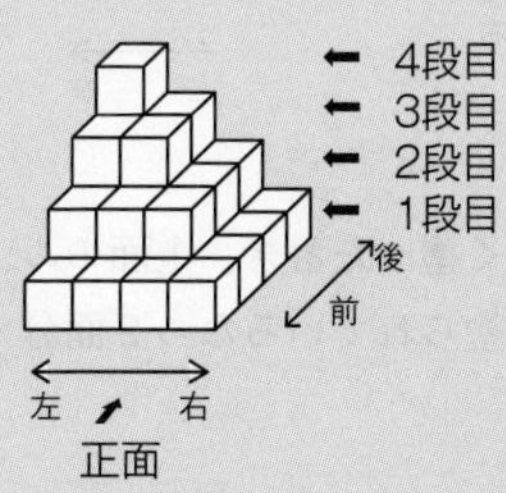

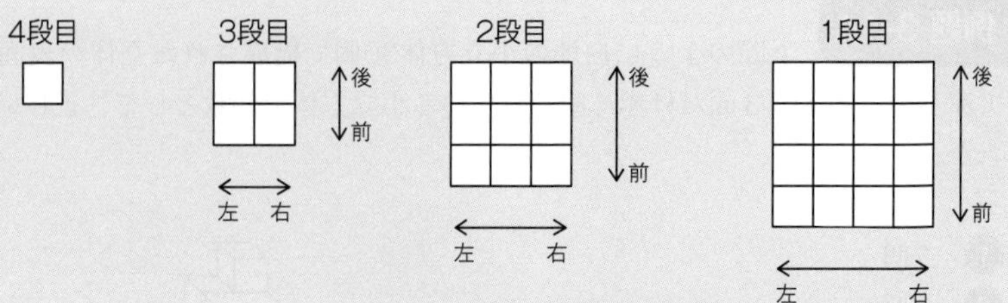

まず、立体全体の**前面と後面を赤く塗ったとき**、各段における小立方体において、前面のみ、後面のみ塗られているなら１面分、前面と後面の両方に塗られているなら２面分カウントすると、次のようになる。 作図

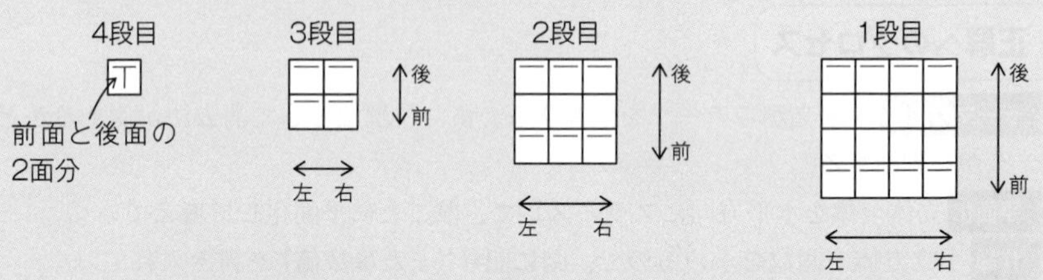

同様に、**左面と右面を赤く塗ったとき**、左面のみ、右面のみ塗られているなら１面分、左面と右面の両方に塗られているなら２面分カウントすると、次のようになる。

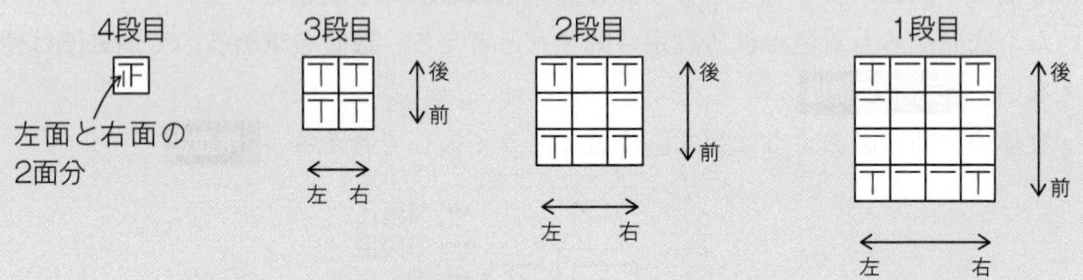

同様に、**上面と下面を赤く塗ったとき**、上面のみ、下面のみ塗られているなら１面分、上面と下面の両方に塗られているなら２面分カウントすると、次のようになる。

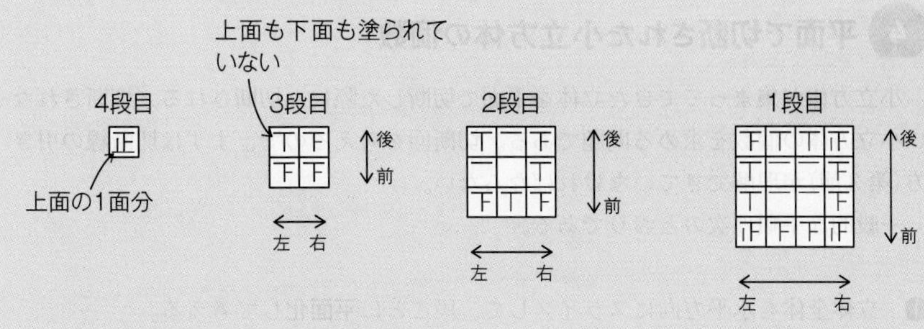

よって、３面だけ赤く塗られた小立方体は、上の図より３段目が３個、２段目が３個、１段目が５個であるので、合計は、３＋３＋５＝**11**［個］となる。

正解 **5**

❹ 平面で切断された小立方体の個数

小立方体が集まってできた立体を平面で切断した際に、切断される／切断されない小立方体の個数を求める問題である。切断面を考えるので、まずは切断線の引き方（第３節）が理解できていなければならない。

一般的な手順は次のとおりである。

❶ 立体全体を水平方向にスライスして、段ごとに**平面化**して考える。

❷ １つの段において、**上面と下面を通過する２本の切断線を見つける**。立体の内部を通過する切断線は直接は見えないので、スライスした図で見つける。

❸ ２本の切断線に挟まれた部分に切断面があるので、スライスした図において**２本の切断線に挟まれた部分を含む正方形が切断された小立方体となる**。

次の 例6 で手順を実践してみる。

例6

小立方体を27個使い、図のような立方体を作った。点A、B、C、Dを通る平面でこの立方体を切断したとき、切断される小立方体はいくつあるか。

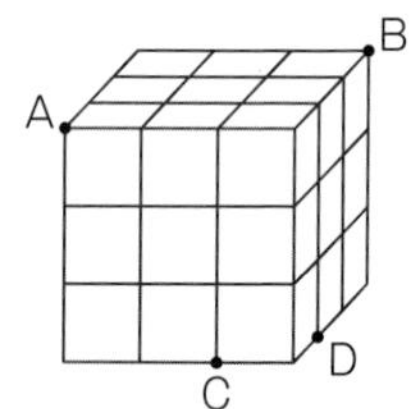

同一平面上の２点を通る平面で立体を切断するとき、切断線は２点を通る直線となるので、立体の表面にできる切断線はAB、AC、CD、BDとなり、切断面は下図のような台形となる。各段における上面の切断線、下面の切断線は表のようになる。

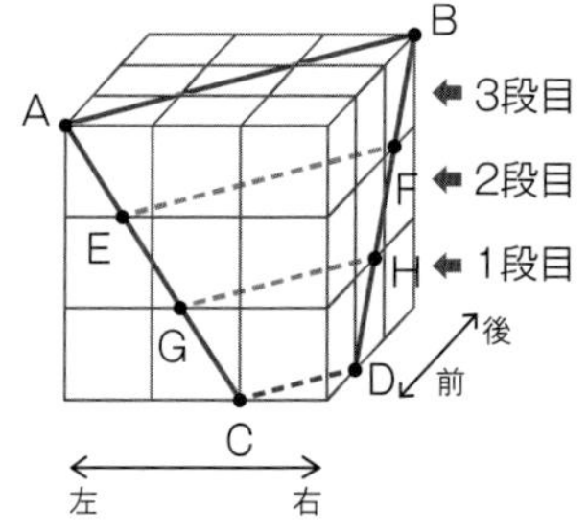

段	上面の切断線	下面の切断線
3段目	AB	EF
2段目	EF	GH
1段目	GH	CD

３段目のみ図示すると下図のようになり、**上面の切断線ABと下面の切断線EFに挟まれた部分に切断面があり、この部分を含む小立方体は切断されている**。これを真上から見た図に表したものが右下図であり、２本の切断線に挟まれた部分を含む正方形は５個なので、切断された小立方体を「○」で表すと**５個**となる。

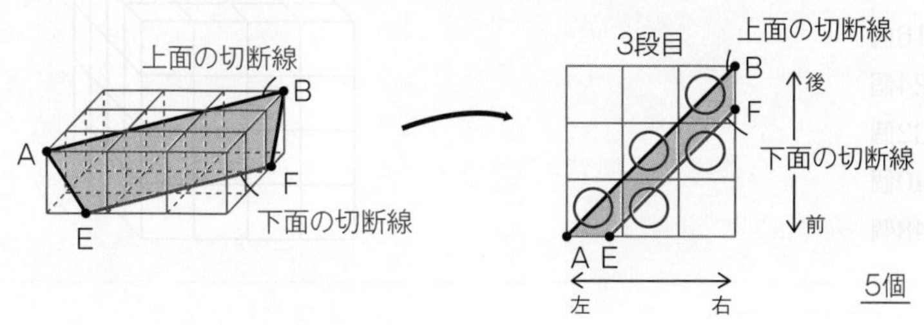

２段目、１段目においても同様の作業をすると、次のようになる。

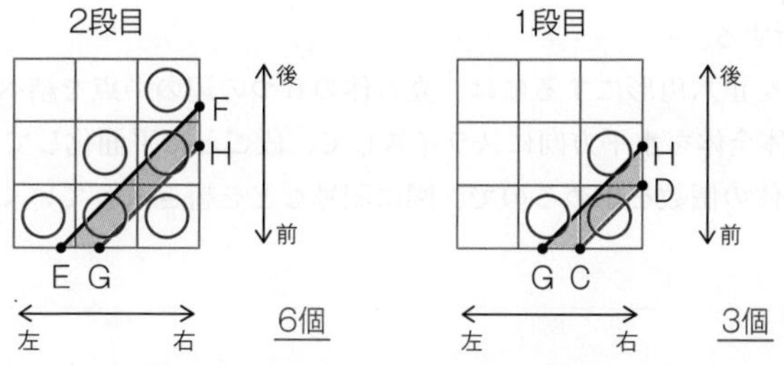

よって、切断された小立方体は、5＋6＋3＝<u>**14［個］**</u>である。

例題 3-15 右図のように小立方体を64個積み重ねてできた立方体を、切断面が正六角形になるように切断するとき、切断される小立方体の個数として、正しいのはどれか。

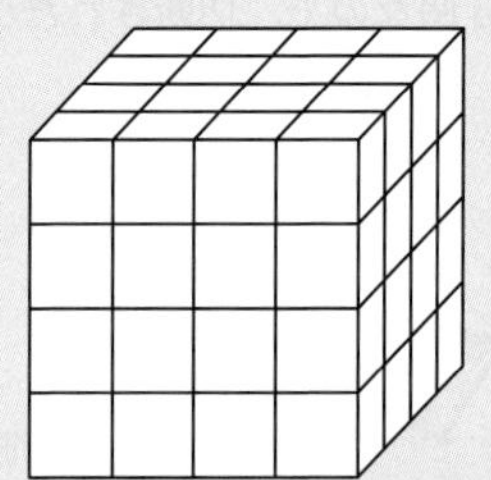

1. 16個
2. 24個
3. 32個
4. 40個
5. 48個

正解へのプロセス

テーマの把握 問題文からテーマを把握する。また、解法として消去法が使えるかどうかを判断する。

知識 切断面を正六角形にするには、立方体の６つの辺の中点を結べばよい。

平面化 立方体全体を水平方向にスライスして、段ごとに平面化して考えていく。

作図 小立方体の個数を求めるので、図に記号などを書き入れていく。

解説

平面によって切断された小立方体の個数を求める問題である。**数値を求めるので消去法は使えない。** **テーマの把握**

立方体の切断面を正六角形にするには、**立方体の６つの辺の中点を結べばよい**(図１)。**知識**

図１より、各段の上面および下面の切断線の端をＡ～Ｊで表すと図２のようになる。点Ｂ(および点Ｉ)は見えないが、切断線ACとFHは平行であるので、前面の色つき部分を参考にすると、点Ｂの位置は、点Ａから右に小立方体の１辺分、下に小立方体の１辺分移動したところであることがわかる(図３)。**作図**

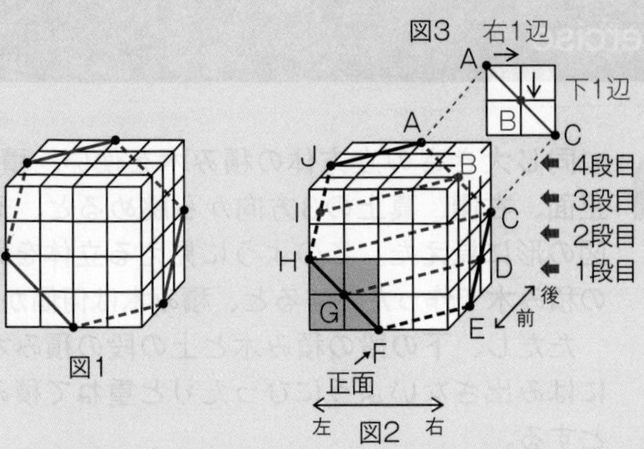

立方体の正面を図２のようにして、４段にスライスして考える。**平面化**

４段目では、上面の切断線はAJ、下面の切断線はBIである。この２面は平行であるので、２本の切断線も平行に引くことができる。そして、この２本の切断線に挟まれた部分を含む正方形が切断される小立方体を表しているので、図より、切断される小立方体を「○」で表すと５個である。同じ作業を３段目以下においても行うと、図のようになる。**作図**

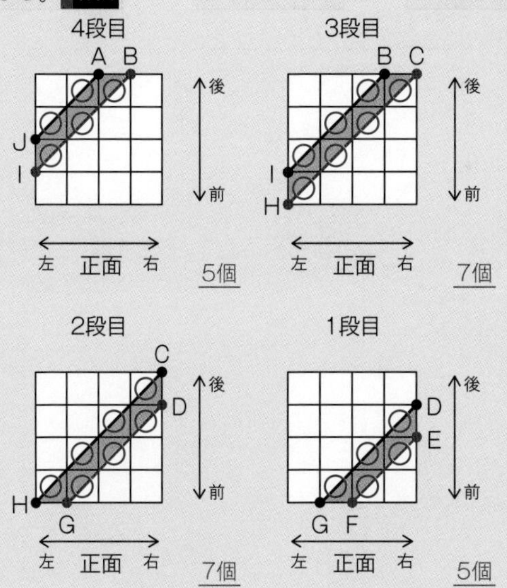

よって、切断される小立方体の数は、5＋7＋7＋5＝24［個］となる。

正解 

過去問Exercise

問題1

同じ大きさの立方体の積み木を使い、積み上げた後、正面、右側、真上の3方向から眺めると、それぞれ次の図の形に見えた。このように見える立体を最も少ない数の積み木で作ったとすると、積み木は何個か。

ただし、下の段の積み木と上の段の積み木の面が互いにはみ出さないようにぴったりと重ねて積み上げたものとする。

国家専門職2017

正面図

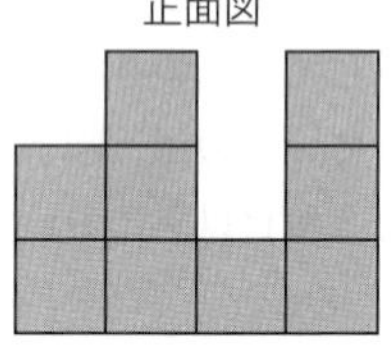

右側から見た図

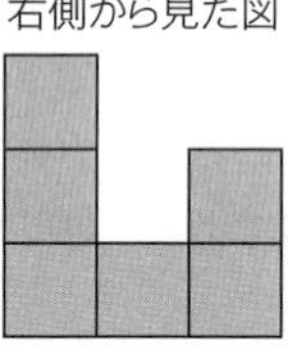

真上から見た図

1. 17個
2. 19個
3. 21個
4. 23個
5. 25個

解説

正解 1

積み木の最小個数を求める問題である。数値を求めるので消去法は使えない。

テーマの把握

手順どおりに真上から見た図に数値を書き入れていく。 平面化 作図

それぞれの列の高さにあたる小立方体の個数の数値は、正面図より左端から2→3→1→3、右側から見た図より前から3→1→2となる。これらの数値を真上から見た図に書き入れる（図1）。

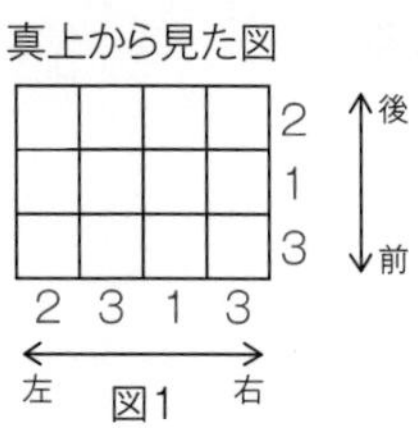

図1

枠外に「3」と書かれたタテ方向とヨコ方向が交わるマスには、積み木が3個積まれていればよい（図2）。枠外に「2」と書かれたタテ方向とヨコ方向が交わるマスには、積み木が2個積まれていればよい（図3）。枠外に「1」と書かれたタテ方向とヨコ方向が交わるマスには、積み木が1個積まれていればよい（図4）。

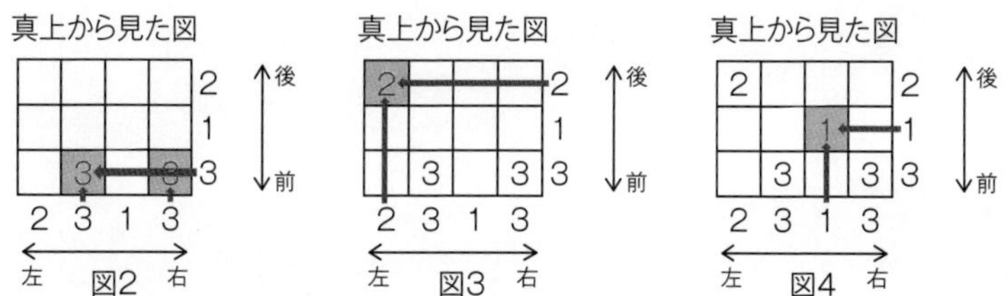

図2 図3 図4

真上から見た図より、いずれのマスにも少なくとも積み木は1個積まれているので、図4の残ったマスには「1」を書き入れる（図5）。

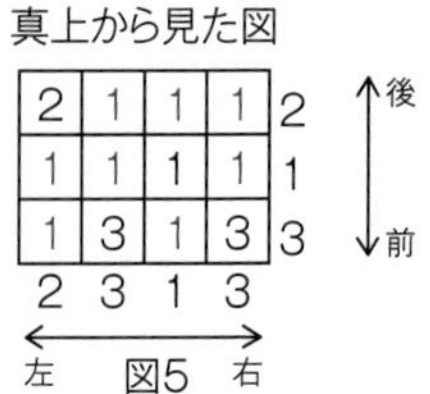

図5

よって、図5の枠内の数値をすべて足したものが最も少ない積み木の個数であるので、求める個数は17個である。

問題2

図のような、合計125個の黒い小立方体と白い小立方体を積み上げて作った大立方体がある。黒い小立方体が見えているところは、反対の面まで連続して黒い小立方体が並んでいるものとする。このとき、白い小立方体の数はいくらか。

国家専門職2010

1. 51個
2. 55個
3. 57個
4. 61個
5. 66個

解説

正解 5

黒い小立方体は一列に並んでいるので、**表面上に見える黒い面に対して垂直に穴を開ける問題**と同じように考えればよい。したがって、「黒い小立方体＝穴の開いている小立方体」と捉えれば、**「白い小立方体＝穴の開いていない小立方体」**とすることができる。また、**数値を求めるので消去法は使えない。** テーマの把握

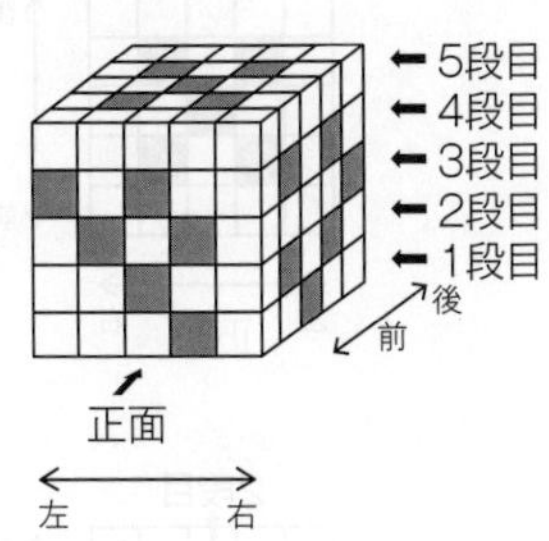

大きな立方体の正面を上図のようにして、５段にスライスして考える。 平面化

まず、**上面から穴の開いている小立方体**を考える。穴は黒い面に対して垂直に開いているので、５段目の黒い面と同じ位置にある小立方体にはすべて穴が開いている。穴の開いている小立方体を○で図示すると次のようになる。 作図

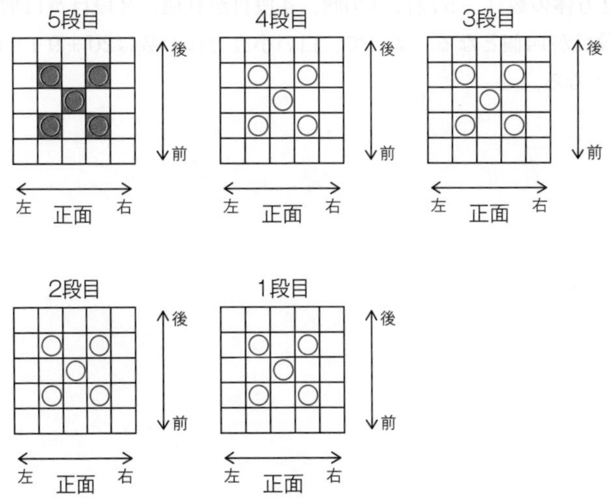

次に、各段の正面および右面から穴の開いている小立方体を考える。一列に穴の開いている５個の小立方体を矢印で図示すると次のようになる。

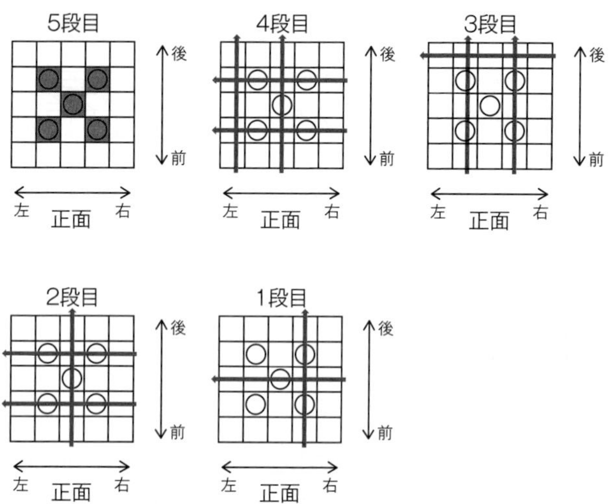

「○」および「矢印」が書かれていない正方形が白い小立方体を表すので、段ごとの白い小立方体の数は、５段目が20個、４段目が９個、３段目が11個、２段目が12個、１段目が14個となる。よって、白い小立方体の数は20＋9＋11＋12＋14＝66［個］となる。

問題3

同じ大きさの立方体72個を次の図のように重ねて直方体をつくる。この立体を点A、B、Cを通る平面で切断したとき、切断された立方体の個数として正しいのはどれか。

警視庁Ⅰ類2012

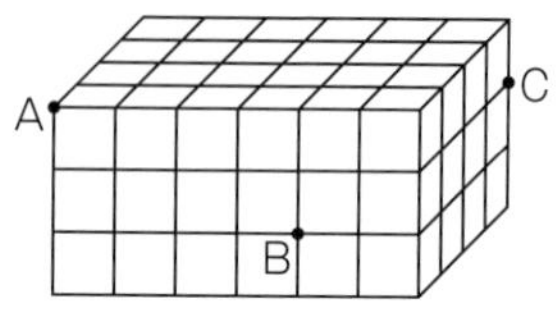

1. 20個
2. 21個
3. 22個
4. 23個
5. 24個

解説

正解 5

平面によって切断された小立方体の個数を求める問題である。数値を求めるので消去法は使えない。**テーマの把握**

切断面を考える。点Aと点Bは同一平面（前面）上の２点なので、**直線で結ぶ**。点Bは切断線の通過点であるので、そのまま直線を右下の方に延ばすと切断線ができ、端をDとおくと、切断線ADができる。さらに、点Dと点Cは同一平面（右面）上の２点なので、**直線で結ぶ**と切断線CDができる（図１）。

点Cから後面に引くことができる切断線は、すでに前面に引いた**切断線ADと平行**になる。この切断線の端をＥとおくと、切断線CEができる。さらに、点Aと点Ｅは同一平面（上面）上の２点なので、**直線で結ぶ**と切断線AEができ、切断面が完成する（図２）。**作図**

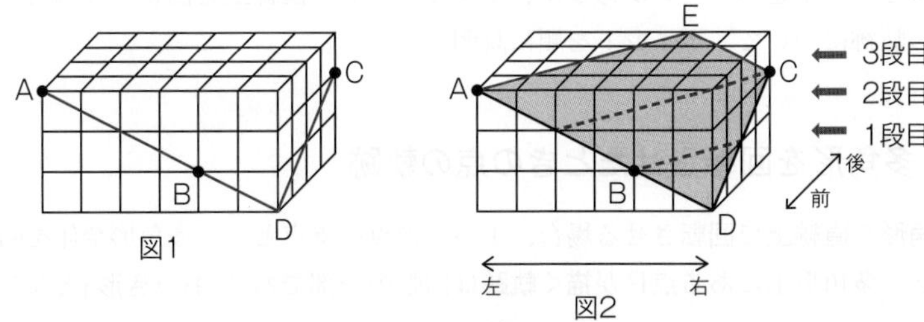

直方体を３段にスライスして考える。**平面化**

３段目では、上面の切断線はAE、下面の切断線は点CからAEに平行に引いた線である。よって、この２本の切断線に挟まれた部分を含む正方形が切断された立方体であるので、これを「○」で表すと12個ある。同様に、２段目、１段目も考えると、下図より、切断された立方体は、２段目は９個、１段目は３個ある。**作図**

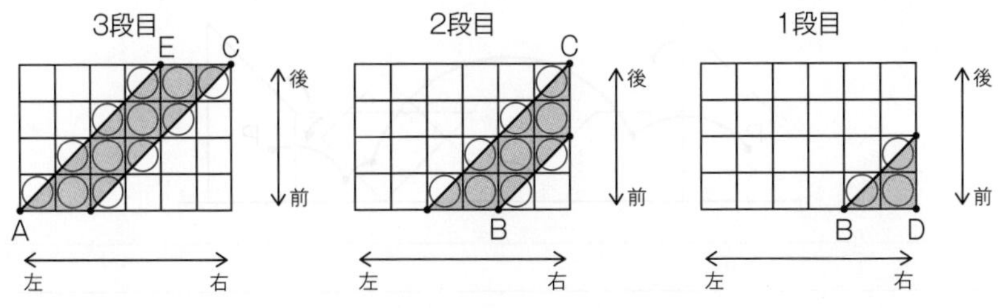

よって、切断された立方体は12＋9＋3＝24［個］となる。

★★★

7 軌　跡

軌跡は、東京都、特別区などで出題頻度の高いテーマの1つです。特に東京都では、軌跡の長さや軌跡によって囲まれた領域の面積の出題（軌跡の計量）が多いのが特徴です。

1 軌　跡

多角形や円などの図形上の点は、図形が回転することに伴って移動し、ある**軌跡**を描く。公務員試験では、この点が描く軌跡についての問題が出題される。軌跡を描く点は図形の内部、辺・頂点・円周上などに設けられ、図形が回転することでこの点が描く軌跡を考えるものが多い。

さまざまな出題パターンがあるが、まずは、図形が**直線上**を回転する場合に生じる点の軌跡について、ポイントを順に説明していく。

1 多角形を回転させたときの点の軌跡

多角形を**直線上**で回転させる場合、１つの頂点を支点として多角形全体を回転させせると、多角形上にある**点Ｐが描く軌跡**は円弧の一部である「**おうぎ形**」となる。

例1

右の四角形を矢印の向きに１回転[1]させたときの点Ｐが描く軌跡は次のようになる。

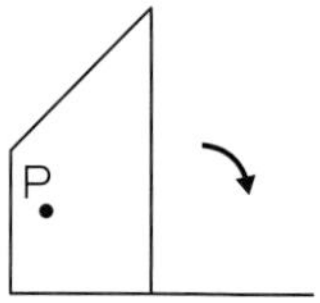

P

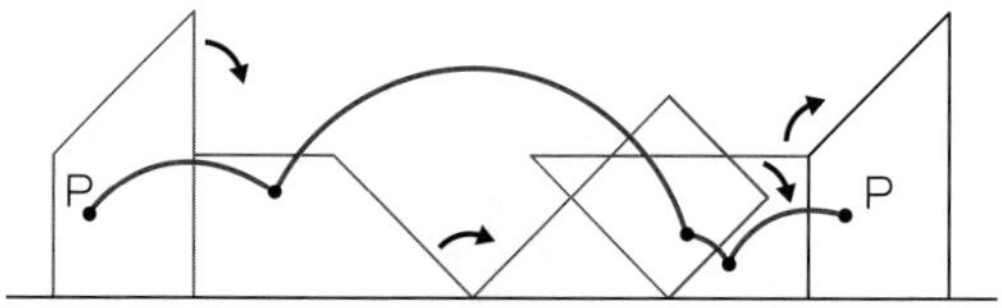

P　P

1　図形は滑らせることなく回転させる。また、当初の状態に戻るまでが「１回転」である。

この軌跡をどのように導けばよいか、**回転の中心**、**回転の半径**、**回転の角度**の３つの観点から説明していく。

① 回転の中心

支点となる頂点が図形の**回転の中心**となり、この頂点が**おうぎ形の中心**となる。したがって、一般的に、**回転の中心の個数とおうぎ形の個数は等しくなる。**

回転の中心を順に㋐～㋓とおくと、それぞれの回転の中心で図形が回転したときにできるおうぎ形が図２～図５のようになり、**１個の回転の中心に対して１個のおうぎ形が現れている**。よって、回転の中心が４個あるので、おうぎ形も４個ある。

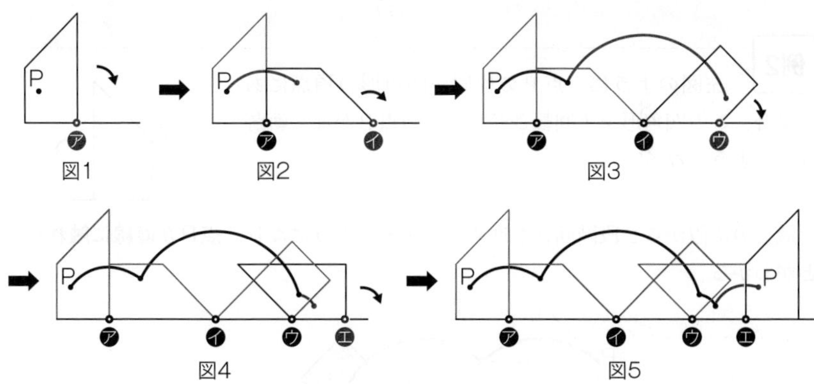

図1 図2 図3 図4 図5

② 回転の半径

回転の中心と点Pを直線で結んだ長さが**回転の半径**となり、この長さが**おうぎ形の半径**である。前掲の図５でのそれぞれの回転の半径は図６のようになる。

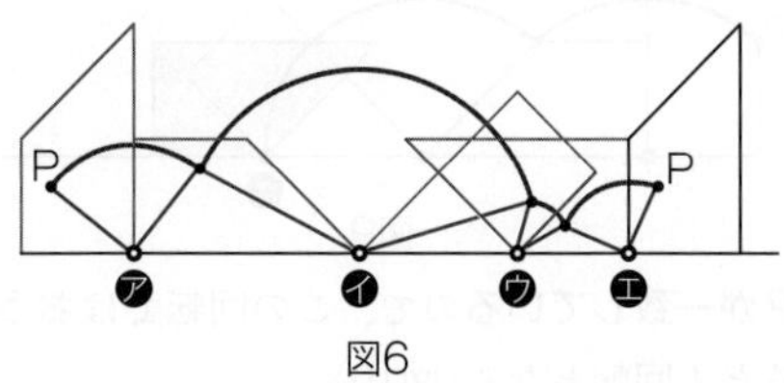

図6

③ 回転の角度

支点(回転の中心)となる頂点の**外角**が図形の**回転の角度**となり、この角度が**おうぎ形の中心角**と等しくなる。前掲の図5でのそれぞれの回転の角度は図7のようになる。

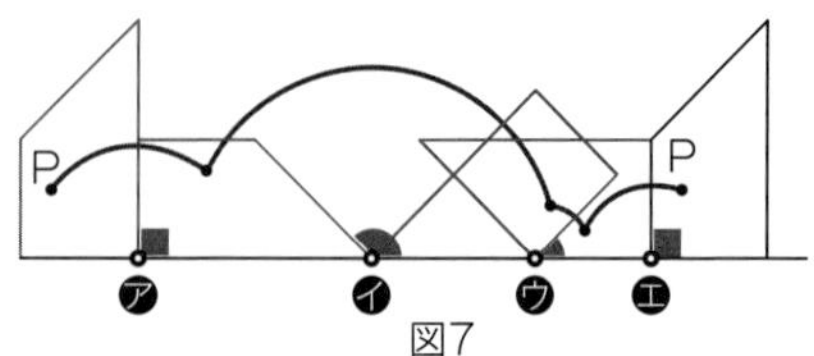

図7

例2

左図のように、点Pの位置が四角形の**頂点**にある場合、この四角形を1回転させたときの点Pが描く軌跡は次のようになる。

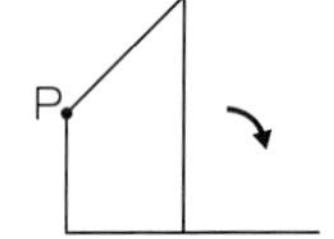

最初の位置から2段階回転を進めると図8のようになり、**点Pが直線に触れる**ことがわかる。

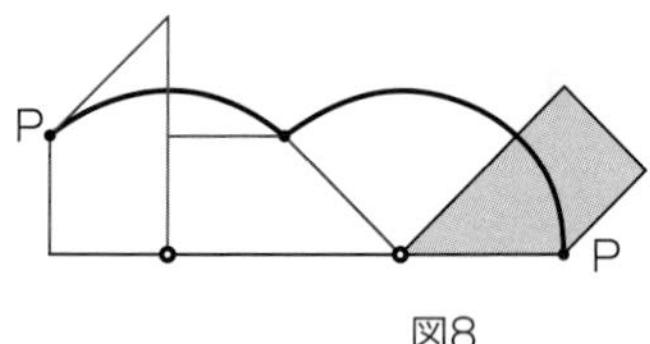

図8

ここからさらにもう1段階回転を進めると図9のようになる。

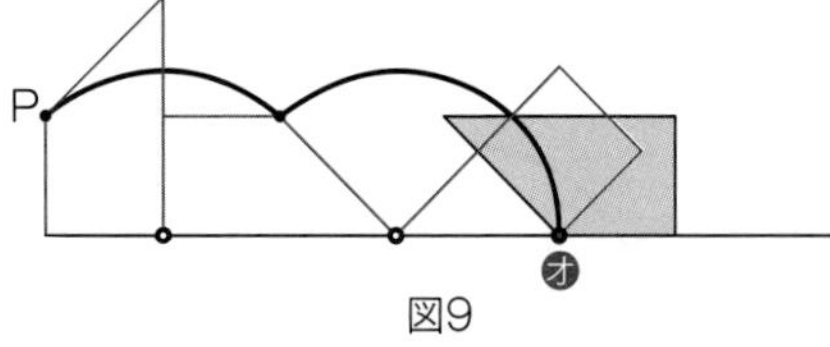

図9

回転の中心オと点Pが一致しているので、この回転では**おうぎ形は現れない**。さらに1段階回転させると1回転となる(図10)。

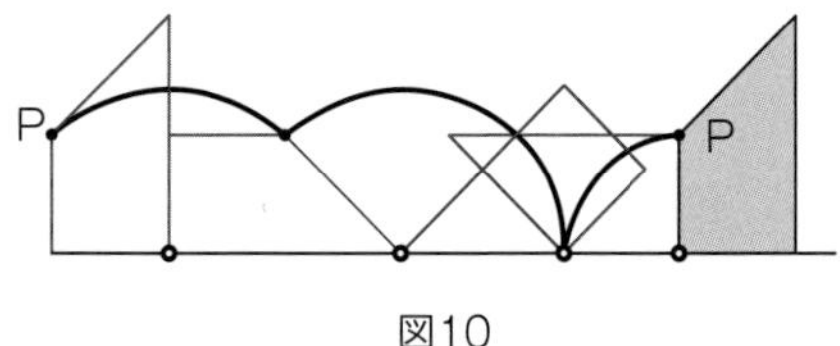

図10

よって、回転の中心は4個、おうぎ形は3個となり、回転の中心とおうぎ形の個数が異なる。

このように、軌跡を描く点が多角形の頂点にある場合、**軌跡が直線に触れ、回転の中心とおうぎ形の個数が一致しなくなる。**

2 軌跡から多角形を考える

実際の出題には、1つの軌跡が与えられ、その軌跡を描く多角形の形と点の位置を5つの選択肢から選ぶものも少なくない。5つの多角形をすべて回転させて正解を求めるのは大変なので、多角形を回転させなくても 例1 で紹介した3つのポイントにより判断する方法を身につけておきたい。

① 3つのポイントを多角形に対応させる

多角形の回転方向は時計回りであるので、例1 の四角形の回転の中心(ア〜エ)は最初の位置から**反時計回り**に移っていく(図1)。

回転の半径は、**点Pと回転の中心を直線結んだ長さ**である(図2)。

回転の角度は、四角形の**外角**に等しい(図3)。

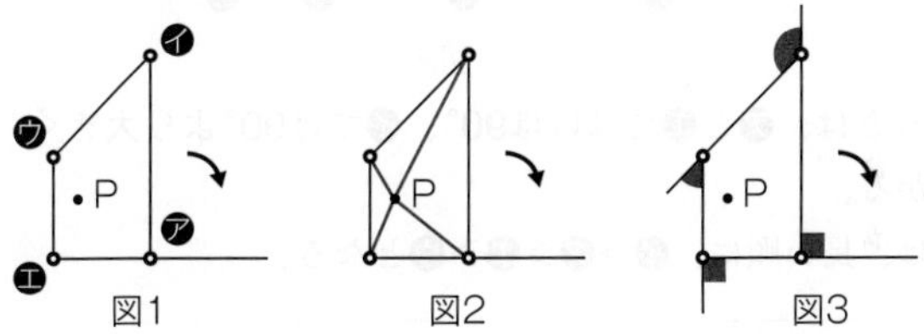

② 3つのポイントを軌跡に対応させる

軌跡に現れたそれぞれのおうぎ形に、まず**弦**(おうぎ形の両端を結んだ直線)**を引く**。そして、弦の**垂直二等分線を引き、垂直二等分線と直線の交点の位置がおおよその回転の中心となる**。回転の中心がわかれば、おうぎ形の両端から中心に線を引くことで、おおよそのおうぎ形の中心角および半径を知ることができる。

次の例で確認してみよう。

例3　次の点Pの軌跡からわかることを考える。

まずそれぞれのおうぎ形に弦を引く。そして、弦の垂直二等分線を引き、この線と直線の交点の位置を確認する。この交点の位置がおおよその**回転の中心**となる(図1)。

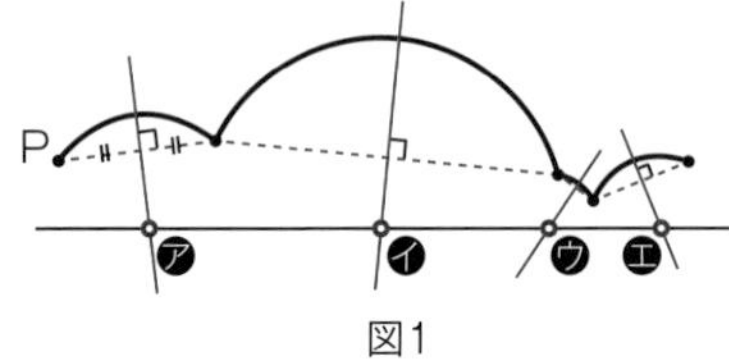

図1

そして、おうぎ形の両端から回転の中心に線を引くことで、おおよそのおうぎ形の**中心角の大きさ**および**半径の長さ**を知ることができる(図2)。

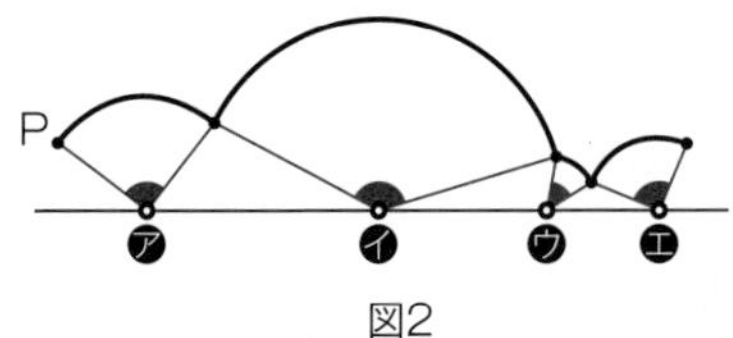

図2

中心角の大きさは、㋐と㋓ではほぼ90°、㋑では90°より大きく、㋒では90°より小さいとわかる。

半径の長さは、長い順に、㋑>㋐>㋓>㋒となる。

3 円を回転させたときの点の軌跡

① 直線上を回転する円

円が**直線上**を回転するとき、**点P**が**円**のどの**位置**にあるかで、**点P**が描く軌跡は異なる。

点Pが**円周上**にあるとき、点Pが描く軌跡は**サイクロイド曲線**となる。

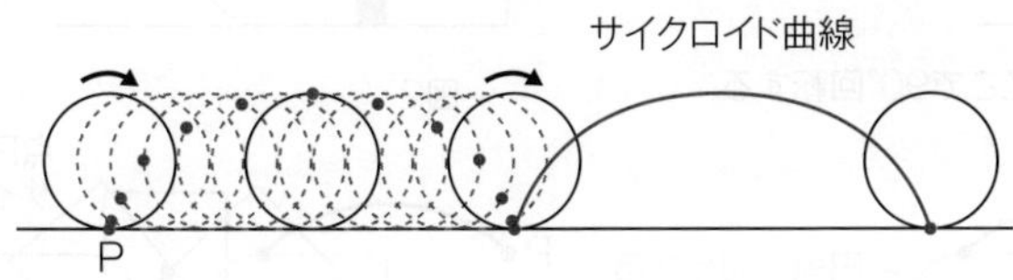

点Pが**円周上**、**中心以外**にあるとき、点Pが描く軌跡は**トロコイド曲線**となる。

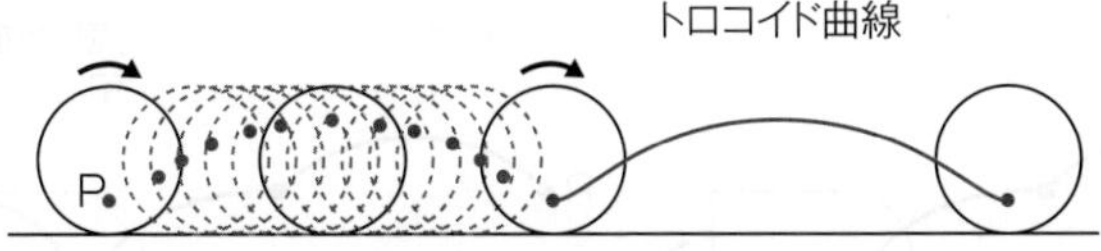

実際の出題は、円そのものを回転させるものより、**円弧を含んだ図形や、半円などを回転させるものが多い**。

例4　正方形と半円を組み合わせた右のような図形上に点Pがある場合、この図形を１回転させたときに点Pが描く軌跡は次のようになる。

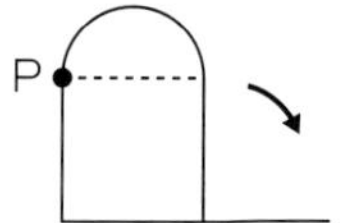
P

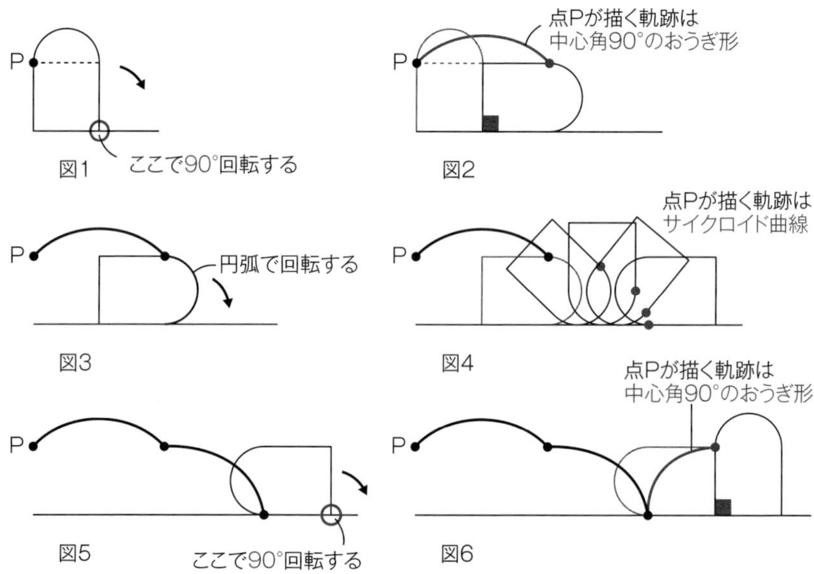
P
ここで90°回転する
図1
点Pが描く軌跡は
中心角90°のおうぎ形
図2
円弧で回転する
図3
点Pが描く軌跡は
サイクロイド曲線
図4
ここで90°回転する
図5
点Pが描く軌跡は
中心角90°のおうぎ形
図6

このように、円弧で回転するとき、点Pの軌跡に**サイクロイド曲線**が現れることがわかる。

点Pが**円の中心**にあるとき、点Pが描く軌跡は**直線**となる。

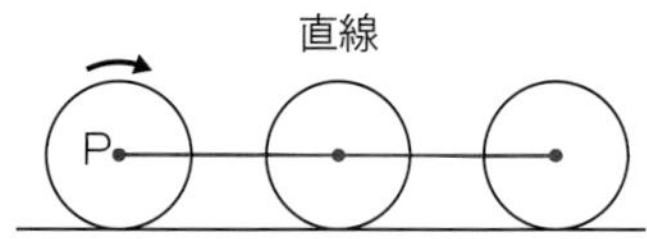
直線
P

こちらも実際の出題は、円そのものを回転させるものより、**円弧を含んだ図形や、半円などを回転させるものが多い**。

例5　中心角が90°のおうぎ形の中心に点Pがある場合、この図形を１回転させたときに点Pが描く軌跡は次のようになる。

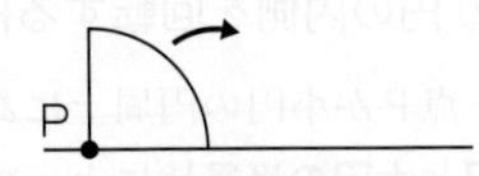
P

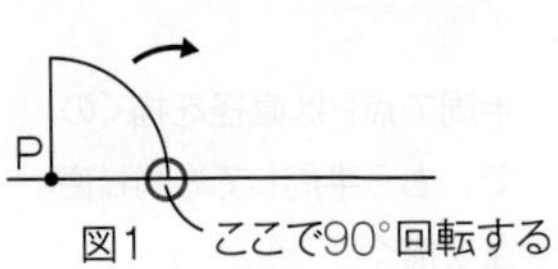
P
ここで90°回転する
図1

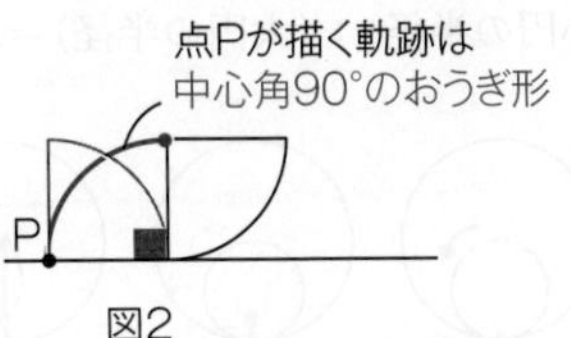
点Pが描く軌跡は
中心角90°のおうぎ形
P
図2

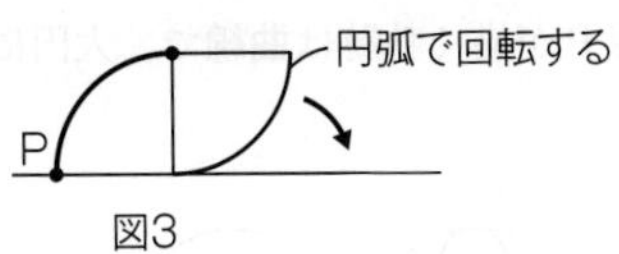
円弧で回転する
P
図3

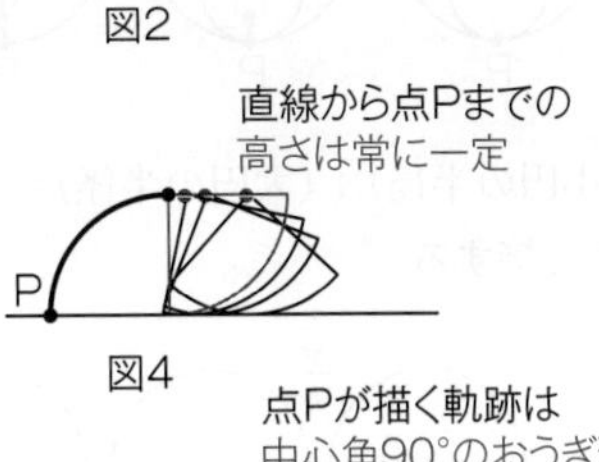
直線から点Pまでの
高さは常に一定
P
図4

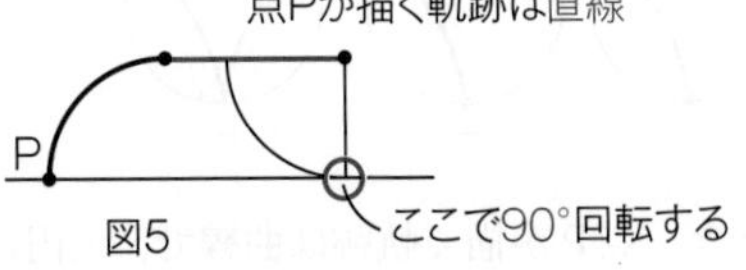
点Pが描く軌跡は直線
P
ここで90°回転する
図5

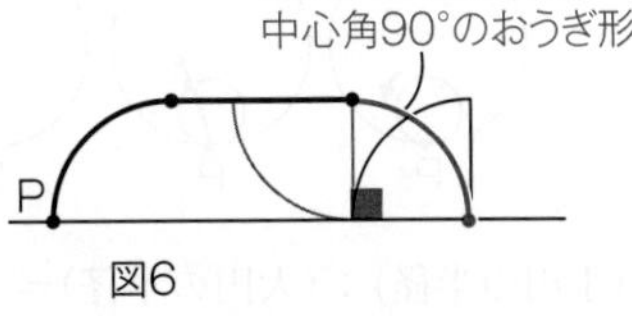
点Pが描く軌跡は
中心角90°のおうぎ形
P
図6

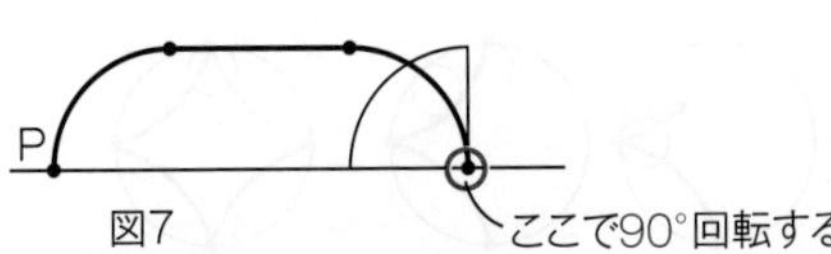
P
ここで90°回転する
図7

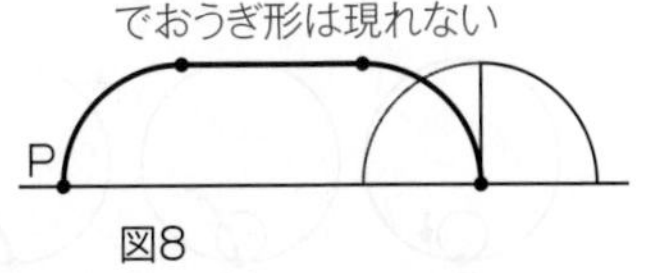
回転の中心と点Pが一致するの
でおうぎ形は現れない
P
図8

このように、円弧で回転するとき、点Pの軌跡に**直線**が現れることがわかる。

② 円の内側を回転する円

点Pが小円の円周上にあり、その小円が**大円の内側を回転して１周する**とき、**小円と大円の半径比**によって、点Pが描く軌跡は異なる。

（小円の半径）：（大円の半径）＝**１**：**２**のとき、点Pが描く軌跡は**直線**である。

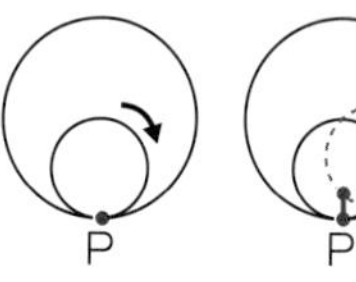

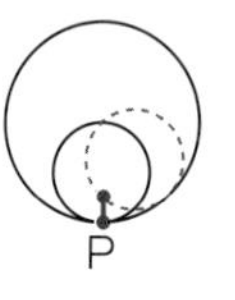

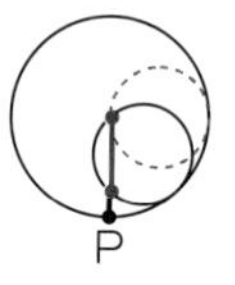

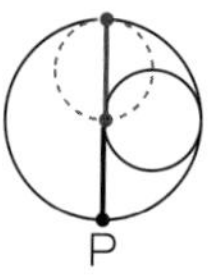

半周で点Pは直径を描くので、もう半周しても同じ直径を描く

（小円の半径）：（大円の半径）＝**１**：**３**のとき、点Pが描く軌跡は**曲線**で、大円に**３点**で接する。

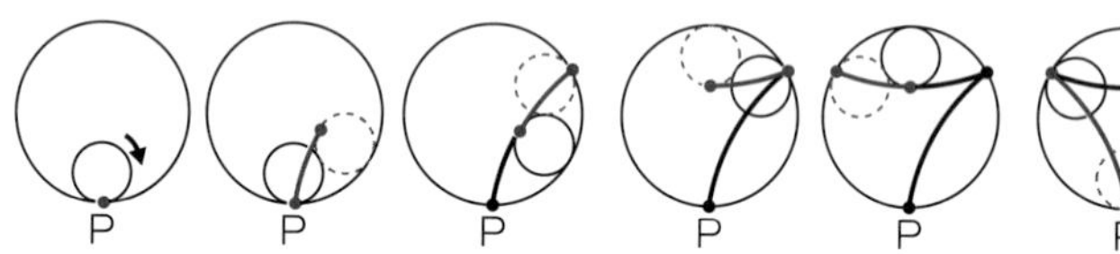

（小円の半径）：（大円の半径）＝**１**：**４**のとき、点Pが描く軌跡は**曲線**で、大円に**４点**で接する。

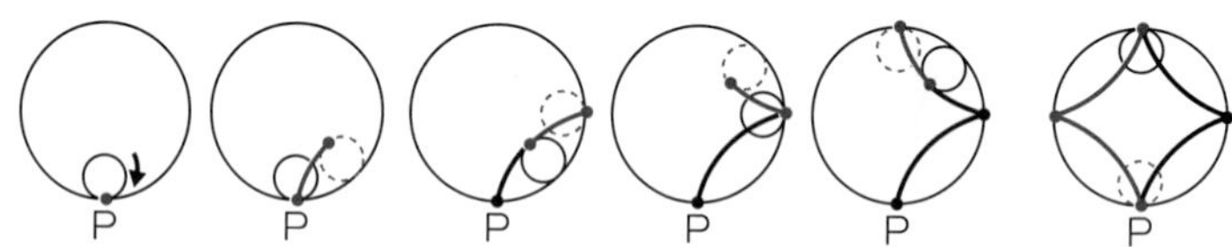

例題 3-16

下図のような正六角形の内部に点Pをとる。この正六角形を、直線上を滑ることなく矢印の向きに1回転させるとき、点Pが描く軌跡として妥当なのはどれか。

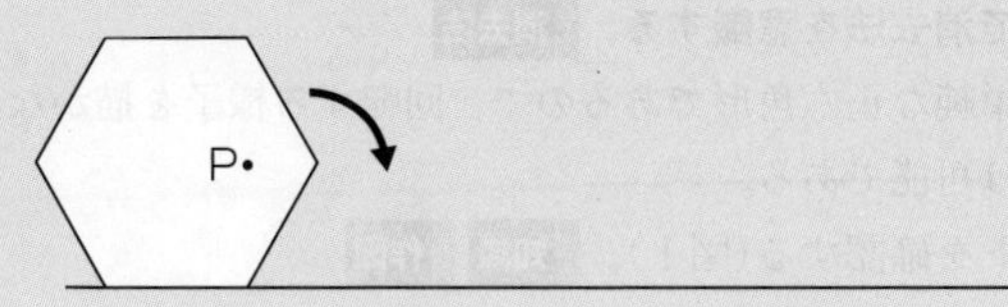

1 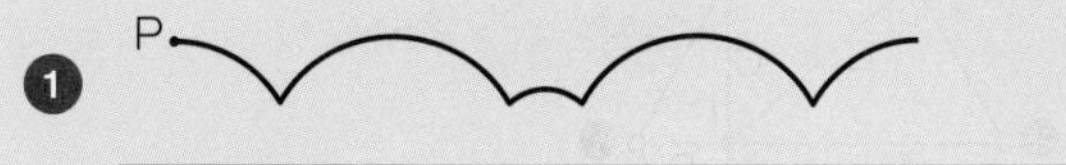

2 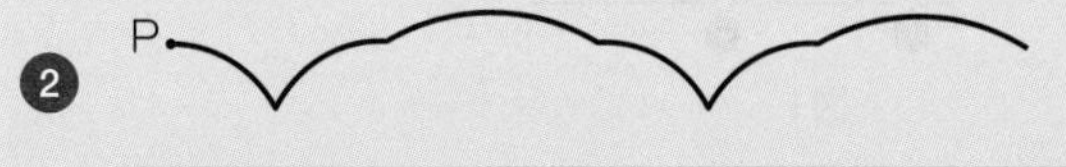

3 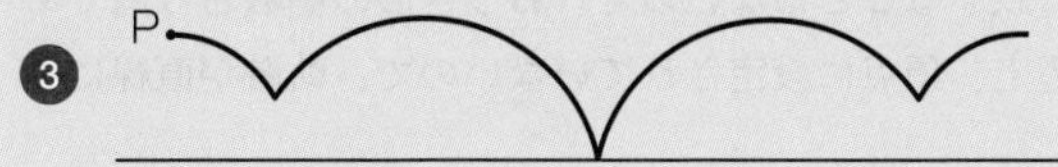

4 

5 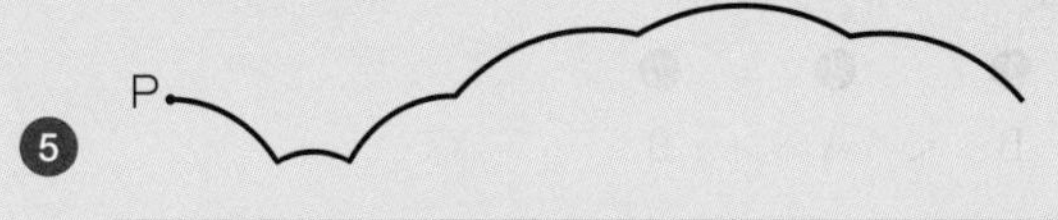

正解へのプロセス

テーマの把握 問題文からテーマを把握する。

消去法 解法として消去法が使えるかどうかを判断する。

知識 3つのポイントを確認する。

作図 正六角形や軌跡に数値を書き入れたり線を引いたりして考える。

解説

正六角形が直線上を回転したときの点Pの描く軌跡を考える問題である。

テーマの把握

形を考えるので消去法を意識する。**消去法**

図形が比較的単純な正六角形であるので、回転する様子を描かなくても点Pの軌跡を考えることは可能である。

3つのポイントを確認する(図1)。**知識** **作図**

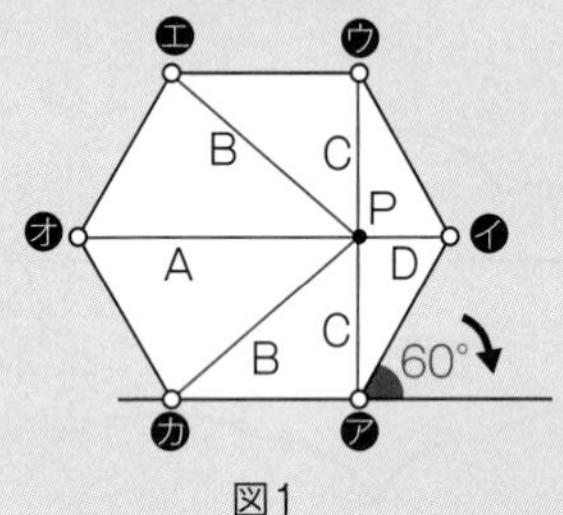

図1

[回転の中心]

正六角形が直線に触れている頂点アから反時計回りにア～カの**6個**の回転の中心がある。点Pと回転の中心が一致することはないので、**おうぎ形の個数も6個**である。また、点Pが正六角形の辺上、頂点に設定されていないので、軌跡が直線に触れることはない。

[回転の半径]

それぞれの回転の中心と点Pを直線で結んだ線が回転の半径(**おうぎ形の半径**)である。図1より、半径の長さはA、B、C、Dの4種類[2]があり、長さの大小は、回転の中心順に次のようになる。

ア		イ		ウ		エ		オ		カ
C	>	D	<	C	<	B	<	A	>	B

[回転の角度]

正六角形の内角は120°であるので、外角である**60°**が回転の角度(**おうぎ形の中心角**)である。

2　点Pの位置は正確にわからないが、おおよその位置から、半径の種類が4つあると判断して構わない。

以上のことを踏まえると、点Pの軌跡は、中心角60°のおうぎ形が6個つながったものとなり、❶、❸は次の理由で消去できる。

❶ ×　おうぎ形の数が5個である。
❸ ×　おうぎ形の数が4個である。または、**軌跡が直線に触れている。**

残った選択肢はすべて6個のおうぎ形ある。**回転の中心のおおよその位置を決め、半径の長さや角度の大きさを比べる。** 作図

❷ ×　図1より、回転の中心㋐と㋒の半径(C)の長さは同じでなくてはならないが、**半径の長さが異なる。**

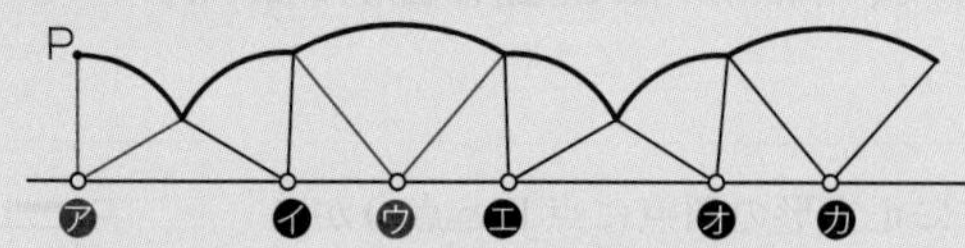

❹ ×　回転の中心㋔でできるおうぎ形の中心角が**60°より大きい。**

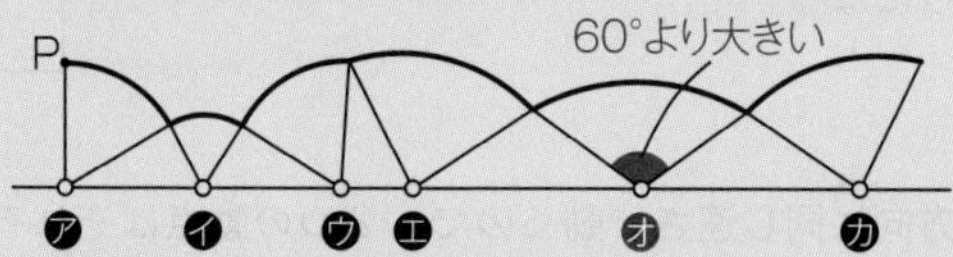

❺ ○　正しい軌跡である。

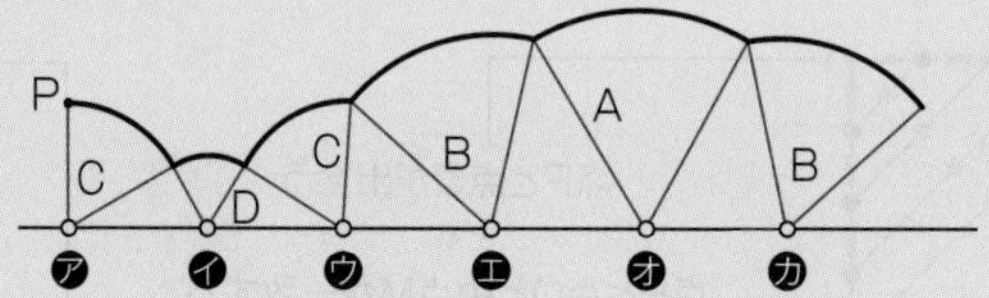

正解 5

❷ 中点の軌跡

２つの動く点（P，Q）を結んだ線分の**中点**（M）が描く軌跡を考える問題である。図形の辺上を点Ｐおよび点Ｑが動く速さについての条件がある場合が多く、点Ｐと点Ｑが**同じ速さで動く場合**と**異なる速さで動く場合**がある。

以下に示すように、特徴的な軌跡に注目して正解を絞り込むのがポイントである。

1 ２点の位置が重なるとき

図形の辺上を動く**点Pと点Qの位置が一致**したとき、その地点では**点Pと点Qと中点Mが一致する**ので、**中点Mが描く軌跡は図形に触れる**。

例6

図のように正方形の頂点に点Ｐと点Ｑがあり、点Ｐと点Ｑは同じ速さで、それぞれ矢印の方向に動く。このとき、点Ｐと点Ｑを結んだ線分の中点Mが描く軌跡は次のようになる。

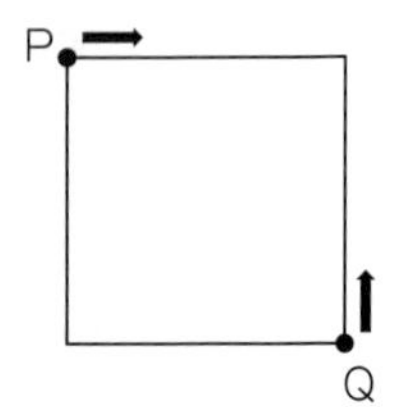

P
Q

点Ｐと点Ｑは**逆方向に同じ速さで動く**ので、**２つの動点はそれぞれ１辺を動いて出会う**（図１）。図１のように、出会った地点では、点Ｐと点Ｑと中点Mは一致するので、中点Mの軌跡が**正方形に触れる**ことがわかる（図２）。

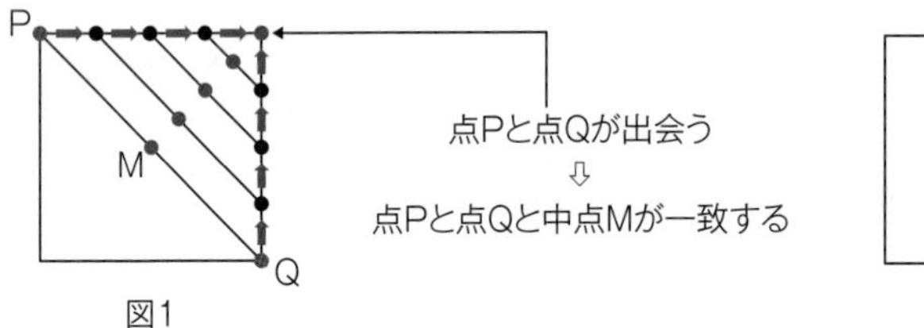

P
M
Q
点Pと点Qが出会う
⇩
点Pと点Qと中点Mが一致する

図1

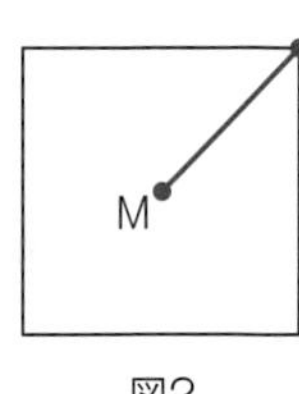

M

図2

2 2点が平行に動くとき

点Pと点Qが平行に動くとき、**中点Mが描く軌跡も平行になる**。

例7 図のように正方形の頂点に点Pと点Qがあり、点Pは点Qの2倍の速さで、それぞれ矢印の方向に動く。このとき、点Pが1辺を動いたときの点Pと点Qを結んだ線分の中点Mが描く軌跡は次のようになる。

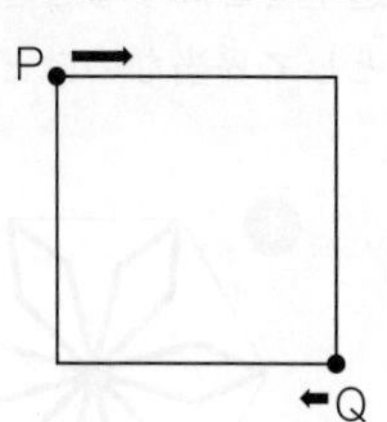

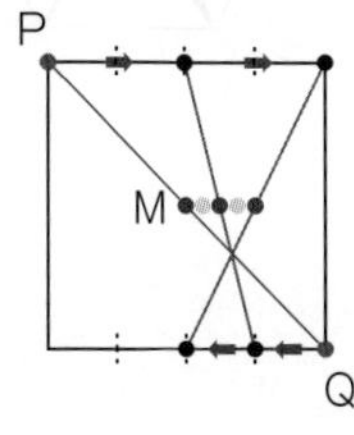

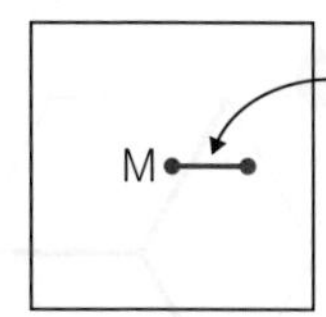

3 その他

❶ 直線上を一定の速さで動く点Pと点Qを結んだ線分の中点は、**曲線を描くことはない**

❷ 中点の軌跡以外にも、線分PQを2：1に内分する点などの軌跡を考える問題もある

例題 3-17 右図のように、正六角形の１つの頂点から、点Ｐは反時計回り、点Ｑは時計回りに同時に出発し辺上を動く。点Ｐが点Ｑの２倍の速さで正六角形の辺上を２周するとき、点Ｐと点Ｑの中点Ｍが描く軌跡として妥当なのはどれか。

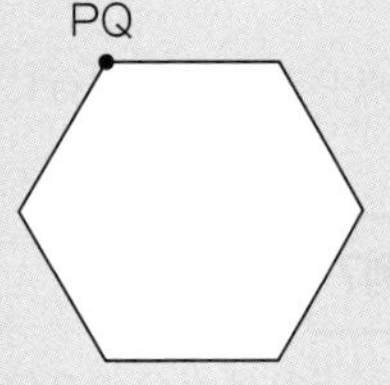

❶
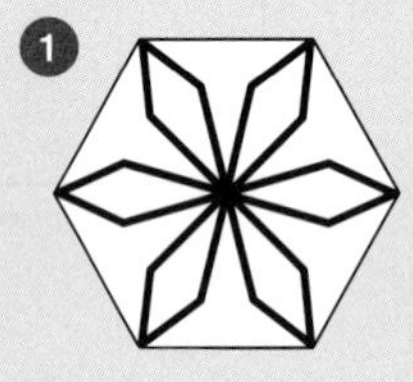

❷
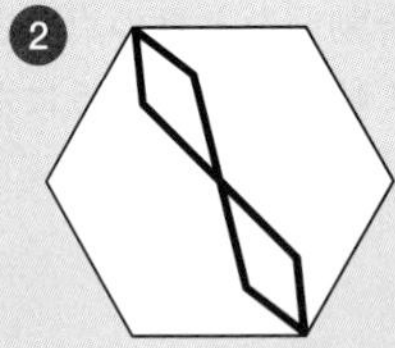

❸
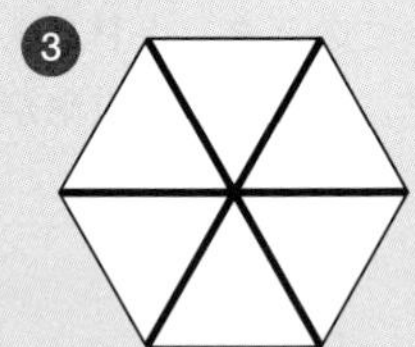

❹
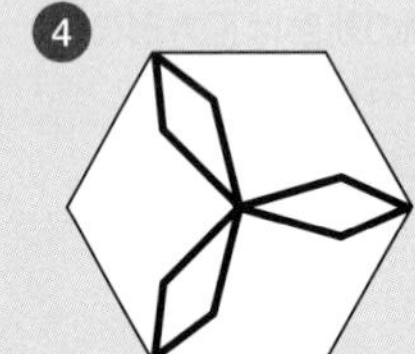

❺
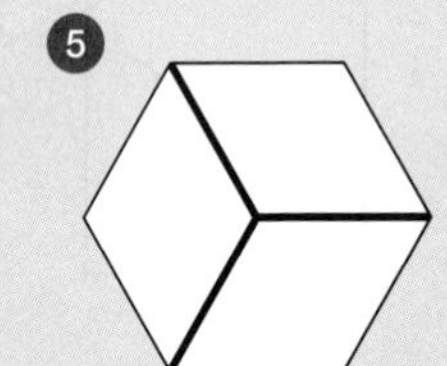

正解へのプロセス

テーマの把握 問題文からテーマを把握する。
消去法 解法として消去法が使えるかどうかを判断する。
作図 正六角形に点を書き入れたり線を引いたりして考える。

解説

中点の軌跡を考える問題である。**テーマの把握**
形を考えるので消去法を意識する。**消去法**
点Ｐは点Ｑと逆の方向に動くので、点Ｐと点Ｑが出会う地点を考える。**作図**
点Ｐは点Ｑの２倍の速さで動くので、同時に出発するという条件より、点Ｑが２辺、点Ｐが４辺を動いたときに点Ｐと点Ｑは初めて出会うことがわかる。点Ｐと点Ｑが出会った地点では、中点Ｍも一致するので、必ずその地点で中点Ｍの軌跡は正六角形に接することがわかる（図１）。

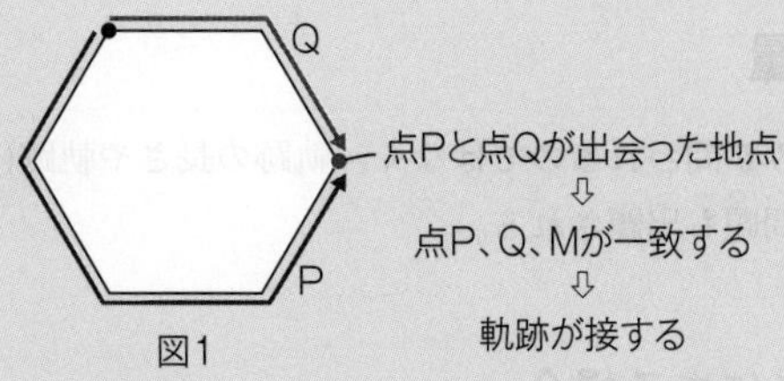

図1

さらに、点Qが2辺、点Pが4辺を動いたときに点Pと点Qが出会う。その地点では中点Mも一致し、中点Mの軌跡はその地点で正六角形に接することがわかる(図2)。その後、点Qが2辺を動いてスタート地点に戻ったとき、点Pは4辺を動いてスタート地点に戻る。

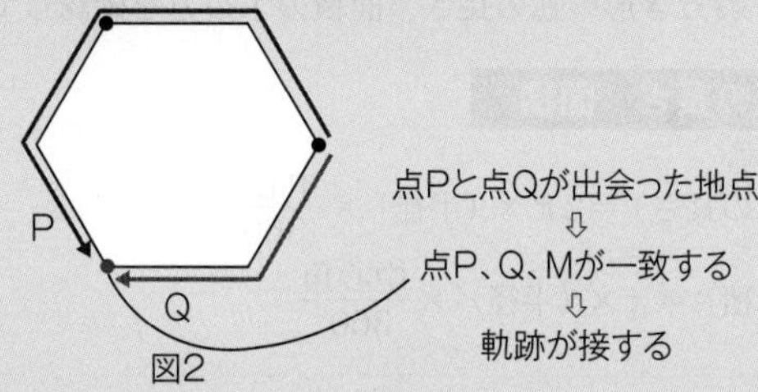

図2

よって、中点Mの軌跡は**正六角形と3点のみで接する**ので、6点で接している❶、❸、2点で接している❷は正しい軌跡ではないとわかり、消去できる。

正解が2つに絞れたので、細かく点Pと点Qを動かして、相違点に着目する。

点Qが$\frac{1}{2}$辺を動くと、点Pはちょうど1辺を動き、線分PQの中点Mは図3のように、**対角線からずれた地点**にある。よって、点Pと点Qが動き始めると、中点Mは対角線からずれて動くことがわかる。

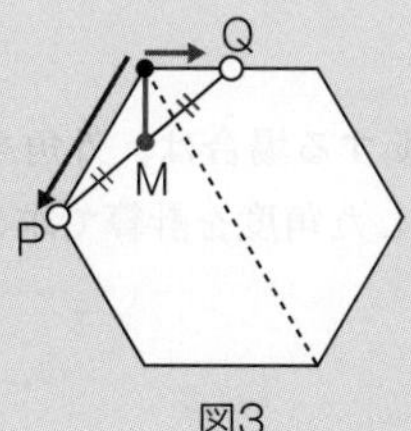

図3

❺は中点Mが対角線上を動いているので誤りとわかり、残った❹が正解となる。

正解 ❹

3 軌跡の計量

点が描く軌跡のみが問われるのではなく、軌跡の長さや軌跡によって囲まれた領域の面積を求める問題も出題される。

1 点が多角形にある場合

点Pが多角形の辺上や内部にある場合、その描く軌跡は**おうぎ形**となる。よって、図形を回転させて描かれる軌跡において、**おうぎ形の中心角とおうぎ形の半径**をもとに、軌跡の長さや面積を求めていくことになる。

これにあたり、おうぎ形の弧の長さ、面積の求め方を確認しておこう[3]。

おうぎ形の弧の長さ・面積

❶ (おうぎ形の弧の長さ) $= 2\pi \times$ (半径) $\times \dfrac{\text{中心角}}{360°}$

❷ (おうぎ形の面積) $= \pi \times$ (半径)$^2 \times \dfrac{\text{中心角}}{360°}$

2 点が円・半円などの中心にある場合

点Pが円・半円などの中心にある場合、その描く軌跡に**直線**が含まれる。この直線の長さは、転がった円弧の長さに等しくなる。

円・半円などの中心点が描く軌跡の長さ

(直線の長さ) = (転がった円弧の長さ)

注意 多角形が多角形上を回転する場合は、外角をおうぎ形の中心角とするのではなく、実際に多角形上を回転した角度を計算で求める。

---

3 計量にあたって円周率を必要とするため、多くの場合、問題文には「ただし、円周率はπとする」といった条件が付加される。このような表現がなくても、選択肢にπが使われていればπを使って計算をする。

例8 半径1の半円を右図の状態から矢印の方向に円弧の部分だけ回転させる。このとき点Pが描く軌跡の長さはいくらか。ただし、円周率はπとする。

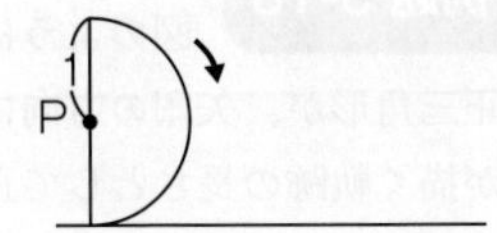

点Pは**半円の中心**にあるので、この半円を円弧で回転させると、点Pが描く軌跡は**直線**となる(下図)。

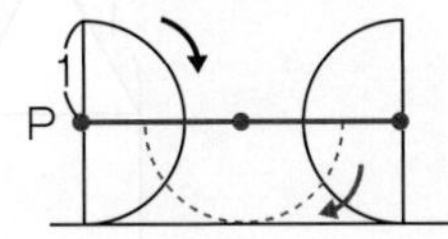

この直線の長さは、転がった円弧の長さに等しい。転がった半円の中心角は180°であるから、転がった円弧の長さは、$2\pi \times 1 \times \frac{180°}{360°} = 2\pi \times 1 \times \frac{1}{2} = \pi$である。

よって、直線の長さは$\underline{\pi}$である。

例題 3-18

図のように、一辺の長さが1の正方形の外側を、一辺の長さが1の正三角形が、矢印の方向に滑ることなく回転して1周したとき、正三角形の頂点Pが描く軌跡の長さとして正しいのはどれか。ただし、円周率はπとする。

❶ $\frac{5}{2}\pi$

❷ 3π

❸ $\frac{7}{2}\pi$

❹ 4π

❺ $\frac{9}{2}\pi$

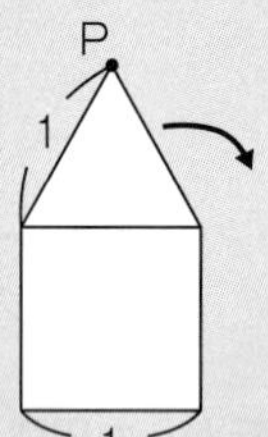

正解へのプロセス

テーマの把握 問題文からテーマを把握する。また、解法として消去法が使えるかどうかを判断する。

作図 正三角形が正方形上を回転する様子を作図し、正三角形や軌跡に数値を書き入れたり線を引いたりして考える。

解説

点Pによって描かれる軌跡の長さを求める問題である。**数値を求めるので消去法は使えない。** **テーマの把握**

実際に正三角形を回転させていく。その際、1つの回転の中心に対して、**回転の角度**と**回転の半径**を求めておく。回転の角度は**おうぎ形の中心角**、回転の半径は**おうぎ形の半径**となり、計量が可能となる。**作図**

図1より、回転の中心㋐で正三角形を回転させると、図2のように点Pが描く軌跡はおうぎ形となる。おうぎ形の半径はP_0と㋐を結んだ長さなので**1**、おうぎ形の中心角は**360°から正三角形の内角60°と正方形の内角90°を引けばよい**ので、360−(60＋90)＝**210**［°］となる。

図2より、回転の中心㋑で正三角形を回転させるが、回転の中心と点Pが一致しているので、図3のようにこの回転ではおうぎ形は現れない。

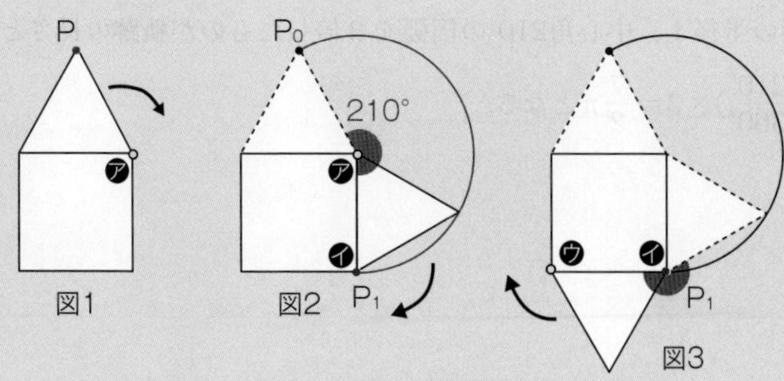

図1　図2　図3

図3より、回転の中心ⓤで正三角形を回転させると、図4のように点Pが描く軌跡はおうぎ形となる。おうぎ形の半径はP_1とⓤを結んだ長さなので**1**、おうぎ形の中心角は360°から正三角形の内角60°と正方形の内角90°を引けばよいので、360－(60＋90)＝**210**［°］となる。

図4より、回転の中心ⓔで正三角形を回転させると、図5のように点Pが描く軌跡はおうぎ形となる。おうぎ形の半径はP_2とⓔを結んだ長さなので**1**、おうぎ形の中心角は360°から正三角形の内角60°と正方形の内角90°を引けばよいので、360－(60＋90)＝**210**［°］となる。

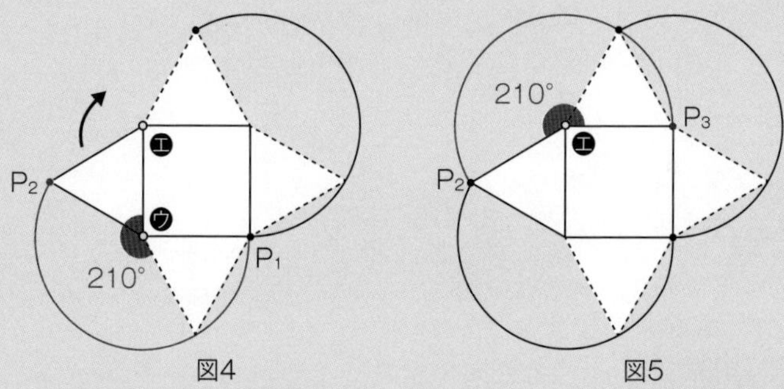

図4　図5

以上より、それぞれの回転の中心でのおうぎ形の半径と中心角をまとめると、次の表のようになる(ⓘでは、回転の角度は210°であるが、おうぎ形は現れないのでおうぎ形の中心角は0°となる)。

回転の中心	おうぎ形の半径	おうぎ形の中心角
ア	1	210°
イ	0	0°
ウ	1	210°
エ	1	210°

おうぎ形の半径１、中心角210°の円弧を３倍したものが軌跡の長さとなるので、$(2\pi\times1\times\frac{210^\circ}{360^\circ})\times3=\frac{7}{2}\pi$となる。

正解 ❸

過去問Exercise

問題1

ある平面図形を、直線上を滑ることなく右方向へ一回転させたところ、平面図形内の点Pが図のような軌跡を描いた。この平面図形として最も妥当なのは、次のうちどれか。

国家一般職2003

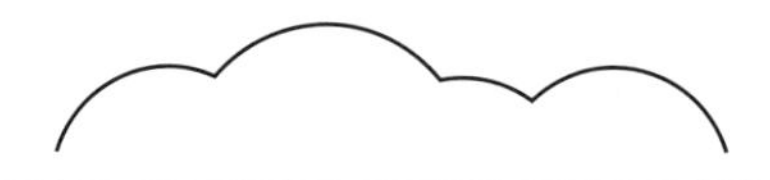

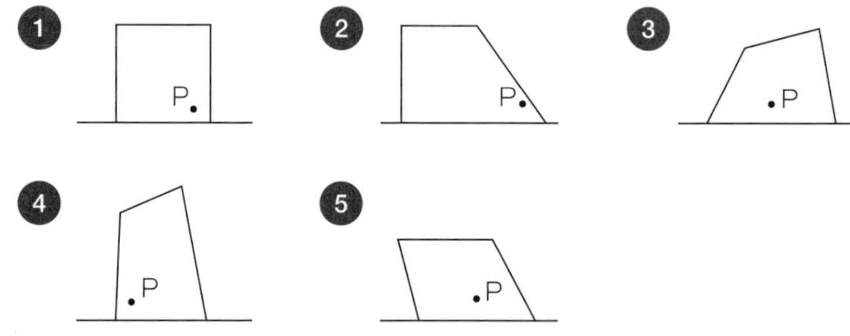

解説

正解 3

軌跡から回転する多角形を考える問題である。 テーマの把握

形を考えるので消去法を意識する。 消去法

選択肢の四角形を一つ一つ回転させて点Pの描く軌跡を考えるのは煩雑であるので、与えられた軌跡に**3つのポイント**を対応させて、おうぎ形の半径の長さおよび中心角の大きさを比べる。与えられた軌跡に対して、回転の中心（ア〜エ）のおおよその位置を決めたのが図1である。 作図

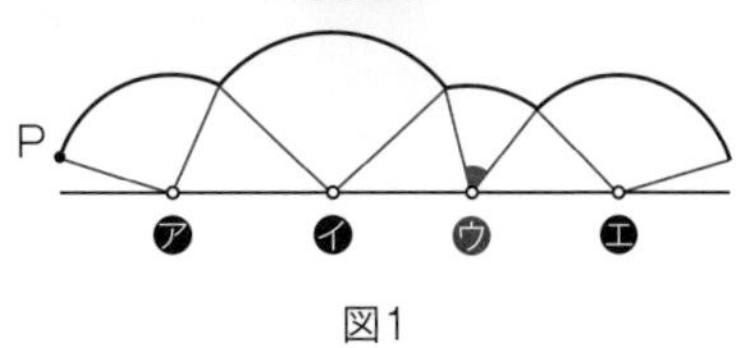

図1

図1より、回転の中心ウに着目すると、ウでできるおうぎ形の中心角は明らかに**90°より小さい**ことがわかる。**おうぎ形の中心角は回転の角度と等しい**ので、各選択肢の回転の中心ウにおける**外角**と比べると、❶、❷、❺は外角が**90°以上**であることがわかる。よって、これらの選択肢は妥当ではないので、消去することができる。

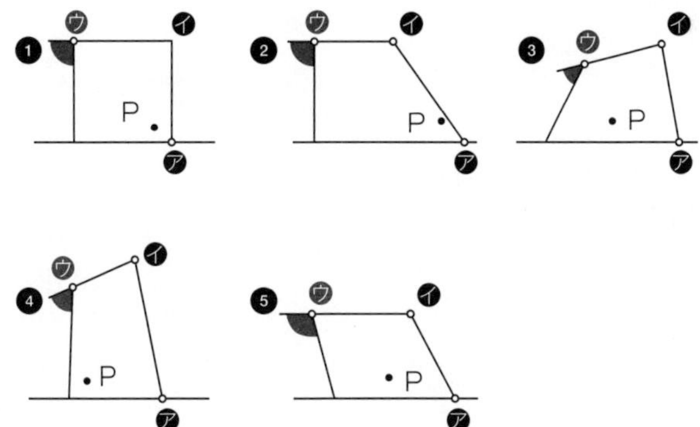

さらに図1より、回転の中心アとエでできるおうぎ形の半径は**ほぼ同じ長さ**であることがわかる。残った❸、❹を見ると、❹は半径の長さが同じではない。

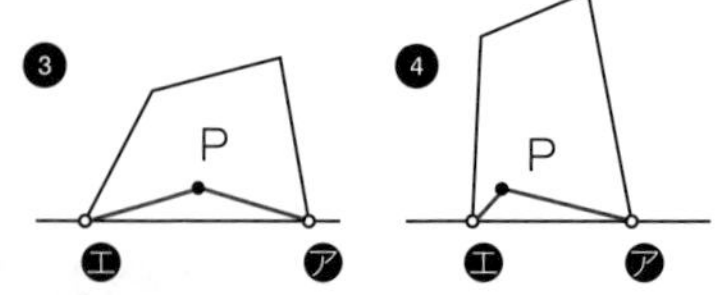

よって、消去法より妥当な図形は❸である。

問題2

次の図は、ある図形が直線上を滑ることなく１回転したとき、その図形上の点Pが描く軌跡であるが、この軌跡を描くものはどれか。

特別区Ⅰ類2014

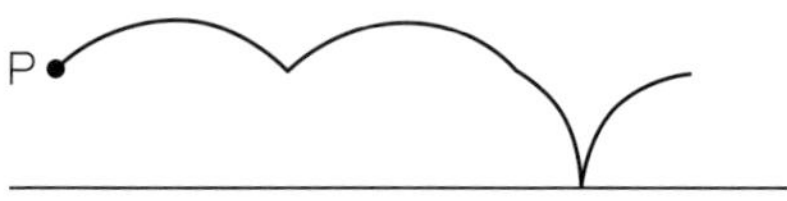

❶
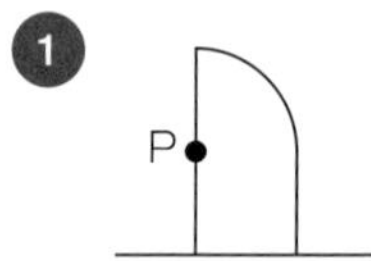

❷
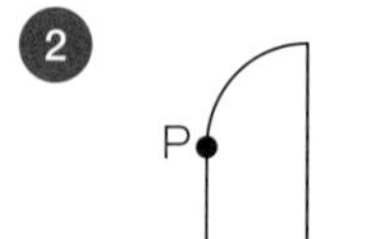

❸
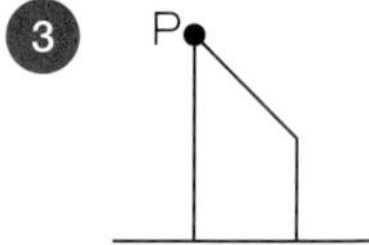

❹
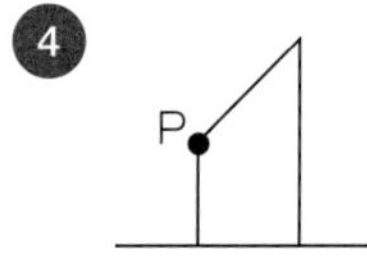

❺
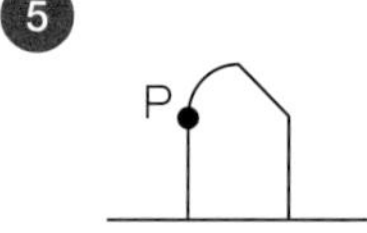

解説

正解 ❷

軌跡から回転する多角形または円弧を含む図形を考える問題である。

テーマの把握

形を考えるので消去法を意識する。 **消去法**

❶は、円の中心にあたる位置に点Pが設定されているので、円弧で回転すると点Pは**直線**を描く。しかし冒頭の軌跡には直線部分がないため誤りとわかる。

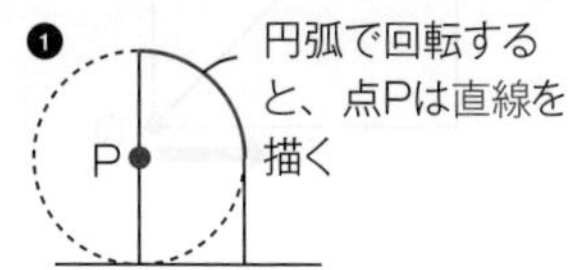

与えられた軌跡には**曲線が4個**あるが、仮に、この曲線がすべておうぎ形だとすると、回転の中心が4個必要になる。❸、❹は頂点が4個あるので、これらが回転の中心となる。しかし、点Pが頂点に設定されているので、点Pを中心に回転したときには**おうぎ形が現れない**。よって、❸、❹の図形が1回転すると**おうぎ形は3個しか現れず**、冒頭の軌跡と合わないため誤りとわかる。

❺は頂点が4個あり、この部分が回転の中心となり**おうぎ形が4個現れる**。しかし、点Pは円の中心にあたる位置に設定されておらず円周上にあるので、左上の円弧部分で回転すると**サイクロイド曲線が現れる**。よって、**曲線は5個現れる**ことになり、冒頭の軌跡と合わないため誤りとわかる。

以上より正解は❷となり、図のように、回転の中心㋐と㋑ではそれぞれおうぎ形、次に、円弧部分でサイクロイド曲線、最後に㋒でおうぎ形が現れる。

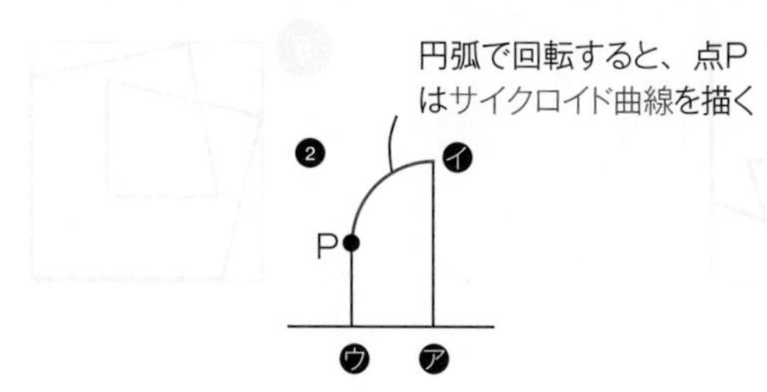

問題3

次の図のように、正方形の頂点に点P及び点Qがある。今、点P及び点Qが正方形の辺上を矢印の方向に同時に動き出し、点Qが点Pの３倍の速さで動いて、点Pが一周するとき、線分PQの中点Mが描く軌跡はどれか。ただし、速さは一定とする。

特別区Ｉ類2007

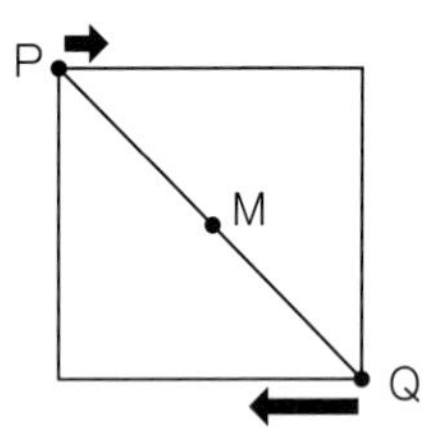

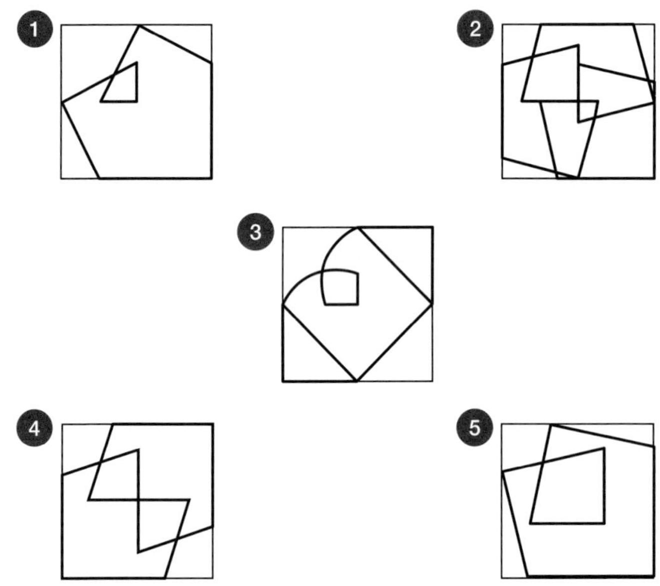

解説　　正解 ④

中点の軌跡を考える問題である。 テーマの把握

形を考えるので消去法を意識する。 消去法

点Pと点Qは同じ方向に動き、かつ、点Qのほうが点Pより速いので、**点Qが点Pに追いつく地点を考える。** 作図

点Qは点Pの3倍の速さで動くので、**同時に動き出すという条件より、点Pが1辺、点Qが3辺動いたときに点Qは点Pに初めて追いつく**ことがわかる。追いついた地点では**中点Mも一致する**ので、必ずその地点で**中点Mの軌跡は正方形に接する**ことがわかる（図1）。このことを満たしているのは❸、❹であるので、この時点で❶、❷、❺は消去できる。

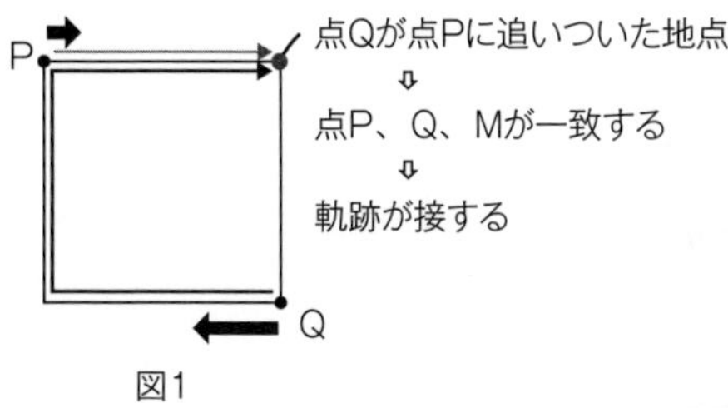

図1

正解が2つに絞れたので、細かく点Pと点Qを動かして相違点に着目する。

点Pが$\frac{1}{3}$辺を動くと点Qはちょうど1辺を動き、線分PQの中点Mの位置は図2のようになる。図2と❸、❹を重ねてみると、❸には図2の中点Mの位置が存在しないので、正しい軌跡ではないとわかる。

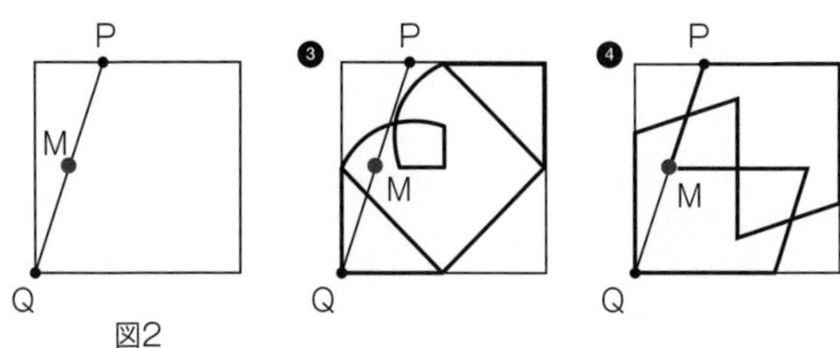

図2

または、❸の軌跡には**曲線が含まれている**ことに注目し、「直線上を一定の速さで動く2点の中点の軌跡が曲線を描くことはない」を理由に消去してもよい。 知識

問題4　下の図のように、一辺の長さaの正六角形の外側を、一辺の長さaの正方形が、矢印の方向に滑ることなく回転して１周したとき、正方形の頂点Pが描く軌跡の長さとして、正しいのはどれか。ただし、円周率はπとする。

東京都Ⅰ類2017

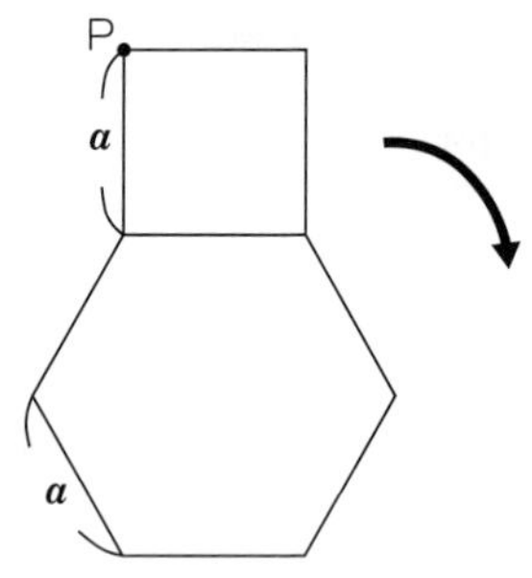

1. $(\frac{1}{3}\sqrt{2}+\frac{1}{2})\pi a$
2. $(\frac{2}{3}\sqrt{2}+1)\pi a$
3. $(\sqrt{2}+\frac{3}{2})\pi a$
4. $(\frac{4}{3}\sqrt{2}+2)\pi a$
5. $(\frac{5}{3}\sqrt{2}+\frac{5}{2})\pi a$

解説

正解 5

点Pによって描かれる軌跡の長さを求める問題である。数値を求めるので消去法は使えない。 **テーマの把握**

正方形を回転させると、点Pの軌跡は図1～図6のようになる。 **作図**

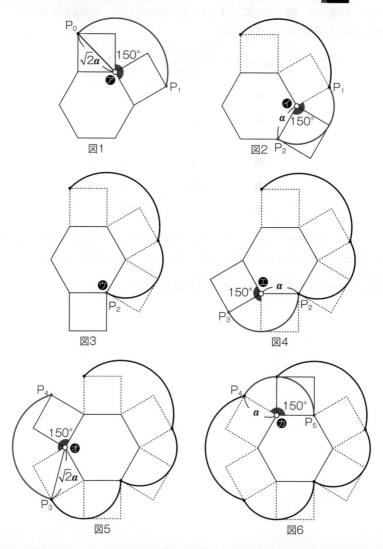

図1

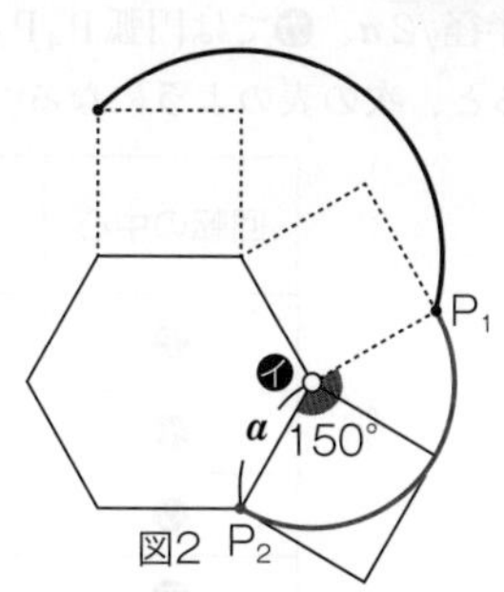

図2

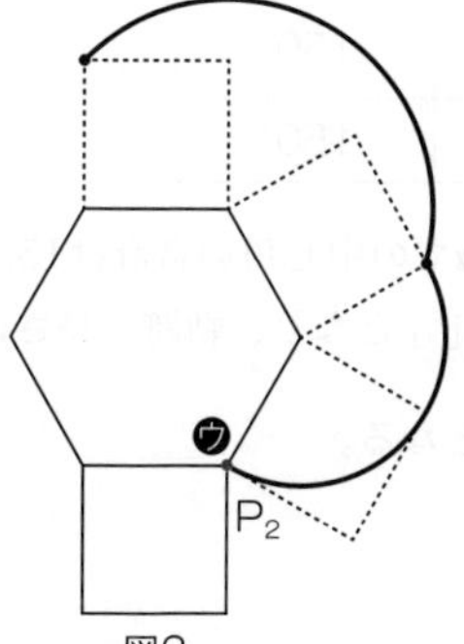

図3

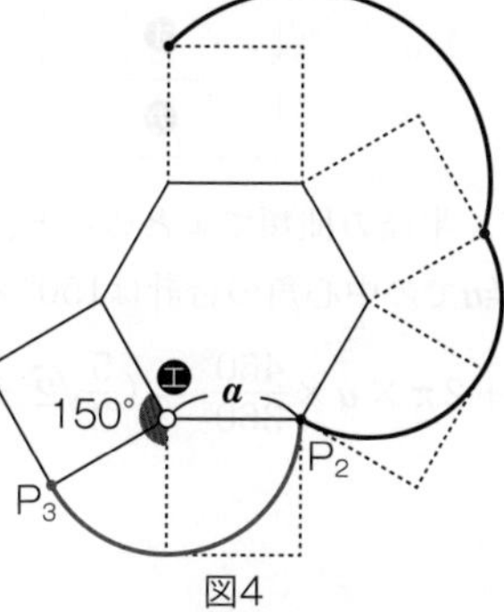

図4

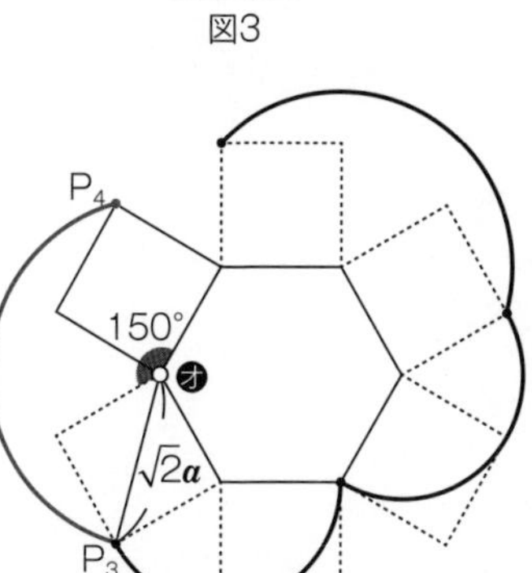

図5

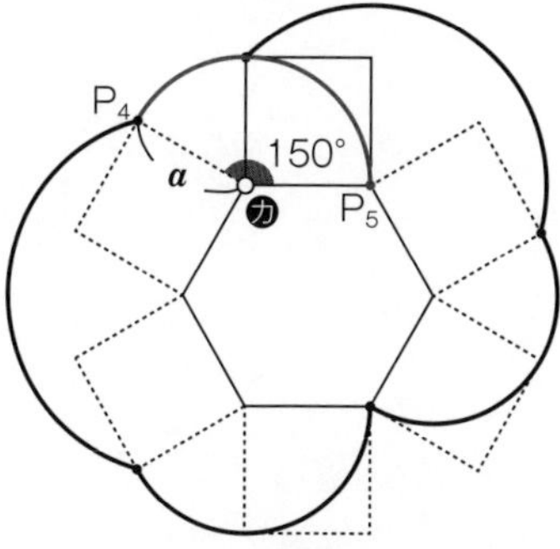

図6

回転の中心❼〜❿においてのおうぎ形の中心角および半径を求める。**中心角は正方形の回転角度に等しく、半径は点Pとそのときの回転の中心を直線で結んだ長さである。**❼では円弧P_0P_1ができ、中心角は$360° - (120° + 90°) = 150$ [°]、半径は正方形の対角線に等しいので$\sqrt{2}\boldsymbol{a}$である。❽では円弧P_1P_2ができ、同様に中心角は150°、半径は正方形の１辺に等しいので$\boldsymbol{a}$である。❾では**回転の中心と点Pが一致するので、おうぎ形は現れない。**

❿では円弧P_2P_3ができ、中心角150°、半径$\boldsymbol{a}$、⓫では円弧P_3P_4ができ、中心角150°、半径$\sqrt{2}\boldsymbol{a}$、⓬では円弧P_4P_5ができ、中心角150°、半径$\boldsymbol{a}$である。

まとめると、次の表のようになる。

回転の中心	おうぎ形の半径	おうぎ形の中心角
ア	$\sqrt{2}\boldsymbol{a}$	150°
イ	$\boldsymbol{a}$	150°
ウ	0	0°
エ	$\boldsymbol{a}$	150°
オ	$\sqrt{2}\boldsymbol{a}$	150°
カ	$\boldsymbol{a}$	150°

よって、半径の種類でまとめると、半径$\sqrt{2}\boldsymbol{a}$での中心角の合計は$150° \times 2 = 300$ [°]、半径$\boldsymbol{a}$での中心角の合計は$150° \times 3 = 450$ [°] となり、軌跡の長さは$2\pi \times \sqrt{2}\boldsymbol{a} \times \frac{300°}{360°} + 2\pi \times \boldsymbol{a} \times \frac{450°}{360°} = (\frac{5}{3}\sqrt{2} + \frac{5}{2})\pi\boldsymbol{a}$となる。

問題5

図Ⅰ、図Ⅱのように中心角90度、半径rの扇形Aと、中心角120度、半径rの扇形Bが、直線l上をすべることなく左から右へ1回転したとき、それぞれの扇形の中心Pが描く軌跡と直線lで囲まれた面積の差として正しいのはどれか。

国家一般職2008

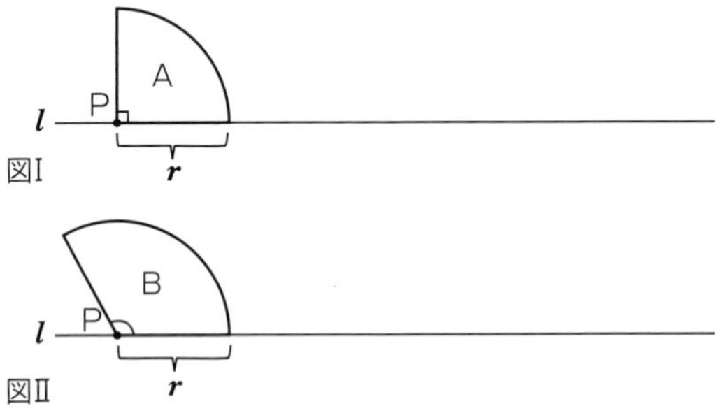

1. $\frac{1}{12}\pi r^2$
2. $\frac{1}{6}\pi r^2$
3. $\frac{1}{4}\pi r^2$
4. $\frac{1}{3}\pi r^2$
5. $\frac{1}{2}\pi r^2$

解説

正解 2

点Pによって描かれる軌跡と直線 l で囲まれた図形の面積を求める問題である。**数値を求めるので消去法は使えない。** テーマの把握

まず、おうぎ形AおよびBをそれぞれ回転させて、点Pの軌跡を考えることから始める。 作図

〈おうぎ形A〉

図1-1より、Aは㋐で90°回転するので、点Pは**中心角90°のおうぎ形**を描く。次に、円弧で回転するので、点Pは**直線**を描く（図1-2）。さらに、図1-3より、㋑で90°回転するので、点Pは**中心角90°のおうぎ形**を描く。最後に、点Pで回転して、Aはもとの状態に戻る（図1-4）。

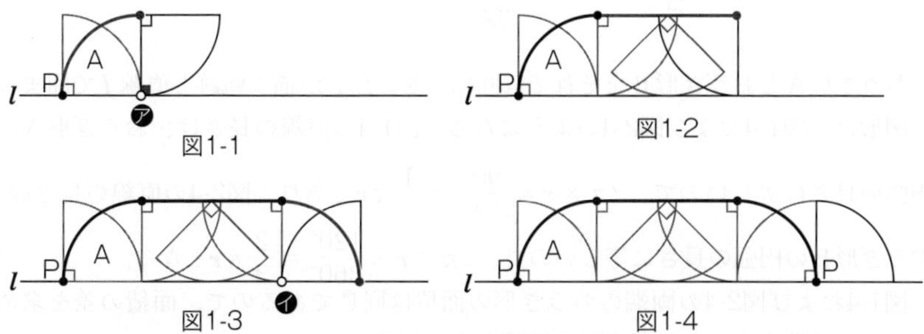

図1-1
図1-2
図1-3
図1-4

〈おうぎ形B〉

図2-1より、Bは㋐で90°回転するので、点Pは**中心角90°のおうぎ形**を描く。次に、円弧で回転するので、点Pは**直線**を描く（図2-2）。さらに、図2-3より、㋑で90°回転するので、点Pは**中心角90°のおうぎ形**を描く。最後に、点Pで回転して、Bはもとの状態に戻る（図2-4）。

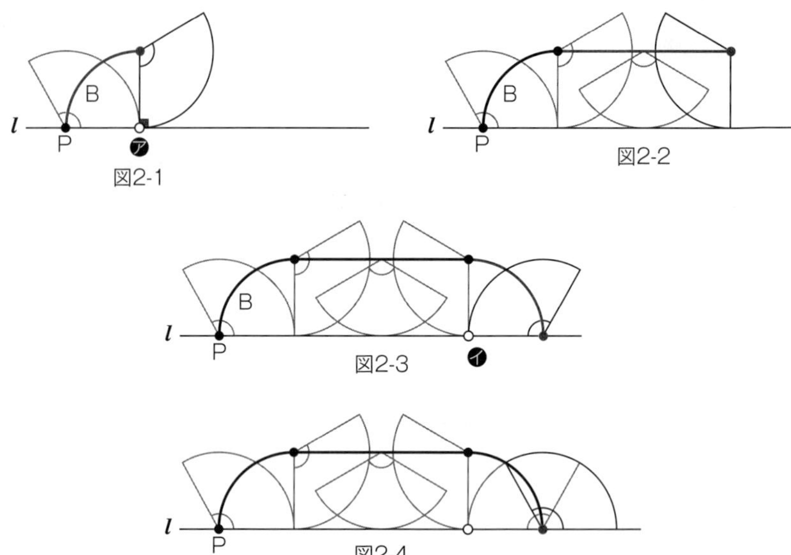

おうぎ形Aとおうぎ形Bをそれぞれ回転させ、点Pが描く軌跡と直線$\boldsymbol{l}$で囲まれた図形は、図1-4および図2-4のようになる。図1-4の直線の長さは、おうぎ形Aの円弧の長さに等しいので、$2\pi\times\boldsymbol{r}\times\dfrac{90^\circ}{360^\circ}=\dfrac{1}{2}\pi\boldsymbol{r}$であり、図2-4の直線の長さは、おうぎ形Bの円弧の長さに等しいので、$2\pi\times\boldsymbol{r}\times\dfrac{120^\circ}{360^\circ}=\dfrac{2}{3}\pi\boldsymbol{r}$となる。

図1-4および図2-4の両端のおうぎ形の面積は同じであるので、面積の差を求めるには、**軌跡中央にある長方形の面積を比べればよい。**

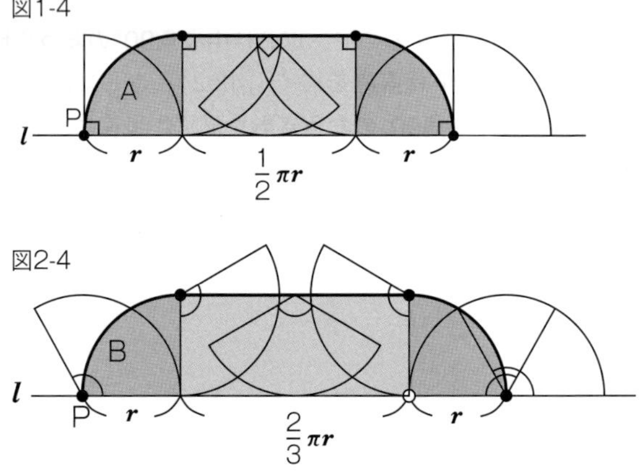

図1-4の長方形の面積は$\frac{1}{2}\pi \boldsymbol{r}\times \boldsymbol{r}=\frac{1}{2}\pi \boldsymbol{r}^2$、図2-4の長方形の面積は$\frac{2}{3}\pi \boldsymbol{r}\times \boldsymbol{r}=\frac{2}{3}\pi \boldsymbol{r}^2$なので、面積の差は$\frac{2}{3}\pi \boldsymbol{r}^2-\frac{1}{2}\pi \boldsymbol{r}^2=\frac{1}{6}\pi \boldsymbol{r}^2$となる。

★★★

8 円の回転

国家公務員の試験ではほとんど出題されていませんが、東京都および特別区では出題が散見されるテーマです。円が回転したときの円自身の回転数は公式で求めることができるので、比較的取り組みやすいテーマの１つといえます。

1 円の回転とは

円が回転移動[1]することをイメージするにあたり、「**円が直線上を回転移動する**」のであれば移動する円の回転数は単純に考えることができる。円の円周の長さは、円が１回転後に進んだ距離と等しくなり、そのときが円自身の**1回転**となる。しかし、公務員試験で出題される「円の回転移動」は、直線上ではなく**固定された円上を回転移動する**ことを考える場合がほとんどである。

特に、移動する円の回転数は直線上のように単純に判断できない。また、円は固定された円の**外側**だけでなく**内側**を回転移動する場合もある。この節では、円が固定された円上を回転移動する問題を考えていく。

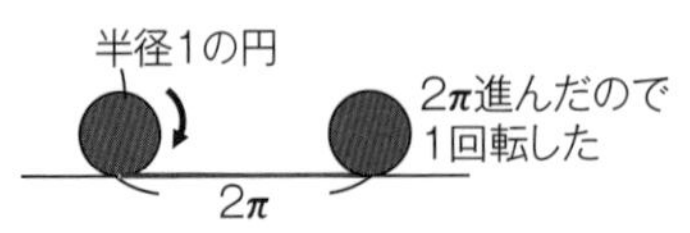

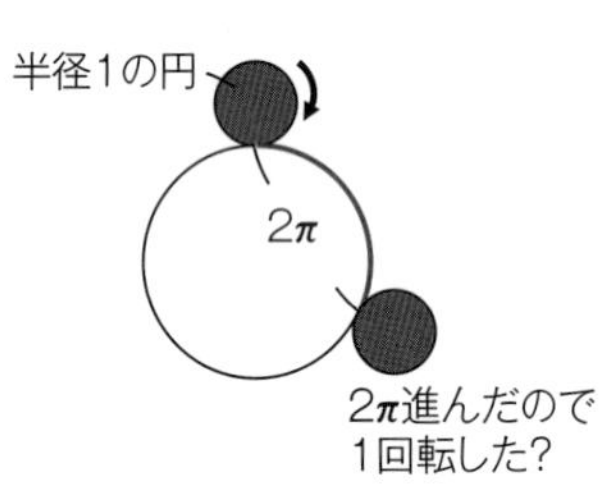

1　円の回転移動は、「滑らずに」回転することが前提である。

❷ 円の回転に関する知識

1 円が進行する方向と回転する方向

円が進行する方向と回転する方向

❶　円が、固定された円の**外側**を時計回りに進むとき、円自身も**時計回り**に回転する

❷　円が、固定された円の**内側**を時計回りに進むとき、円自身は**反時計回り**に回転する

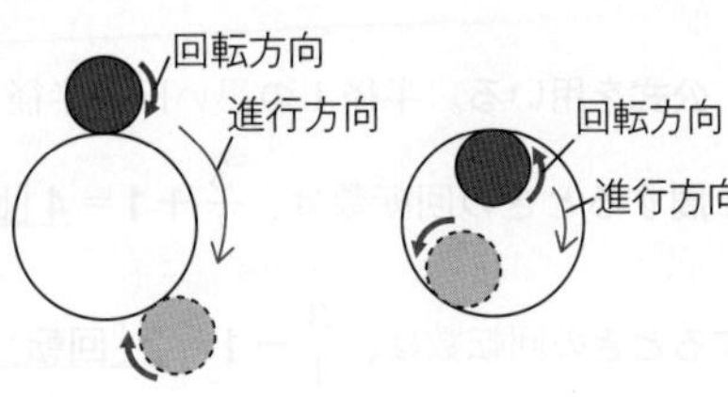

2 円の回転数

① 1周あたりの回転数

円が固定された円に沿って外側または内側を滑らずに**1周**[2]するとき、その1周する円自身の回転数は、次のように公式で求めることができる。

円の回転数

❶　円Aが固定された円Bの**外側**を1周するときの円Aの回転数 $= \dfrac{\text{円Bの半径}}{\text{円Aの半径}} + 1$

❷　円Aが固定された円Bの**内側**を1周するときの円Aの回転数 $= \dfrac{\text{円Bの半径}}{\text{円Aの半径}} - 1$

2　「1周」とは、回転してもとの位置に戻ることである。

例1 図のように、半径1の2つの黒い円が半径3の固定された円に対して外接および内接している。図の状態からそれぞれ時計回りに滑らずに1周したときの回転数はいくらか。

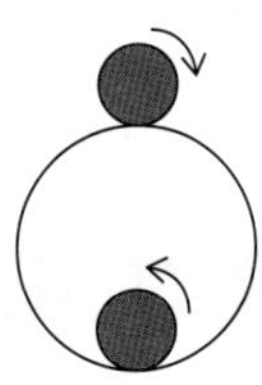

公式を用いる。半径1の黒い円が半径3の固定された円に沿って**外側**を滑らずに**1周するとき**の回転数は、$\frac{3}{1}+1=$**4［回転］**である。また、**内側**を滑らずに**1周するとき**の回転数は、$\frac{3}{1}-1=$**2［回転］**である。

---

② *n* 周あたりの回転数

上記の公式は円が1周するときの回転数なので、***n*周なら回転数は*n*倍すればよい**。例えば、1周するときの円の回転数が4回転のとき、**2周**するなら$4\times2=8$［回転］、$\frac{3}{2}$**周**するなら$4\times\frac{3}{2}=6$［回転］となる。

③ *n* 周の求め方

円が何周進んだかがわかりにくいときは、**円が進んだ距離である円弧の長さ**に対する**中心角**を考えればよい。例えば、中心角が120°であれば、円は$\frac{120°}{360°}=\frac{1}{3}$［周］進んだことがわかるし、中心角が60°であれば、円は$\frac{60°}{360°}=\frac{1}{6}$［周］進んだことがわかる。つまり、**円の進んだ距離［周］**$=\frac{\text{中心角}}{360°}$**［周］**である。

3 円の回転の考え方

回転移動するほうの円に矢印などの図柄が描かれており、指定された回転移動を経た後の**図柄の向き**を問われる問題が出題されることがある。

前掲の公式を用いて回転数を求める場合、回転面が曲面である場合の回転数の増加は公式の計算に織り込まれているため、当初の位置を基準に考えればよい。

① 円の1回転

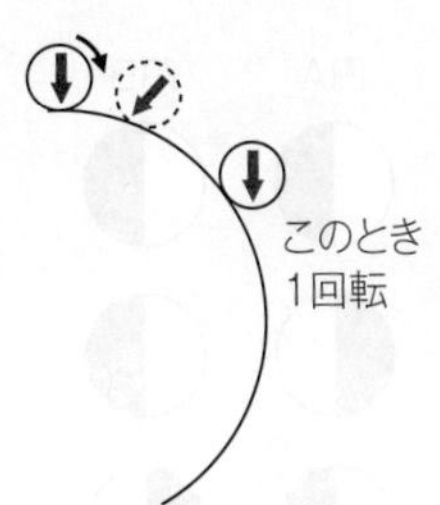

円の**1回転**とは、回転している円自身から見て1回転することである。円に図柄が描かれていれば、その図柄が**回転前と同じ向きに戻ったときが1回転**である。

② 回転後の円内の図柄の向き

回転後の円内の図柄の向きは、**回転数**から判断する。

例2

右図のような状態の円が時計回りに2回転したとき、$\frac{1}{2}$回転したとき、$\frac{1}{3}$回転したときの、それぞれの矢印の向きを考える。

1回転で、矢印は回転前と同じ向きに戻るので、**整数回転**である2回転でも、矢印の向きは回転前と**同じ向き**になる(図1)。

$\frac{1}{2}$回転は、角度で表すと$\frac{180°}{360°}$であるので、**180°回転と同じ**である。よって、矢印は回転前と**逆向き**になる(図2)。$\frac{1}{3}$回転は、角度で表すと$\frac{120°}{360°}$であるので、**120°回転と同じ**である。よって、矢印は回転前より、**右に120°傾いた向き**になる(図3)。

図1

図2

図3

例題 3-19 図のように、同一平面上で、半径６の円Cに、円の半分が着色された半径２の円Aおよび円Bが、それぞれの位置で接している。円Aおよび円Bが、それぞれ矢印の方向に円Cに接しながら滑ることなく回転し、円Aは円Cを半周して停止し、円Bは円Cを$\frac{1}{4}$周して停止した。停止したときの円Aおよび円Bの状態を描いた図の組合せとして、正しいのはどれか。

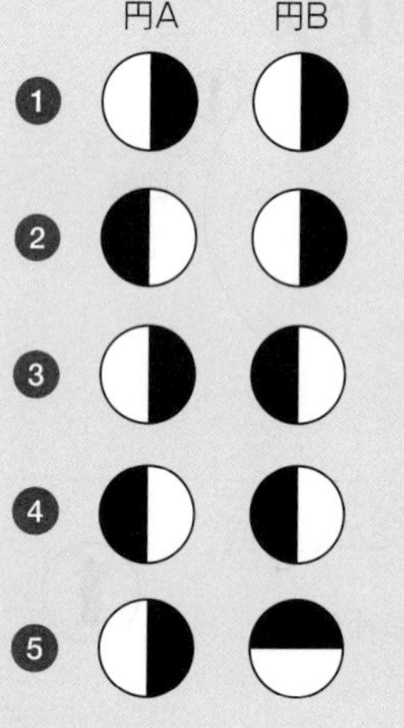

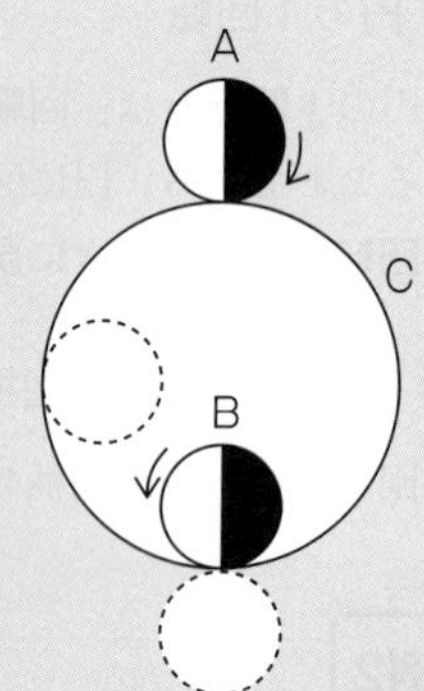

正解へのプロセス

テーマの把握 問題文からテーマを把握する。また、解法として消去法が使えるかどうかを判断する。

知識 円の回転数の公式を利用する。

解説

回転後の円内の図柄の向きを考える問題である。**円の回転数から図柄の向きを考えるので、消去法は使えない。** **テーマの把握**

円Aの回転数を考える。半径２の円Aが半径６の円Cの外側を１周するときの円Aの回転数は、公式より、$\frac{6}{2}+1=4$［回転］である。よって、半周したときの円

Aの回転数は$4\times\frac{1}{2}=2$［回転］である。**整数回転**なので、図柄の向きは回転前と変わらず**同じ向き**になる（図１）。**知識**

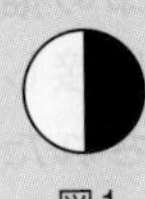
図1

円Bの回転数を考える。半径２の円Bが半径６の円Cの**内側を１周するとき**の円Bの回転数は、公式より、$\frac{6}{2}-1=2$［回転］である。よって、$\frac{1}{4}$周したときの円Bの回転数は$2\times\frac{1}{4}=\frac{1}{2}$［回転］である。$\frac{1}{2}$回転は、**180°回転と同じ**であるので、回転前の円Bを180°だけ反時計回りに回転させると、着色された半円は左側になる（図２）。**知識**

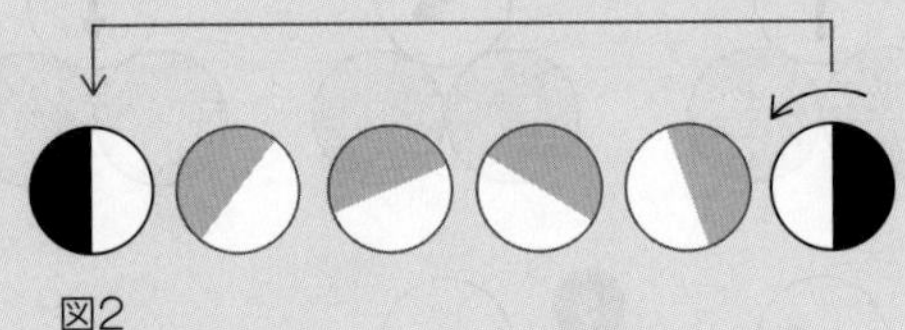
図2

正解 ３

過去問Exercise

問題1

　右図のように矢印の描かれた円が、固定された２つの円に接している。矢印の描かれた円が固定された円の周に沿って時計まわりに滑らずに回転し、１周してもとの位置に戻った時の矢印の向きとして、最も妥当なのはどれか。ただし、この３つの円の半径は等しいものとする。

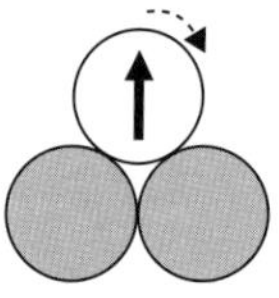

警視庁Ⅰ類2017

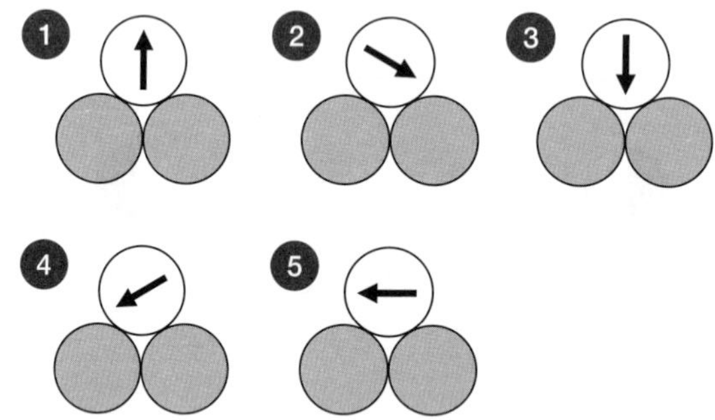

解説

正解 ❹

回転後の円内の矢印の向きを考える問題である。円の回転数から矢印の向きを考えるので、消去法は使えない。 テーマの把握

円の回転数を考える。回転する円と固定された円の半径は等しいので、円の半径をx、回転する円をAとおくと、半径xの円Aが半径xの円の外側を1周するときの円Aの回転数は$\frac{x}{x}+1=2$［回転］である。 知識

円Aが何周したかを考える。図1のように円Aを回転させると、円Aは**下側のくぼみのところでいったん止まり**（実線の円）、**再び回転してもとの位置に戻る。**

図1の**4つの円の中心**を結ぶと、上下に1辺が2xの正三角形ができ、円Aが進んだ距離である円弧の長さの中心角がわかる。スタートから下側のくぼみのところまでで、円Aが進んだ距離である円弧の長さの中心角は、$360-60-60=240$［°］であり、下側のくぼみからもとの位置に戻るまでにおいても同様であるので、合わせると$240\times2=480$［°］となる。よって、円Aの進んだ距離は$\frac{480°}{360°}=\frac{4}{3}$［周］であることがわかる。 作図

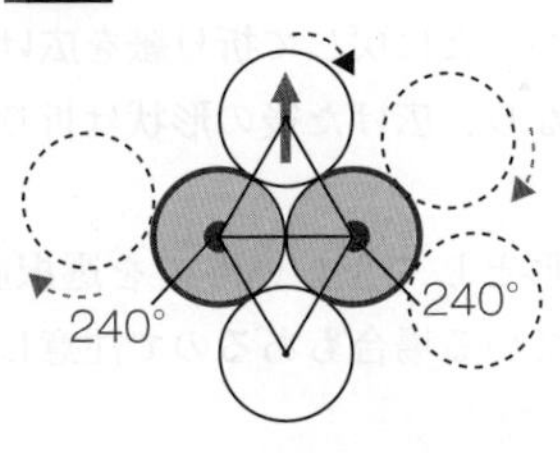

図1

したがって、$\frac{4}{3}$周したときの円Aの回転数は$2\times\frac{4}{3}=\frac{8}{3}=2\frac{2}{3}$［回転］となる。$\frac{2}{3}$回転は角度でいうと$\frac{240°}{360°}$であるので、**240°回転と同じ**である。2回転後の矢印の向きは当初と同じ上向きであり、ここからさらに$\frac{2}{3}$回転すると**矢印が時計回りに240°回転する**ので、左斜め下に傾いた向きとなる（図2）。 知識

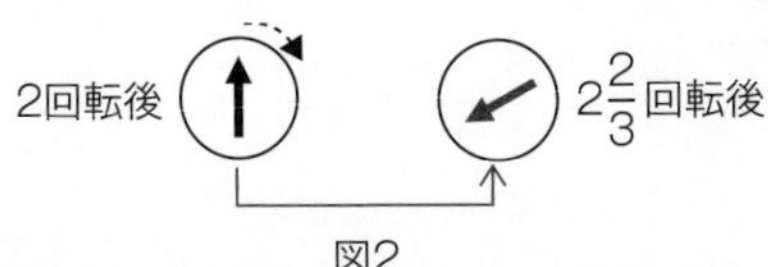

図2

★★★

9 平面構成

いろいろな出題形式があるジャンルなので、必ずそれぞれ一度は解いておくとよいでしょう。受験先を問わず大切なテーマですが、特に、東京都、特別区、市役所では一定の頻度で出題されています。

---

❶ 折り紙

1 折り紙の問題

数回折りたたんだ紙の一部をハサミで切り取り、それを広げたときの紙の形状(残っている部分と切り取られた部分)を考える問題である。

2 一般的な手順

❶ ハサミで切り取った部分（図形）は、黒く塗ったままで考える。

❷ 最後の状態から1つずつもとに戻して**折り紙を広げていく**。このとき、折った方向と広げる方向は**逆**となり、広げた後の**形状**は折り目に対して**線対称**となる。

注意 紙を広げたときの形として正しいものを選択肢の中から選ぶことになるが、折り紙の向きが変わっている場合もあるので注意しよう。

例1 正方形の紙を点線で矢印の方向に折った後、ハサミで切り取った部分を黒く塗ったものがある。この紙を広げたときの形状は次のようになる。

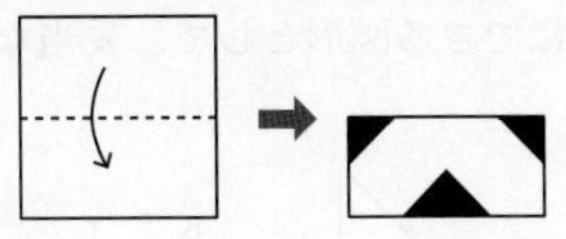

折った方向は**上から下**なので、広げる方向は**下から上**である(図１)。そして、折り目に対して**形状**は**線対称**となる(図２)。

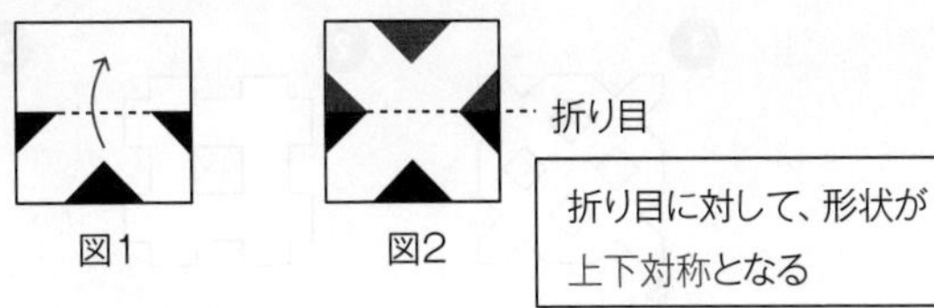

例題 3-20

下図のように、正方形の折り紙を、点線を谷にして矢印の方向に折り畳むことを繰り返す。でき上がった正方形の黒い部分を切り取った後、もとに戻しながら広げていったときにできる図形として、妥当なのはどれか。

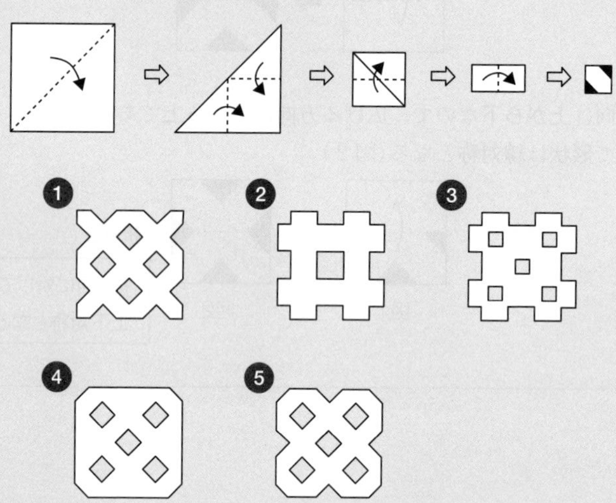

正解へのプロセス

テーマの把握 問題文からテーマを把握する。

消去法 解法として消去法が使えるかどうかを判断する。

作図 折り紙を丁寧に広げていき、段階ごとに形状を描いていく。

解説

折り紙の形状を考える問題である。**テーマの把握**

形を考えるので消去法を意識する。**消去法**

[解法１]　紙を広げていくことで正解肢を見つける

折り畳んだ順とは逆に紙を広げていくと、次のようになる。作図

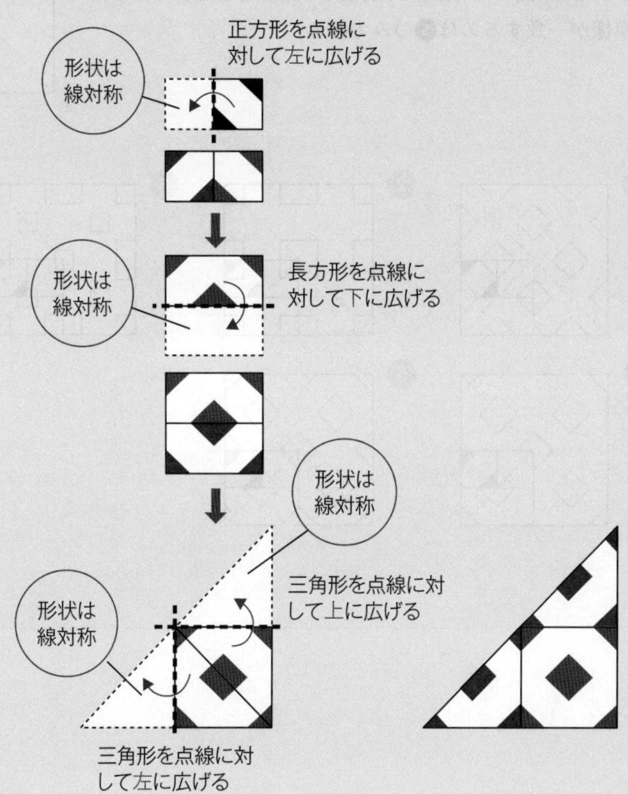

最後まで広げなくても、折り紙の中央に「◆」の形の穴が、辺に「▲」の形の穴が開くことがわかる。よって、これらを満たす図形は❺である。

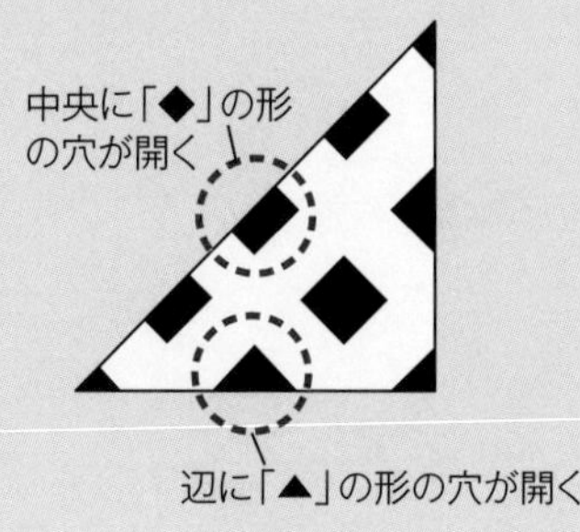

［解法２］　選択肢を利用する

紙を広げていくと、最後の図形が最初の正方形ではどの位置にあったかがわかる（図１）。図１を選択肢にはめ込むと、下のようになり、模様が一致するのは❺のみである。

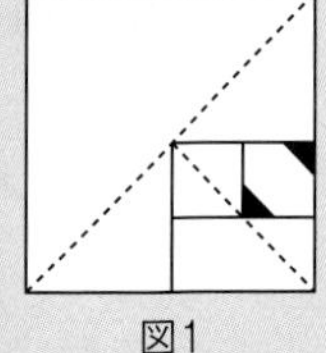
図1

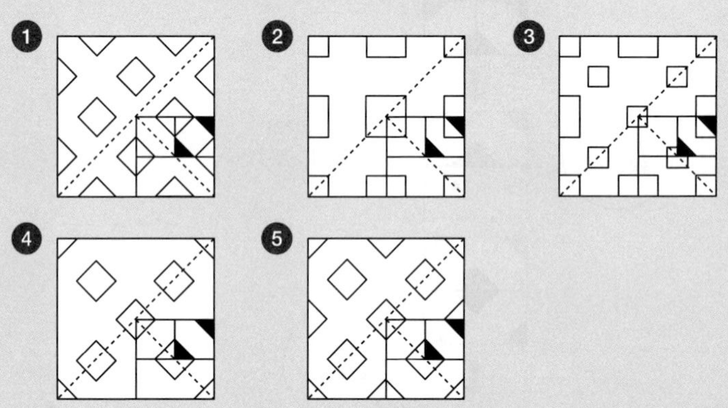

正解　❺

❷ 平面パズル

1 平面パズルの問題

正方形や**正三角形**などの小さな図形をいくつか組み合わせた**紙片**(パーツ)を用いて、大きな平面を作る問題である。

2 紙片を組み合わせるときの注意点

紙片を使用するとき、「**回転させて使用できない**」と言及されていない限り、**紙片は回転させて使用してもよい**。例えば、図1のような紙片があり、特に言及がなければ、図2や図3のように回転させたものを使用してもよい。

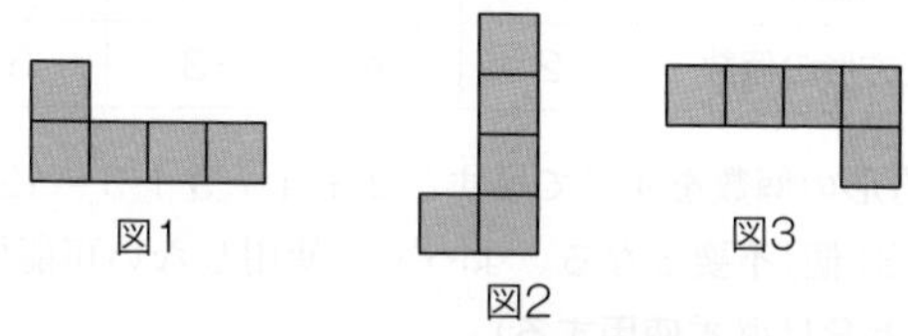
図1　図2　図3

もう1つの注意点は、多くの問題では、「**裏返して使用しない**」という条件があることである。その場合、例えば図4は使用できない。しかし、「**表裏の区別がない**」、「**裏返して使用してもよい**」などとあれば、図4は使用できる。

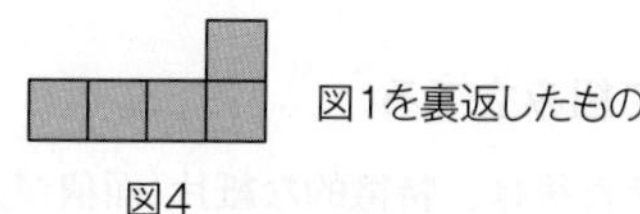

図4

3 一般的な手順

① 小さな図形の個数を手がかりに絞り込む

紙片を構成している正方形や正三角形などの**小さな図形を数える**。この小さな図形の個数を考えることで、**使わない紙片または使う紙片**を判断できるケースがある。

例2　図のように同じ大きさの正方形９個でできた台紙があり、この上に、台紙と同じ大きさの正方形を組み合わせて作られたＡ～Ｄの４つの紙片のうち、３つの紙片を隙間なく、かつ、重ねることなく並べたい。このとき、使用しない可能性がある紙片はどれか。

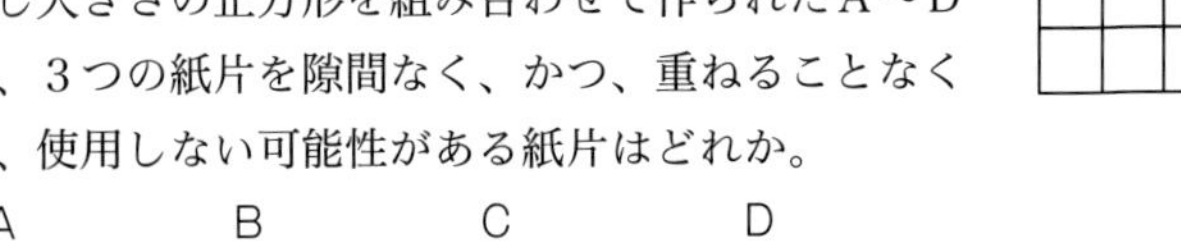

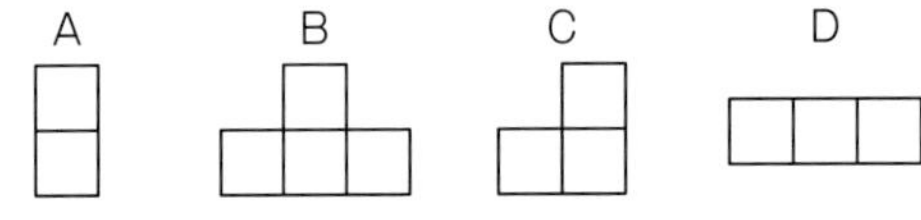

台紙より、**必要な正方形が９個**である。そして、紙片を構成している正方形は次のようになる。

紙片	A	B	C	D
正方形の個数	2	4	3	3

紙片Ａ～Ｄの正方形の個数をすべて足すと２＋４＋３＋３＝**12［個］**となるので、正方形が12－９＝**３［個］不要**となる。よって、使用しない可能性のある紙片は**CまたはD**である（**ＡとＢは必ず使用する**）。

ちなみに、並べるところまで検討を進めると、このうちＤが使用しない紙片だとわかる。

---

② 特徴的な形に着目して組み立てる

小さな図形の個数を考えた後は、**特徴的な紙片**（面積が大きい、複雑な形をしている、など）**または特徴的な場所**（角など）**から紙片を配置していく**。その際、**複数の配置が考えられることがほとんど**なので、順次、他の紙片を配置していき、整合性を確認していく。

例3　図のように同じ大きさの正方形９個でできた台紙があり、この上に、台紙と同じ大きさの正方形を組み合わせて作られたＡ～Ｃの３つの紙片を隙間なく、かつ、重ねることなく並べたい。どのように配置すればよいか。ただし、紙片は裏返して使ってはならない。

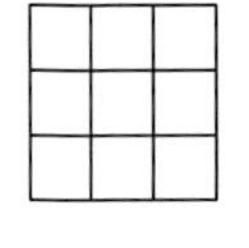

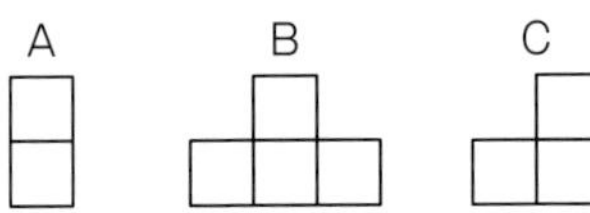

Bが最も特徴的な紙片であるので、Bの配置から考える。次のようにBの配置は8通りあるが、図1-1、1-2、1-3は回転させると図1と同じになり、これらは同一の配置となる。また、図2-1、2-2、2-3も回転させると図2と同じになり、これらは同一の配置となる。

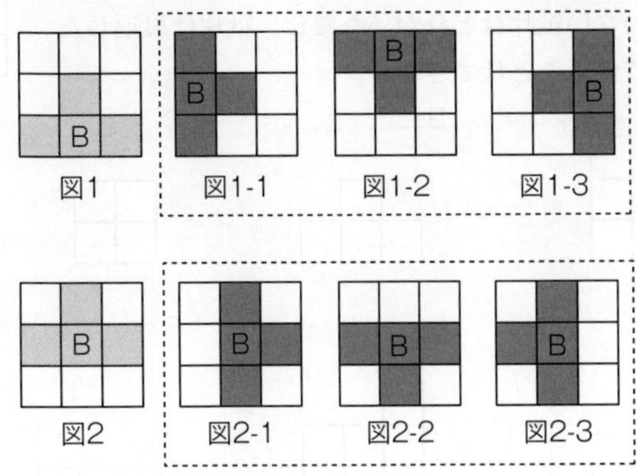

したがって、Bの配置は、図1と図2の2通りとなる。残ったAとCの配置を考える。図2を採用すると残りの正方形にCが置けないが、図1を採用するとCが置ける(図3)。

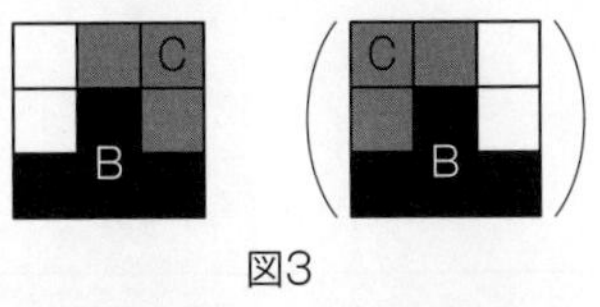

図3

最後にAを置く(図4)。

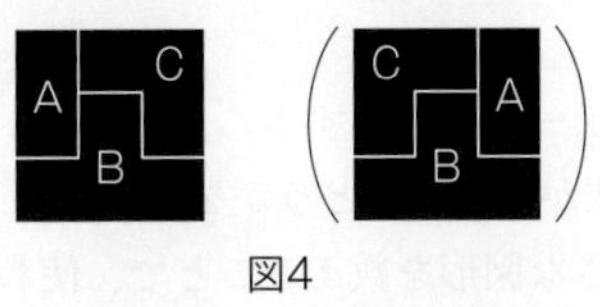

図4

例題 3-21

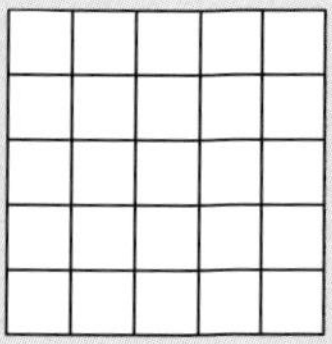

次の図のような、小さな正方形を25個並べて作った正方形がある。いま、同じ大きさの小さな正方形を並べて作ったA～Fの６枚の紙片のうち、５枚を用いてこの正方形を作るとき、**使わない**紙片はどれか。ただし、紙片は裏返したり、重ねたりして使うことはできない。

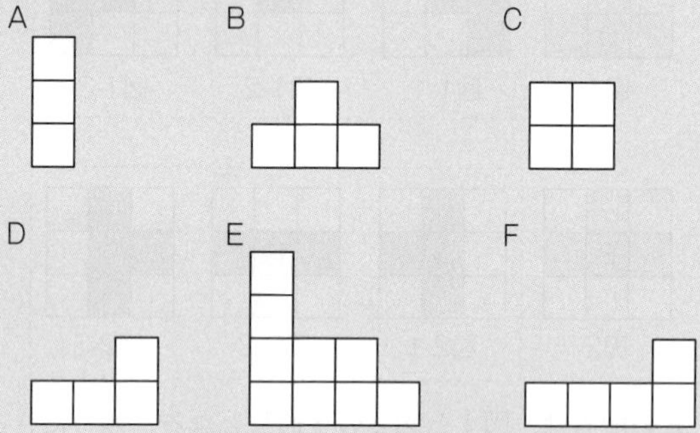

A　B　C

D　E　F

❶ A
❷ B
❸ C
❹ D
❺ E

正解へのプロセス

テーマの把握 問題文からテーマを把握する。

消去法 解法として消去法が使えるかどうかを判断する。

カウント 構成している小さな図形を数えることで、使わない紙片、使う紙片を判断する。

作図 形状、面積などの特徴的な紙片または特徴的な場所の配置から考えていき、紙片を書き入れていく。

解説

平面パズルで使わない紙片を考える問題である。**テーマの把握**

形を考えるので消去法を意識する。**消去法**

まず、A～Fの**小さな正方形を数える**。Aは３個、Bは４個、Cは４個、Dは４

個、Eは9個、Fは5個であるので、これらをすべて足すと、3＋4＋4＋4＋9＋5＝29［個］である。そして、**紙片を重ねて使うことはできない**ので、必要な小さな正方形は25個分である。したがって、**29−25＝4［個］が不要**であるので、小さな正方形が4個で構成されている紙片の**B、C、Dのうち1つは使わない**ことがわかる。 **カウント**

次に、**特徴的な紙片の配置を考える**。最も特徴的な紙片はEであるので、Eの配置から考えると次のように4通りがある。 **作図**

図1　図2　図3　図4

図1、2、4においては**赤枠の領域が特徴的**なので、その領域に配置できる紙片を考える。まず、図1では、**残っているいずれの紙片を配置してもこの赤枠の領域をすべて埋めることはできない**。具体的には、次のようになり、残りの部分が埋まらない。

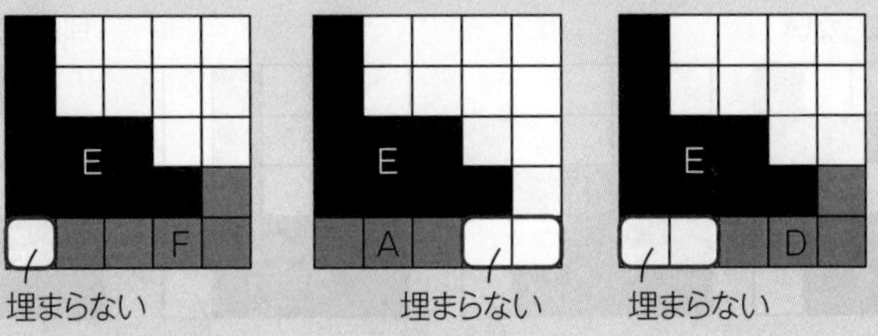

次に、図2でも、**残っているいずれの紙片を配置してもこの赤枠の領域をすべて埋めることはできない**。具体的には、次のようになり、残りの部分が埋まらない。

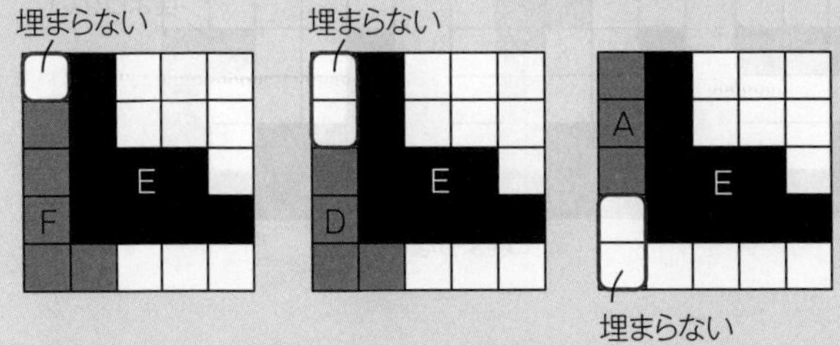

図4では、赤枠の領域を、AとD（図4-1）またはAとF（図4-2）で埋めることができる。

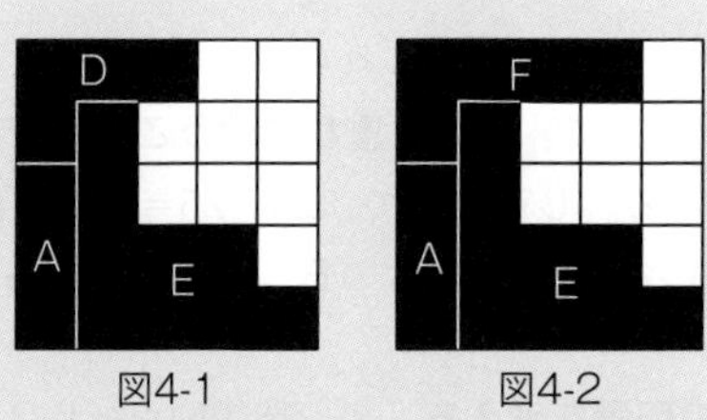

図4-1　図4-2

図４-１では、残りの領域をＣとＦで埋めることはできる(図４-３)が、図４-２では、残りの紙片のうちどの２枚を使っても、残りの領域を埋めることはできない。

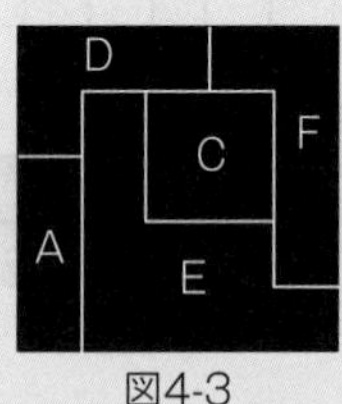

図4-3

したがって、この時点で、使わない紙片はＢとわかる。

図３を考える。次に、特徴的な紙片はＦであるので、Ｆの配置を考えると次の７通りあるが、いずれも赤枠の領域が埋まらない。

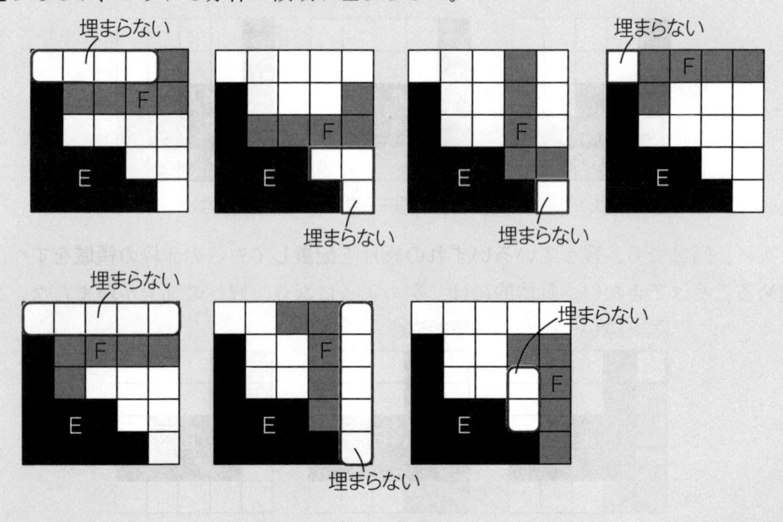

正解　❷

❸ 図形の個数

1 図形の個数の問題

大きな平面図形の中にある特定の図形(三角形、四角形など)の個数を求める問題である。

2 図形を数え上げる

数え上げる場合、**図形の大きさ別・向き別**に丁寧に数え上げると、重複・漏れなどの間違いを減らすことができる。

例4 次の図のように、8個の正方形で構成された図形の中に、長方形は全部でいくつあるか。ただし、正方形は含めない。

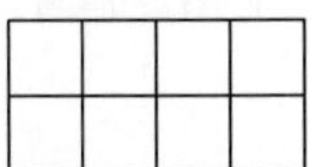

正方形の個数で長方形の大きさを考えると、次の5種類がある。このうち「1×2」は、ヨコ向きとタテ向きの2種類を分けて数える必要があるが、これ以外はヨコ向きしかあり得ないので、向きの区別を考える必要はない。

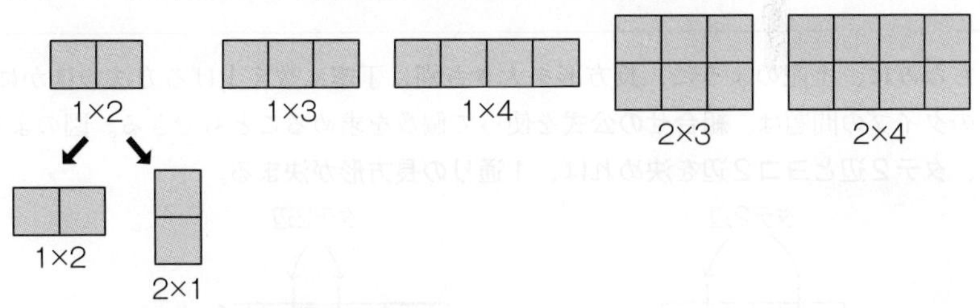

よって、**正方形の個数別(長方形の大きさ別)**に数えていく。

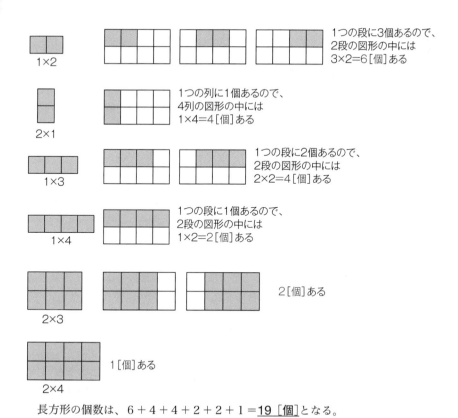

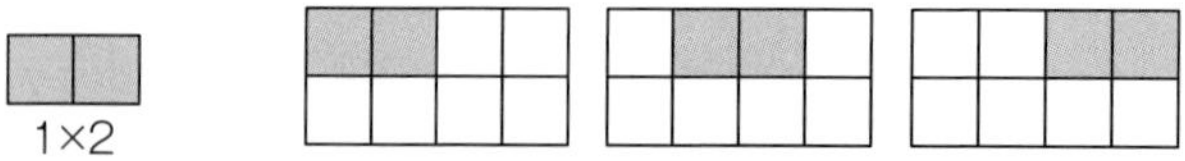

1×2

1つの段に3個あるので、
2段の図形の中には
3×2=6［個］ある

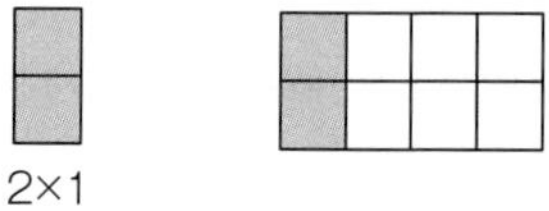

2×1

1つの列に1個あるので、
4列の図形の中には
1×4=4［個］ある

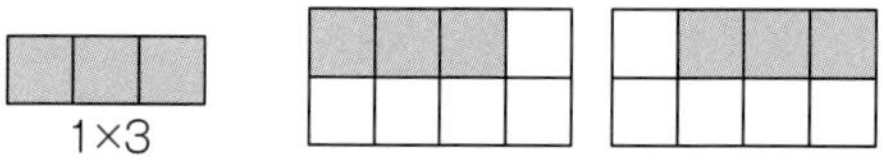

1×3

1つの段に2個あるので、
2段の図形の中には
2×2=4［個］ある

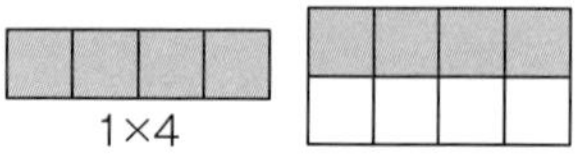

1×4

1つの段に1個あるので、
2段の図形の中には
1×2=2［個］ある

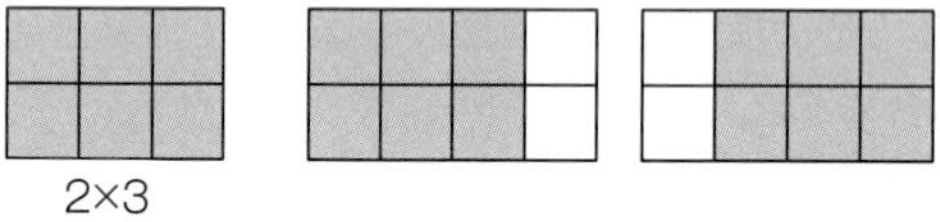

2×3

2［個］ある

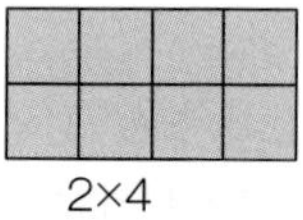

2×4

1［個］ある

長方形の個数は、6＋4＋4＋2＋2＋1＝<u>19［個］</u>となる。

ちなみに、上記のように、長方形を大きさ別に丁寧に数え上げる方法のほかに、このタイプの問題は、**組合せの公式**を使って個数を求めることもできる。図のように、**タテ2辺とヨコ2辺を決めれば、1通りの長方形が決まる。**

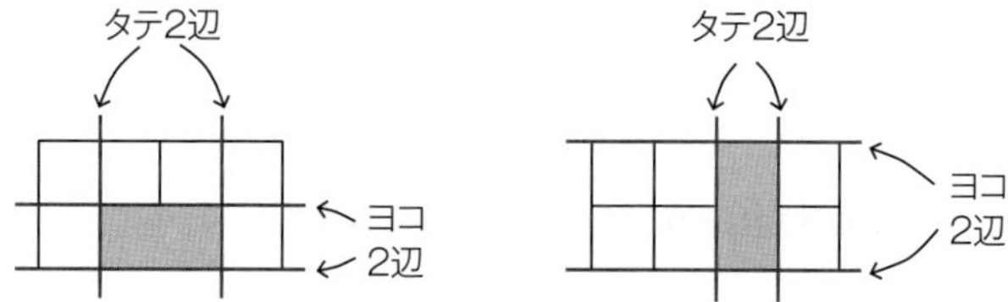

つまり、図形に含まれる長方形の個数は、タテ2辺の選び方、ヨコ2辺の選び方に対応しているので、**タテは5辺から2辺を選び、ヨコは3辺から2辺を選べばよい**。組合せの公式より、長方形の個数は$_5C_2 \times {}_3C_2 = \frac{5 \times 4}{2 \times 1} \times \frac{3 \times 2}{2 \times 1} =$ **30［通り］**である。

ただし、正方形は長方形の中に含まれるので、いま求めた30通りの中には正方形の個数も含まれている。よって、**「ただし、正方形は含めない」**とあれば、**正方形の個数を数え上げて、長方形の個数から正方形の個数を引けばよい。**例4の場合、正方形の個数は、「１×１」が８個、「２×２」が３個の合計11個あるので、30個から11個を引いて19個となる。

例題 3-22

右のような16個の正三角形を組み合わせて作った大きな正三角形の中に、ひし形は全部でいくつあるか。

❶ 7個
❷ 10個
❸ 14個
❹ 18個
❺ 21個

正解へのプロセス

テーマの把握 問題文からテーマを把握する。また、解法として消去法が使えるかどうかを判断する。

カウント 図形の大きさや向きを区別して丁寧に数え上げる。

解説

ひし形の個数を求める問題である。**数値を求めるので消去法は使えない。**

テーマの把握

[解法1]　図形を数え上げる

正三角形の個数でひし形の大きさを考えると、正三角形が**2個**の場合と**8個**の場合がある。よって、ひし形の**大きさは2種類しかないので、大きさを基準として向き別に数え上げる**と、次のようになる。 **カウント**

❶ 正三角形が2個の場合

ひし形の向きは3通りあり、それぞれについて個数を数えると次のようになる。

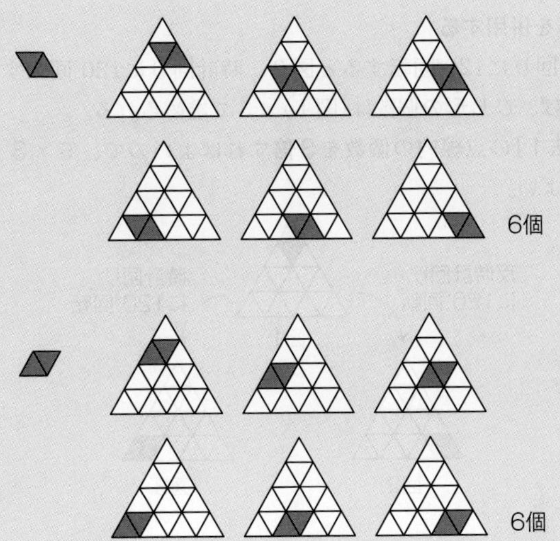

❷ **正三角形が8個の場合**

ひし形の向きは3通りあり、それぞれについて個数を数えると次のようになる。

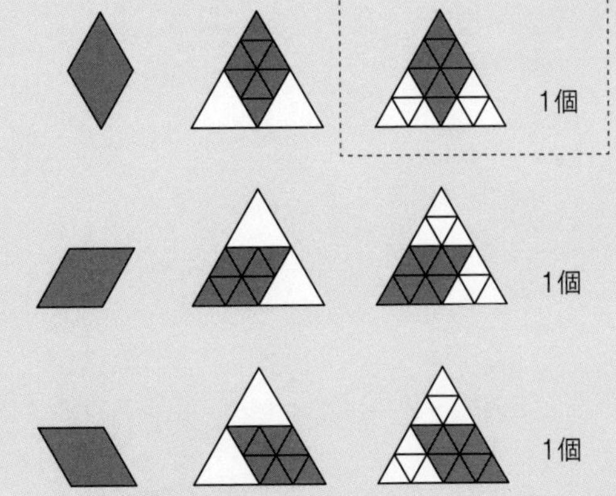

よって、ひし形の個数は、6＋6＋6＋1＋1＋1＝21［個］となる。

[解法2]　計算を併用する

図１を反時計回りに120°回転すると図２、時計回りに120°回転すると図３となることがわかれば、ひし形の個数は(図１)×３で求められる。

よって、**[解法１]**の点線内の個数を**３倍**すればよいので、６×**３**＋１×**３**＝**21[個]**と求めてもよい。

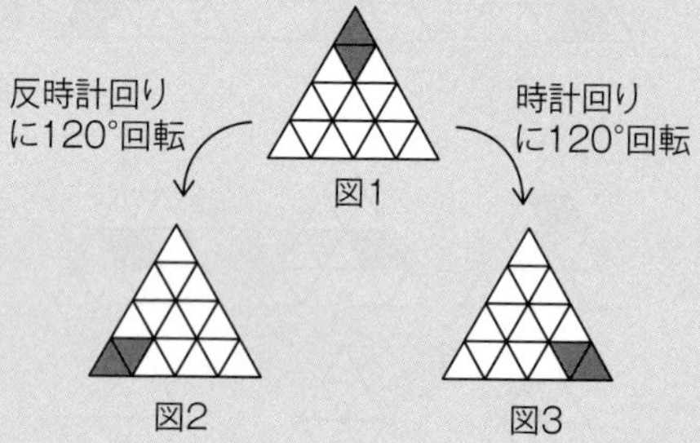

正解 ❺

4 図形の分割

1 図形の分割の問題

1つの平面をいくつかの直線によって分割する問題である。分割される図形を**最大個数**にするケースと**最小個数**にするケースがある。

2 最大分割

分割される図形の個数を**最大**にするには、**すでに引かれているすべての直線に対して次に引く直線が必ず1回ずつ交わるように引けばよい。**

例5

円を3本の直線で分割するとき、分割されてできる図形の最大個数は、右図のように7個である。4本目の直線を引くことでできる図形の最大個数はいくつになるか。

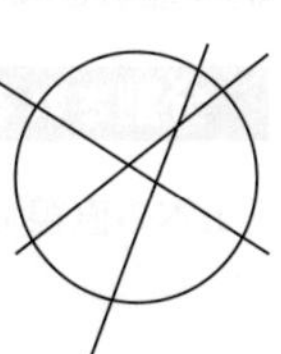

分割される図形の個数を最大にするには、4本目の直線をすでに引かれている直線3本に対して**必ずそれぞれ1回交わるように引けばよい**ので、図のようになり、最大個数は<u>11個</u>である。

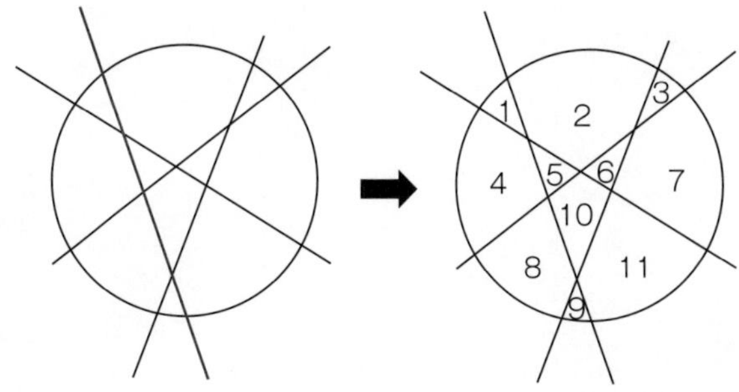

次の例題で説明するが、分割される図形の最大個数は、**直線の本数に対して規則的な個数となる**。したがって、公式にすることができ、覚えておきたい。

分割される図形の最大個数

n本の直線で平面を分割するとき、分割される図形の最大個数

$$1+\frac{n\times(n+1)}{2}\ [個]$$

3 最小分割

分割される図形の個数を最小にするには、すでに引かれているどの直線とも交わることなく次の直線を引けばよい。つまり、例えば**平行に引けばよい**。

次の例題で説明するが、分割される図形の最小個数は、**直線の本数に対して規則的な個数となる**。したがって、公式にすることができ、覚えておくとよい。

分割される図形の最小個数

n本の直線で平面を分割するとき、分割される図形の最小個数

$$n+1\ [個]$$

例題 3-23

1つの平面は、1本の直線によって2つの部分に分けられる。また、2本の直線では最大4つの部分に分けられ、3本の直線では最大7つの部分に分けられる。1つの平面が相異なる6本の直線によって分けられるとき、分割されてできる図形の最大の個数と最小の個数の差はいくらか。

1. 15個
2. 16個
3. 17個
4. 18個
5. 19個

正解へのプロセス

テーマの把握 問題文からテーマを把握する。また、解法として消去法が使えるかどうかを判断する。

知識 分割される図形の個数を最大／最小にする直線の引き方は覚えておく。

カウント 分割される面を数えることで規則性を見つける。

解説

分割される図形の最大個数・最小個数を求める問題である。数値を求めるので消去法は使えない。**テーマの把握**

［解法1］　個数の規則性を考える

まず最大個数を求める。実際に直線を1本から4本まで引いた場合に分割されてできる図形の最大個数は、次のようになる。**知識** **カウント**

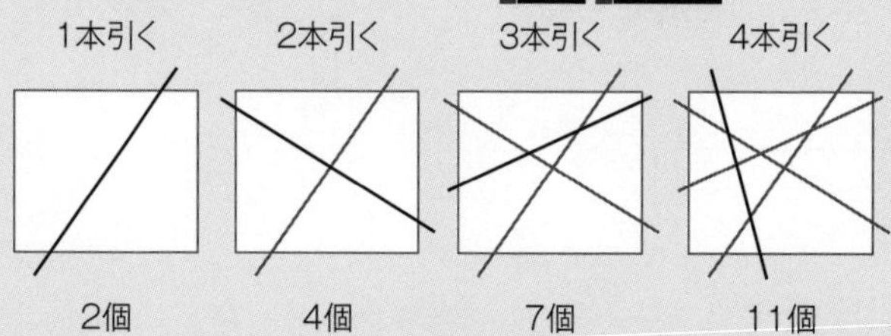

規則性を考えると、分割されてできる図形の個数は「2→4→7→11」となり、分割後に新たにできる図形の個数は直線が1本増えるごとに＋2、＋3、＋4と1

個ずつ増えていく。よって、この後の増え方は、**＋5、＋6、…と増えていくこと**が予想される。

直線の本数	1	2	3	4	5	6
面の数	2	4	7	11	16	22

+2　+3　+4　+5　+6

上の表より、6本の直線によって分けられるときの最大の個数は**22個**である。

次に最小個数を求める。どの直線も交わることなく引けばよいので、図のように6本の直線によって分けられるときの最小個数は**7個**となる。

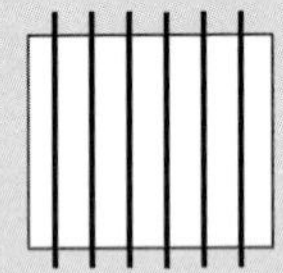

よって、差は22－7＝**15［個］**となる。

［解法2］　公式を利用する

6本の直線を引いて平面を分割したときの最大個数は、$1+\dfrac{6\times(6+1)}{2}=22$［個］であり、最小個数は、6＋1＝7［個］である。よって、差は22－7＝**15［個］**となる。

正解 ❶

過去問Exercise

問題1

次の図Ⅰのようなピースが置かれたパネルがある。今、図Ⅰから始めて図Ⅱのような模様のパネルを完成させるとき、使わないピースはどれか。ただし、ピースは１度だけ使うこととし、裏返したり、重ねて使うことはできない。

特別区Ⅰ類2017

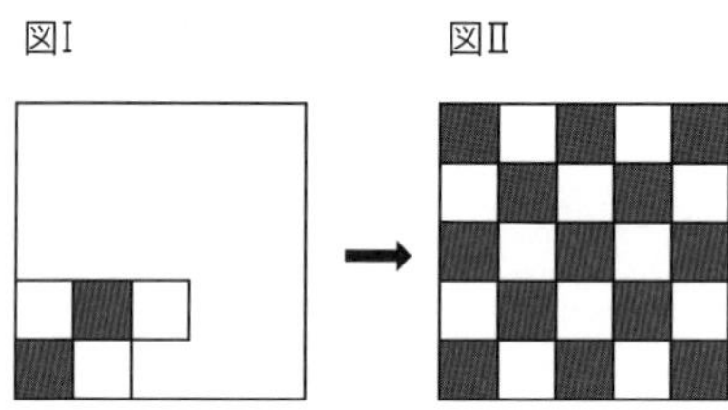

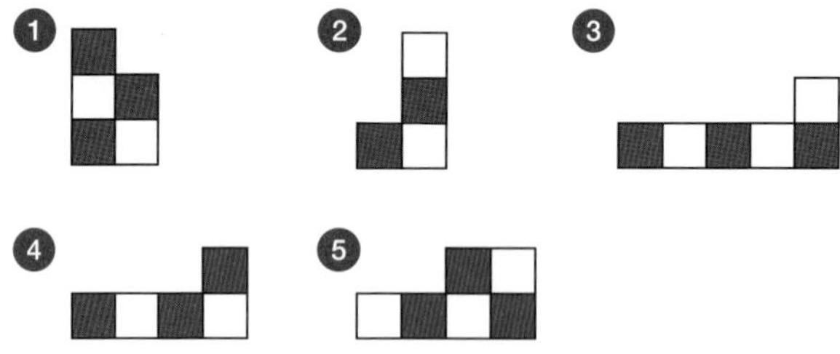

解説

正解 ❺

平面パズルで使わないピースを考える問題である。 **テーマの把握**

形を考えるので消去法を意識する。 **消去法**

まず、黒および白の正方形を数える。図IIを見ると黒い正方形は13個、白い正方形は12個であり、すでに図Iにおいて、黒は2個、白は3個使われているので、このパネルを完成させるのに必要な個数は、黒い正方形が**11個**、白い正方形が**9個**である。また、選択肢で与えられたピースについても正方形を色ごとに数えると、次の表のようになる。

選択肢	❶	❷	❸	❹	❺	計
黒	3	2	**3**	3	**3**	14
白	2	2	**3**	2	**3**	12

よって、不要な個数は、黒が14－11＝**3**［個］、白が12－9＝**3**［個］である。つまり、(黒，白)＝(3個，3個)で構成されているピースは使わない。したがって、❸または❺は使われないピースで、それ以外のピースは使われることがわかる。 **カウント**

特徴的な場所にピースを配置していく。図Iの「ア(黒)」の部分に配置できるピースは、❶または❷である(図1、2)。

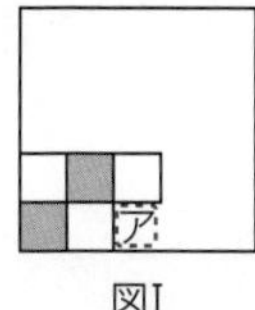

図I

図1

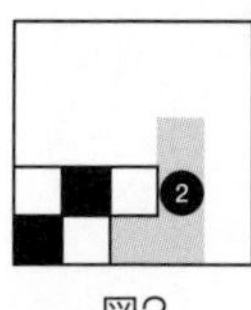
図2

図1を考える。次に特徴的なピースである❹を配置するには、図1-1と図1-2が考えられる。しかし、図1-2の配置をとると、これ以上配置できるピースはない。図1-1の配置をとると、❷を配置できるが、やはりこれ以上配置できるピースはない(図1-1-1)。

図1-1

図1-2

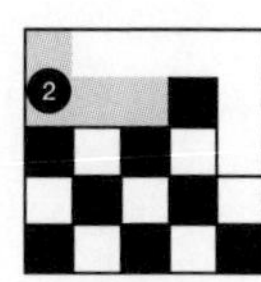
図1-1-1

図２を考える。次に❹を配置するには、図２-１、図２-２、図２-３が考えられる。しかし、図２-２の配置をとると「ウ」の領域、図２-３の配置をとると「エ」の領域には、いずれのピースも配置できない。よって、図２-１で考えていく。

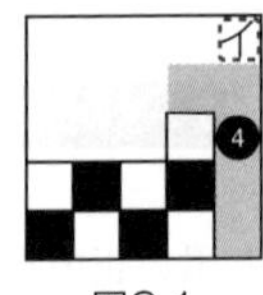

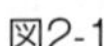
図2-1

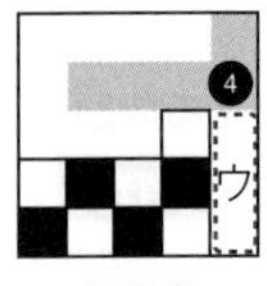

図2-2

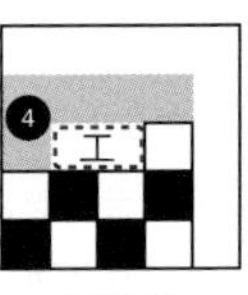

図2-3

図２-１の「**イ**（**黒**）」に配置できるピースは❸のみである。よって、残りの領域には❶を配置でき（図２-１-１）、パネルが完成する。

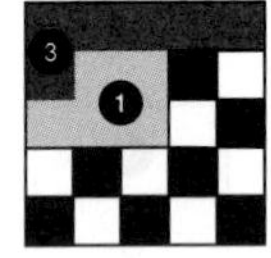

図2-1-1

よって、使わないピースは❺となる。

問題2

下の図のような20個の正方形を組合せてつくった図形の中にある長方形の数として、最も妥当なのはどれか。ただし、正方形は含まない。

東京消防庁Ⅰ類2014

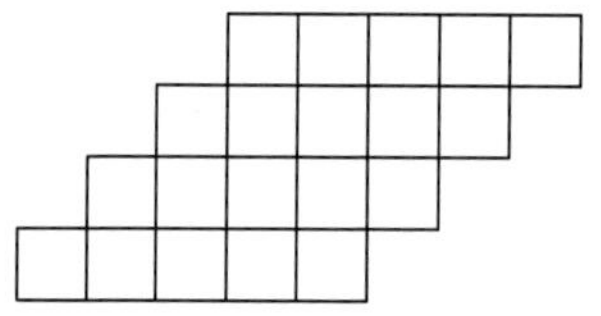

1. 74個
2. 76個
3. 78個
4. 80個
5. 82個

解説

正解 ❶

長方形の個数を求める問題である。数値を求めるので消去法は使えない。

テーマの把握

正方形の個数で長方形の大きさを考えると、正方形が1×2、1×3、1×4、1×5、2×3、2×4の場合があり、向きはヨコ向きとタテ向きの２種類である。よって、長方形の向きは２種類しかないので、向きを基準として、大きさ別に数え上げると、次のようになる。 カウント

❶ 長方形がヨコ向きの場合

「1×2」でヨコ向きの長方形は各段に4個ずつあるので、4［個］×4［段］＝16［個］ある。

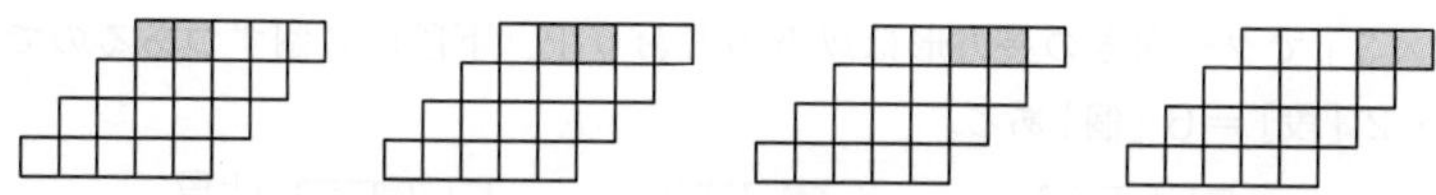

「1×3」でヨコ向きの長方形は各段に3個ずつあるので、3［個］×4［段］＝12［個］ある。

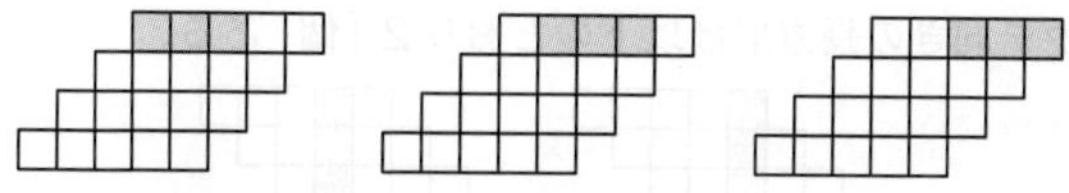

「1×4」でヨコ向きの長方形は各段に2個ずつあるので、2［個］×4［段］＝8［個］ある。

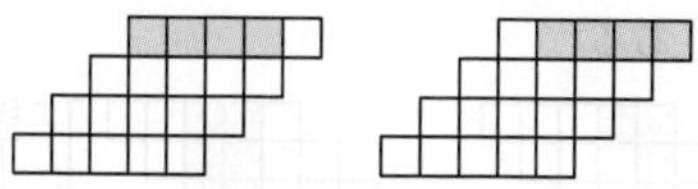

「1×5」でヨコ向きの長方形は各段に1個ずつあるので、1［個］×4［段］＝4［個］ある。

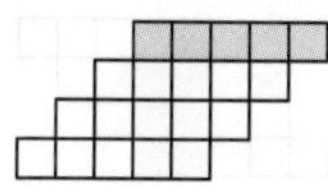

「2×3」でヨコ向きの長方形は以下のとおり上、中、下段に2個ずつあるので、2［個］×3［段］＝6［個］ある。

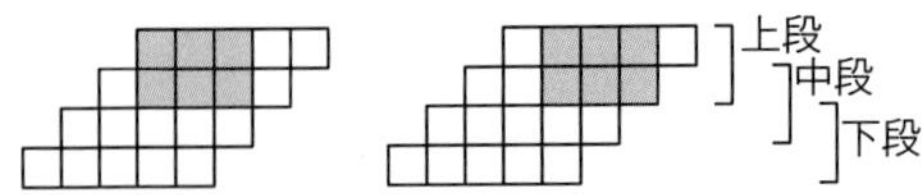

「2×4」でヨコ向きの長方形は以下のとおり上、中、下段に1個ずつあるので、1［個］×3［段］＝3［個］ある。

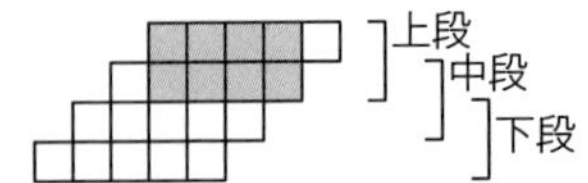

❷ 長方形がタテ向きの場合

「1×2」でタテ向きの長方形は以下のとおり上、中、下段に4個ずつあるので、4［個］×3［段］＝12［個］ある。

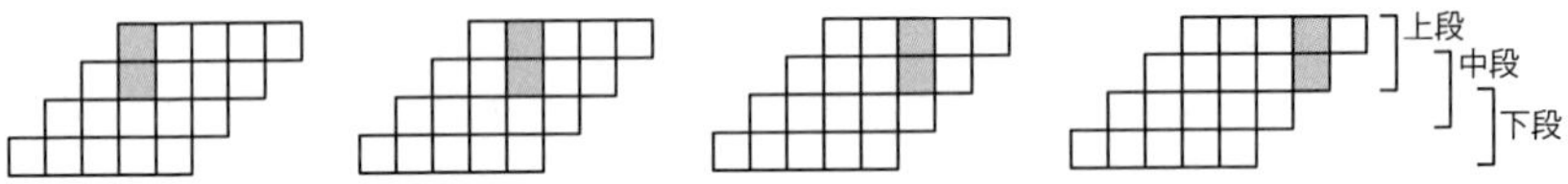

「1×3」でタテ向きの長方形は以下のとおり上、下段に3個ずつあるので、3［個］×2［段］＝6［個］ある。

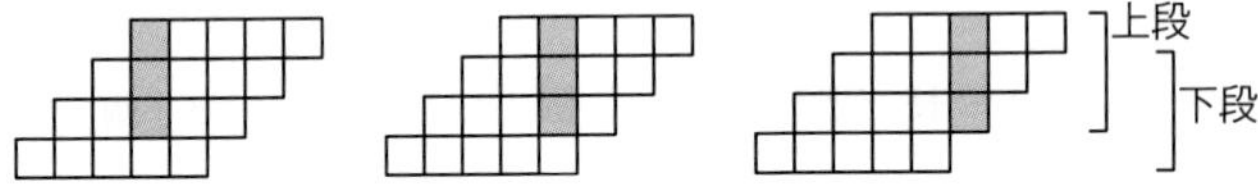

「1×4」でタテ向きの長方形は以下のとおり2［個］ある。

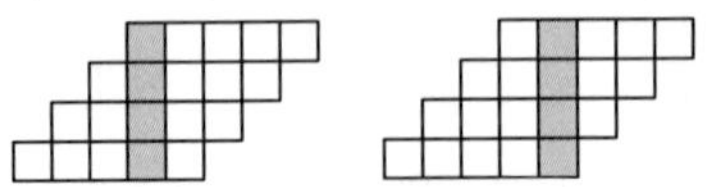

「2×3」でタテ向きの長方形は以下のとおり上、下段に2個ずつあるので、2［個］×2［段］＝4［個］ある。

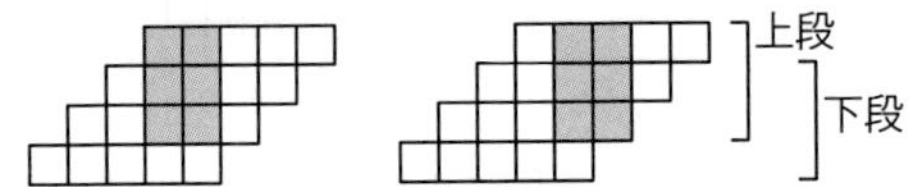

「2×4」で縦向きの長方形は以下のとおり1［個］ある。

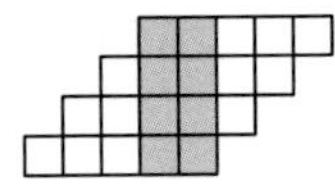

よって、上記のそれぞれの長方形の数を足すと、16＋12＋8＋4＋6＋3＋12＋6＋4＝74［個］となる。

★★★

10 経 路

経路は出題頻度の低いテーマの１つであるものの、解き方は単純なものが多いです。一筆書きは知識で解くことができますし、最短経路も単純に数値を足していく方法で対応できます。また、最短経路の問題は、数的推理で学習した「場合の数」の問題として出題されることもあります。

1 一筆書き

筆記具を紙から離さず、同じ線を複数回なぞらずにある図形を描き上げることを一筆書きという。公務員試験でも、この一筆書きについて考える問題が出題されている。

1 一筆書きできる図形

❶ 奇点が０個（＝すべて偶点）の図形
❷ 奇点が２個の図形

奇点・偶点とは

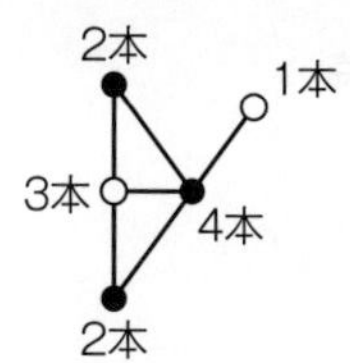

○＝奇点
奇点とは、線が奇数本集まった点のこと
●＝偶点
偶点とは、線が偶数本集まった点のこと

2 一筆書きできる図形の描き方

❶ **奇点が0個の図形**は、どの偶点から描き始めてもよいが、**始点と終点が一致する**。

❷ **奇点が2個の図形**は、一方の奇点が始点で、他方の奇点が終点となる。

例1

次の図形A、Bが一筆書きできることを確かめてみる。

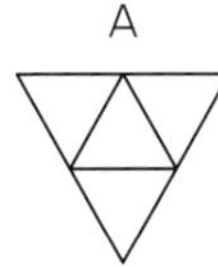

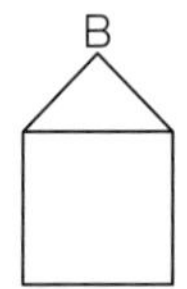

奇点、偶点を数えると、Aはすべて偶点、つまり、**奇点が0個の図形**、Bは**奇点が2個の図形**である。よって、Aはどの偶点から描き始めてもよく、**始点と終点が一致する**。Bは**一方の奇点が始点で、他方の奇点が終点となる**。

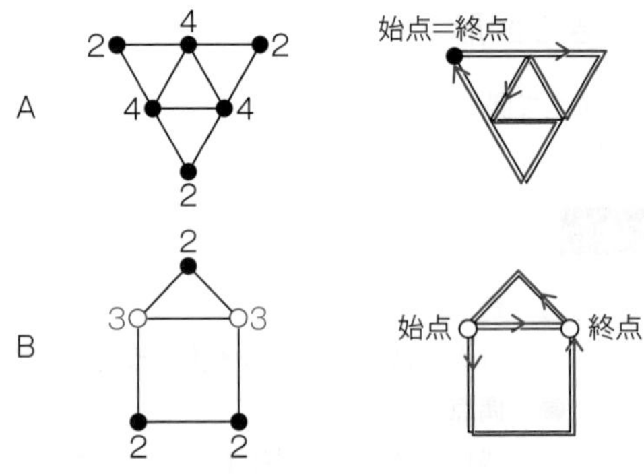

例題 3-24

次の図形A～Eのうち、一筆書きできる図形をすべて挙げているのはどれか。

A 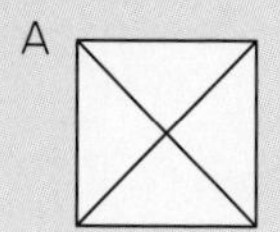
B 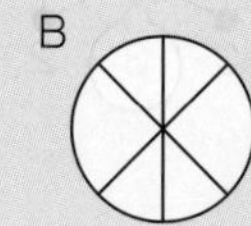
C 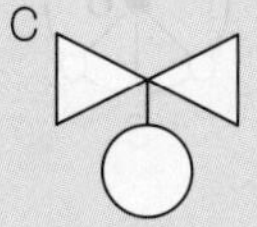
D 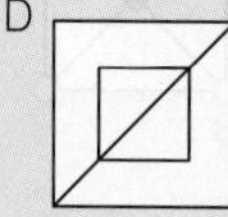
E 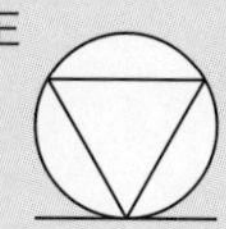

1. B
2. A、D
3. C、E
4. B、D、E
5. C、D、E

正解へのプロセス

テーマの把握 問題文からテーマを把握する。また、解法として消去法が使えるかどうかを判断する。

作図 各点に集まる線の本数を数字で書き入れ、それぞれの点が奇点か偶点かを確認する。

知識 一筆書きできる図形は、奇点が0個または2個の図形である。

解説

一筆書きできる図形を考える問題である。**奇点の個数を確認すればよいので、消去法で解く必要はない。** **テーマの把握**

それぞれの図形に対して、各点に集まる線の本数を数字で書き入れ、それぞれの点が奇点か偶点かを確認する。 **作図**

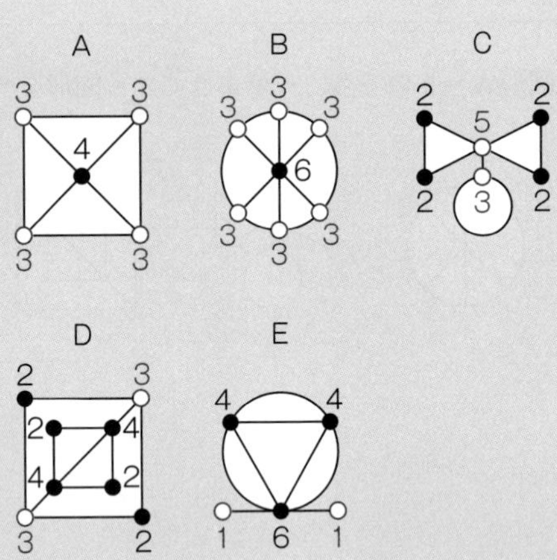

一筆書きできる図形は、奇点が０個または２個の図形である。**知識**

A✕　奇点は４個あるので、一筆書きできる図形ではない。

B✕　奇点は６個あるので、一筆書きできる図形ではない。

C◯　奇点は２個あるので、一筆書きできる図形である。

D◯　奇点は２個あるので、一筆書きできる図形である。

E◯　奇点は２個あるので、一筆書きできる図形である。

正解　5

❷ 最短経路

右図のようにスタート地点が左下、ゴール地点が右上にあるような碁盤目状の道路がある。最短経路とは、**遠回りとなる移動をせずにゴール地点に到着する経路**なので、この場合のスタート地点からゴール地点までは、左方向や下方向には移動しない。つまり、**右方向と上方向のみに移動する**ことで最短経路となる。

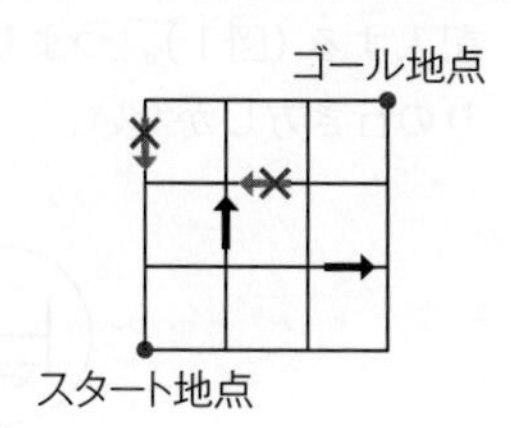

よって、次のような経路は、すべて最短経路となる。

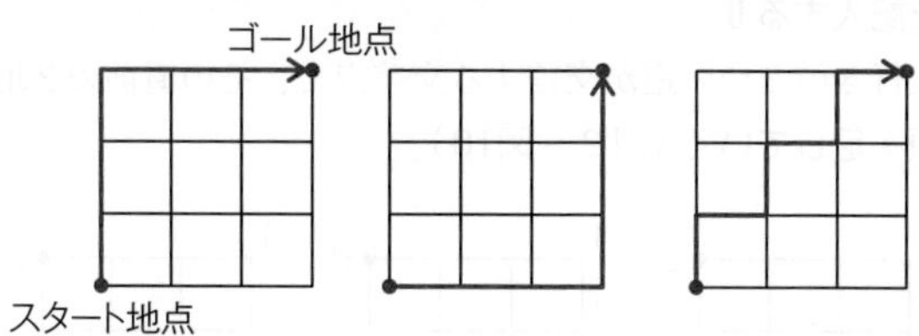

このように、スタート地点からゴール地点までの最短経路は複数通りあり、公務員試験では、**最短経路が何通りあるかを考える問題が出題される。**

1 経路加算法

経路加算法とは、**交差点や曲がり角で、そこに至るまでの直前の経路の数を足していく方法**である。一般的な手順を次の例2で説明する。

例2

図のような経路で、Aをスタート地点、Bをゴール地点としたとき、最短経路で行く方法は何通りあるか。

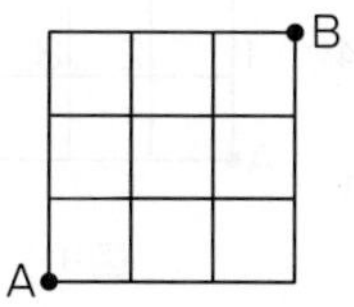

❶ 移動の方向

スタート地点が左下、ゴール地点が右上にあるので、行き方は、**右方向と上方向の2方向のみを考える。**

❷ 経路の数を記入するⅠ

スタート地点から直線で伸びている道の**交差点や曲がり角**にそれぞれ「1」を記入する（図1）。つまり、これらの交差点または曲がり角まではそれぞれ1通りの行き方しかない。

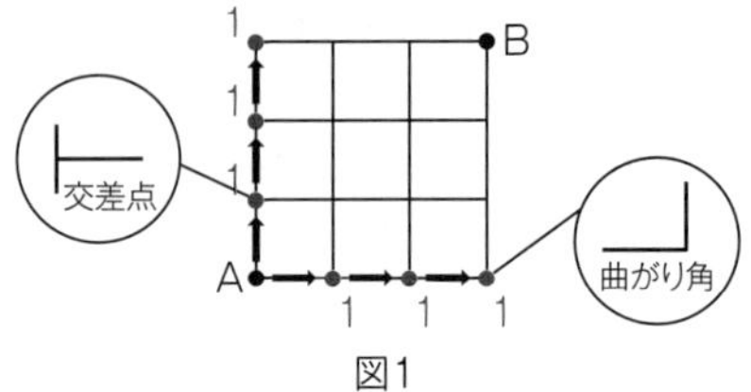

図1

❸ 経路の数を記入するⅡ

右行きと上行きの2つの道が交差する交差点で、その直前の2地点までの行き方の数値を順次**足していく**（図2～図10）。

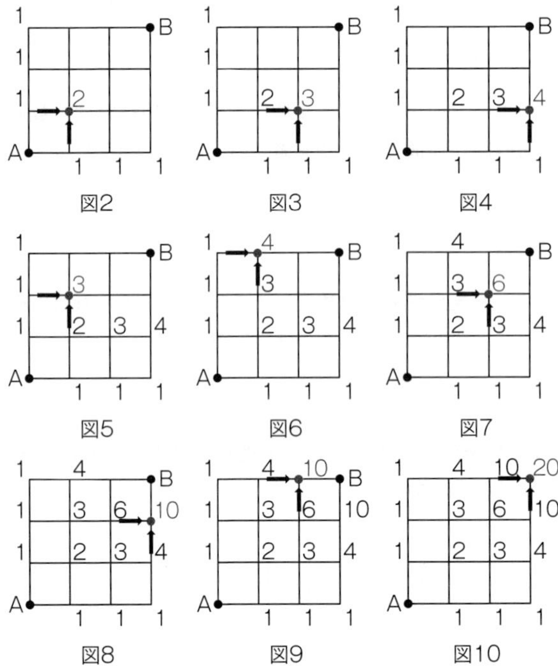

図10の右上にある**20通り**が、Aをスタート地点、Bをゴール地点としたときの最短経路の数となる。

2 いろいろな経路

いずれも、Aをスタート地点、Bをゴール地点とする。

① 経路の途中に必ず通らなければならない道Pまたは交差点Qがある経路

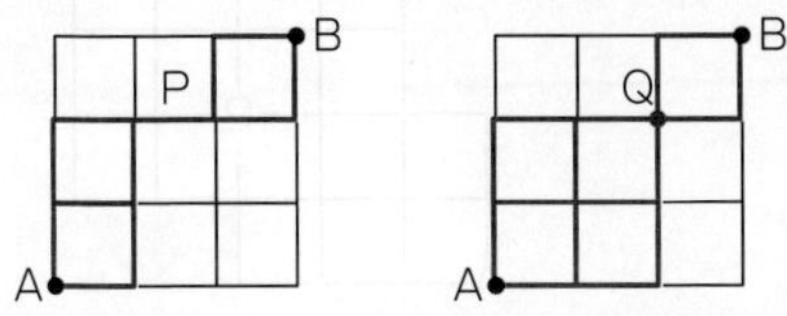

赤色の道しか通ることができず、**通ることができる道が限定される。**

② 経路の途中に通ることができない道Rまたは交差点Sがある経路

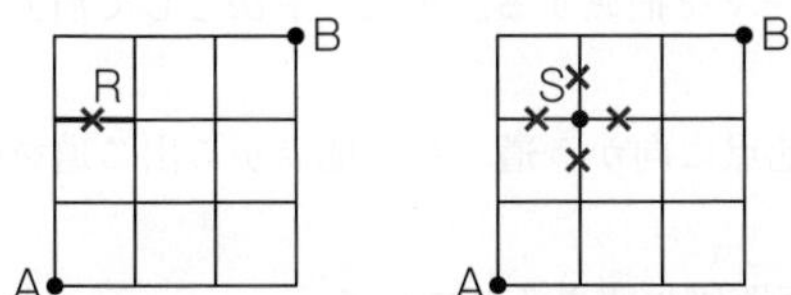

通ることができない道また通らない道には**「×」をつけておくとよい。**

③ 経路の途中に道がない歯抜けの経路

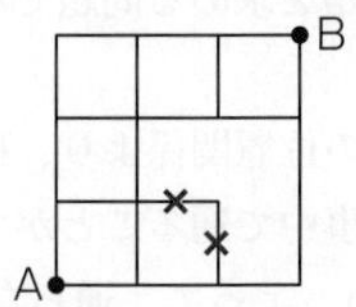

通らない道に**「×」をつけておくとよい。**

例題 3-25

下図のような街路があるとき、A地点からB地点まで行く最短経路は何通りあるか。ただし、P地点は現在工事中で通ることができない。

1. 51通り
2. 55通り
3. 60通り
4. 64通り
5. 72通り

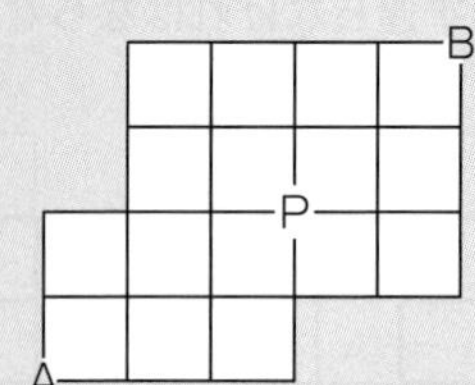

正解へのプロセス

テーマの把握 問題文からテーマを把握する。また、解法として消去法が使えるかどうかを判断する。

知識 通ることができない地点に向かう道、その地点から出る道を除外して経路の数を考える。

作図 経路加算した数値を経路図に書き入れていく。

解説

通れない交差点がある状況で最短経路を求める問題である。**数値を求めるので消去法は使えない。** **テーマの把握**

スタート地点(A)とゴール地点(B)の位置関係より、移動するのは**右方向と上方向の2方向**である。また、P地点は工事中で通ることができないので、P地点に向かう道とP地点から出る道は通らない。よって、**通らない道に「×」をつけておく**(図1)。**知識**

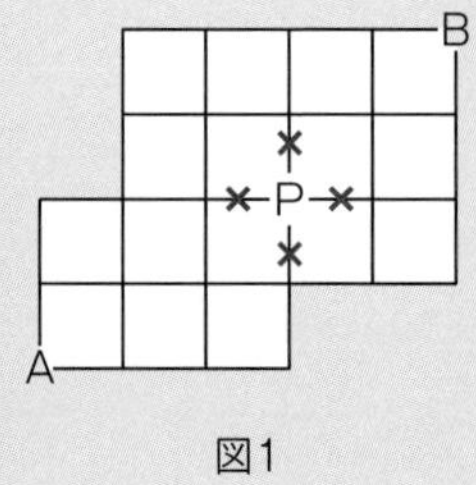

図1

経路加算していく。**作図**

スタート地点(A)から直線で伸びている道の交差点や曲がり角にそれぞれ「1」を記入する(図2)。次に移動できる方向は右方向と上方向なので、この2つの道が交差する交差点で、その直前の2地点までの行き方の数値を順次足していく。よって、点Pまでは図3のようになる(なお、点Pに「0」と記入してもよい)。

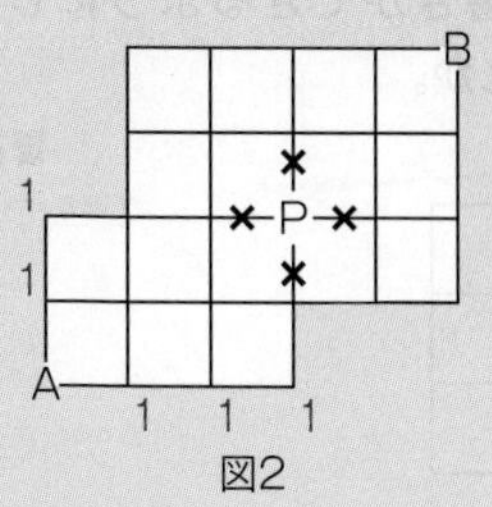

図2

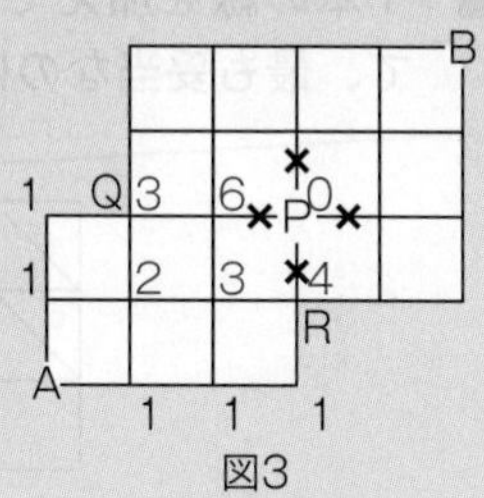

図3

さらに、図3の点Qおよび点Rから直線で出ている道の交差点や曲がり角に、それぞれ「3」および「4」を記入する(図4)。その後は、ゴール地点(B)に向けて、2方向の行き方の数値を順次足していけば図5のようになる。

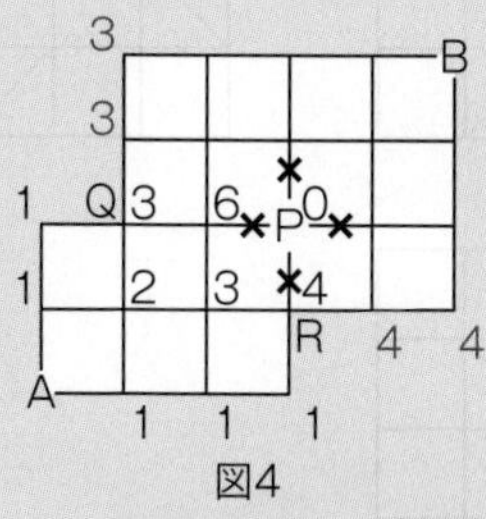

図4

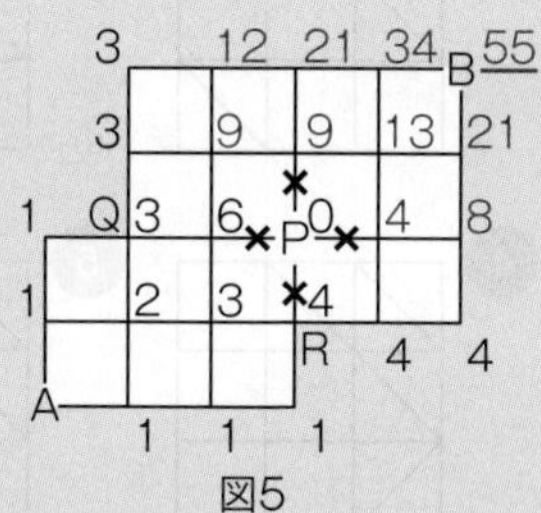

図5

よって、図5より、最短経路は55通りある。

正解 2

過去問Exercise

問題1

下の図は一筆書きができない図形である。この図形に1本の線を加えて一筆書きができるようにした図形として、最も妥当なのはどれか。

警視庁Ⅰ類2017

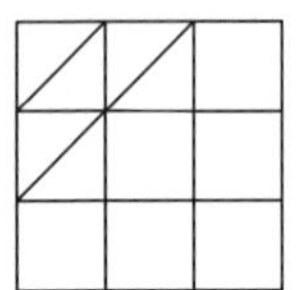

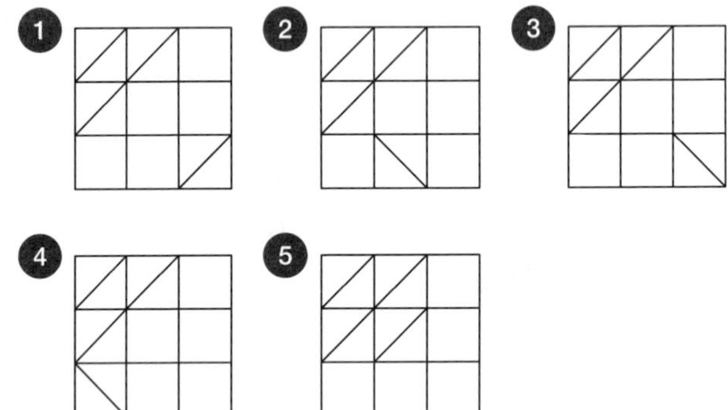

解説

正解 ❶

一筆書きができる図形を考える問題である。 テーマの把握

与えられた図形は、下図のように線が3本集まっている奇点が**4個**もあるので、一筆書きができない。

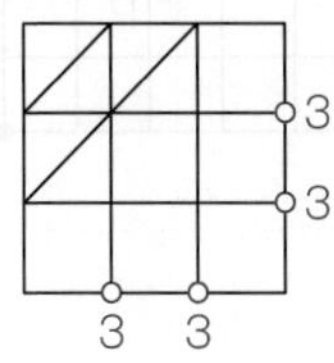

1本の線を加えて一筆書きできる図形にするためには、**奇点4個を奇点2個の図形にすればよい**。そのために、2個の奇点を1本の線で結べば、その2個の点に集まる線の数が1本ずつ増え、**ともに偶点となる**。よって、奇点どうしを線で結んでいるのは❶のみなので、❶が妥当である。 知識

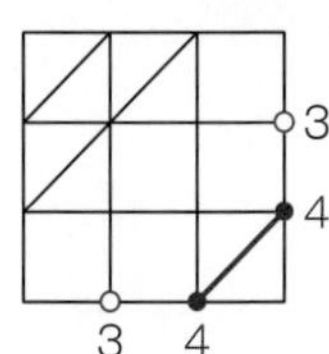

［別　解］

選択肢の図形における奇点の個数を確認すると次のようになる。

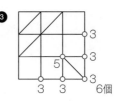

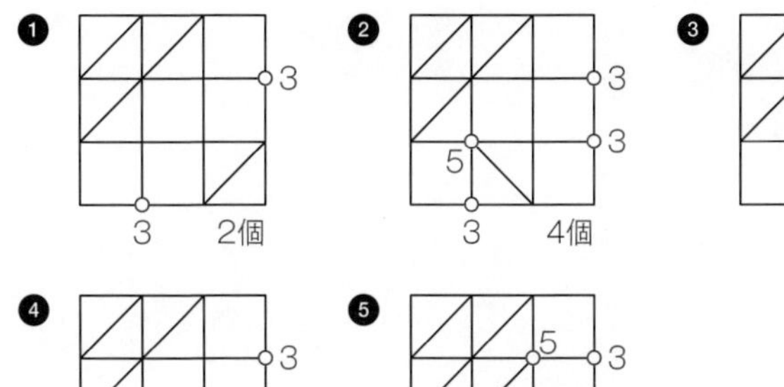

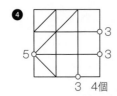

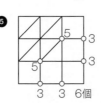

一筆書きができる図形は奇点が2個の❶である。 知識

問題2

図のような経路で、点Aを出発して点Pを通り点Bへ行く最短経路は何通りあるか。

国家一般職2010

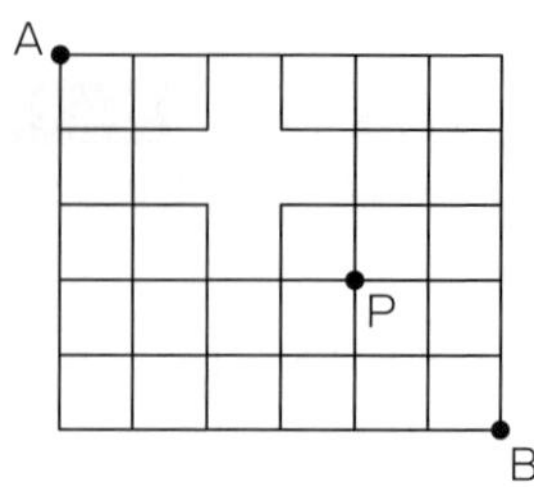

1. 40通り
2. 48通り
3. 54通り
4. 60通り
5. 72通り

解説

正解 ③

必ず通らなければならない交差点がある状況での最短経路の数を求める問題である。数値を求めるので消去法は使えない。 テーマの把握

[解法1] 経路加算法で求める

スタート地点（A）とゴール地点（B）の位置関係より、移動するのは**右方向と下方向**の2方向である。また、点Pを必ず通るので、図1の赤色の道のみを通ればよい。 知識

さらに、図1の「**×の道**」は通らない。

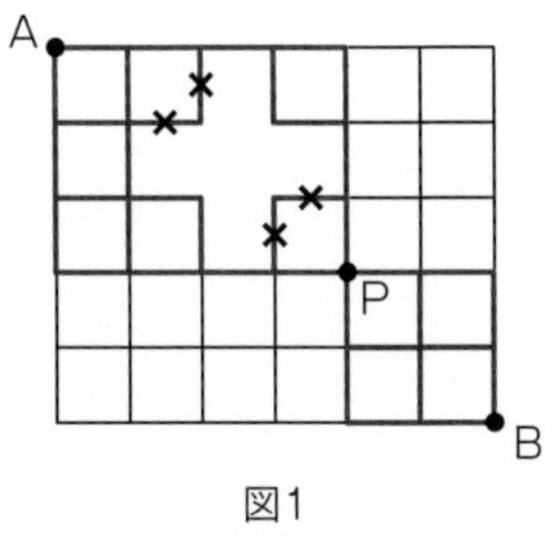

図1

経路加算法で最短経路を求める。まず、図2のように点Pまでは9通りある。さらに、図3より、点Bまで54通りある。 作図

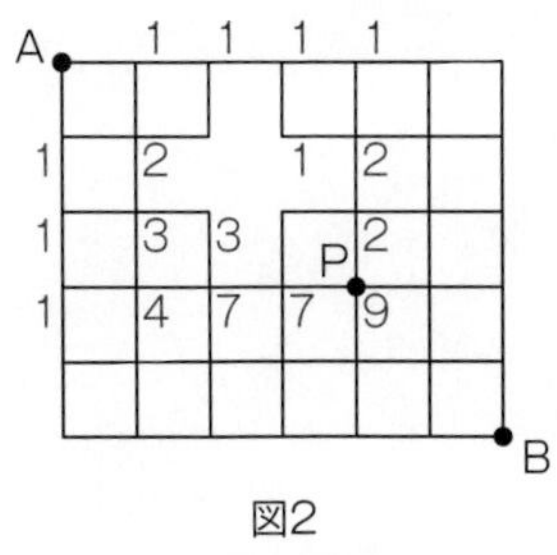

図2

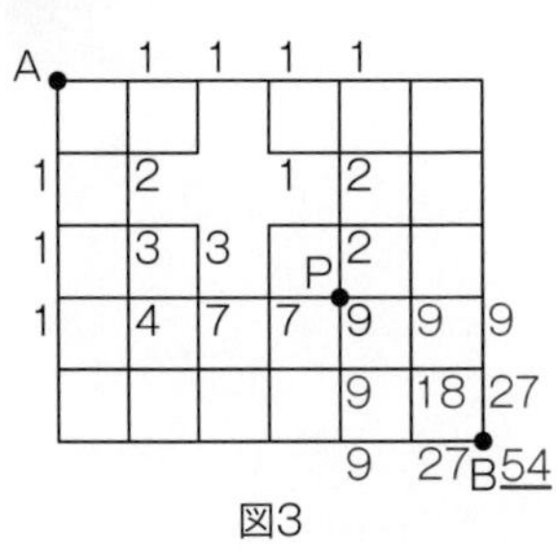

図3

[解法2] 積の法則を利用する

点Aから点Pまでの最短経路は9通り（図2）、点Pから点Bまでの最短経路は6通り（図4）となる。よって、点Aから点Bまでの最短経路は、**積の法則**より、$9\times6=54$［通り］となる。

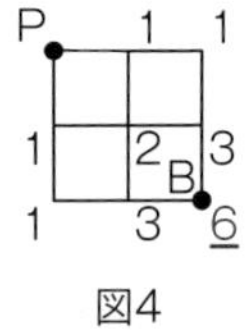

図4

第4章

資料解釈

「資料解釈」は与えられた資料のみから考える問題のため、予備知識がいらず「自己流」で処理してしまいがちです。しかし、きちんと正しいやり方で解かないと、解答に時間がかかり、簡単に正解できません。ですから、まずは、「正しいやり方」(スポーツでいえば正しいフォーム)を身に付け、短時間で確実に解けるように練習しましょう。

★★★

資料解釈の基本

第1節では資料解釈の基本として、資料および選択肢の内容、登場する用語、正誤の判定の方法や、概算・近似などを含めた計算の方法について学びます。資料解釈全体を通じて使う基礎に相当する考え方ですので、内容は盛りだくさんですが、資料解釈の全体像をつかむことを目標に取り組みましょう。

1 出題される資料について

資料は基本的に、外形によって**表とグラフの問題**に大別され、内容によって**実数、割合、構成比、指数、増減率**などに分類される。ただし、1問において表とグラフの両方が与えられる問題もある(第3節)。

2 資料解釈の基本

1 注意深く読み取る

与えられた資料および選択肢の内容を**注意深く読み取る**。

例えば、次に示すように「**増加量**」なのか「**増加率**」なのかをきちんと区別する必要がある。

例1

ある港の2021年の漁獲高が80t、2022年の漁獲高が100tのとき、2022年の対前年増加量は20tであり、対前年増加率は$\frac{100-80}{80}\times 100$[%]=25[%]である。

同様に、「～の30％」なのか「～の30％増」なのかもきちんと区別する必要がある。

例2

前月の売上100万円に対し、「今月の売上が30％」であれば、今月の売上は100×30％＝30［万円］であるのに対し、「今月の売上が30％増」であれば、今月の売上は100＋100×30％＝100×(1＋0.30)＝130［万円］である。

2 資料のみから判断する

資料にない事柄の書かれた選択肢は直ちに除外する。あくまで、**資料のみから判断して「正しいもの」を選ぶ。**

例3

「生産高が減少したのは、原油価格が高騰したためである」
⇒　原油価格の高騰が原因かどうかは不明であり、別の原因かもしれない。

「不況によって、年々就業率が低下している」
⇒　不況が原因かどうかは不明であり、別の原因かもしれない。

3 消去法

選択肢は最大4つまでしか検討しない(消去法)。正解肢が決まれば、その時点で他の問題に移る。

4 正確な数値を求める必要はない

すべての計算を闇雲に行わず、計算すべき部分を見抜き、迅速な処理を常に心がける。

例4 「320は142の2.5倍以上である」が正しいかどうか判定する。

❶ 「320÷142≒2.25より約2.25倍であり、誤りである」は**割り算を行うため面倒**である。

❷ 「142を2.5倍(＝2倍＋0.5倍)すると、142の0.5倍は142の半分なので71であるから、142×2.5＝142×2＋71＝355になるが、320は355より小さいので2.5倍未満であり、誤りである」のように、**割り算を行うより、掛け算を行う方が簡単**である。

例5 「240は1,500の15％を超える」が正しいかどうか判定する。

❶ 「240÷1,500＝0.16 (16％)だから15％を超えるので正しい」は**割り算を行うため面倒**である。

❷ 「1,500の10％が150であり、5％が150の半分の75であるから、1,500の15％は150＋75＝225であり、240は15％を超えるので正しい」のように、**割り算を行うより、掛け算を行う方が簡単**である。

例4・例5の❶では数値が「何倍や何％になるか？」を実際に求めており、❷では**「指定の倍率や割合[％]だといくらになるか？」を先に求めて比較**している。❷のアプローチの方が断然早く判定できる。

はじめは、このような回りくどい計算や概算をするのであれば、直接筆算を使って計算するなどの「正確な計算」の方が速くてラクなのではないか、と思うかもしれない。実際慣れるまでは、「正確な計算」が速いかもしれないが、**慣れれば慣れるほど例4・例5の❷のように計算する方が早くて簡単**になる。

❸ 選択肢の内容

選択肢には主に次のようなものが登場する。

1 平　均

例えば1年ごとの数量の変化が示された資料について、ある期間での平均値が問題になることがある。このとき、

$$「n年間の平均」=\frac{(n年間の合計)}{n}$$

また、仮平均法(上巻第1章第3節参照)を用いてもよい。仮平均の公式は次のようなものである。ただし、「増減」は符号を含む。

(真の平均値)＝(仮平均)＋(仮平均に対する増減の平均)

2 比率(割合、構成比)

例えば1年ごとの数量の変化が示された資料について、ある値に対する別の値の比率が問題になることがある。このとき、

$$「Aに対するBの比率(割合、構成比)^{1}」=\frac{B}{A}\times 100[\%]$$

また、「Aに対するBの比率」と同義の表現として、言い回しの順序を変えた「BのAに対する比率」や、「AにおけるBの割合」、「Aに占めるBの割合」など様々な言い回しがある。

3 増加量(増加数)、減少量(減少数)

例えば1年ごとの数量の変化が示された資料について、前の年と比べたときの増加量や減少量が問題になることがある。このとき、

「Aに対するBの増加量」＝B－A

「Aに対するBの減少量」＝A－B

---

1 上記のように、比率、割合、構成比は数学的な定義(式の形)は同じであり、「基準値を100として相対的に比較した量」という点では同じであるが、厳密には次のように違いがある。割合や構成比は「全体」という絶対的な基準に対して、その一部(部分集合)として使われ、原則的に100%以内である。一方、比率は2つ以上の項目(量)を比較するときに使う言葉であり、割合や構成比より一層、基準である量を明確にしなければならない。したがって、「Aに対するBの割合(構成比)」は「Bが全体Aの中の一部」(BがAの部分集合)であることに対し、「Aに対するBの比率」は「Bは基準値Aと単に比較される量」である(BがAの部分集合である必要はない)という点で「意味」は異なる。

4 増加率、減少率

増加率とは「基準の値に対する増加量の比率」のことであり、減少率とは「基準の値に対する減少量の比率」のことである。それぞれ、

$$(\text{増加率})=\frac{(\text{増加量})}{(\text{基準の値})}\times 100[\%]$$

$$(\text{減少率})=\frac{(\text{減少量})}{(\text{基準の値})}\times 100[\%]$$

で定義される。これらはそれぞれ以下のように変形することができる。

$$\text{「Aに対するBの増加率」}=\frac{B-A}{A}\times 100[\%]$$

$$=\left(\frac{B}{A}-1\right)\times 100[\%]=\frac{B}{A}\times 100-100[\%]$$

$$\text{「Aに対するBの減少率」}=\frac{A-B}{A}\times 100[\%]$$

$$=\left(1-\frac{B}{A}\right)\times 100[\%]=100-\frac{B}{A}\times 100[\%]$$

このように、増加率や減少率の式は定義の式を変形すると、上記のように3通りの式を作ることができるが、状況に合わせて使いやすいものを使えばよい。

5 指　数

例えば1年ごとの数量の変化が示された資料について、ある年の値を100としたときの別の年の値の指数が問題になることがある。このとき、

$$\text{「ある時点Aを100としたときのBの指数」}=\frac{B}{A}\times 100$$

指数は原則的に時系列データについて使われ、比較の基準となる時点の数量に対して他方の数量を比率の形で表している。

以下の例で、資料解釈で登場する「言葉」を知ってもらいたい。

例6 次の資料はX社の売上額の推移を示したものであるが、表中の４年間の売上額の平均はいくらか。

年度	2017	2018	2019	2020
X社の売上額[万円]	8,000	10,000	16,000	12,000

表中の４年間の売上額の平均は、

$$\frac{8{,}000+10{,}000+16{,}000+12{,}000}{4}=\underline{11{,}500[\text{万円}]}$$

である[2]。

なお、**仮平均法を用いる**と例えば、次のように計算する。

仮平均(基準値)を10,000[万円]とすれば、各年度の「仮平均に対する増減」は次のようになる。

年度	2017	2018	2019	2020
仮平均に対する増減[万円]	−2,000	0	6,000	2,000

この増減の平均値は$\frac{-2{,}000+0+6{,}000+2{,}000}{4}=1{,}500[\text{万円}]$より、売上額の平均は、**仮平均法の公式**より、

$$(\text{真の平均値})=(\text{仮平均})+(\text{仮平均に対する増減の平均})$$
$$=10{,}000+1{,}500=\underline{11{,}500[\text{万円}]}$$

である。

2 資料解釈では、数値に桁の大きなものがしばしば登場するので、数式内であっても、3桁カンマ「,」を付けて記述する。

例7

次の資料はX社の売上額の推移を示したものであるが、2017年度の売上額に対する2020年度のそれの比率はいくらか。

年度	2017	2018	2019	2020
X社の売上額[万円]	8,000	10,000	16,000	12,000

2017年度の売上額に対する2020年度のそれの比率は、

$$\frac{12{,}000}{8{,}000} \times 100 = \underline{150[\%]}$$

である。

例8

次の資料はX社の売上額の推移を示したものであるが、2017年度の売上額に対する2020年度のそれの増加額はいくらか。また、2019年度の売上額に対する2020年度のそれの減少額はいくらか。

年度	2017	2018	2019	2020
X社の売上額[万円]	8,000	10,000	16,000	12,000

2017年度の売上額に対する2020年度のそれの増加額は、

$12{,}000 - 8{,}000 = \underline{4{,}000[\text{万円}]}$

である。また、2019年度の売上額に対する2020年度のそれの減少額は、

$16{,}000 - 12{,}000 = \underline{4{,}000[\text{万円}]}$

である。

例9

次の資料はX社の売上額の推移を示したものであるが、2017年度の売上額に対する2020年度のそれの増加率はいくらか。また、2019年度の売上額に対する2020年度のそれの減少率はいくらか。

年度	2017	2018	2019	2020
X社の売上額[万円]	8,000	10,000	16,000	12,000

2017年度の売上額に対する2020年度のそれの増加率は、

$$\frac{12{,}000-8{,}000}{8{,}000}\times100=\left(\frac{12{,}000}{8{,}000}-1\right)\times100=\frac{12{,}000}{8{,}000}\times100-100=\underline{50[\%]}$$

である。また、2019年度の売上額に対する2020年度のそれの減少率は、

$$\frac{16{,}000-12{,}000}{16{,}000}\times100=\left(1-\frac{12{,}000}{16{,}000}\right)\times100=100-\frac{12{,}000}{16{,}000}\times100=\underline{25[\%]}$$

である。

前述のとおり、増加率や減少率は変形すると上記のように3通りの式で計算できるが、どれを使ってもよい。

例10

次の資料はX社の売上額の推移を示したものであるが、2017年度の売上額を100としたとき、2020年度のそれの指数はいくらか。

年度	2017	2018	2019	2020
X社の売上額[万円]	8,000	10,000	16,000	12,000

2017年度の売上額を100としたとき、2020年度のそれの指数は、

$$\frac{12{,}000}{8{,}000}\times100=\underline{150}$$

である。

4 選択肢の文章と判定の仕方

原則的に、**選択肢は次のように読んで判定していく**とよい[3]。**選択肢を検討する「スタンス」を明確にする**とよい。

以下では、選択肢が正しいことを○、誤りであることを×で表す。

1 「A が成り立つ」というタイプの選択肢

その選択肢が○であるか、つまり、**実際にAが成り立つかを確かめる**。

2 「すべての A で B が成り立つ」というタイプの選択肢

その選択肢が×であるかを確かめる。つまり、**反例「Aの中でBが成り立たないもの」を1つ探す**。

しらみつぶしに、すべてのAをBと比較するわけではない。あくまで「Aの中で**反例を1つ探し**、基準値Bと比較する」のである。

例11

「2018年から2022年の5年間でX市の人口は年々増加している」ことの○×を検討したい。

この場合、「2018年から2022年の5年間の**すべての年**でX市の人口は年々増加している」かどうかを判定すればよい[4]。したがって、**2019年から2022年までの4年間の中で、前年より減少している年(反例)を1つ探す**。

---

3 選択肢の正誤の判定は、命題の真偽の判定と原理的には同じである。全称命題型の選択肢では反例を、存在命題型の選択肢では実例を探すのである。

4 全称命題「AならばBである」の真偽は、「AではすべてBが成り立つ」(「すべてのAでBが成り立つ」)かどうかで判定したことを思い出してもらいたい。

3 「あるAでBが成り立つ」、「Aの中でBが成り立つことがある」というタイプの選択肢

その選択肢が〇であるかを確かめる。つまり、実例「Aの中でBが成り立つもの」を1つ探す。

しらみつぶしに、すべてのAをBと比較するわけではない。あくまで「Aの中でBが成り立つ実例を1つ探す」のである。

例12

「2018年から2022年の5年間にX市の人口が前年より増加している年がある」ことの〇×を検討したい。

この場合、実際にこの5年間の中で、人口が前年より増加している年(実例)を1つ探す。

4 「AからZの中で最大/最小はMである」というタイプの選択肢

その選択肢が×であるかを確かめる。つまり、反例「Mより大きくなるもの/小さくなるもの」を1つ探す。

しらみつぶしに、すべての値をMと比べるわけではない。あくまで、「A～Zの中から、Mより大きくなる/小さくなる反例を1つ探し、Mと比較する」のである。

例13

「2018年から2022年の5年間で、X市の人口が最大であるのは2020年である」ことの〇×を検討したい。

この場合、「2020年を除く、2018年から2022年の4年間のすべての年でX市の人口が2020年より小さい」かどうかを判定すればよい。そこで、2020年より人口が大きそうな年を探し、2020年の人口と比べてみる。

❺ 割合の計算

原則的に「区切りのよい数値（０や５の付く数や２倍の数）」から計算していく。

❶ ある数Xの10%、１%、0.1%

⇒ Xの小数点の位置をそれぞれ１つ、２つ、３つ左にずらす。

❷ ある数Xの50%、５%、0.5%

⇒ Xのそれぞれ100%、10%、１%の半分、またはXの半分のそれぞれ100%、10%、１%として計算する。

❸ ある数Xの20%、２%、0.2%

⇒ Xのそれぞれ10%、１%、0.1%の２倍、またはXの２倍のそれぞれ10%、１%、0.1%として計算する。

❹ ある数Xの25%

⇒ $25\% = \frac{1}{4} = \frac{1}{2} \times \frac{1}{2}$なので、「[Xの半分]の半分」として計算する。

大小比較するだけでよい場合、**正確な計算は不要であり、概算でよい**。したがって、なるべく**計算は簡潔に**行い、簡単な計算はできる限り**暗算で判定**できるようにする。

❷〈4〉で述べたように、「〜%より大きい（小さい）か？」を判定する場合、数値が実際に「何%になるか？」を求めるよりも、「指定の割合[%]だといくらになるか？」を先に求めておき、それと数値を比較する方法が断然早く判定できる。

例14

65,432の15%は10,000より大きいか小さいか。

65,432の**10%**が6,543.2≒6,543であり、**5%**が6,543の**半分**の3,271.5≒3,272なので、65,432の**15%**（=10%+5%）はおおよそ6,543+3,272=9,815である。よって、10,000より小さい。

例15

98,765の22%増は120,000より大きいか小さいか。

98,765の**10%**が9,876.5であり、**20%**は9,876.5×2=19,753である。したがって、98,765の**2%**は19,753の$\frac{1}{10}$の1,975.3である。よって、98,765の**22%**（=**20%+2%**）は19,753+1,975.3≒19,753+1,975=21,728であるので、98,765の**22%増**はおおよそ98,765**+**21,728=120,493であり、120,000より**大きい**。

例16

4,321に対する1,234の割合は30%より大きいか小さいか。

4,321の**10%**が432.1であるから、4,321×30%=432.1×3>430×3=1,290>1,234である。「4,321の30%は1,234より大きな値」なので、「4,321に対する1,234の割合」=$\frac{1,234}{4,321}$は30%より**小さい**。

例17

7,654から6,789に減ったときの減少率は12%より大きいか小さいか。

元の値は7,654であり、減少量は7,654−6,789=865であるから、(減少率)=$\frac{(減少量)}{(元の量)}$×100[%]=$\frac{865}{7,654}$×100[%]である。

7,654の**10%**が765.4≒765、1%が76.54≒76.5であるから、**2%**は76.5×2=153である。よって、7,654の**12%**（=**10%+2%**）はおおよそ765+153=918である。865は918より小さいので、減少率は12%より**小さい**。

[別　解]

「**減少率**が12%」を「元の量に対する**比率**が88%」と読み替えると、「**減少率**が12%より大きい／小さい」=「元の量に対する**比率**が88%より小さい／大きい」(／の左右は同順に対応)として、減少量を計算せずに考えることもできる。

この場合、7,654の**10%**が765.4≒765なので、7,654の**80%**はおおよそ765×8=6,120である。よって、7,654の**8%**は6,120の$\frac{1}{10}$のおおよそ612である。したがって、元の量7,654に対する**比率**が**88%(=80%+8%)**の値はおおよそ6,120+612=6,732である。6,789は6,732より大きいので、元の量に対する**比率**は88%より**大きい**。よって、**減少率**は12%より**小さい**。

6 分数の大小比較とその判定法

２つの分数の大小比較をする際は、次のように判定を行う。ここでも、**正確な計算は不要**であり、なるべく**計算は簡潔に行う**ことで、素早く判定していきたい。

本書では、分数の大小を比較する際に次に示す７つの判定法を用いて検討していく。以下では断りのない限り、A～Dはすべて正の値とする。

1 分数の大小比較の基本形

① 判定法Ⅰ

分母が等しい場合、分子の大きい方が分数自体も大きい。これより、**分母を最小公倍数に通分すれば、分子の大小で分数の大小が比較**できる。

$$A > C \quad \Rightarrow \quad \frac{A}{B} > \frac{C}{B}$$

例18

$\frac{321}{1{,}234}$と$\frac{123}{1{,}234}$は、分母が1,234で同じなので、分子だけで大小比較ができ、321＞123より、$\frac{321}{1{,}234} > \frac{123}{1{,}234}$である。

② 判定法Ⅱ

分子が等しい場合、分母の小さい方が分数自体は大きい。つまり、分子を最小公倍数に揃えれば、分母の大小で分数の大小が比較できる。

$$B < D \Rightarrow \frac{A}{B} > \frac{A}{D}$$

例19

$\frac{123}{1,234}$と$\frac{123}{2,345}$は、分子が123で同じなので、分母だけで大小比較ができ、1,234＜2,345より、$\frac{123}{1,234} > \frac{123}{2,345}$である。

③ 判定法Ⅲ

分子が大きく分母の小さい方が分数自体は大きい[5]。

$$A > C \text{ かつ } B < D \Rightarrow \frac{A}{B} > \frac{C}{D}$$

例20

$\frac{321}{1,234}$と$\frac{123}{2,345}$は、分子について321＞123、分母について1,234＜2,345より、分子が大きく分母の小さい$\frac{321}{1,234}$の方が大きい。よって、$\frac{321}{1,234} > \frac{123}{2,345}$である。

5 判定法Ⅰと判定法Ⅱの複合型の判定法である。

④ 判定法Ⅳ

分母に対する分子の「倍率（比率）」を概算する[6]。具体的には**（分子）÷（分母）を概算**する。このとき、**倍率の大きい方が分数自体も大きい**。

特に、**分子の方が分母より大きい分数は、（分子）÷（分母）の商が分母に対する分子の「倍率」の概算値に相当**し、以下の例のように、**倍率を概算するということは帯分数に変形することと変わりはない**。

例21

$\frac{8,765}{1,234}$は8,765÷1,234＝7余り127より、**分子は分母の７倍強**であり、$\frac{12,345}{4,321}$は12,345÷4,321＝2余り3,703より、**分子は分母の２倍強**なので、$\frac{8,765}{1,234}$は$\frac{12,345}{4,321}$より大きい。なお、この例では網掛けを付けた余りは大小の判定には使わないので、求める必要はない。

これは、次のように考えることもできる。

$\frac{8,765}{1,234}=7.\cdots=7+\frac{127}{1,234}$、$\frac{12,345}{4,321}=2.\cdots=2+\frac{3,703}{4,321}$より、$\frac{8,765}{1,234}$は$\frac{12,345}{4,321}$より大きい。

このように、**分数を小数で表す途中で計算を止めたものが判定法Ⅳの分母に対する分子の倍率**であり、結果的に**帯分数に変形することと変わりはない**。

例21に出てきた「～強」とは、数量を表す言葉に付けて、「**それよりやや大きい」ことを表す**。例えば、「駅まで歩いて２時間強かかる」とは「駅まで歩いて２時間と少しの時間だけかかる」ことを意味する。

同様に、「～弱」とは、数量を表す言葉に付けて、「**それよりやや小さいこと**」を表す。例えば、「今日の売上は前日の２割弱である」とは「今日の売上は前日の２割より少しだけ少ない」ことを意味する。

6　正確に計算したものは分数の小数表示そのものなので、あくまで概算することが、判定法Ⅳのポイントである。

2 分数の大小比較の応用形

ここでは、基本の判定法Ⅰ～Ⅳが簡単に使えない場合を考える。

「一方の分数」(これを「基準の分数」とする)に対し、「他方の分数」が分子・分母ともに大きいとき、つまり、式で表すと、一方(基準の分数)を$\frac{A}{B}$、他方を$\frac{C}{D}$とし、A＜CかつB＜Dであるときを考える。この場合は、次のように判定するとよい。

① 判定法Ⅴ

分子、分母どうしを比較して、(分子の倍率)＞(分母の倍率)のとき、(基準の分数)＜(他方の分数)が成り立つ[7]。

2つの分数$\frac{A}{B}$と$\frac{C}{D}$において、(分子の倍率)＝$\frac{C}{A}$および、(分母の倍率)＝$\frac{D}{B}$に対し、

$$\frac{C}{A}>\frac{D}{B} \Rightarrow \frac{A}{B}<\frac{C}{D}$$

例22

$\frac{5}{24}$と$\frac{11}{36}$の大小比較を考える。**$\frac{5}{24}$を基準として$\frac{11}{36}$を見る**と、分子は5から11で2.2倍、分母は24から36で1.5倍になっており、**(分子の倍率)＞(分母の倍率)**より、$\frac{5}{24}<\frac{11}{36}$である。

[別　解]

24と36のように、**分母が2桁程度の数であれば、判定法Ⅰを用いて最小公倍数に通分して分子を比較してもよい。**

24と36の最小公倍数72に通分すれば、$\frac{5}{24}=\frac{15}{72}$、$\frac{11}{36}=\frac{22}{72}$であり、$\frac{15}{72}<\frac{22}{72}$より、$\frac{5}{24}<\frac{11}{36}$である。

7　数学的には、$\frac{C}{A}>\frac{D}{B} \Rightarrow CB>AD \Rightarrow AD<CB \Rightarrow \frac{A}{B}<\frac{C}{D}$のように変形し、判定法Ⅳを用いている。

判定法Ⅴは、「数に1より大きいものを掛けると元の数より大きくなる」という考え方を用いている、と見ることもできる。

この例では、$\frac{11}{36}=\frac{5\times2.2}{24\times1.5}=\frac{5}{24}\times\frac{2.2}{1.5}$であり、$\frac{(分子の倍率)}{(分母の倍率)}=\frac{2.2}{1.5}>1$より、

$\frac{11}{36}=\frac{5}{24}\times\frac{2.2}{1.5}>\frac{5}{24}\times1=\frac{5}{24}$であると考えている。

② 判定法Ⅵ

分子、分母どうしを比較して、(分子の増加率)>(分母の増加率)のとき、(基準の分数)<(他方の分数)が成り立つ。

同様に、**(分子の減少率)>(分母の減少率)のとき、(基準の分数)>(他方の分数)**が成り立つ。

例23

$\frac{5}{12}$と$\frac{7}{15}$の大小比較を考える。**$\frac{5}{12}$を基準として$\frac{7}{15}$を見る**と、分子は5から7に2増加したので、分子の増加率は$\frac{2}{5}\times100[\%]=40[\%]$、分母は12から15に3増加したので、分母の増加率は$\frac{3}{12}\times100[\%]=25[\%]$である。**(分子の増加率)>(分母の増加率)**より、$\frac{5}{12}<\frac{7}{15}$である。

[別　解]

$\frac{5}{12}$と$\frac{7}{15}$も**分母が2桁の数なので、判定法Ⅰを用いて最小公倍数に通分して分子を比較してもよい。**

12と15の最小公倍数60に通分すれば、$\frac{5}{12}=\frac{25}{60}$、$\frac{7}{15}=\frac{28}{60}$であり、$\frac{25}{60}<\frac{28}{60}$より、$\frac{5}{12}<\frac{7}{15}$である。

判定法Ⅵも、**判定法Ⅴ**と同様に「**数に1より大きいものを掛けると元の数より大きくなる**」という考え方を用いている、と見ることもできる。(分子の増加率)＞(分母の増加率)のとき、$\frac{1+(\text{分子の増加率})}{1+(\text{分母の増加率})}>1$であり、この例では、$\frac{7}{15}=\frac{5+2}{12+3}=\frac{5(1+2/5)}{12(1+3/12)}=\frac{5}{12}\times\frac{1+0.40}{1+0.25}>\frac{5}{12}\times1=\frac{5}{12}$であると考えている。

例23では増加率を[%]に直して説明したが、[%]に直すのに手間がかかる場合がある。そのような場合は、**分子および分母の増加率を分数(や小数)のまま**、(分子の増加率)$=\frac{2}{5}$(＝0.40)、(分母の増加率)$=\frac{3}{12}=\frac{1}{4}$(＝0.25)として、(分子の増加率)＞(分母の増加率)と判定する方が手間が少ないこともある。

以下では、**判定法Ⅵ**を用いるとき、分子および分母の増減率を、場合によっては[%]に直さずに分数や小数のまま表すこともある。

例24

$\frac{25}{36}$と$\frac{10}{27}$の大小比較を考える。**$\frac{25}{36}$を基準として$\frac{10}{27}$を見る**と、分子は25から10に15減少したので、分子の減少率は$\frac{15}{25}=\frac{3}{5}=0.60$ (＝60[%])、分母は36から27に9減少したので、分母の減少率は$\frac{9}{36}=\frac{1}{4}=0.25$ (＝25[%])である。**(分子の減少率)＞(分母の減少率)**より、$\frac{10}{27}<\frac{25}{36}$である。

[別　解]

$\frac{25}{36}$も$\frac{10}{27}$も分母が2桁程度の数なので、判定法Ⅰを用いて最小公倍数に通分して分子を比較してもよい。

36と27の最小公倍数108に通分すれば、$\frac{25}{36}=\frac{75}{108}$、$\frac{10}{27}=\frac{40}{108}$であり、$\frac{75}{108}>\frac{40}{108}$より、$\frac{25}{36}>\frac{10}{27}$である。

③ 判定法Ⅶ

「基準の分数」と「他方の分数」の大小関係は、「基準の分数」と「$\frac{(\text{分子の増加量})}{(\text{分母の増加量})}$」の大小関係と一致する[8]。つまり、「他方の分数」を「$\frac{(\text{分子の増加量})}{(\text{分母の増加量})}$」に取り換えて大小の判定ができる。

例25

$\frac{123}{1,234}$と$\frac{124}{1,237}$の大小比較を考える。$\frac{123}{1,234}$を基準として$\frac{124}{1,237}$を見ると、分子は123から124へ1増加し、分母は1,234から1,237へ3増加している。よって、分子と分母の増加量はそれぞれ1と3なので、$\frac{(\text{分子の増加量})}{(\text{分母の増加量})}=\frac{1}{3}$である。したがって、$\frac{123}{1,234}$と$\frac{124}{1,237}$の大小関係は、$\frac{123}{1,234}$と$\frac{1}{3}$の大小関係と一致する。

次に、$\frac{123}{1,234}$と$\frac{1}{3}$の大小関係の判定では、判定法Ⅱを用いる。分子を123に揃えると、$\frac{1}{3}=\frac{123}{369}$より、分母の小さい$\frac{123}{369}$の方が$\frac{123}{1,234}$より大きい。よって、$\frac{123}{1,234}<\frac{123}{369}\left(=\frac{1}{3}\right)$である。

$\frac{123}{1,234}$と$\frac{1}{3}$の大小関係では、$123\times3<1,234$を変形して、$\frac{123}{1,234}<\frac{1}{3}$としてもよい。

したがって、$\frac{123}{1,234}$と$\frac{124}{1,237}$の大小関係は、$\frac{123}{1,234}<\frac{124}{1,237}$である。

---

8 判定法Ⅶの証明は次のようになる。
「基準の分数」を$\frac{A}{B}$、「比較相手の分数」を$\frac{C}{D}$とすれば、「基準の分数」に対する「比較相手の分数」の分子、分母の増加量はそれぞれ、$c=C-A\,(>0)$、$d=D-B\,(>0)$と表せて、$\frac{C}{D}=\frac{A+c}{B+d}$である。このとき、ここで使われている全ての文字は正であることから、数学的に次のように変形できる。

$$\frac{A}{B}>\frac{C}{D}\Leftrightarrow\frac{A}{B}>\frac{A+c}{B+d}\Leftrightarrow A(B+d)>B(A+c)\Leftrightarrow Ad>Bc\Leftrightarrow\frac{A}{B}>\frac{c}{d}$$

よって、$\frac{A}{B}$と$\frac{C}{D}$の大小関係は$\frac{A}{B}$と$\frac{c}{d}$の大小関係と一致する。

[別　解]

$\frac{123}{1,234}$と$\frac{124}{1,237}$の大小比較では、**分母が分子のおおよそ10倍程度**なので、次のようにしてもよい。

$\frac{123}{1,234}$は分母1,234が分子123の10倍である1,230よりやや大きいので(10倍強)、$\frac{123}{1,234}<\frac{1}{10}\left(=\frac{123}{1,230}\right)$である。$\frac{124}{1,237}$は分母1,237が分子124の10倍である1,240よりやや小さいので(10倍弱)、$\frac{124}{1,237}>\frac{1}{10}\left(=\frac{124}{1,240}\right)$である。よって、$\frac{123}{1,234}<\frac{1}{10}<\frac{124}{1,237}$である。

上で述べたように、分数の大小比較は、いくつもの判定法がある。分数の値に合わせて使いやすいものを使えばよい。

例26

$\frac{43}{971}$は$\frac{37}{985}$より大きいか小さいか。

判定法Ⅲを用いる。$\frac{37}{985}$**を基準として**$\frac{43}{971}$**を見ると、**$\frac{43}{971}$**は分子が大きく分母が**小さいので、$\frac{43}{971}>\frac{37}{985}$である。よって、$\frac{43}{971}$は$\frac{37}{985}$より<u>大きい</u>。

例27

$\frac{673}{210}$は$\frac{553}{124}$より大きいか小さいか。

［解法１］

判定法Ⅳを用いる。$\frac{673}{210}$、$\frac{553}{124}$の２つの分数とも、**分子の方が分母より大きいので、帯分数にしてみる**と、$\frac{673}{210}=3+\frac{43}{210}$、$\frac{553}{124}=4+\frac{57}{124}$より、**整数部分を比較**すれば、$\frac{673}{210}$は$\frac{553}{124}$より小さい。

［解法２］

判定法Ⅴを用いる。**$\frac{553}{124}$を基準として$\frac{673}{210}$を見る**ことで、$\frac{553}{124}$、$\frac{673}{210}$の**分子どうし、分母どうし**を比較して考える。

分子について見ると、553の0.5倍は553の半分の276.5なので、553の1.5倍（＝１倍＋0.5倍）は553＋276.5≒553＋277＝830であり、**673は553の１～1.5倍の数**である。

分母について見ると、124の0.5倍は124の半分の62なので、124の1.5倍（＝１倍＋0.5倍）は124＋62＝186であり、124の２倍は248なので、**分母の210は124の1.5～2倍の数**である。

そこで、**$\frac{553}{124}$を基準として$\frac{673}{210}$を見る**と、**（分子の倍率）＜（分母の倍率）**より、$\frac{553}{124}>\frac{673}{210}$である。よって、$\frac{673}{210}$は$\frac{553}{124}$より小さい。

[解法3]

判定法Ⅵを用いる。$\frac{553}{124}$**を基準として**$\frac{673}{210}$**を見る**と、分子は553から673へ120増加し、分母は124から210へ86増加している。

分子について見ると、553の10％が55.3で55.3×2＝110.6より、**分子の120の増加は20％強の増加率**である。分母について見ると、124の10％が12.4で12.4×7＝86.8より、**分母の86の増加はおおよそ70％の増加率**である。

したがって、**(分子の増加率)＜(分母の増加率)**より、$\frac{553}{124} > \frac{673}{210}$である。よって、$\frac{673}{210}$は$\frac{553}{124}$より小さい。

例28

$\frac{68}{173}$は$\frac{65}{162}$より大きいか小さいか。

[解法1]

判定法Ⅵを用いる。$\frac{65}{162}$**を基準として**$\frac{68}{173}$**を見る**と、分子は65から68へ３増加し、分母は162から173へ11増加している。

分子について見ると、65の１％が0.65で0.65×5＝3.25より、**分子の３の増加はおおよそ５％の増加率**である。分母について見ると、162の１％がおおよそ1.6で1.6×7＝11.2より、**分母の11の増加はおおよそ７％の増加率**である。

したがって、**(分子の増加率)＜(分母の増加率)**より、$\frac{65}{162} > \frac{68}{173}$である。よって、$\frac{68}{173}$は$\frac{65}{162}$より小さい。

［解法２］

判定法Ⅶを用いる。$\frac{65}{162}$**を基準として**$\frac{68}{173}$**を見る**と、分子は65から68へ３増加し、分母は162から173へ11増加しているので、$\frac{(分子の増加量)}{(分母の増加量)}=\frac{3}{11}$である。よって、$\frac{65}{162}$**と**$\frac{68}{173}$**の大小関係は、**$\frac{65}{162}$**と**$\frac{3}{11}$**の大小関係と一致**する。

以下では、$\frac{65}{162}$と$\frac{3}{11}$の大小関係を考える。$\frac{65}{162}$と$\frac{3}{11}$の分子を近づけるように、$\frac{3}{11}$の分母、分子を20倍すると、$\frac{3}{11}=\frac{60}{220}$である。**判定法Ⅲ**を用いれば、$\frac{60}{220}$**を基準として**$\frac{65}{162}$**を見る**と、$\frac{65}{162}$**は分子が大きく分母が小さい**ので、$\frac{65}{162}>\frac{60}{220}\left(=\frac{3}{11}\right)$である。

したがって、$\frac{65}{162}>\frac{68}{173}$であり、$\frac{68}{173}$は$\frac{65}{162}$より<u>小さい</u>。

［解法３］

判定法Ⅳを用いる。**分母に対する分子の倍率を大雑把に見れば**、173の40％は17.3×4＝69.2より、$\frac{68}{173}$は0.4（＝40％）より小さく、162の40％は16.2×4＝64.8より、$\frac{65}{162}$は0.4（＝40％）より大きい。したがって、$\frac{68}{173}<0.4<\frac{65}{162}$より、$\frac{68}{173}$は$\frac{65}{162}$より<u>小さい</u>。

例29

$\frac{1,101}{1,349}$は$\frac{1,097}{1,347}$より大きいか小さいか。

［解法１］

判定法Ⅵを用いる。$\frac{1,097}{1,347}$を基準として$\frac{1,101}{1,349}$を見ると、分子は1,097から1,101へ４増加し、分母は1,347から1,349へ２増加している。したがって、**分子の増加率**は$\frac{4}{1,097}$であり、**分母の増加率**は$\frac{2}{1,347}$である。

次に、**分子の増加率**$\frac{4}{1,097}$と**分母の増加率**$\frac{2}{1,347}$を比較する。$\frac{2}{1,347}$を基準として$\frac{4}{1,097}$を見ると、判定法Ⅲより、$\frac{4}{1,097}$は**分子が大きく分母は小さい**ので、$\frac{4}{1,097}>\frac{2}{1,347}$である。なお、判定法Ⅱを用いれば、$\frac{2}{1,347}$は分母、分子をともに２倍して、$\frac{2}{1,347}=\frac{4}{2,694}$にして$\frac{4}{1,097}$と$\frac{2}{1,347}$の分子を４に揃えてから$\frac{4}{1,097}$と比較してもよい。いずれにせよ、$\frac{4}{1,097}>\frac{2}{1,347}$である。

(分子の増加率)＞(分母の増加率)より、$\frac{1,101}{1,349}>\frac{1,097}{1,347}$である。よって、$\frac{1,101}{1,349}$は$\frac{1,097}{1,347}$より<u>大きい</u>。

［解法２］

判定法Ⅶを用いる。$\frac{1,097}{1,347}$を基準として$\frac{1,101}{1,349}$を見ると、分母は1,347から1,349へ２増加し、分子は1,097から1,101へ４増加しているので、$\frac{(\text{分子の増加量})}{(\text{分母の増加量})}=\frac{4}{2}=2$である。よって、$\frac{1,097}{1,347}$と$\frac{1,101}{1,349}$**の大小関係は、**$\frac{1,097}{1,347}$**と２の大小関係と一致する**。$\frac{1,097}{1,347}<2$より、$\frac{1,097}{1,347}<\frac{1,101}{1,349}$である。よって、$\frac{1,101}{1,349}$は$\frac{1,097}{1,347}$より<u>大きい</u>。

7 第4章のポイント

資料解釈では、次の4個のポイントに留意しながら問題を解いていくとよい。各ポイントを明示するために7種類の **記号** でタグ付けした。

1 目標の設定とその具体化

資料解釈の問題は全体が大問、各選択肢は小問のような位置づけと考えたい。小問である選択肢にはそれぞれ主張「〜である（〜が成り立つ）」があり、これが各目標となる。 **目標**

そして、目標を数値などで表したものを「目標を具体化する」とする。 **具体化**

2 選択肢の取捨

選択肢を読み、**難易度の低そうな順に選択肢の正誤を判定**する。**面倒な計算や検討を伴う選択肢はいったんスキップして、検討は後回し**にする。 **後回し**

3 選択肢の正誤の判定

選択肢の正誤の判定では、しばしば**反例探し**（×である根拠探し）や**実例探し**（○である根拠探し）を行う[9]。 **反例** **実例**

反例が見つからないときは、その選択肢は正解（○）であり、**実例が見つからないときは、その選択肢は誤り（×）**である。

4 計　算

選択肢には「〜より大きい」、「〜より小さい」や「〜を上回る（超える）」、「〜を下回る」などの主張がしばしば登場する。これまでも指摘してきたが、このような選択肢を検討する際は**正確な計算は行わず**、**「分数の大小比較の判定法」**を用いたり、 **分数の大小** **四捨五入や「区切りのよい数値（0や5の付く数や2倍の数）」で概算、近似などを行ったり**する。 **概算・近似**

---

9 当たり前だが、「何となくこれは正解／誤りだろう」というようなフィーリングで正誤の判定を行うことはできない。根拠を持って解答すべきである。

★★★

2 資料解釈の実践

第1節で学んだ資料解釈の基本事項を、実際の資料解釈の問題で練習していきます。資料解釈は理論的な内容が理解できていても、実際の問題を解かないとできるようにはなりません。実践で正しいフォーム（解き方）を確認していきましょう。

1 実数の資料

1 実数の資料

調査などで実際に確かめられた数値を資料解釈では「実数」という[1]。割合、増加率、指数などは実数を加工した数値であり、実数と区別される。したがって、実数には、［個(数)］、［人］、［円］、［件］、［kg］、［L］、…など、具体的な単位が付くが、**本書の解説では、誤解の生じない限り、説明の簡略化のために、実数の単位を省略する。**

1　数学の「実数（real number）」と同名だが、ここでは別の意味で用いている。

2 四捨五入と概算

実数の資料では桁の大きい数値が登場することもある。このような場合、この数値を**四捨五入した上で概算しないと、計算が煩雑になる**。ただし、四捨五入を繰り返す場合、**足し算や掛け算を繰り返すことで、誤差が積み重なるなどすれば、真値**(正しい値)**に対し、最終的な誤差はどんどん大きくなる**ので注意しなければならない。

試験種、問題などにもよるが、**原則的に資料解釈の計算では、数%の誤差が生じても正解肢を選ぶことができる**。したがって、**上から４桁目の位（くらい）を四捨五入し、上から３桁の部分だけ判断しても精度（誤差率）は±１%以内に保てる**。また、上から３桁目の位を四捨五入し、上から２桁の部分で判断しても精度は±10%以内に保てる[2]。なお、四捨五入をする際は、例えば「**上から４桁目で四捨五入する**」と決めたら、**比較する数値のすべてを上から４桁目で四捨五入**し、**各数値の精度に偏りが生じないように同程度の精度で概算**しなければならない[3]。

---

2 ある量の真値（正しい値）をx、概算値をx'とし、誤差をΔxとすれば、$\Delta x = x' - x \Leftrightarrow x' = x + \Delta x$である。精度とは誤差率のことであり、（概算値$x'$の誤差率）$= \dfrac{\Delta x}{x} \times 100$ [%] である。
例えば、真値$x = 1{,}055$に対し、上から4桁目の位で四捨五入した場合、概算値$x' = 1{,}060$としても、誤差$\Delta x = x' - x = 5$より、（誤差率）$= \dfrac{5}{1{,}055} \times 100$ [%] $\fallingdotseq 0.47$ [%] である。上から3桁目の位で四捨五入した場合、概算値$x' = 1{,}100$としても、誤差$\Delta x = x' - x = 45$より、（誤差率）$= \dfrac{45}{1{,}055} \times 100$ [%] $\fallingdotseq 4.27$ [%] である。

3 ある量xとyの積xyを概算値$x'y'$で計算したとき、誤差を$\Delta x = x' - x$ および$\Delta y = y' - y$ とすれば、概算値$x'y'$の誤差率は$\dfrac{x'y' - xy}{xy} \times 100$ [%] $= \dfrac{(x + \Delta x)(y + \Delta y) - xy}{xy} \times 100$ [%] $= \left(\dfrac{\Delta x}{x} + \dfrac{\Delta y}{y} + \dfrac{\Delta x}{x} \times \dfrac{\Delta y}{y}\right) \times 100$ [%]である。この式の右辺を見ると、概算値$x'y'$の誤差率はx'とy'の誤差率の和とその積だけ生じることがわかる。例えば、x'の誤差率を10%、y'の誤差率を1%とすれば、概算値$x'y'$の誤差率は10%＋1%＋10%×1%＝11.1%であり、概算値$x'y'$の誤差率はx'の誤差率10%で大半を占めてしまう。このように、一方の精度を甘くする（誤差率を大きくする）と、他方の精度をいくら厳しくしても、結果的に甘い方の精度の誤差が全体の誤差を決定する。したがって、各数値の精度に偏りが生じないように同程度の精度で概算しなければならない。

例題 4-1 次の表は、わが国の外国あての国際郵便物を「通常郵便物」、「小包郵便物」の２種類の郵便物に分類し、それぞれをさらに「航空便」、「船便」、「エコノミー航空便」の３種類の輸送方法に分類して、その推移を表したものである。この表から読みとれることとして、正しいものはどれか。

	区　分	13年	14年	15年	16年	17年
通常郵便物	航　空　便	113,539	113,158	109,519	103,918	101,634
	船　　便	10,983	11,316	11,200	12,143	11,878
	エコノミー航空便	563	498	732	980	1,357
	小　　計	125,085	124,972	121,451	117,041	114,869
小包郵便物	航　空　便	1,819	1,835	1,725	1,638	1,613
	船　　便	683	806	819	845	819
	エコノミー航空便	427	459	464	458	483
	小　　計	2,929	3,100	3,008	2,941	2,915
全　体		128,014	128,072	124,459	119,982	117,784

単位：千通（千個）

❶ 14年以降の表中のすべての年についてみると、小包郵便物の小計に占める船便の割合は前年より増加している。

❷ 14年以降の表中のすべての年についてみると、小計、全体を含む９項目において、対前年増加率が最も大きい項目は、15年における通常郵便物のエコノミー航空便である。

❸ 表中のすべての年についてみると、国際郵便物の全体に占める通常郵便物および小包郵便物のエコノミー航空便の合計の割合は、毎年１％未満である。

❹ 小計、全体を含む９項目において、14年に対する16年の比率が最も小さい項目は、通常郵便物の航空便である。

❺ 通常郵便物の航空便において、表中の５年間の年平均国際郵便物の数は110,000千通を上回る。

正解へのプロセス

「実数の表」の問題である。

実際に計算している様子がイメージできるように、その様子を以下に記載する。また、以下では、本文の引用を除いて、「通常郵便物」は単に「通常」、「小包郵便物」は単に「小包」と略す。

❶「14年以降の表中のすべての年についてみると、小包郵便物における小計に占める船便の割合①は前年より②増加している」は、次に抽出した部分の割合である。

	区　分	13年	14年	15年	16年	17年
小包	船　便	683	806	819	845	819
	小　計	2,929	3,100	3,008	2,941	2,915

まず、下線①の**「小包郵便物における小計に占める船便の割合」は$\frac{(小包の船便)}{(小包の小計)}$で表せる**ことが第一歩である。次に、**文章の「幹」に注意して読む**と、「14年以降の…前年より②増加している」の意味は**下線②に注意**すれば、「14年は前年である13年より増加、つまり(13年)＜(14年)が成り立ち、15年は前年である14年より増加、つまり(14年)＜(15年)が成り立ち、…」である。したがって、この選択肢は、**13年の$\frac{(小包の船便)}{(小包の小計)}$から順に、17年の$\frac{(小包の船便)}{(小包の小計)}$まですべて増加している**ことを主張している。

13年から順に、$\frac{683}{2,929}$(13年)、$\frac{806}{3,100}$(14年)、$\frac{819}{3,008}$(15年)、$\frac{845}{2,941}$(16年)、$\frac{819}{2,915}$(17年)である。**具体化**

したがって、本肢は「$\frac{683}{2,929}<\frac{806}{3,100}<\frac{819}{3,008}<\frac{845}{2,941}<\frac{819}{2,915}$**がすべて成り立つ**」かどうかを調べればよい。**目標**

分数の間に4つの不等号があるので、「明らかに成り立たないとわかるもの」つまり、**判定の簡単な反例を探す**とよい。反例があれば誤り、なければ正解となる。

❷「対前年増加率」は次式で計算する。

$$(\text{対前年増加率})=\frac{(\text{増加量})}{(\text{前年})}\times 100\,[\%]$$

$$=\frac{(\text{本年})-(\text{前年})}{(\text{前年})}\times 100\,[\%]=\left(\frac{(\text{本年})}{(\text{前年})}-1\right)\times 100\,[\%]$$

「14年以降の表中のすべての年についてみると…最も大きい項目は…である」なので、通常の航空便〜全体の9項目を14～17年の4年分(9×4＝36項目)の中から「15年における通常郵便物のエコノミー航空便(が最大)であること」の**反例を探す**。

しかし、**項目数も多く、計算も分数の大小比較であることから**、この選択肢の検討はいったんスキップして後回しにする。**後回し**

❸「国際郵便物の全体に占める通常郵便物および小包郵便物のエコノミー航空便の合計の割合」＝$\frac{(\text{通常のエコノミー航空便})+(\text{小包のエコノミー航空便})}{(\text{全体})}$であり、**表中のすべての年において、**「$\frac{(\text{通常のエコノミー航空便})+(\text{小包のエコノミー航空便})}{(\text{全体})}<\frac{1}{100}$（＝1％）」であるか、つまり、「(通常のエコノミー航空便)＋(小包のエコノミー航空便)＜(全体)×1％」がすべての年で成り立つかが問われており、**反例である「(通常のエコノミー航空便)＋(小包のエコノミー航空便)≧(全体)×1％」である年を探せばよい。** **目標**

	区　分	13年	14年	15年	16年	17年
通常	エコノミー航空便	563	498	732	980	1,357
小包	エコノミー航空便	427	459	464	458	483
全　体		128,014	128,072	124,459	119,982	117,784

「(全体)×1％」の計算は、**区切りのよい「$\times\frac{1}{100}$」の計算**であり、全体の**小数点を左に2つずらすだけで計算できる**。例えば、13年の全体128,014の1％は小数点を左に2つずらし、1,280.14とすればよい。

❹ 「14年に対する16年の比率」は$\frac{(16年)}{(14年)}$で表すことができる。$\frac{(16年)}{(14年)}$である通常の航空便～全体の９項目のうち、(通常の航空便の比率) ＝$\frac{103,918}{113,158}$より小さい項目（反例）がないかを探す。 **具体化** **目標**

	区　分	14年	16年
通常郵便物	航　空　便	113,158	103,918
	船　　便	11,316	12,143
	エコノミー航空便	498	980
	小　　計	124,972	117,041
小包郵便物	航　空　便	1,835	1,638
	船　　便	806	845
	エコノミー航空便	459	458
	小　　計	3,100	2,941
全　体		128,072	119,982

分子の(16年)が小さく、分母の(14年)が大きい項目に着目し、(14年)＞(16年)である項目に目をつけると、通常の航空便以外では、通常の小計、小包の航空便、小包の小計、全体が見つかる。この中で、小包の航空便は1,835から1,638に200程度減少しており、1,835の10％が183.5であるから、減少率は10％強であるため、反例候補として、(小包の航空便の比率)＝$\frac{1,638}{1,835}$を選び、通常の航空便の比率と比較する。

この２つの分数の分母・分子は桁が大きいので、上から**４桁目を四捨五入して概算**すれば、 **概算・近似** $\frac{103,918}{113,158}≒\frac{104,000}{113,000}=\frac{104}{113}$、$\frac{1,638}{1,835}≒\frac{1,640}{1,840}=\frac{164}{184}$であり、**分母と分子の桁の揃った、$\frac{(3桁)}{(3桁)}$と$\frac{(3桁)}{(3桁)}$の分数の大小比較を行う。** **分数の大小**

❺ 「表中の５年間の年平均国際郵便物の数は110,000千通を上回る」ということは、「表中の５年間の合計は110,000×５＝550,000を上回る」ということである。そこで、通常の航空便の表中の５年間の合計を求める。 **目標**

	区分	13年	14年	15年	16年	17年
通常	航空便	113,539	113,158	109,519	103,918	101,634

そこで、通常の航空便の５年間の合計は、113,539＋113,158＋109,519＋103,918

＋101,634だが、**具体化** 計算が煩雑であるから、**上から４桁目を四捨五入して概算**すれば、次のようになる。**概算·近似**

	区分	13年	14年	15年	16年	17年
通常	航空便（概算値）	114,000	113,000	110,000	104,000	102,000

（通常の航空便の合計）

≒114,000＋113,000＋110,000＋104,000＋102,000＝543,000

であり、550,000を下回るので、誤りとわかる。

資料解釈の平均の計算では、**仮平均法を用いて計算**してもよい。解説では仮平均法で検討する方法を示す。

解説

❶ ×　「小包の小計における小包の船便の割合」は$\frac{(小包の船便)}{(小包の小計)}$で表せる。「14年以降の表中のすべての年において、小包の小計に対する小包の船便の割合は前年より増加している」かどうかは、

$$\frac{683}{2,929}<\frac{806}{3,100}<\frac{819}{3,008}<\frac{845}{2,941}<\frac{819}{2,915}$$

がすべて成り立つかどうかを調べればよい。 **分数の大小**

14年から15年と、15年から16年にかけては、**分子が増加し、分母が減少しているので、判定法Ⅲ**より、直ちに$\frac{806}{3,100}<\frac{819}{3,008}<\frac{845}{2,941}$であることがわかる。

16年から17年にかけては、**判定法Ⅵ**を用いて考えてみる。分子が845から819へ26減少しているので、２～３％減少、分母が2,941から2,915へ26減少しているので、０～１％減少している。**（分子の減少率）＞（分母の減少率）**より、$\frac{845}{2,941}>\frac{819}{2,915}$である。よって、16年から17年にかけて減少しているので、**これが反例**となり、表中のすべての年で小包郵便物の小計に占める船便の割合が前年より増加しているとは言えない。**反例**

$$\frac{845}{2,941}\quad\frac{819}{2,915}$$

（分子：845→819 −26、分母：2,941→2,915 −26）

なお、13年から14年についても同様に**判定法Ⅵ**を用いて考えてみる。分子が683から806へ123増加しているので10％以上増加、分母が2,929から3,100へ171増加しているので５～10％増加している。**(分子の増加率)＞(分母の増加率)**より、$\frac{683}{2,929} < \frac{806}{3,100}$である。

❷ ○　「15年における通常郵便物のエコノミー航空便」の対前年増加率は、498から732へ234増加しているので、234は498の半分弱であるため、**50％弱の増加率**である。**具体化** **目標**

他に対前年増加率が大きくなると考えられる項目として、**$\frac{(増加量)}{(前年)}$の分母に相当する(前年)の値が小さく、分子に相当する(増加量)(あるいは$\frac{(本年)}{(前年)}$の(本年))が大きい項目に着目をする**と、通常のエコノミー航空便が挙げられる。そこで、通常のエコノミー航空便の中で、**反例となる分母に相当する(前年)の値が小さく、分子に相当する(増加量)が大きい年を探す**と、16年は732から980へ248増加しているので、248は73.2の３倍強であるから増加率は30％強、17年は980から1,357へ377増加しているので、377は98.0の3.5倍強であるから増加率は35％強である。
概算·近似

この他に反例を探してみても50％弱の増加率を超える項目(**反例**)は見つからないので、**対前年増加率が最も大きいものは、15年度における通常のエコノミー航空便である。**

❸ ×　すべての年において、$\frac{(通常のエコノミー航空便)+(小包のエコノミー航空便)}{(全体)}$＜１％が成り立つかを問われており、**反例である「(通常のエコノミー航空便)＋(小包のエコノミー航空便)≧(全体)×１％」である年を探せばよい。**

	13年	14年	15年	16年	17年
(全体)×１％	1,280.14	1,280.72	1,244.59	1,199.82	1,177.84

(全体)×１％は17年で最小であるが、**通常のエコノミー航空便は17年に大きく増加**し、最大になっている。よって、反例である「(通常のエコノミー航空便)＋(小包のエコノミー航空便)≧(全体)×１％」である年が17年に見つかる。**反例**

このように**大きな変化が生じている年や項目に着目すると、反例が見つけやすい。**

	区分	13年	14年	15年	16年	17年
通常	エコノミー航空便	563	498	732	980	↗1,357

17年に着目をすると、全体が117,784であるにもかかわらず、通常のエコノミー航空便だけで1,357もあり、この時点で合計の１％である1,177.84を超えている。

❹ ✕　$\frac{(16年)}{(14年)}$である通常の航空便～全体の９項目のうち、(通常の航空便の比率)＝$\frac{103,918}{113,158}$より小さい項目(反例)がないかを探す。**具体化** **目標**

反例候補として、(小包の航空便の比率)＝$\frac{1,638}{1,835}$を選び、(通常の航空便の比率)＝$\frac{103,918}{113,158}$と比較する。

この２つの分母・分子で、**上から４桁目を四捨五入して概算**すれば、$\frac{103,918}{113,158}≒\frac{104,000}{113,000}=\frac{104}{113}$、$\frac{1,638}{1,835}≒\frac{1,640}{1,840}=\frac{164}{184}$である。**概算・近似**

判定法Ⅵを用いて大小比較する。$\frac{104}{113}$**を基準として**$\frac{164}{184}$**を見る**と、分子は、104から164へ60増加しているので、60％弱の増加率、分母は113から184へ71増加しているので、60％強の増加率であり、**(分子の増加率)＜(分母の増加率)**より、$\frac{104}{113}>\frac{164}{184}$である。**分数の大小**

$\frac{103,918}{113,158}$と$\frac{1,638}{1,835}$の大小比較

≒

+60

$\frac{104}{113}$　$\frac{164}{184}$

+71

よって、(通常の航空便の比率)＝$\frac{103,918}{113,158}$＞(小包の航空便の比率)＝$\frac{1,638}{1,835}$より、通常の航空便の比率が最小ではない。**反例**

❺ ✕　通常の航空便において、**上から４桁目を四捨五入して概算**すると、下の

ようになる。

	区分	13年	14年	15年	16年	17年
通常	航空便（概算値）	114,000	113,000	110,000	104,000	102,000

選択肢で登場する数値110,000を仮平均（基準値）として、仮平均に対する増減の概算値を加えると下のようになる。

	区分	13年	14年	15年	16年	17年
通常	航空便（概算値）	114,000	113,000	110,000	104,000	102,000
		4,000	3,000	0	−6,000	−8,000

（真の平均値）＝（仮平均）＋（仮平均に対する増減の平均値）

$$\fallingdotseq 110{,}000+\frac{4{,}000+3{,}000+0-6{,}000-8{,}000}{5}=108{,}600$$

であり、110,000を上回らない。

実際には、**（仮平均に対する増減の平均値）の分子**である、**（仮平均に対する増減の合計）の概算値4,000＋3,000＋ 0 −6,000−8,000がマイナスであることがわかった時点で平均値が仮平均110,000を下回ることがわかる。** 概算・近似

正解 ❷

❷ 構成比の資料

1 構成比

全体を100%としたとき、全体を構成する各要素の割合を構成比という。

構成比の定義

$$(\text{構成比})\,[\%] = \frac{(\text{構成要素の実数})}{(\text{全体の総量})} \times 100\,[\%]$$

これを変形すれば、次式になる。

$$(\text{構成要素の実数}) = (\text{全体の総量}) \times \frac{(\text{構成比})[\%]}{100[\%]}$$

以下では上の２つ目の式を、(実数)＝(総量)×(構成比)と略して記述する。ただし、提示された資料によって、「総量」が「総数」、「全体」、「基準」などになる場合もある。

(実数)＝(総量)×(構成比)より、総量が同じ項目どうしの実数の大小の比較では、総量を掛けるまでもなく、構成比どうしの比較で済む。

例1

X水族館の入場者について、月ごとに年代別構成比を調査したところ次のことがわかった。以下の❶～❺について考えていく。

	10代以下	20代	30代	40代	50代	60代以上	総数
8月	15%	30%	20%	15%	10%	10%	60,000人
9月	10%	25%	25%	20%	15%	5%	50,000人

❶　8月の20代の入場者数は何人か。

❷　8月の入場者数は20代と30代のどちらの方が多いか。

❸　8月の30代の入場者数と9月の40代の入場者数はどちらの方が多いか。

❹　50代の入場者数は8月と9月のどちらの方が多いか。

❺　60代について比べると、8月の入場者数は9月の入場者数の2倍か。

❶　8月の20代の入場者数は、(実数)＝(総数)×(構成比)より、60,000×30%＝18,000［人］である。

❷　8月の30代の入場者数は、60,000×20%＝12,000［人］であり、20代の入場者数である18,000人の方が多い。これは、**どちらも8月の入場者数についてのため総数が一致し、60,000人を掛けるまでもなく構成比のみで比較することができる。**8月の入場者数の構成比は20代(30%)が30代(20%)より大きい。よって、8月の入場者数は30代より20代の方が多い。

❸　8月の30代の入場者数は12,000人だが、9月の40代の入場者数は50,000×20%＝10,000［人］である。この場合、**8月と9月で総数は異なるが、構成比(20%)は一致しており、構成比を掛けるまでもなく、総数のみで比較できる。**よって、総数の多い8月の30代の入場者数の方が多い。

❹　50代の入場者数は8月が60,000×10%＝6,000［人］、9月が50,000×15%＝7,500［人］であり、9月の方が多い。このように、**総数も構成比も異なる場合は(実数)＝(総数)×(構成比)の計算を考える**必要がある。

❺　(実数)＝(総数)×(構成比)を用いて計算してもよいが、次のように考えることもできる。60代について、8月の構成比10%は9月の構成比5%のちょうど2倍であるが、**8月と9月で総数が一致していないので、**2倍ではない。

2 構成比のみの資料

総量が与えられず、構成比のみが与えられた資料では、**総量(基準)が共通か共通でないかに注意して読むようにすること(資料から何が求められて何が求められないかを判断する)。**

例2

Ｙ水族館の入場者について、月ごとに男女別構成比を調査したところ次のことがわかった。以下の❶～❸について考えていく。

	男性	女性
8月	40%	60%
9月	50%	50%

❶　8月の入場者数は男性と女性のどちらの方が多いか。

❷　男性について、8月の入場者数は9月の入場者数より少ないといえるか。

❸　8月と9月の合計について、女性が入場者の過半数を占めているといえるか。

❶　8月の男性と女性の入場者数は**総数が一致しているため、総数が不明でも、構成比のみで比較すればよい。**8月の入場者数の構成比は女性（60%）が男性（40%）より多い。よって、8月の入場者数は男性より女性の方が多い。

❷　8月と9月の入場者数の**総数が不明であるため、総数（基準）の異なる構成比のみでは大小の判定ができない。**

例えば、8月の入場者数の総数が60,000人で9月の入場者数の総数が40,000人とすれば、8月の男性の入場者数は60,000×40%＝24,000［人］に対し、9月の男性の入場者数は40,000×50%＝20,000［人］であり、構成比の高い9月の方が実数値は下回る。

❸　8月と9月の入場者の総数は不明だが、女性の入場者は、8月については半数を上回り、9月はちょうど半数である。したがって、**たとえ総数が不明でも、女性が入場者の過半数を占めているといえる**[4]。

4　数学的には次のように示すことができる。
8月と9月の入場者数の総数をそれぞれ、a［人］、b［人］とすれば、（女性の入場者数の合計）＝a×60%＋b×50%＞a×50%＋b×50%＝（a＋b）×50%であり、（女性の入場者数の合計）は2か月の入場者数の合計a＋b［人］の50%を超える。

3 資料解釈と集合

資料解釈の問題では、集合(上巻第２章第２節参照)の考え方を用いる問題が出題されることがある。

集合の要素の数を求める場合、ベン図や表を用いて考えることが一般的であり、特に２つの集合Ａ、Ｂの和集合(ＡまたはＢ)と積集合(ＡかつＢ)の要素の数は、下のベン図を描けば、次式で表される[5]。

２集合の要素の和の法則

([ＡまたはＢ] の要素の数)
＝(Ａの要素の数) ＋ (Ｂの要素の数) − ([ＡかつＢ] の要素の数)

これは、総量(基準)が共通であれば、割合(構成比)としても同じである。

([ＡまたはＢ] の割合 (構成比))
＝(Ａの割合 (構成比)) ＋ (Ｂの割合 (構成比)) − ([ＡかつＢ] の割合 (構成比))

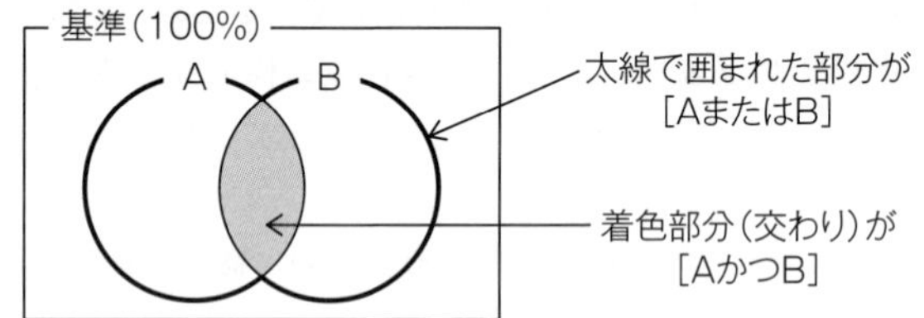

特に、**集合の要素の数や割合(構成比)の最大値・最小値や取り得る値の範囲を考える場合は、ベン図や表より線分図を用いる方がわかり易い**。以下の例で具体的に説明しておく。

5　場合の数や確率で登場した「和の法則」と本質的に同じものである。

例3

ある製品の購入者2,000人を対象に、次の表にある２項目について、その製品の満足度を調査したところ、回答のあった購入者全体である2,000人について次のことがわかった。以下の❶～❹について考えていく。

項目	満足	不満
価格について	1,600人(80%)	400人(20%)
性能について	1,800人(90%)	200人(10%)

❶　価格も性能も両方とも満足と回答した購入者は少なくとも何人いるだろうか。

❷　価格も性能も両方とも満足と回答した購入者は最大で何人いるだろうか。

❸　価格は満足だが、性能に不満と回答した購入者がいない可能性はあるだろうか。

❹　価格は満足だが、性能に不満と回答した購入者が回答者全体の過半数を占める可能性はあるだろうか。

以下では、満足と回答した購入者を○、不満と回答した購入者を×と表し、回答者の人数を線分で表した**線分図を用いて考える。全体の中で、線分を左右にスライドさせながら考える**とよい。

❶　価格も性能も両方とも満足と回答した購入者の人数の**最小値**を求めればよい。そしてこの最小値は、「価格に満足」と回答した購入者を表す線分と「性能に満足」と回答した購入者を表す線分の**交わり（重なり）が最も短くなるように配置した線分図**で表される（図１）。

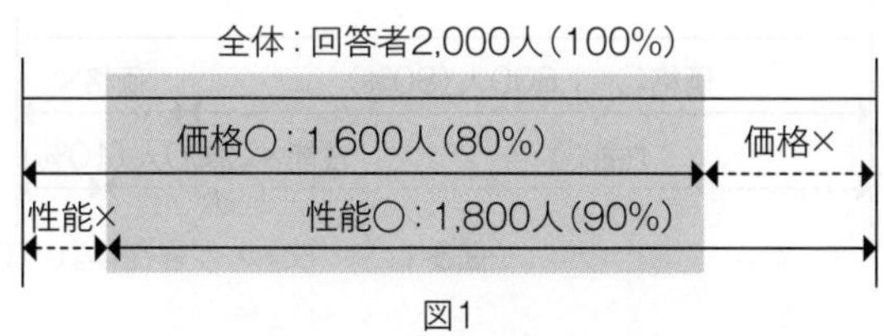

図1

価格も性能も両方とも満足と回答した購入者の人数の最小値は図１のように、価格○と性能○の線分を左右に詰めた場合の着色部分の長さであり、性能×の線分の長さが200人より、着色部分の長さが表す人数は1,600－200＝1,400［人］である。

❷　価格も性能も両方とも満足と回答した購入者の人数の**最大値**を求めればよい。そしてこの最大値は、「価格に満足」と回答した購入者を表す線分と「性能に満足」と回答した購入者を表す線分の**交わり（重なり）が最も長くなるように配置した線分図**で表される（図２）。価格も性能も両方とも満足と回答した購入者の人数の最大値は図２のように、価格○と性能○の線分を左に詰めた場合の着色部分の長さであり、価格○の長さそのものである。したがって、着色部分の長さが表す人数は1,600［人］である。

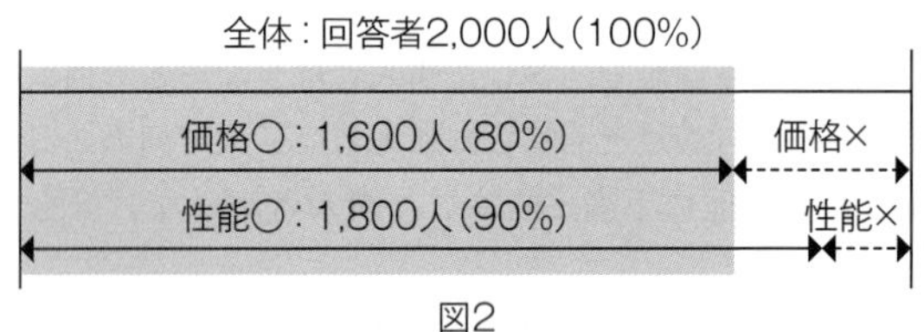

図2

なお、❶、❷より、**価格も性能も両方とも満足と回答した購入者の人数は1,400人以上1,600人以下**である。

❸　ここでは価格○、性能×の購入者を表す線分を実線で、価格×、性能○の購入者を表す線分を破線で表す。価格○、性能×の線分を左右にスライドさせて、交わりの最小値と最大値を求め、価格は満足だが、性能に不満と回答した購入者の人数の取り得る値を調べる。交わりの最小値は図3-1、最大値は図3-2のようになり、**価格は満足だが、性能に不満と回答した購入者の人数は０人以上200人以下**であるといえる。

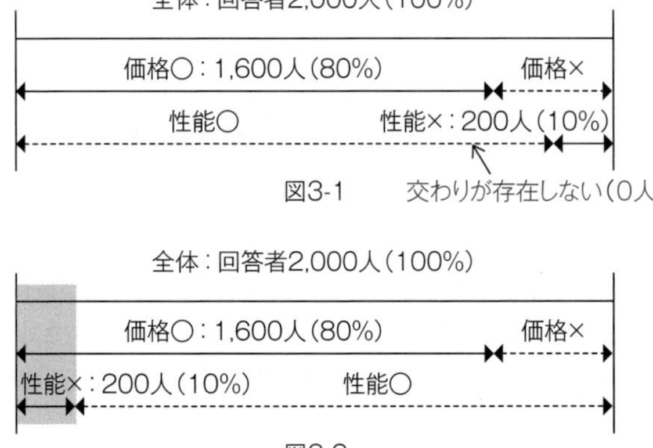

図3-1

図3-2

よって、価格は満足だが、性能に不満と回答した購入者がいない**可能性はある**。

❹　❸より、価格は満足だが、性能に不満と回答した購入者の人数は0人以上200人以下であり、**多くとも200人**であるから、価格は満足だが、性能に不満と回答した購入者が回答者全体の過半数を占める（1,000人を超える）可能性はない。

例題 4-2

下のグラフは、平成13年と平成18年の主なキノコ類の生産額を構成比で表したものである。

これらのグラフから、確実にいえるのはどれか。

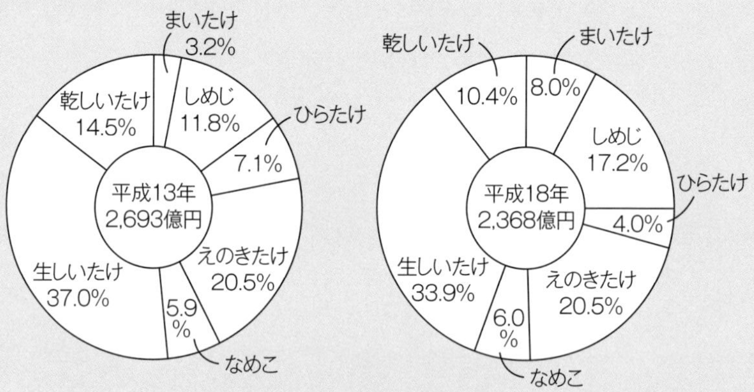

❶ えのきたけの主なキノコ類の生産額に占める構成比は、この5年間まったく変化していない。

❷ えのきたけの平成13年の生産額に対する平成18年のそれの減少額は、70億円を超えている。

❸ 平成13年の生産額に対する平成18年の生産額の比率が最も大きいキノコは、まいたけである。

❹ 平成13年の生産額に対する平成18年の生産額の減少額が多い順に並べると、生しいたけ、ひらたけ、乾しいたけの順である。

❺ なめこの平成13年の生産額に対する平成18年の生産額の減少率は10%を超えない。

正解へのプロセス

「総量付き構成比の円グラフ」の問題である。

構成比の円グラフでは中央に総量が書かれていることが一般的であり、周りに構成比が配置されている。

本問は、13年の総生産額(総量)が2,693［億円］であり、18年の総生産額(総量)が2,368［億円］である。

実際に計算している様子がイメージできるように、その様子を以下に記載する。

❷ (キノコの生産額) = (総生産額) × (構成比) より、13年のえのきたけの生産額は2,693 × 20.5%、18年のそれは2,368 × 20.5%である。**具体化**

したがって、「えのきたけの平成13年の生産額に対する平成18年のそれの減少額」は、2,693 × 20.5% − 2,368 × 20.5%であるが、**目標** **減少額の計算式では構成比20.5%が共通因数になっており、20.5%でくくれる。**

したがって、(減少額) = (2,693 − 2,368) × 20.5% = 325 × 20.5%である。このように、**共通因数はくくり出して計算する方が掛け算の回数が減るので、計算の手間が少なくなる。**

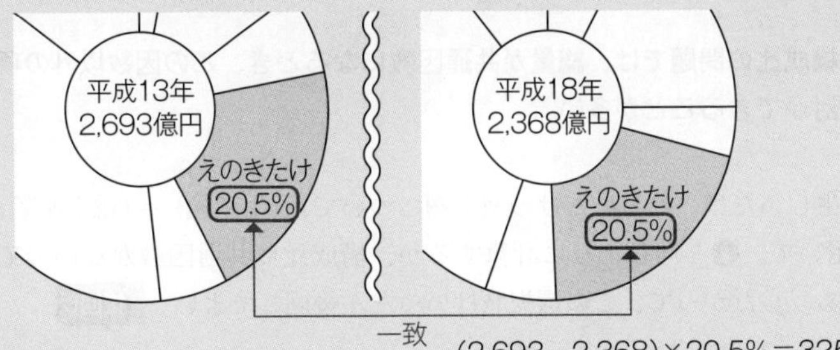

❸ あるキノコの13年の生産額に対する18年の生産額の比率は、

$$\frac{(18年の総生産額)\times(18年の構成比)}{(13年の総生産額)\times(13年の構成比)}=\frac{(18年の総生産額)}{(13年の総生産額)}\times\frac{(18年の構成比)}{(13年の構成比)}$$

で表すことができる。**具体化**

しかし、この比率が最大であるキノコを調べるにあたり**$\frac{(18年の総生産額)}{(13年の総生産額)}=\frac{2,368}{2,693}$はどのキノコについても共通因数であるので、これを除いた、$\frac{(18年の構成比)}{(13年の構成比)}$の部分のみで大小の比較検討をすればよい。** **目標**

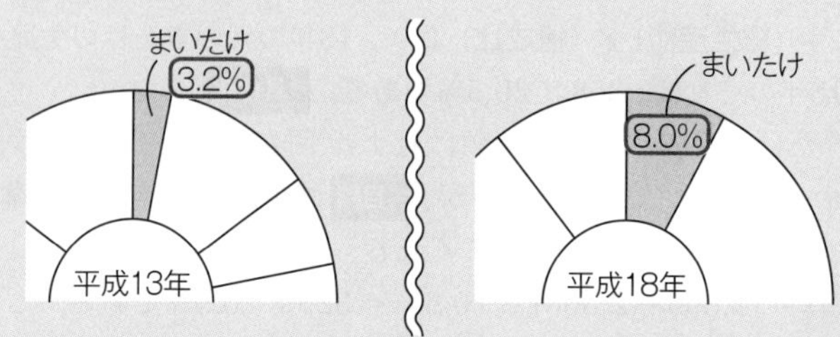

$$\underbrace{\frac{8.0}{3.2}}_{2より㊏}\ \text{VS}\ \underbrace{\frac{17.2}{11.8},\ \frac{4.0}{7.1},\ \frac{20.5}{20.5},\ \frac{6.0}{5.9},\ \frac{33.9}{37.0},\ \frac{10.4}{14.5}}_{2より㊏?}$$

　このように、**構成比の問題では、総量が共通因数になるとき、この因数以外の項で大小の比較検討ができることが多い**。

❹ ひらたけ、生しいたけ、乾しいたけの減少額について、(生産額) = (総生産額) × (構成比) を用いて、❷と同じように計算するが、構成比に**共通因数**がないので**計算が面倒**である。したがって、この選択肢はいったん後回しでよい。 **後回し**

❺ 13年のなめこの生産額は2,693 × 5.9%、18年のなめこの生産額は2,368 × 6.0%である。 **具体化**

　2,693 × 5.9%も2,368 × 6.0%も**計算が面倒**なので計算をできるだけ工夫したい。

$$(\text{対前回減少率}) = \frac{(\text{前回}) - (\text{今回})}{(\text{前回})} \times 100\ [\%] = \left(1 - \frac{(\text{今回})}{(\text{前回})}\right) \times 100\ [\%]$$

より、なめこの13年の生産額に対する18年の生産額の減少率は、

$$\left(\frac{2{,}693 \times 5.9\% - 2{,}368 \times 6.0\%}{2{,}693 \times 5.9\%}\right) \times 100\ [\%] = \left(1 - \frac{2{,}368 \times 6.0\%}{2{,}693 \times 5.9\%}\right) \times 100\ [\%]$$

で計算できる。 **目標**

　構成比の5.9%と6.0%は近い値なので、6.0≒5.9としても誤差は小さい[6]。そこで、$\frac{2{,}368 \times 6.0\%}{2{,}693 \times 5.9\%} \fallingdotseq \frac{2{,}368 \times \cancel{5.9\%}}{2{,}693 \times \cancel{5.9\%}} = \frac{2{,}368}{2{,}693}$として計算する。 **概算・近似**

6　誤差率は$\frac{0.1}{6.0} \times 100\% \fallingdotseq 1.67\%$である。

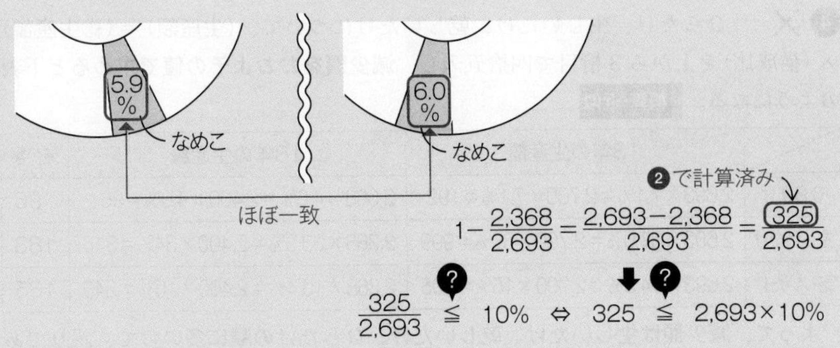

解説

❶ × 「この5年間まったく変化していない」とあるが、このグラフは13年と18年のグラフであるので、その間の年度の構成比の変化については不明である。

❷ × 「えのきたけの平成13年の生産額に対する平成18年のそれの減少額」は、2,693 × 20.5％ − 2,368 × 20.5％ ＝ (2,693 − 2,368) × 20.5％ ＝ 325 × 20.5％であり、この値を70億円と比較する。目標

少なく見積もって、おおよそ325 × 20％としたとき、325 × 20％ ＝ 65［億円］であり、多く見積もって、おおよそ325 × 21％としても、325 × (20％ ＋ 1％) ＝ 325 × 20％ ＋ 325 × 1％より、65 ＋ 3.25 ＝ 68.25［億円］であるので、**減少額は70億円を超えていない。** 概算・近似

❸ ○ あるキノコの13年の生産額に対する18年の生産額の比率は、

$$\frac{(18年の総生産額)\times(18年の構成比)}{(13年の総生産額)\times(13年の構成比)}$$

で表すことができるが、**共通因数$\frac{(18年の総生産額)}{(13年の総生産額)}$を除いた、$\frac{(18年の構成比)}{(13年の構成比)}$の部分のみで大小の比較検討をすればよい。**

そこで、まいたけの$\frac{(18年の構成比)}{(13年の構成比)}$を求めると$\frac{8.0}{3.2}$であり、**帯分数に直すと**$\frac{8.0}{3.2}$ $=2+\frac{1.6}{3.2}$であり、この比率は2を超える。$\frac{(18年の構成比)}{(13年の構成比)}$が2を超えるのはまいたけのみであるので、平成13年の生産額に対する平成18年の生産額の比率が最も大きいキノコはまいたけである。実例

❹ × ひらたけ、生しいたけ、乾しいたけについて、(生産額) = (総生産額) × (構成比)を上から３桁目で四捨五入し、**減少額をおおよその値で求める**と下表のようになる。**概算・近似**

	13年の生産額	18年の生産額	減少額
ひらたけ	2,693 × 7.1% ≒ 2,700 × 7.1% ≒ 192	2,368 × 4.0% ≒ 2,400 × 4.0% = 96	96
生しいたけ	2,693 × 37.0% ≒ 2,700 × 37% = 999	2,368 × 33.9% ≒ 2,400 × 34% = 816	183
乾しいたけ	2,693 × 14.5% ≒ 2,700 × 15% = 405	2,368 × 10.4% ≒ 2,400 × 10% = 240	165

よって、**減少額は生しいたけ、乾しいたけ、ひらたけの順に多い**ので、誤りである。

❺ × なめこの13年の生産額に対する18年の減少率は、

$$\left(\frac{2{,}693\times5.9\%-2{,}368\times6.0\%}{2{,}693\times5.9\%}\right)\times100\,[\%]=\left(1-\frac{2{,}368\times6.0\%}{2{,}693\times5.9\%}\right)\times100\,[\%]$$

で計算できる。**目標**

6.0 ≒ 5.9とすれば、減少率はおおよそ$\left(1-\frac{2{,}368}{2{,}693}\right)\times100[\%]=\frac{325}{2{,}693}\times100[\%]$

である。**概算・近似**

325は2,693の10%である269.3を超えるので、減少率は**10%を超える**。

正解 ❸

例題 4-3 下のグラフは、我が国における職業従事者の構成比の推移を表したものである。このグラフから読みとれることとして、正しいものはどれか。

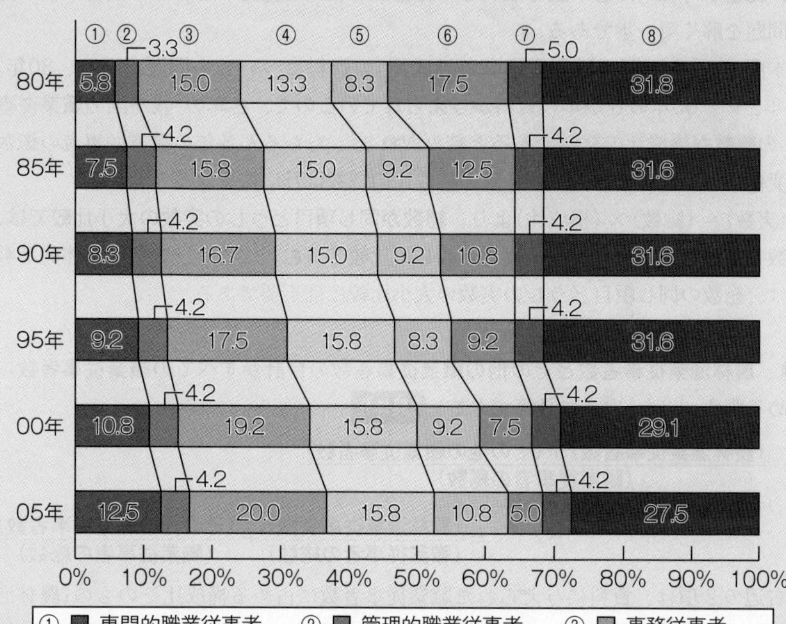

❶ 80年から85年にかけて、運輸／通信従事者数は減少している。
❷ 事務従事者数において、対前回増加率が最も大きいものは85年である。
❸ すべての調査年において、農林漁業従事者数とその他の職業従事者数の合計がすべての職業従事者数に占める割合は３分の１を超えている。
❹ 専門的職業従事者の構成比は毎年増加している。
❺ すべての調査年において、販売従事者数がサービス職業従事者数の２倍を超えることはない。

正解へのプロセス

「総量のない構成比の棒グラフ」の問題である。

構成比の基準(1＝100％)である総量(全体)の実数が具体的に書かれていなくても、**総量が「何か」は必ず読み取れる。総量が「何か」を把握する**ことが割合や構成比の問題を解く第一歩である。

本問は、「我が国の職業従事者の構成比」の資料についての問題であり、80年、85年、…、05年の６か年の資料が与えられているので、**各年の「我が国の職業従事者」の総数が構成比の総量である**と読み取れる[7]。もちろん各年の職業従事者の総数は変化するのが普通なので、**各年の構成比の総数は互いに異なる**と考える。

(実数)＝(総数)×(構成比)より、**総数が同じ項目どうしの実数の大小比較では、総数を掛けるまでもなく、構成比どうしの比較で済む**。つまり、総数の具体的な数値は、総数の同じ項目どうしの実数の大小比較には不要である。

❸「農林漁業従事者数とその他の職業従事者数の合計がすべての職業従事者数に占める割合」とは、次式で計算できる。**具体化**

$$\frac{(\text{農林漁業従事者数})+(\text{その他の職業従事者数})}{(\text{職業従事者の総数})}$$

$$=\frac{(\text{農林漁業従事者数})}{(\text{職業従事者の総数})}+\frac{(\text{その他の職業従事者数})}{(\text{職業従事者の総数})}$$

右辺の２項は、資料に与えられた職業従事者数に占める構成比そのもの(農林漁業従事者の構成比およびその他の職業従事者の構成比)であり、この選択肢は計算できる。

また、**「すべての調査年において、…の割合は３分の１を超えている」**かどうかは、**反例**である「調査年の中に…の割合が３分の１を超えていない年がある」つまり**「農林漁業従事者数とその他の職業従事者数の割合の合計が全体の３分の１以下」である年を探せばよい。** **目標**

7　構成比の合計は100％である。そこで、各年度の構成比の数値の合計が100％になることをチェックしてみると確実であるが、資料によっては端数処理（四捨五入など）を行った結果、合計が99.9％や100.1％に少しズレることもある。

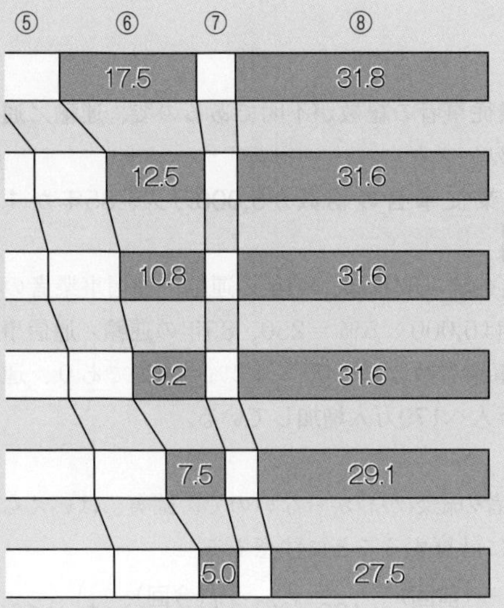

5 すべての調査年に対して、「(販売従事者数) ≦ (サービス職業従事者数) × 2」が成り立つかどうかを調べるので、**反例を探す**。これは**実数の比較**であり、職業従事者の総数は不明だが、**同じ年の項目どうし**であれば、**総数が共通**であるため、**構成比どうしで比較することが可能**である。 目標

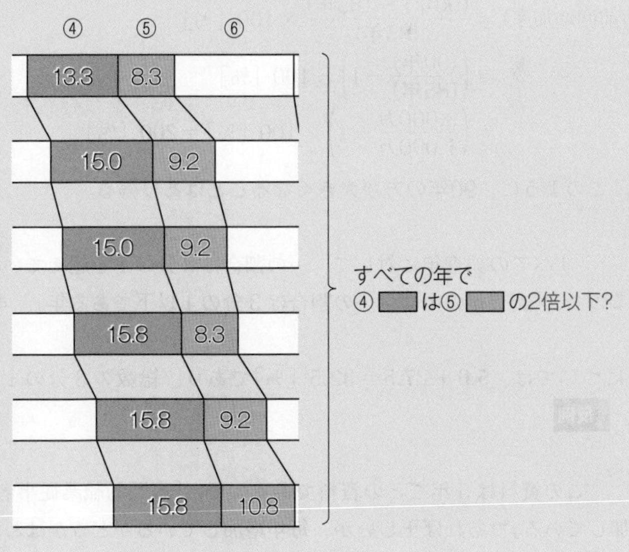

解説

❶ ×　80年と85年の職業従事者の総数が不明であるので、運輸／通信従事者数は減少しているとは確実にはいえない。

例えば、仮に、80年の職業従事者の総数が5,000万人、85年が１億人（＝10,000万人）とする。 **具体化**

資料の棒グラフから構成比を読み取れば、80年の運輸／通信事業者の構成比が５％より運輸／通信事業者数は5,000×5％＝250、85年の運輸／通信事業者の構成比が4.2％より運輸／通信事業者数は10,000×4.2％＝420であり、運輸／通信従事者数は250万人から420万人へ170万人**増加している。**

❷ ×　ここでも職業従事者の総数がわからないので、確実にはいえない。

「対前回増加率」は次のように計算することに注意する。

$$(\text{対前回増加率}) = \frac{(\text{今回})-(\text{前回})}{(\text{前回})}\times 100\ [\%] = \left(\frac{(\text{今回})}{(\text{前回})}-1\right)\times 100\ [\%]$$

例えば、仮に80年と85年の事務従事者数がたまたま一致していて1,000万人とし、90年がその３倍の3,000万人とする。 **具体化**

85年を80年と比較すれば、事務従事者数は全く増加していないので対前回増加率が０％に対し、90年は、

$$\begin{aligned}(\text{対前回増加率}) &= \frac{(90\text{年})-(85\text{年})}{(85\text{年})}\times 100\ [\%]\\ &= \left(\frac{(90\text{年})}{(85\text{年})}-1\right)\times 100\ [\%]\\ &= \left(\frac{3{,}000\text{万}}{1{,}000\text{万}}-1\right)\times 100\ [\%] = 200\ [\%]\end{aligned}$$

である。このように、**90年の方が大きくなることはあり得る。**

❸ ×　**「すべての調査年に対して、…の割合は３分の１を超えている」**かどうかを調べるので、**「調査年の中に、…の割合は３分の１以下である年」**、すなわち**反例を探す。**

05年については、5.0＋27.5＝32.5［％］であり、総数の３分の１≒33.3％を下回る。 **反例**

❹ ×　この資料は５年ごとの資料であるので、「専門的職業従事者の構成比は毎回増加している」であれば正しいが、毎年増加しているかどうかはわからない。

❺ ◯　総数が共通なので、「(販売従事者の構成比) ≦ (サービス職業従事者の構成比) × 2」のように、年度ごとに構成比どうしで比較すればよい。 **目標**

6回の調査年ともすべて、「(販売従事者の構成比) ≦ (サービス職業従事者の構成比) × 2」が成り立ち、反例は見つからない。

正解 ❺

3 指数の資料

基準となる時点の数量を100としたときの相対値を「**指数**」という[8]。指数は原則的に時系列データについて使われ、比較の基準となる時点の数量に対して他方の数量を比率の形で表している。

1 指数の計算

指数の公式Ⅰ

Aを基準(＝100)としたとき、Bの指数と実数値に関して以下が成立する。

❶ $(\text{Bの指数}) = \dfrac{(\text{Bの実数値})}{(\text{Aの実数値})} \times 100$

❷ $(\text{Bの実数値}) = \dfrac{(\text{Bの指数})}{100} \times (\text{Aの実数値})$

例4

3つの市、A、B、Cがあり、2022年のA、Bの人口がそれぞれ、12.0万人、15.0万人であるとき、同年のAの人口を100としたときのBの人口の指数は、

$$\frac{15.0}{12.0} \times 100 = 125$$

である。これは、Bの人口がAの人口の$\frac{15.0}{12.0}$＝1.25倍＝125％であり、指数で見ると100の125％にあたる125であることを表している。

また、2022年のAの人口を基準(指数100)とするとき、Cの人口の指数が150であれば、Cの人口は、

$$\frac{150}{100} \times 12.0 = 18.0 \text{［万人］}$$

である。これは、Cの人口がAの人口の$\frac{150}{100}$＝1.50［倍］＝150［％］であり、実数で見ると12.0万人の1.50倍＝150％にあたる18.0万人であることを表している。

8 基準に対する相対的な「指標を表す数」のことであり、英語では「index」、「index number」という。

指数の公式Ⅱ

Aを基準(＝100)としたとき、B、Cに関して以下が成立する。

❸ $\dfrac{(\text{Cの実数値})}{(\text{Bの実数値})}=\dfrac{(\text{Cの指数})}{(\text{Bの指数})}$

❹ (Aに対するBの増加率)＝(Bの指数)－100

※ (Aに対するBの減少率)＝100－(Bの指数)

❺ $(\text{Bに対するCの増加率})=\dfrac{(\text{Cの指数})-(\text{Bの指数})}{(\text{Bの指数})}\times 100\,[\%]$

$$=\left(\dfrac{(\text{Cの指数})}{(\text{Bの指数})}-1\right)\times 100\,[\%]$$

※ $(\text{Bに対するCの減少率})=\dfrac{(\text{Bの指数})-(\text{Cの指数})}{(\text{Bの指数})}\times 100\,[\%]$

$$=\left(1-\dfrac{(\text{Cの指数})}{(\text{Bの指数})}\right)\times 100\,[\%]$$

例5

2022年のAの人口を基準(指数100)として、BおよびCの人口の指数がそれぞれ125および150であるとき、Bの人口に対するCの人口の比率は、$\dfrac{(\text{Cの人口})}{(\text{Bの人口})}=\dfrac{150}{125}=\dfrac{6}{5}=1.2$である。

例6

2022年のAの人口が12.0万人で、これを基準(指数100)とする。2023年のAの人口が12.3万人であるとき、2023年のAの人口の指数は、

$$\frac{12.3}{12.0} \times 100 = 102.5$$

である。このとき、2023年のAの人口の対前年増加率は、

$$\frac{12.3-12.0}{12.0} \times 100\ [\%] = 2.5\ [\%]$$

であり、指数を用いて、$\frac{102.5-100}{100} \times 100\ [\%] = 2.5\ [\%]$と計算してもよい。

このように、指数100からスタートした場合、**増加率や減少率は、もっと単純に「指数が100から102.5へ2.5だけ増加したので対前年増加率は2.5%である」と計算することができる。**

例7

2022年のBの人口が15.0万人であり、2023年のBの人口が15.3万人であるとき、例4より、2022年のBの人口の指数が125であり、2023年のBの人口の指数は$\frac{15.3}{12.0} \times 100 = 127.5$である。このとき、2023年のBの人口の対前年増加率は$\frac{15.3-15.0}{15.0} \times 100\ [\%] = 2.0\ [\%]$であるが、指数を用いれば、$\frac{127.5-125}{125} \times 100\ [\%] = 2.0\ [\%]$と求めることができる。この場合、**指数100からスタートしていないので指数の公式Ⅱ❹は使えず、「指数が125から127.5へ2.5だけ増加したので対前年増加率は2.5%である」と計算してはいけない。**

例8

2022年のCの人口が18.0万人であり、2023年のCの人口が17.1万人であるとき、例4より、2022年のCの人口の指数が150であり、2023年のCの人口の指数は$\frac{17.1}{12.0} \times 100 = 142.5$である。2023年のCの人口の対前年減少率は$\frac{18.0-17.1}{18.0} \times 100[\%] = 5.0[\%]$であるが、指数を用いれば、$\frac{150-142.5}{150} \times 100[\%] = 5.0[\%]$と求めることができる。この場合も、**指数100からスタートしていないので、指数の公式Ⅱ❹は使えず、「指数が150から142.5へ7.5だけ減少したので対前年減少率は7.5%である」と計算してはいけない。**

指数の公式Ⅲ

Aを基準(＝100)としたとき、B、Cに関して以下が成立する。

❻ **(Aの実数値):(Bの実数値):(Cの実数値)＝100:(Bの指数):(Cの指数)**

指数の実数値への具体化

Aを基準(＝100)として、特にBの指数、Cの指数がそれぞれ$\boldsymbol{b}$、$\boldsymbol{c}$のとき、(Aの実数値):(Bの実数値):(Cの実数値)＝100:(Bの指数):(Cの指数)より、**比例定数を$\boldsymbol{k}$として、**

❼ **(Aの実数値)＝100$\boldsymbol{k}$とおけば、(Bの実数値)＝$\boldsymbol{bk}$、(Cの実数値)＝$\boldsymbol{ck}$**

例9

2022年のAの人口を基準(指数100)としたときのBおよびCの人口の指数がそれぞれ75および150であるとき、(Aの人口):(Bの人口):(Cの人口)＝100:75:150（＝4:3:6)である。

例10

3つの市A、B、Cについて、Aの面積を基準(指数100)としたときのBおよびCの面積の指数がそれぞれ160および80であるとき、(Aの面積):(Bの面積):(Cの面積)＝100:160:80＝5:8:4より、比例定数を$\boldsymbol{k}$として、

(Aの面積)＝5$\boldsymbol{k}$ [km^2]、(Bの面積)＝8$\boldsymbol{k}$ [km^2]、(Cの面積)＝4$\boldsymbol{k}$ [km^2]と表せる。

2 指数を扱う上での注意

① 指数と割合

計算上は、指数も割合(%)も同じである。

※　式の形が同じである「指数」と「割合」は「基準値を100として相対的に比較した値」という点では同じである。しかし、「Aに対するBの割合」では、構成比に代表されるように、「Bが全体Aの**中の一部**」である[9]ことが一般的であるのに対し、「Aを100としたときの指数B」では「Bは基準値Aと単純に比較される量」であって、基準値Aの**内外は問われていない**という点で微妙に「ニュアンス」は異なる。

②「基準」に注意

「何を基準とした指数なのか」に注意する。

上記の例4～例10では、基準がAで共通であるので、指数の公式❶～❼が使えるが、基準が異なる場合はこのままでは使えない。

このように、指数を題材にした資料では、**基準の正確な把握が問われる**。特に、大小比較が可能かどうかを見極める力が求められることが多い。

9　BはAの部分集合である。

例11 次の表はA国とB国の人口の指数(それぞれ2000年を指数100とする)の推移を表している。以下の❶、❷について考えていく。

年	2000	2010	2020
A国	100	104	108
B国	100	102	105

❶ 2010年および2020年について、A国、B国の人口の対前回増加率の大小の順を調べよ。

❷ 2010年および2020年について、A国のB国に対する人口比率の対前回増加率の大小の順を調べよ。

❶ **指数の公式Ⅱ**より、A国は2010年が104－100＝4［%］、2020年が$\frac{108-104}{104}\times 100$［%］＝$\frac{400}{104}$［%］であり、B国は2010年が102－100＝2［%］、2020年が$\frac{105-102}{102}\times 100$［%］＝$\frac{300}{102}$［%］である。

$\frac{400}{104}$は整数部分が3なので3と4の間の値であり、$\frac{300}{102}$は整数部分が2なので2と3の間の値である。したがって、人口の対前回増加率の大小関係は$2<\frac{300}{102}<\frac{400}{104}<4$より、<u>(B国の2010年)＜(B国の2020年)＜(A国の2020年)＜(A国の2010年)</u>の順である。

❷ 人口を**具体的に実数**として考えるために、比例定数を$\boldsymbol{k}$、$\boldsymbol{l}$として、次表のように表す。

年	2000	2010	2020
A国	$100k$	$104k$	$108k$
B国	$100l$	$102l$	$105l$

このとき、A国のB国に対する人口比率は次の表のようになる。

年	2000	2010	2020
人口比率	$\frac{100k}{100l}$	$\frac{104k}{102l}$	$\frac{108k}{105l}$

よって、2010年および2020年におけるA国のB国に対する人口比率の対前回増加率はそれぞれ以下のとおりである。

$$\left(\frac{\frac{104\boldsymbol{k}}{102\boldsymbol{l}}}{\frac{100\boldsymbol{k}}{100\boldsymbol{l}}}-1\right)\times 100[\%]=\left(\frac{104}{102}-1\right)\times 100[\%]$$

$$\left(\frac{\frac{108\boldsymbol{k}}{105\boldsymbol{l}}}{\frac{104\boldsymbol{k}}{102\boldsymbol{l}}}-1\right)\times 100[\%]=\left(\frac{108}{105}\times\frac{102}{104}-1\right)\times 100[\%]$$

$\left(\frac{104}{102}-1\right)\times 100[\%]$と$\left(\frac{108}{105}\times\frac{102}{104}-1\right)\times 100[\%]$には、「$(-1)\times 100[\%]$」**が共通項として含まれる**ので、**共通項を除いた分数部分のみ比較**すればよい。

ここでは**判定法Ⅳ**を用いる。$\frac{104}{102}=1+\frac{2}{102}$であり、分数部分の分子2は分母の1%である1.02の2倍弱であるから、$\frac{104}{102}=1+\frac{2}{102}\fallingdotseq 1+0.02=1.02$である。$\frac{108}{105}=1+\frac{3}{105}$であり、3は分母の1%である1.05の3倍弱であるから、$\frac{108}{105}=1+\frac{3}{105}\fallingdotseq 1+0.03=1.03$、$\frac{102}{104}=1-\frac{2}{104}$であり、分数部分の分子2は分母の1%である1.04の2倍弱であるから、$\frac{102}{104}=1-\frac{2}{104}\fallingdotseq 1-0.02=0.98$である。よって、$\frac{108}{105}\times\frac{102}{104}\fallingdotseq 1.03\times 0.98=(1+0.03)\times 0.98=0.98+0.0098\times 3\fallingdotseq 0.98+0.03=1.01$であり[10]、$\frac{104}{102}>\frac{108}{105}\times\frac{102}{104}$である。

したがって、A国のB国に対する人口比率の対前回増加率は(2010年)>(2020年)である。

このように、**指数の資料を扱う問題では基準の異なる2つの項目を含んでいても、計算や大小比較が可能な数量もあるので、比例定数を用いて数量を具体化しておくことが、比較可能かを判断する確実な方法**である。

---

10 次の対前年増加率のところで学ぶ「近似法」を用いれば、$(1+0.03)\times(1-0.02)\fallingdotseq 1+0.03-0.02=1.01$とすぐに求めることができる。

例題 4-4 下の表は、A国に対するB国、C国の様々な製品の価格を、同年同製品におけるA国の価格を100.0とした指数で表したものである。この表から確実にいえるものはどれか。

	B国			C国		
	1990年	2000年	2010年	1990年	2000年	2010年
化粧品	100.7	96.8	97.9	104.9	101.2	101.7
革製品	101.7	95.3	95.5	103.8	98.3	99.0
自動車	98.9	90.3	91.3	88.5	83.6	82.3
テレビ	95.0	87.9	87.8	78.5	77.1	76.8
冷蔵庫	88.7	85.6	85.0	78.5	72.1	72.6

❶ 表中のB国において革製品の価格が化粧品の価格より低かったのは、2000年と2010年である。

❷ 表中のC国において化粧品の価格が最も高かったのは1990年である。

❸ 表中における同年同製品を比較して、C国の価格に対するB国の価格の比率が最も高い項目は1990年の自動車である。

❹ 2000年のテレビの価格について、1990年のテレビの価格に対する増加率を求めると、大きい順にA国、C国、B国である。

❺ 表中の冷蔵庫において、B国とC国の価格差が最も大きいのは2000年である。

正解へのプロセス

「**指数の表**」の問題である。

与えられた表では、A国に対するB国、C国の様々な製品の価格が、**同年同製品におけるA国の価格を100.0とした指数で表されている**。したがって、本問は化粧品から冷蔵庫までの5製品と1990年、2000年、2010年の3か年の5×3＝15の基準が存在する。

そこで、これだけの基準があるとややこしいので、15の基準値（A国の価格）を下表の左のA国のように15文字a～oの比例定数を用いて具体的に表せば、B国、C国の様々な製品の価格はそれぞれ下表の中央、右のようになる。**具体化**

	A国(基準)			B国			C国		
	1990年	2000年	2010年	1990年	2000年	2010年	1990年	2000年	2010年
化粧品	100a	100b	100c	100.7a	96.8b	97.9c	104.9a	101.2b	101.7c
革製品	100d	100e	100f	101.7d	95.3e	95.5f	103.8d	98.3e	99.0f
自動車	100g	100h	100i	98.9g	90.3h	91.3i	88.5g	83.6h	82.3i
テレビ	100j	100k	100l	95.0j	87.9k	87.8l	78.5j	77.1k	76.8l
冷蔵庫	100m	100n	100o	88.7m	85.6n	85.0o	78.5m	72.1n	72.6o

実際に問題を解く際は、与えられたＢ国とＣ国の指数の表にa～oを書き込んで検討していけばよい。実際に計算している様子をイメージできるように、その様子を以下に記載する。

❶ 異なる製品についての比較であり、異なる比例定数で表されている。

	B国		
	1990年	2000年	2010年
化粧品	100.7a	96.8b	97.9c
革製品	101.7d	95.3e	95.5f

❷ 同製品だが異なる年についての比較であり、異なる比例定数で表されている。

	C国		
	1990年	2000年	2010年
化粧品	104.9a	101.2b	101.7c

❸ 同年同製品についての比較であり、同じ比例定数で表されている。

	B国			C国		
	1990年	2000年	2010年	1990年	2000年	2010年
自動車	98.9g	90.3h	91.3i	88.5g	83.6h	82.3i

「$\frac{98.9}{88.5}$が最大である」という主張なので、これに対する反例を探す。**反例**

	B国			C国		
	1990年	2000年	2010年	1990年	2000年	2010年
テレビ	95.0j	87.9k	87.8l	78.5j	77.1k	76.8l

?

$$\frac{98.9}{88.5} > \frac{95.0}{78.5}$$

❹ 1990年のテレビの価格に対する2000年のテレビの価格の増加率は、比較部分が同じ比例定数で表されている。

	A国(基準)			B国			C国		
	1990年	2000年	2010年	1990年	2000年	2010年	1990年	2000年	2010年
テレビ	100j	100k	100l	95.0j	87.9k	87.8l	78.5j	77.1k	76.8l

$$\frac{100}{100} \overset{?}{>} \frac{77.1}{78.5} \overset{?}{>} \frac{87.9}{95.0}$$

❺ 異なる比例定数で表されている項目どうしの比較である。

	B国			C国		
	1990年	2000年	2010年	1990年	2000年	2010年
冷蔵庫	88.7m	85.6n	85.0o	78.5m	72.1n	72.6o

解説

❶ × 　**異なる製品どうしでは基準が異なるため、価格(実数)を比較することができない。**

例えば、B国において、2000年の革製品の価格は95.3eであり、同年の化粧品の価格は96.8bだが、e、bの具体的な値が不明なので比較できない。

❷ × 　**異なる年どうしでは基準が異なるため、価格(実数)を比較することができない。**

例えば、C国の化粧品の1990年の価格が104.9aであり、2000年の価格は101.2bだが、a、bの具体的な値が不明なので比較できない。

❸ × 　**同年同製品は基準が同じであり、比較することが可能**である。

基準が同じなので、同年同製品における「C国の価格に対するB国の価格の比率」は$\frac{(\text{B国の価格})}{(\text{C国の価格})}=\frac{(\text{B国の指数})}{(\text{C国の指数})}$である。1990年の自動車における「C国の価格に対するB国の価格の比率」は$\frac{98.9g}{88.5g}=\frac{98.9}{88.5}$である。なお、この比率は分子の方が分母より大きいので、**帯分数に直しておくとよい**。そこで、「1990年の自動車」の比率$\frac{98.9}{88.5}=1+\frac{10.4}{88.5}$に対する反例を探す。**反例**

$\frac{(\text{B国の指数})}{(\text{C国の指数})}$が大きい項目を探せばよいので、**分母であるC国の指数がB国に比べて相対的に小さく、分子であるB国の指数がC国に比べて相対的に大きい項目を探す**。$1+\frac{10.4}{88.5}$に対する反例であるから、比率が1を超えていて、C国の指数が小さく、指数の差である(B国の指数)－(C国の指数)が大きい項目を探していけばよい。**目標**

化粧品や革製品では同じ年において、C国の方がB国よりも指数が大きいので、考える必要がない。それ以外の項目において、比較的指数の差(B国の指数)－(C国の指数)が大きいところに注目すると、1990年のテレビに着目できる。**判定法Ⅳ**を用いると、1990年のテレビは$\frac{(\text{B国の指数})}{(\text{C国の指数})}=\frac{95.0}{78.5}=1+\frac{16.5}{78.5}$となる。分数部分の$\frac{16.5}{78.5}$と$\frac{10.4}{88.5}$を比較すると、**判定法Ⅲ**より$\frac{16.5}{78.5}$の方が**分子が大きく分母が小さい**ので、$\frac{16.5}{78.5}>\frac{10.4}{88.5}$であり、1990年のテレビの方が大きくなる。**分数の大小**

反例が見つかったので、1990年の自動車が**最大ではない**。

4 ◯　1990年のテレビの価格に対する2000年のテレビの価格の増加率は、

$$\left(\frac{(\text{2000年のテレビの価格})}{(\text{1990年のテレビの価格})}-1\right)\times 100\ [\%]$$

で求めることができ、**共通項は比較する必要はない**ので、$\frac{(\text{2000年のテレビの価格})}{(\text{1990年のテレビの価格})}$を比較すればよい。**目標**

$\frac{(\text{2000年のテレビの価格})}{(\text{1990年のテレビの価格})}$のA国、B国、C国の値はそれぞれ、$\frac{100\boldsymbol{k}}{100\boldsymbol{j}}$、$\frac{87.9\boldsymbol{k}}{95.0\boldsymbol{j}}$、$\frac{77.1\boldsymbol{k}}{78.5\boldsymbol{j}}$である。$\frac{\boldsymbol{k}}{\boldsymbol{j}}$は共通因数なので、結局、指数の比率である、$\frac{100}{100}$、$\frac{87.9}{95.0}$、$\frac{77.1}{78.5}$を比較すればよい。

判定法Ⅵを用いて検討していく。B国とC国はいずれもA国$\left(\frac{100}{100}=1\right)$よりも小さいので、B国とC国を比較する。C国の$\frac{77.1}{78.5}$を基準としてB国の$\frac{87.9}{95.0}$を見れば、分母が78.5から95.0へ16.5増加しているので、78.5の20%以上の増加、分子が77.1から87.9へ10.8増加しているので、77.1の20%未満（約15%）の増加である。

（分子の増加率）＜（分母の増加率）より、$\frac{77.1}{78.5}>\frac{87.9}{95.0}$であり、C国＞B国となる。

分数の大小

よって、1990年のテレビの価格に対する2000年のそれの増加率は、A国＞C国＞B国の順である。

5 ×　基準の異なる区分の価格差や増加量や減少量などの「差」の大小は、指数のみの情報からでは比較することができない。

例えば、冷蔵庫のB国とC国の価格差は1990年が$88.7\boldsymbol{m}-78.5\boldsymbol{m}=10.2\boldsymbol{m}$、2000年が$85.6\boldsymbol{n}-72.1\boldsymbol{n}=13.5\boldsymbol{n}$であるが、$\boldsymbol{m}$、$\boldsymbol{n}$の具体的な値が不明なので比較できない。

正解 4

4 増加率・減少率の資料

1 増加率・減少率

増加率・減少率は時系列データに使われ、次のように定義される。また、何に対しての増加・減少の比率かによって「対前回」、「対前月」、「対前年」、「対前年度」など様々なものがあるが、ここでは、代表的な「対前年」増加率に主に焦点を当てて論じていく。

増加率・減少率の定義

増加率とは「ある時点を基準としたときの増加量(数)の比率[%]」のことであり、

$$(\text{増加率}) = \frac{(\text{増加量})}{(\text{基準値})} \times 100\ [\%]$$

である。

また、減少率とは「ある時点を基準としたときの減少量(数)の比率[%]」のことであり、

$$(\text{減少率}) = \frac{(\text{減少量})}{(\text{基準値})} \times 100\ [\%]$$

である。

※　増加率は正負両方の値を取りうる。増加率が正のときは「増加」、負のときは「減少」を表す。増加率が負のときは、資料の多くで数値の前に「▲」や「△」を付けて表される。一方、減少率は原則的に正の値のみである。

　また、増加率・減少率の２つを合わせて「増減率」や「変化率」と呼ぶこともあるが、全て「増加率」と同じである。

例12 次のグラフは、ある地域の2017年から2020年までの年間降水量を表したものである。

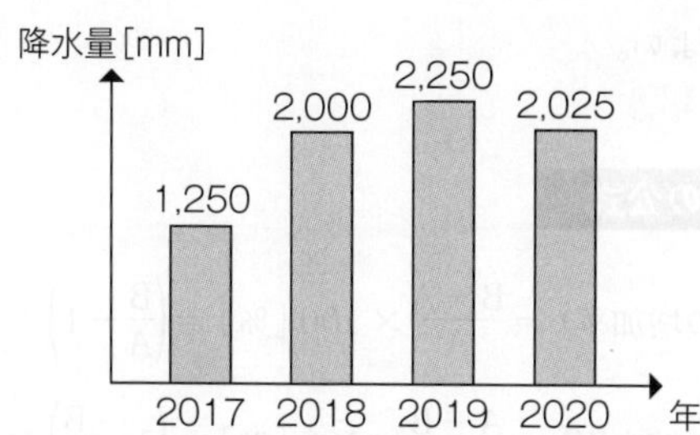

❶ 2018年、2019年、2020年の対前年増加率は以下のとおりである。

2018年の対前年増加率は、対前年増加量が2,000－1,250＝750より、$\frac{750}{1,250}\times 100$［%］＝60.0［%］である。

2019年の対前年増加率は、対前年増加量が2,250－2,000＝250より、$\frac{250}{2,000}\times 100$［%］＝12.5［%］である。

2020年の対前年増加率は、対前年増加量が2,025－2,250＝－225より、$\frac{-225}{2,250}\times 100$［%］＝－10.0［%］である。

❷ 2017年に対する2019年、2020年の増加率は以下のとおりである。

(2017年に対する2019年の増加率) ＝$\frac{2,250-1,250}{1,250}\times 100$［%］＝80.0［%］

(2017年に対する2020年の増加率) ＝$\frac{2,025-1,250}{1,250}\times 100$［%］＝62.0［%］

❸ 2020年の対前年減少率は、対前年減少量が2,250－2,025＝225より、$\frac{225}{2,250}\times 100$［%］＝10.0［%］である。

※ ❶の2020年の対前年増加率は対前年減少率に対してマイナスが付いた（マイナスを掛けた）だけになっている。

2 増加率・減少率の公式

増加率や減少率の式は次の❶、❷のように変形できるので、状況に合わせて使いやすいものを使えばよい。

増加率・減少率の公式

❶ （Aに対するBの増加率）$=\dfrac{B-A}{A}\times 100$［%］$=\left(\dfrac{B}{A}-1\right)\times 100$［%］

❷ （Aに対するBの減少率）$=\dfrac{A-B}{A}\times 100$［%］$=\left(1-\dfrac{B}{A}\right)\times 100$［%］

例13 次のグラフは、ある地域の2017年から2020年までの年間降水量を表したものである。

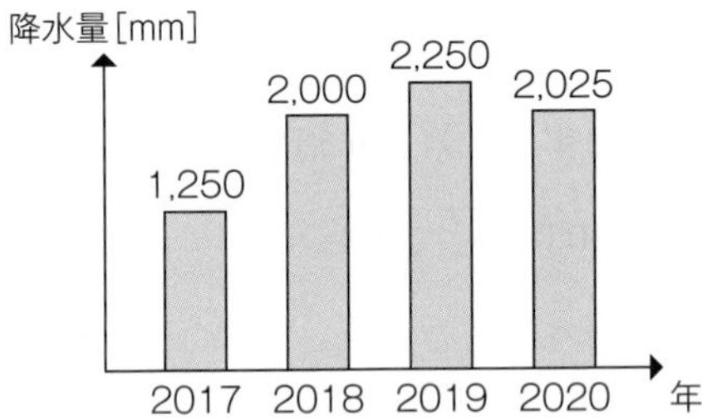

❶ 2018年、2019年、2020年の対前年増加率を上記の公式を用いて計算すると、以下のとおりとなる。

2018年の対前年増加率は$\left(\dfrac{2{,}000}{1{,}250}-1\right)\times 100$［%］$=60.0$［%］である。

2019年の対前年増加率は$\left(\dfrac{2{,}250}{2{,}000}-1\right)\times 100$［%］$=12.5$［%］である。

2020年の対前年増加率は$\left(\dfrac{2{,}025}{2{,}250}-1\right)\times 100$［%］$=-10.0$［%］である。

※ 公式中の$\dfrac{B}{A}$はAに対するBの比率を表している。共通項である「（　−1）×100［%］」を除いて大小比較すれば、AとBが実数であるこのような**実数の棒グラフでは「棒グラフの伸び率が最大」の時点が「増加率の最大」の時点である。**

棒グラフの高さ（実数）の最大でないことに注意してもらいたい（対前年増加率の最大は60％の2018年であるのに対し、実数値の最大は2,250の2019年である）。

❷ 2017年に対する2019年、2020年の増加率を上記の公式を用いて計算すると、以下のとおりとなる。

$$(\text{2017年に対する2019年の増加率}) = \left(\frac{2{,}250}{1{,}250} - 1\right) \times 100\,[\%] = 80.0\,[\%]$$

$$(\text{2017年に対する2019年の増加率}) = \left(\frac{2{,}025}{1{,}250} - 1\right) \times 100\,[\%] = 62.0\,[\%]$$

❸ 2020年の対前年減少率を上記の公式を用いて計算すると、$\left(1 - \frac{2{,}025}{2{,}250}\right) \times 100$ $[\%] = 10.0\,[\%]$である。

---

3 対前年増加率・対前年減少率

前年に対する本年（当年、今年）の増加量（数）・減少量（数）の比率［％］である。

対前年増加率・対前年減少率

❶ $(\text{対前年増加率}) = \frac{(\text{本年}) - (\text{前年})}{(\text{前年})} \times 100\,[\%] = \left(\frac{(\text{本年})}{(\text{前年})} - 1\right) \times 100\,[\%]$

❷ $(\text{対前年減少率}) = \frac{(\text{前年}) - (\text{本年})}{(\text{前年})} \times 100\,[\%] = \left(1 - \frac{(\text{本年})}{(\text{前年})}\right) \times 100\,[\%]$

「$\frac{(\text{本年})}{(\text{前年})}$」の部分は「前年に対する本年の比率」すなわち「対前年比」を表している。

したがって、例えば、本年が前年比1.2倍であれば、対前年増加率は1.2－1＝0.2倍＝20％であり、「本年が前年に対して20％増であること」を表している。

4 対前年増加率の推移

① 対前年増加率の推移

$$(\text{対前年増加率})=\left(\frac{(\text{本年})}{(\text{前年})}-1\right)\times 100$$ ［%］より、次式を得る。

対前年増加率の推移

$$(\text{本年})=(\text{前年})\times\left(1+\frac{(\text{対前年増加率})}{100}\right)$$

$$(\text{前年})=(\text{本年})\div\left(1+\frac{(\text{対前年増加率})}{100}\right)$$

例14

次の表はある漁港の漁獲高の対前年増加率の推移を表したものである。

年	2018	2019	2020
対前年増加率[%]	10	20	▲10

注）▲はマイナスを表す。

❶　この漁港での2017年の漁獲高が2,000トンであるとき、2018年、2019年、2020年の漁獲高は次のようになる。

$(\text{本年})=(\text{前年})\times\left(1+\frac{(\text{対前年増加率})}{100}\right)$より、漁獲高は（2018年）＝（2017年）×（1＋0.10）＝2,000×1.1＝2,200［トン］、（2019年）＝（2018年）×（1＋0.20）＝2,200×1.2＝2,640［トン］、（2020年）＝（2019年）×（1－0.10）＝2,640×0.9＝2,376［トン］である。

❷　この漁港での2019年の漁獲高が1,800トンであるとき、2018年、2020年の漁獲高は次のようになる。

2020年の漁獲高は❶と同様にして、（2020年）＝（2019年）×（1－0.10）＝1,800×0.9＝1,620［トン］である。

一方、2018年の漁獲高は2019年の漁獲高と（2019年）＝（2018年）×（1＋0.20）の関係がある。（2019年）＝1,800より、1,800＝（2018年）×1.2であり、

逆算すれば（2018年）＝1,800÷1.2＝1,500［トン］である。

もちろん、（前年）＝（本年）÷$\left(1+\frac{\text{対前年増加率}}{100}\right)$を用いても、（2018年）＝（2019年）÷（1＋0.20）＝1,800÷1.2＝1,500［トン］である。

❸ この漁港での2017年の漁獲高を基準として、2017年の漁獲高を指数100とするとき、2018年、2019年、2020年の漁獲高の指数は次のようになる。

（2018年）＝（2017年）×（1＋0.10）＝100×1.1＝110
（2019年）＝（2018年）×（1＋0.20）＝110×1.2＝132
（2020年）＝（2019年）×（1－0.10）＝132×0.9＝118.8

❸は表中にない2017年を基準にしていることに注意したい。対前年増加率の資料については、**「資料中の最初の年」の１年前の値**は資料内には示されていないものの、**この年の値を基準として計算することができる。**

改めて見直してみると、基準年である2017年（指数100）に対して、各年の漁獲高は次のように計算していると考えることができる。

（2018年）＝（2017年）×（1＋0.10）…①
（2019年）＝（2018年）×（1＋0.20）…②
（2020年）＝（2019年）×（1－0.10）…③

より、

（2018年）＝100×1.1＝<u>110</u>

である。また、②に①を代入して、

（2019年）＝（2017年）×（1＋0.10）×（1＋0.20）＝100×1.1×1.2＝<u>132</u>

である。③に②と①を代入して、

（2020年）＝（2017年）×（1＋0.10）×（1＋0.20）×（1－0.10）
＝100×1.1×1.2×0.9＝<u>118.8</u>

である。これは、基準年の値である（2017年）＝100に、**該当年までの（１＋対前年増加率の小数表示）の積（$(1+a)\times(1+b)\times(1+c)\times\cdots$）を掛けて求めている。**ただし、$a$、$b$、$c$、…は対前年増加率の小数表示である。

② 近似法

対前年増加率の推移の計算に出てくる「$(1+\boldsymbol{a})\times(1+\boldsymbol{b})\times(1+\boldsymbol{c})\times\cdots$」を簡単に計算する方法で、**小数点を含む計算を繰り返すような面倒な掛け算を単純な足し算に近似する方法**である。

近似法

$\boldsymbol{a}$、$\boldsymbol{b}$、$\boldsymbol{c}$、…が十分小さい値のとき、

$$(1+\boldsymbol{a})\times(1+\boldsymbol{b})\times(1+\boldsymbol{c})\times\cdots\fallingdotseq 1+\boldsymbol{a}+\boldsymbol{b}+\boldsymbol{c}+\cdots$$

また、**基準値を100とすれば**、$\boldsymbol{a}$、$\boldsymbol{b}$、$\boldsymbol{c}$、…が十分小さい対前年増加率の小数表記値のとき、

$$100(1+\boldsymbol{a})\times(1+\boldsymbol{b})\times(1+\boldsymbol{c})\times\cdots\fallingdotseq 100+100\boldsymbol{a}+100\boldsymbol{b}+100\boldsymbol{c}+\cdots$$

ただし、$100\boldsymbol{a}$、$100\boldsymbol{b}$、$100\boldsymbol{c}$、…は対前年増加率[%]そのものである。

これは、(小さい値)×(小さい値)＝(微小な値)≒0であることによる(**相乗効果の一種**)[11]。

例えば、(　)が2つの積の場合、$(1+\boldsymbol{a})\times(1+\boldsymbol{b})$を展開すれば、$(1+\boldsymbol{a})\times(1+\boldsymbol{b})=1+\boldsymbol{a}+\boldsymbol{b}+\boldsymbol{ab}$であるが、$\boldsymbol{a}$、$\boldsymbol{b}$が十分小さい値なので、$\boldsymbol{ab}\fallingdotseq 0$とみなせる。したがって、$(1+\boldsymbol{a})\times(1+\boldsymbol{b})\fallingdotseq 1+\boldsymbol{a}+\boldsymbol{b}$となる。

同様に、(　)が3つの積の場合、$(1+\boldsymbol{a})\times(1+\boldsymbol{b})\times(1+\boldsymbol{c})$を展開すれば、$(1+\boldsymbol{a})\times(1+\boldsymbol{b})\times(1+\boldsymbol{c})=1+\boldsymbol{a}+\boldsymbol{b}+\boldsymbol{c}+\boldsymbol{ab}+\boldsymbol{bc}+\boldsymbol{ca}+\boldsymbol{abc}$であるが、$\boldsymbol{a}$、$\boldsymbol{b}$、$\boldsymbol{c}$が十分小さい値なので、$\boldsymbol{ab}$、$\boldsymbol{bc}$、$\boldsymbol{ca}$、$\boldsymbol{abc}\fallingdotseq 0$とみなせる。したがって、$(1+\boldsymbol{a})\times(1+\boldsymbol{b})\times(1+\boldsymbol{c})\fallingdotseq 1+\boldsymbol{a}+\boldsymbol{b}+\boldsymbol{c}$となる。

---

11 「微小量どうしの2つ以上の積は0とみなす」のように2次以上の微小量を無視して、1次の微小量のみ残す近似法を「1次近似」という。したがって、ここで説明している近似法は「1次近似」である。

例15

X社の売上の対前年増加率が次のようであったとき、各年の売上が基準年に対してどのような式で計算できるか見ていく。

そして、X社の各年の売上の指数が基準年(これを100とする)に対しておおよそどれくらいかを近似法を用いて計算してみる。

年	2018	2019	2020
対前年増加率[%]	2.0	▲3.0	4.0

注)▲はマイナスを表す。

2020年の売上は、(本年)=(前年)×$\left(1+\frac{(対前年増加率)}{100}\right)$より、(2020年)=(2019年)×(1+0.04) …①である。

2019年の売上は、同様に、(2019年)=(2018年)×(1−0.03) …②である。

2018年の売上も、同様に、(2018年)=(2017年)×(1+0.02) …③である。

❶ 基準年を2018年に統一すれば、各年度の売上は次のようになる。

(2018年) = (2018年) × 1 ＜1倍なので当たり前

(2019年) = (2018年) × (1 − 0.03)…②

(2020年) = (2018年) × (1 − 0.03) × (1 + 0.04)…④ ＜①に②を代入

つまり、②と④を用いれば、表中の各年度の売上が2018年の何倍なのかが計算できる。

また、基準値を2018年 (= 100) に統一すれば、各年度の売上は次のようになる。

(2018年) = (2018年) × 1 = 100 × 1 = 100

(2019年) = (2018年) × (1 − 0.03) = 100 × 0.97 = 97 ＜カッコの中の引き算をしただけ

(2020年) = (2018年) × (1 − 0.03) × (1 + 0.04) ≒ 100 − 3 + 4 = 101

なお、2020年の売上の指数を正確に計算すると、(2020年) = (2018年) × (1 − 0.03) × (1 + 0.04) = 100 × 0.97 × 1.04 = 100.88である。近似法で得た101がかなり精度の高いものであることがわかる。

❷ 基準年を2017年に統一すれば、各年度の売上は次のようになる。

(2018年) = (2017年) × (1 + 0.02)…③

(2019年) = (2017年) × (1 + 0.02) × (1 − 0.03)…⑤ ＜②に③を代入

(2020年) = (2017年) × (1 + 0.02) × (1 − 0.03) × (1 + 0.04)…⑥

①に⑤を代入

つまり、③と⑤と⑥を用いれば、表中の各年度の売上が2017年の何倍なのかが計算できる。

また、2017年（＝100）に対して、各年度の売上は次のようになる。

カッコの中の足し算をしただけ

（2018年）＝（2017年）×（1＋0.02）＝100×1.02＝102
（2019年）＝（2017年）×（1＋0.02）×（1－0.03）≒100＋2－3＝99
（2020年）＝（2017年）×（1＋0.02）×（1－0.03）×（1＋0.04）
≒100＋2－3＋4＝103

なお、2019年、2020年の売上の指数を正確に計算すると、

（2019年）＝（2017年）×（1＋0.02）×（1－0.03）
＝100×1.02×0.97＝98.94
（2020年）＝（2017年）×（1＋0.02）×（1－0.03）×（1＋0.04）
＝100×1.02×0.97×1.04＝102.8976

である。近似法で得た99、103がかなり精度の高いものであることがわかる。

❶、❷のように、**基準年や基準値は自分で自由に設定できる**。ただし、**基準年が異なれば、当然指数も変わる**。基準年や基準値は問題(選択肢)に応じて判断していけばよい。

では、**近似法の使える対前年増加率はどの程度の値までなのか**。例15で考察した通り、**対前年増加率が±10％程度に収まる場合**は精度として問題はないだろう。ただし、**設問の内容や試験種によって、境界ラインを±20％程度まで拡げられる場合もある。この線引きはまさに問題次第**であるため、いったん近似法を使ってみて、比較する数値に対し明らかに大差なら近似法で求めた通りでも問題ないが、比較する数値と僅差の場合は計算を改めて見直さなければならないこともある。また、**近似法を繰り返し使うことで、誤差が積み上がってしまう場合も要注意**である。

なお、**±20％を超えるときは原則的に近似法が使えない**。そこで以下では、**対前年増加率が±20％まで近似法を使い、20％を超えるときは近似法を使わず計算していくことにする。**

5 対前年増加率の推移のグラフ

① グラフの見方

対前年増加率は正負両方の値を取り、**増加率が正のときは「増加」、負のときは「減少」を表す**。つまり、**本年が基準軸（0％ライン）より上にあるときの数量は必ず前年より増加、本年が基準軸より下にあるときの数量は必ず前年より減少**になる。

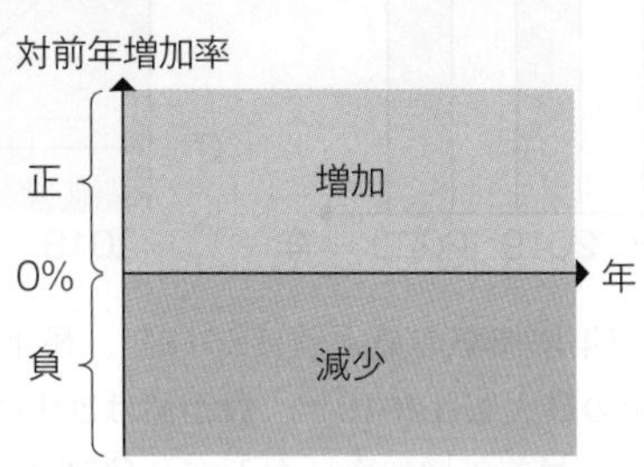

② 対前年増加率のグラフの注意点

グラフの上下で示すのは「値」ではなく「比率」なので、グラフの一番上の位置にあるのは、増加「率」が最大の年を表し、一番下の位置にあるのは、増加「率」が最小の年を表す。したがって、**グラフの一番上が最大の「値」をとるわけではなく、一番下が最小の「値」をとるわけではない。**

例16　左のグラフは、例12で示したある地域の2017年から2020年までの年間降水量を表したものである。これに2018年から2020年における対前年増加率のグラフを並べると次のようになる。

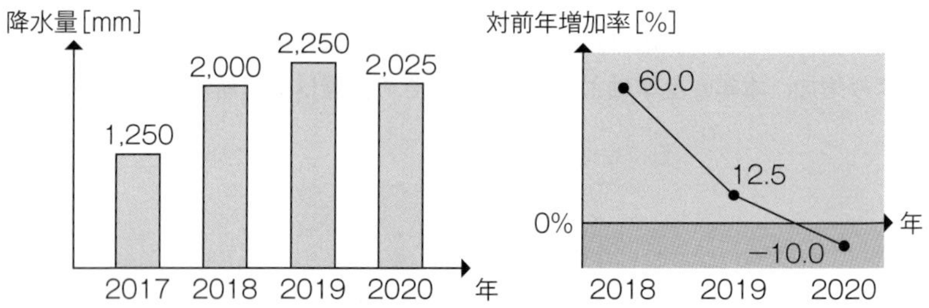

右のグラフでは、対前年増加率の最大値は2018年、最小値は2020年であるが、左のグラフでは、実数値の最大値は2019年、最小値は2017年である。

また、右のグラフでは、対前年増加率は右下がり(減少)だが、左のグラフでは、実数値は山なりで増加から減少に転じている。

例題 4-5

次の表は、ある国の科学技術研究費を、対前年度増加率で表したものである。この表から読みとれることとして、正しいものはどれか。

	政府負担	民間負担
2000年度	6.5%	11.6%
2001年度	6.7%	5.0%
2002年度	7.7%	0.5%
2003年度	10.0%	▲4.2%
2004年度	▲1.6%	▲0.6%

注）▲はマイナスを表す。

❶ 2000年度の民間負担額は、2003年度の民間負担額よりも多い。
❷ 2004年度の政府負担額は、2001年度の政府負担額の1.2倍より多い。
❸ 2002年度における政府負担額は民間負担額より多い。
❹ 2002年度の民間負担額の政府負担額に対する比率は、2000年度のそれの$\frac{4}{5}$より大きい。
❺ 2004年度の政府負担額の1999年度に対する増加率は、民間のそれより小さい。

正解へのプロセス

「対前年度増加率の推移表」の問題である。実数値が一切与えられていないが、選択肢ごとに、基準（指数100）を自分で設定し、指数で比較検討していけばよい。

具体化

基準の設定の仕方は、**比較する年度のうち古い年度を基準**とすればよい[12]。指数の項で学んだとおり、**基準の同じ区分（項目）であれば比較できるが、基準の異なる区分では、実数値が与えられないと比較できない場合と実数値が与えられなくても比較ができる場合があるので**、注意しながら計算していきたい。

表中の対前年度増加率の大きさの最大が11.6％であり、**10％をわずかに超えてはいるものの、ほぼ10％程度に収まっているので、近似法を用いてもおおむね問**

12 「基準として指数100とおく」とは、慣れてくれば、指数というより自然に「具体的な値」と見ることが可能になる。「100という実数値と考えても一般性を失わない」おき方が指数であると思えるようになる。過去問Exerciseではこの立場で解答していく。

題ない。**概算·近似**

このように、近似法が使える対前年度増加率の推移の資料では、基準を設定して、対前年度増加率を次々に足したり引いたりしていくだけである年度の指数を計算できる。

❶ 2000年度の民間負担額を基準（指数100）に設定し、近似法を用いて2003年度の民間負担額を計算する。**概算·近似**

	民間負担	指数
2000年度	11.6%	100
2001年度	5.0%	100＋5.0＝105
2002年度	0.5%	105＋0.5＝105.5
2003年度	▲ 4.2%	105.5－4.2＝101.3

❷ 2001年度の政府負担額を基準（指数100）に設定し、近似法を用いて2004年度の政府負担額を計算する。**概算·近似**

	政府負担	指数
2000年度	6.5%	
2001年度	6.7%	100 ← ×1.2＝120と比較
2002年度	7.7%	100＋7.7＝107.7
2003年度	10.0%	107.7＋10.0＝117.7
2004年度	▲ 1.6%	117.7－1.6＝116.1

❸ 政府負担額と民間負担額は異なる基準値に対する増加率の値であることに気をつける。

❹ 指数の比率で比較検討可能だが、計算が面倒になるためいったんスキップしてよい。**後回し**

❺ 1999年度の政府負担額および民間負担額をそれぞれ基準（指数100）に設定し、近似法を用いて2004年度の政府負担額および民間負担額を計算する。**概算·近似**

	政府負担	指数	民間負担	指数
2000年度	6.5%	対前年増加率の合計＋29.3%	11.6%	対前年増加率の合計＋12.3%
2001年度	6.7%		5.0%	
2002年度	7.7%		0.5%	
2003年度	10.0%		▲4.2%	
2004年度	▲1.6%		▲0.6%	

解説

❶ × 2000年度の民間負担額を基準（指数＝100）として、2003年度の民間負担額を指数の値で具体的に求める。**具体化** **目標**

（2003年度の民間負担額）＝100×（1＋0.050）×（1＋0.005）×（1－0.042）であるが、**近似法を用いて計算すると**、（2003年度の民間負担額）≒100＋5.0＋0.5－4.2＝101.3となり、2000年度の民間負担額（指数＝100）は2003年度の民間負担額（指数＝101.3）よりも**少ない**。**概算・近似**

なお、正確に計算した値は100×1.050×1.005×0.958≒101.1である。

❷ × 2001年度の政府負担額を基準（指数＝100）として、2004年度の政府負担額を指数の値で具体的に求める。**具体化** **目標**

（2004年度の政府負担額）＝100×（1＋0.077）×（1＋0.100）×（1－0.016）であるが、**近似法を用いて計算すると**、（2004年度の政府負担額）≒100＋7.7＋10.0－1.6＝116.1より、2001年度の政府負担額の1.2倍である100×1.2＝120より少ない。**概算・近似**

❸ × 政府負担額、民間負担額のいずれにおいても実数値が一切与えられていないので、**異なる区分である政府負担額と民間負担額の金額の大小の比較はできない**。

❹ ○ （民間負担額の政府負担額に対する比率）＝$\frac{（民間負担額）}{（政府負担額）}$は**異なる区分の実数の比率ではあるが、指数の比率で比較検討可能**である。**目標**

比率（分数）の大小の判定は面倒な計算を伴うので、この選択肢はいったん後回しでもよいが、検討するとなれば次のように行う。**後回し**

2000年の負担額を政府、民間それぞれ基準(指数＝100)とすると、2000年の比率は$\frac{100}{100}$であり、その$\frac{4}{5}$は$\frac{100}{100}\times\frac{4}{5}=0.8$である。**具体化**

近似法を用いて計算すると、2002年は政府負担額が$100\times(1+0.067)\times(1+0.077)\fallingdotseq 100+6.7+7.7=114.4$、民間負担額は$100\times(1+0.050)\times(1+0.050)\fallingdotseq 100+5.0+0.5=105.5$であるので、2002年の比率は$\frac{105.5}{114.4}$である。114.4の10%が約11.4であり、80%が$11.4\times8=$約91.2なので、比率$\frac{105.5}{114.4}$は80%＝0.8より大きい。**概算・近似**

よって、2002年は2000年の$\frac{4}{5}$より**大きい。** **実例**

❺ ✕　**1999年の政府負担額および民間負担額をそれぞれ基準(指数＝100)とすると、**2004年の政府負担額は**近似法を用いて計算すると、**$100\times(1+0.065)\times(1+0.067)\times(1+0.077)\times(1+0.100)\times(1-0.016)\fallingdotseq 100+6.5+6.7+7.7+10.0-1.6=129.3$であり、**具体化** 1999年の政府負担額100に対し「29.3%増」であるとわかる。**概算・近似**

これは、1999年を基準として**100からスタート**したので、**もっと単純に2000年から2004年までの対前年増加率を加えて**$6.5+6.7+7.7+10.0-1.6=29.3$[%]増加したとした方が簡単である。

また、2004年の民間負担額は$100\times(1+0.116)\times(1+0.050)\times(1+0.005)\times(1-0.042)\times(1-0.006)\fallingdotseq 100+11.6+5.0+0.5-4.2-0.6=112.3$であり、1999年の民間負担額100に対し「12.3%増」であるとわかるが、これももっと簡単に、$11.6+5.0+0.5-4.2-0.6=12.3$ [%]増加したとした方が簡単である。よって、2004年度の政府負担額の1999年度に対する増加率の方が民間のそれより**大きい。**

正解 ❹

5 増加量・減少量の資料

1 増加量・減少量

前項で扱った増加率・減少率と同じく時系列データに使われ、次のように定義される。

増加量・減少量の定義

「Aに対するBの増加量」＝B－A
「Aに対するBの減少量」＝A－B

また、これも同様に資料によって何に対する増加・減少なのかは様々であるが、以下では代表的である対前年増加量・減少量に主に焦点を当てることにする。

対前年増加量・対前年減少量

（対前年増加量）＝（本年）－（前年）
（対前年減少量）＝（前年）－（本年）

例17

次の表はある地域の人口の推移である。

年	2017	2018	2019	2020
人口[千人]	125	120	150	135

❶ 2018年、2019年、2020年の2017年に対する増加量は次のように計算すればよい。

2018年の2017年に対する増加量（2018年の対前年増加量）は、

120 − 125 = −5

2019年の2017年に対する増加量は、150 − 125 = 25

2020年の2017年に対する増加量は、135 − 125 = 10

❷ 2019年、2020年の対前年増加量は次のように計算すればよい。

(2019年の対前年増加量) = 150 − 120 = 30

(2020年の対前年増加量) = 135 − 150 = −15

❸ 2018年、2020年の対前年減少量は次のように計算すればよい。

(2018年の対前年減少量) = 125 − 120 = 5

(2020年の対前年減少量) = 150 − 135 = 15

このように、**対前年減少量は対前年増加量に対してマイナスが付いた(マイナスを掛けた)だけ**になっている。

2 増加量・減少量の資料

① 符号（正負）と増減

❶ **増加量は実数**であり、**正負の値を取り得る**。

❷ **増加量が正のときは「増加」、負のときは「減少」**を表す。

② 対前年増加量の基準

対前年増加率は割合[%]なので、基準年の値を指数100として、各年の値を計算したが、**対前年増加量は実数なので、基準年の値を指数100とはおけない**。

対前年増加量しか与えられていない資料では、**基準年の値に文字をおいて考える**とよい。

例18

次の表はある地域の人口の対前年増加量の推移である。

年	2018	2019	2020
人口[千人]	−5	30	−15

❶ 2019年、2020年の2017年に対する増加量は次のように計算すればよい。
2019年の2017年に対する増加量は、$-5+30=25$
2020年の2017年に対する増加量は、$-5+30-15=10$

❷ 2018年、2020年の対前年減少量は次のように計算すればよい。
(2018年の対前年減少量) $=(-5)\times(-1)=5$
(2020年の対前年減少量) $=(-15)\times(-1)=15$

❸ **2017年を基準年とし、この地域の2017年の人口をx[千人]としたとき、**
2018年、2019年、2020年の人口は次の式で表される。
(2018年の人口) $=x-5$ [千人]
(2019年の人口) $=(x-5)+30=x+25$ [千人]
(2020年の人口) $=(x+25)-15=x+10$ [千人]

(2019年の人口)、(2020年の人口)は、❶で求めた値を2017年の値xに足しただけになっている。

※ $x=125$とすれば、例17の人口になる。

❹ **2017年を基準年とし、この地域の2017年の人口をx[千人]としたとき、**
2018年、2019年、2020年の人口の対前年増加率は次の式で表される。

(2018年の対前年増加率) $=\dfrac{-5}{x}\times 100$ [%]

(2019年の対前年増加率) $=\dfrac{30}{x-5}\times 100$ [%]

(2020年の対前年増加率) $=\dfrac{-15}{x+25}\times 100$ [%]

例題 4-6 次のグラフは、主な加工食品の生産量について対前年度増加量を用いて表したものである。このグラフから読みとれることとして、確実にいえるものはどれか。ただし、資料中の数値は主な加工食品の生産量の対前年度増加量の合計を表し、単位は万tである。また、増加量はすべて5万tごとの値で示されている。

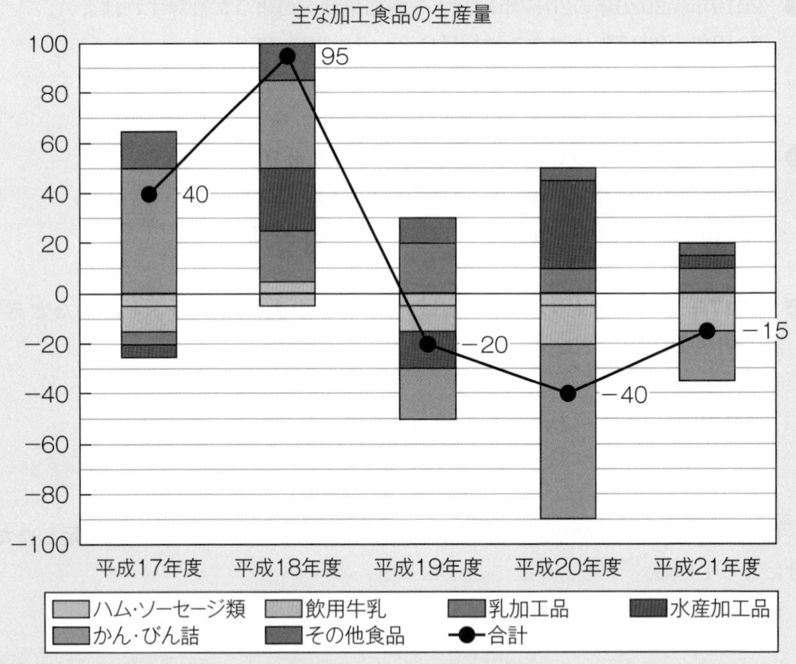

❶ 表中の年度において、飲用牛乳の生産量が前年度に比べて減少した年度は、ハム・ソーセージ類の生産量も減少している。

❷ 表中の年度において、乳加工品の生産量の対前年度増加率が最も大きい年度は平成18年度である。

❸ 平成18年度の水産加工品の生産量の対前年度増加率は平成20年度のそれよりも小さい。

❹ 表中の年度において、かん・びん詰の生産量が最も小さい年度は平成20年度である。

❺ 表中の6つの加工食品のうち、平成19年度から平成21年度にかけて、主な加工食品の生産量の合計に占める割合が前年度に比べて確実に毎年度増加しているといえる加工食品は、1つだけである。

正解へのプロセス

「対前年度増加量の積み上げグラフ」の問題である。

まずは、対前年増加量の積み上げグラフの読み方について説明する。前年に対し「増加」であればグラフの0（増減なし）のラインの上に、「減少」であればグラフの0のラインの下に、増加量・減少量の絶対値（大きさ）を棒グラフの「高さ」として積み上げたグラフである。なお、項目がグラフに現れていない場合は、その項目の（増加量）＝0、つまり「増加も減少もしていない」と読み取ればよい。

（対前年度増加量）＝（本年度）－（前年度）より、（本年度）＝（前年度）＋（対前年度増加量）となるが、対前年度増加量しか与えられていない資料では、**基準年度の値に文字をおけば基準年度の文字を用いて他年度の値を式で表現できる。**

例えば、かん・びん詰の対前年度増加量をグラフから読み取れば、次のようになる。

年度	16	17	18	19	20	21
対前年度増加量［万t］		＋50	＋35	－20	－70	－20

基準年度を平成16年度とし、**平成16年度のかん・びん詰の生産量をa［万t］とすれば**、平成16年度を含めた表中の年度の生産量は次のようになる。 **具体化**

年度	16	17	18	19	20	21
生産量［万t］	a	$a+50$	$a+85$	$a+65$	$a-5$	$a-25$

これより、「平成16年度を含めた表中の年度では、かん・びん詰の生産量は平成18年度が最も大きく、平成21年度が最も小さい」ことがわかる。このように、**生産量の大小関係は基準値aがわからなくても式で表すことができ、同一区分であれば、基準が一致するので、実数の大小の比較は可能**である。

一方、対前年度増加率の計算では以下のように分数の大小比較の判定法を使って考えていかなければならない。 **分数の大小**

（対前年度増加率）＝$\frac{（対前年度増加量）}{（前年度生産量）}\times 100$［%］より、例えば、平成17年度の対前年度増加率は$\frac{50}{a}\times 100$［%］、平成18年度の対前年度増加率は$\frac{35}{a+50}\times 100$［%］であり、$a$の値がわからなくても、分数の大小の**判定法Ⅲ**を用いれば、**分子が大きく分母が小さい$\frac{50}{a}$の方が$\frac{35}{a+50}$より大きい**といえるので、（平成17年度の対前年度増加率）＞（平成18年度の対前年度増加率）であることがいえる。

一方、主な加工食品の生産量の対前年度増加量の合計をグラフから読み取れば、次のようになる。

年度	16	17	18	19	20	21
対前年度増加量の合計[万t]		＋40	＋95	－20	－40	－15

基準年度を平成16年度とし、その年度の**主な加工食品の生産量の合計をS［万t］とすれば**、平成16年度および表中の年度の生産量の合計は次のようになる。**具体化**

年度	16	17	18	19	20	21
生産量の合計[万t]	S	$S+40$	$S+135$	$S+115$	$S+75$	$S+60$

これより、主な加工食品の生産量の合計の平成17年度の対前年度増加率は$\frac{40}{S}\times 100$［%］、平成18年度の対前年度増加率は$\frac{95}{S+40}\times 100$［%］であるが、$\frac{40}{S}$と$\frac{95}{S+40}$の大小関係は不明である。これは、次のように説明できる。

分数の大小の**判定法Ⅶ**を用いて、$\frac{40}{S}$を基準として$\frac{95}{S+40}$を見れば、$\frac{\text{(分子の増加量)}}{\text{(分母の増加量)}}=\frac{55}{40}$**と具体的にはなるが**、$\frac{40}{S}$と$\frac{55}{40}$の大小関係は$S$の値がわからなければ不明なので、(平成17年度の対前年度増加率)と(平成18年度の対前年度増加率)の大小関係は不明である。**分数の大小**

このように、**対前年度増加率は各年度の実数を具体的に書き出してみないと、判定できるかどうかわからない。** **具体化**

ここまでを踏まえた上で、選択肢ごとの検討の方針を見ていく。

❶ 生産量が前年度に比べて減少している場合、その項目はグラフの0のラインより下に現れていることになる。

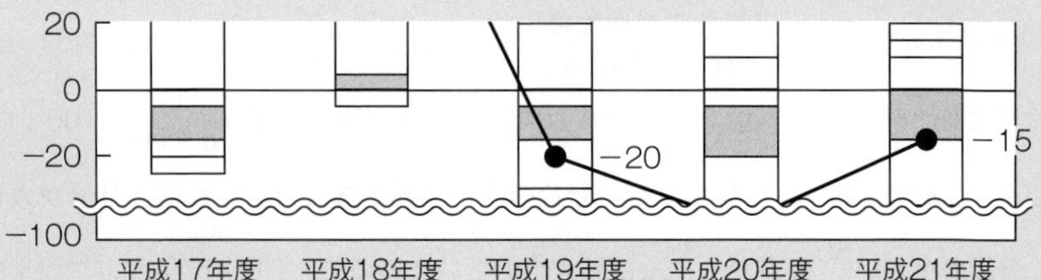

飲用牛乳の項目が0のラインより下に現れている年度において、ハム・ソーセー

ジの項目も下に現れていない年度があれば、この選択肢は除外できる。**反例**

❷ 対前年度増加量のみの資料では、基準値を文字でおいて具体的に書き出さないと、対前年度増加率の大小が判定できるかわからない。それなりに手間がかかるためいったん検討をスキップしてもよい。**後回し**

❸ ❷と同様に、基準値を文字でおいて具体的に書き出す作業を要するため、他の選択肢を見てから検討する。**後回し**

❹ 平成20年度のかん・びん詰より生産量の少ない年度が他にあれば、この選択肢は除外できる。**反例**

平成20年度は「かん・びん詰」がグラフの下側に最も大きな対前年度減少量で配置されているが、グラフの見方を誤らないように気をつける。

❺ 平成19年度～21年度において、主な加工食品の生産量の合計は、毎年度減少している(グラフの0のラインより下側にある)。合計が減少を続ける中で合計に占める割合が増加するには、その項目の対前年度増加量が正の値であればよい(グラフの0のラインより上側にあり続ければよい)。そのような項目が1つであれば正解であり、1つでなければ誤りとなる。

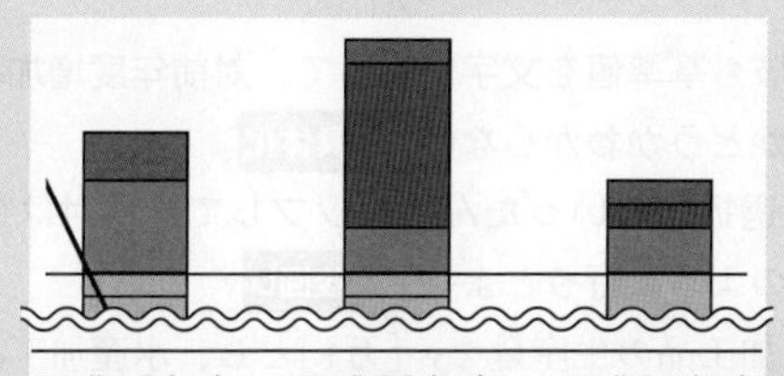

解説

❶ × 「飲用牛乳の生産量が前年度に比べて減少した年度は(すべて)、ハム・ソーセージ類の生産量も減少している」かどうかを判定すればよいので、反例を探す。**目標**

飲用牛乳の生産量が前年度より減少した(＝グラフの0のラインより下側)のは、平成17年度、19年度、20年度、21年度の４年で、このうち、平成21年度の「ハム・ソーセージ類」は0のラインの上にも下にもないので前年と同じ生産量である。**反例**

❷ ○ 正解へのプロセス で述べたように、**対前年度増加量の資料で対前年度増加率を比較するには、基準値を文字で表して、対前年度増加率を具体的に書き出さないと判定できるかどうかわからない。** 具体化

したがって、**この選択肢はいったんスキップして、検討は後回しにすればよい**が、検討する際は次のように行うとよい。 後回し

平成16年度の乳加工品の生産量をx［万t］とする。乳加工品の対前年度増加量をグラフから読み取って平成17〜21年度の対前年度増加率を具体的に書き表すと次の表の通りになる。ただし、表中の対前年度増加率は(対前年度増加率)＝$\frac{(対前年度増加量)}{(前年度生産量)}$×100［%］で計算できるが、大小比較で共通因数部分の検討は不要なため「×100［%］」の部分を除いて記入している。

年度	16	17	18	19	20	21
対前年度増加量[万t]		−5	＋20	＋20	＋10	＋10
生産量[万t]	x	$x-5$	$x+15$	$x+35$	$x+45$	$x+55$
対前年度増加率		$\frac{-5}{x}$	$\frac{20}{x-5}$	$\frac{20}{x+15}$	$\frac{10}{x+35}$	$\frac{10}{x+45}$

平成17〜21年度の中で乳加工品の生産量の**対前年度増加率が最も大きい年度は分母が最も小さく、分子が最も大きい平成18年度**である。 分数の大小 実例

❸ × この選択肢も**基準値を文字で表して、対前年度増加率を具体的に書き出さないと判定できるかどうかわからない。** 具体化

したがって、**この選択肢もいったんスキップして、検討は後回しにすればよい**が、検討する際は次のように行うとよい。 後回し

平成17年度の水産加工品の生産量をy［万t］とし、水産加工品の対前年度増加量をグラフから読み取って平成18〜20年度の対前年度増加率を具体的に書き表すと次の表の通りになる。ただし、表中の対前年度増加率では「×100［%］」の部分を除いて記入している。

年度	17	18	19	20
対前年度増加量[万t]	−5	＋25	−15	＋35
生産量[万t]	y	$y+25$	$y+10$	$y+45$
対前年度増加率		$\frac{25}{y}$	$\frac{-15}{y+25}$	$\frac{35}{y+10}$

平成18年度と20年度の対前年度増加率を比べると、分母が大きい方は平成20年度であり、分子が小さい方は平成18年度である。**分母の最大と分子の最小が同時に訪れないと、分数全体が最小であるとはいえないので、どちらが大きいかは不明**である。**分数の大小**

[別 解]

本選択肢は次のように言い換えることもできる。

「平成18年度の水産加工品の生産量の対前年度増加率は平成20年度のそれよりも小さいかどうか」は、不等式$\frac{25}{y}<\frac{35}{y+10}$が成り立つかどうかである。**この不等式を解けば、分母を払って$25(y+10)<35y$となり、「$y>25$[万t]が成り立つかどうか」である**。しかし、平成17年度の水産加工品の生産量(=y[万t])が25万tより大きいかどうかは不明であるから、$\frac{25}{y}<\frac{35}{y+10}$が成り立つかどうかは判定できない。

4 ✕　「かん・びん詰の生産量が最も小さい年度は平成20年度」かどうかが問われている。**同じ区分であるかん・びん詰の生産量の比較は可能**であり、**最小値に関する選択肢なので、反例を探せばよい**。**目標**

かん・びん詰の生産量の平成21年度は平成20年度に対し－20万tなので、20万t減少しており、平成21年度の方が小さい。**反例**

よって、**平成20年度が最小ではない**。

5 ✕　(各加工食品の、主な加工食品の生産量の合計に占める割合)＝$\frac{(\text{各加工食品})}{(\text{生産量の合計})}$であり、この割合が平成19年度から平成21年度にかけて、前年度より確実に増加しているものが1つだけかどうかを調べる。**目標**

平成19年度以降、**分母の(生産量の合計)は毎年度減少し続けている**。次に、**分子が増加し続けている(つまり、グラフの0のラインより上側にある)加工食品を平成19年度以降で探すと、乳加工品とその他食品の2つあり、1つだけではない**。

分数の大小

正解 **2**

6 単位量当たりの数量の資料

1 単位量当たりの数量

「単位量当たりの数量」とは比率(割合)の一種であり、「**～当たりの値**」や「**～に対する値**」で表される**数量**である。「～」に入る言葉には時間、人数、数量などがあり、例えば、「1日当たりの」、「1人当たりの」、「1件当たりの」、「1kg当たりの」、「1km^{2}当たりの」などである。

例19

ある会社の「社員**1人当たり**の売上高」とは、$\frac{(\text{売上高})}{(\text{社員数})}$である。

例19からもわかるが、「**単位量当たりの数量**」は**(平均)＝$\frac{(\text{合計})}{(\text{個数})}$の一種**と考えることもできる。

例20

ある地域の「人口密度」とは「**1km^{2}当たり**の人口」であり、この地域の面積(km^2)と総人口を用いて、(人口密度)＝$\frac{(\text{総人口})}{(\text{面積})}$で求めることができる。

「人口密度」が「**1km^{2}当たり**の人口」であることは問題文に書かれていなくても知っておきたい知識である。

2 単位量当たりの数量の資料を扱う問題の解法

次の点に注意しながら解いていくとよい。

① 分数を作って検討する

「単位量当たりの項目」は分数を作って検討するとよい。つまり、「～当たりの」という記述が出てきた場合、上の例のように「～」の部分が分母となる分数を考えればよい。ただし、「1日」、「1人」などが分母となるのではなく、「日数」、「人数」などが分母となる。

② 実数が求められない場合

分子、分母のうちどちらか一方の実数が与えられないと他方の実数は求めることができない。

例21

ある株式会社の「発行済株式1株当たりの純資産」が1,000円であったとき、(発行済株式1株当たりの純資産)＝$\frac{(\text{純資産})}{(\text{発行済株式数})}$より、$\frac{(\text{純資産})}{(\text{発行済株式数})}$＝1,000［円］…①が成り立つが、何株発行済みか、この会社の純資産がいくらかはわからない。

この会社の発行済株式数が20万株であることがわかれば、この会社の純資産は、①より、(純資産)＝1,000×(発行済株式数)＝1,000［円］×20［万株］＝20,000［万円］＝2［億円］であるといえる。

③ 式変形を活用する

資料に直接書かれていなくても、**資料の項目を分数にした上で、必要な数値を得るために、式変形をする**こともある。何が求められて、何が求められないのかを考えなければならない。

例22

ある会社の「労働生産性」を「社員**1人当たり**の利益」と定める。資料中に「社員数」、「利益」だけでなく「社員1人当たりの利益」が与えられていなくても、「労働生産性」は「社員**1人当たり**の売上高」と「売上高に対する利益の比率」の積で求めることができる。

これは、それぞれを分数で表せば、$(労働生産性)=\frac{(利益)}{(社員数)}=\frac{(売上高)}{(社員数)}\times\frac{(利益)}{(売上高)}$であることから理解できる。

例えば、社員1人当たりの売上高が5,000万円、売上高に対する利益の比率が20%であるとき、

$$(労働生産性)=\frac{(売上高)}{(社員数)}\times\frac{(利益)}{(売上高)}=5{,}000\times 20\%=1{,}000\ [万円/人]$$

となる。

式変形

$\frac{C}{A}\div\frac{C}{B}=\frac{C}{A}\times\frac{B}{C}=\frac{\cancel{C}}{A}\times\frac{B}{\cancel{C}}=\frac{B}{A}$より、次式のように計算できる。

「A1単位当たりのB」=「A1単位当たりのC」×「C1単位当たりのB」
=「A1単位当たりのC」÷「B1単位当たりのC」

例題 4-7

下表はわが国の映画に関するさまざまな値の推移を表したものである。この表から読みとれることとして確実にいえるものはどれか。

	公開本数１本当たりの映画館数	映画館１館当たりの入場者数［万人］	公開本数１本当たりの興行収入［億円］
1990年	4.47	6.96	3.14
2000年	2.51	7.95	2.28
2010年	3.92	5.36	2.65

❶ 表中の年において、公開本数が最も少なかった年は1990年であり、この年は興行収入が最も多かった。

❷ 表中の年において、公開本数１本当たりの入場者数の多い順に並べると、2000年、1990年、2010年である。

❸ 2000年から2010年にかけて、公開本数１本当たりの映画館数が上昇し、映画館１館当たりの入場者数が減少しているのは、収容人数が少ない映画館が増えたことによる。

❹ 表中の年において、映画館１館当たりの興行収入の少ない順に並べると、1990年、2010年、2000年である。

❺ 表中の年において、入場者１人当たりの興行収入が最も多い年は2010年である。

正解へのプロセス

「単位数量当たりの数表」の問題である。
表の項目は次のように表せる。

① （公開本数（A）１本当たりの映画館数（B））$=\dfrac{(\text{映画館数})}{(\text{公開本数})}=\dfrac{B}{A}$

② （映画館（B）１館当たりの入場者数（C））$=\dfrac{(\text{入場者数})}{(\text{映画館数})}=\dfrac{C}{B}$

③ （公開本数（A）１本当たりの興行収入（D））$=\dfrac{(\text{興行収入})}{(\text{公開本数})}=\dfrac{D}{A}$

①～③の分母、分子については、どちらか一方の実数が与えられないと他方の実

数は求めることができないが、**本問では実数が一切与えられていないので、分母、分子のいずれも求めることはできない**ことに注意したい。①〜③の分子、分母のうち、映画館数は①と②に、公開本数は①と③に項として含まれるが、入場者数は②にのみ、興行収入は③にのみ含まれるので、**入場者数や興行収入に関する数量を式変形で計算する際は、入場者数については②を、興行収入については③を使わないと計算できない**ことに注意したい。

以下では、簡略化のため、上の項目を①、②、③と呼ぶことにする。

❶ 本問では実数が一切与えられていないので、直接資料から読み取れない情報は式変形によって確かめることになる。公開本数(A)や興行収入(D)の値が式変形によって求められるかどうかを考える。

❷ 公開本数(A)あたりの入場者数(C)、つまり$\frac{C}{A}$を求めて年ごとの大小を確かめたいが、直接これを示す資料がないので式変形を利用する。

$\frac{B}{A}$、$\frac{C}{B}$、$\frac{D}{A}$をうまく使って、$\frac{C}{A}$を求められないか検討し、その値が2000年、1990年、2010年の順に大きな値であるかどうか確認する。

$\frac{C}{A}$について(2000年)>(1990年)>(2010年)

❸ 数値が変動していることの背景について言及している選択肢だが、理由を断定できるかどうか考えてみてもらいたい。

❹ 映画館数(B)あたりの興行収入(D)、つまり$\frac{D}{B}$を求めて年ごとの大小を確かめたいが、直接これを示す資料がないので式変形を利用する。

$\frac{B}{A}$、$\frac{C}{B}$、$\frac{D}{A}$をうまく使って、$\frac{D}{B}$を求められないか検討し、その値が1990年、2010年、2000年の順に小さい値であるかどうか確認する。

$\frac{D}{B}$について(1990年)<(2010年)<(2000年)

❺ 入場者数(C)あたりの興行収入(D)、つまり$\frac{D}{C}$を求めて、その値が最大である

のが2010年かどうか確認する。これも式変形を利用するが、計算の手間が多くなるため後回しにするとよい。**後回し**

解説

❶ × **どのように式変形を行っても、実数が一切与えられていないため、**「公開本数」そのものを求めることができない。

❷ × $\frac{(入場者数)}{(公開本数)}$を求めるためには、**表中の項目のうち「入場者数」を唯一含む、②(映画館1館当たりの入場者数)＝$\frac{(入場者数)}{(映画館数)}$を用いる。** **目標**

②の分数$\frac{(入場者数)}{(映画館数)}$にある不要な(映画館数)を消して、代わりに(公開本数)にするには$\frac{(映画館数)}{(公開本数)}$を掛ければよく、$\frac{(入場者数)}{(公開本数)}=\frac{(入場者数)}{(映画館数)}\times\frac{(映画館数)}{(公開本数)}$と式変形する。これは、資料中の項目①、②の積であり、$\frac{(入場者数)}{(公開本数)}$＝①×②の計算で求めることができる。

上から3桁目を四捨五入して概算する。 **概算·近似**

1990年は①×②＝4.47×6.96≒4.5×7.0＝31.5、2000年は①×②＝2.51×7.95≒2.5×8.0＝20.0、2010年は①×②＝3.92×5.36≒3.9×5.4＝21.06≒21.1であり、1990年＞2010年＞2000年である。

(2000年)		(1990年)		(2010年)
2.51 × 7.95	＞ ?	4.47 × 6.96	＞ ?	3.92 × 5.36
≒		≒		≒
2.5 × 8.0		4.5 × 7.0		3.9×5.4
＝	この時点で誤り	＝		＝
20.0	＜	31.5		21.06

❸ × 原因・背景事情に関する内容をこの資料から読み取ることはできない。

❹ × $\frac{(興行収入)}{(映画館数)}$を求めるためには、**表中の項目のうち「興行収入」を唯一含**

む、③（公開本数１本当たりの興行収入）$=\frac{(興行収入)}{(公開本数)}$を用いる。**目標**

③の分数$\frac{(興行収入)}{(公開本数)}$にある不要な（公開本数）を消して、代わりに（映画館数）にするには$\frac{(公開本数)}{(映画館数)}$を掛ければよく、$\frac{(興行収入)}{(映画館数)}=\frac{(興行収入)}{(公開本数)}\times\frac{(公開本数)}{(映画館数)}$と式変形する。また、$\frac{(公開本数)}{(映画館数)}$は資料中の項目①の逆数であり、$\frac{(興行収入)}{(映画館数)}=\frac{(興行収入)}{(公開本数)}\times\frac{(公開本数)}{(映画館数)}=\frac{(興行収入)}{(公開本数)}\div\frac{(映画館数)}{(公開本数)}=\frac{③}{①}$の計算で求めることができる。

1990年は$\frac{③}{①}=\frac{3.14}{4.47}$、2000年は$\frac{③}{①}=\frac{2.28}{2.51}$、2010年は$\frac{③}{①}=\frac{2.65}{3.92}$である。1990年の$\frac{3.14}{4.47}=\frac{314}{447}$は、447の10％が44.7で70％が$44.7\times7=312.9$より、70％をわずかに上回る値である。2000年の$\frac{2.28}{2.51}=\frac{228}{251}$は、251の10％が25.1で90％は$251-25.1=225.9$より、90％をわずかに上回る値である。2010年の$\frac{2.65}{3.92}=\frac{265}{392}$は、392の10％が39.2で70％が$39.2\times7=274.4$より、70％をわずかに下回る値である。よって、**2010年＜1990年＜2000年**である。

$\frac{3.14}{4.47}$? $<$ $\frac{2.65}{3.92}$? $<$ $\frac{2.28}{2.51}$

≒ 0.7強 $>$ 0.7弱　≒ 0.9強

この時点で誤り

❺ ◯　$\frac{(興行収入)}{(入場者数)}$を求めるためには、**表中の項目のうち「興行収入」を唯一含む③（公開本数１本当たりの興行収入）$=\frac{(興行収入)}{(公開本数)}$**および、**「入場者数」を唯一含む②（映画館１館当たりの入場者数）$=\frac{(入場者数)}{(映画館数)}$**を用いる。**目標**

この選択肢は、他の選択肢に比べて計算量が多くなるため、スキップすればよいが、検討する際は次のように行うとよい。**後回し**

②は(入場者数)が分子にあるので逆数を取らなければならず、$③\times\frac{1}{②}=\frac{③}{②}=$

$\frac{(興行収入)}{(公開本数)}\times\frac{(映画館数)}{(入場者数)}=\frac{(興行収入)}{(入場者数)}\times\frac{(映画館数)}{(公開本数)}$となるが、右辺から不要な

$\frac{(映画館数)}{(公開本数)}$を消して$\frac{(興行収入)}{(入場者数)}$のみにするには、$\frac{(公開本数)}{(映画館数)}$を掛ければよく、$\frac{③}{②}$

$\times\frac{(公開本数)}{(映画館数)}=\frac{(興行収入)}{(入場者数)}$となる。また、$\frac{(公開本数)}{(映画館数)}$は資料中の項目①の逆数で

あり、$\frac{(興行収入)}{(入場者数)}=\frac{③}{②}\times\frac{1}{①}=\frac{③}{①\times②}$と式変形する。

分母の①×②には❷の概算結果を用いれば、1990年は$\frac{③}{①\times②}\fallingdotseq\frac{3.14}{31.5}=\frac{314}{3{,}150}$、

2000年は$\frac{③}{①\times②}\fallingdotseq\frac{2.28}{20.0}=\frac{228}{2{,}000}$、2010年は$\frac{③}{①\times②}\fallingdotseq\frac{2.65}{21.1}=\frac{265}{2{,}110}$である。

ここで分数の大小の判定法Ⅳを用いる。**分数の大小**

1990年は3,150の10％が315なので10％をわずかに下回る値であり、2000年は2,000の10％が200で１％が20より、11％をわずかに上回る値であり、2010年は2,110の10％が211で１％が約21より、２％が約42および0.5％が約10.5なので12.5％をわずかに上回る値である。

よって、$\frac{③}{①\times②}$が最も多い年は2010年である。

$$(1990年)=\frac{314}{3{,}150}\fallingdotseq 10\%弱$$

$$(2000年)=\frac{228}{2{,}000}\fallingdotseq 11\%強$$

$$(2010年)=\frac{265}{2{,}110}\fallingdotseq 12.5\%強$$ 最大

正解 5

過去問Exercise

問題1 次の表は、警視庁管内における平成21年の刑法犯の身柄措置別検挙人数を包括罪種別にまとめたものである。この表から正しくいえることはどれか。

警視庁Ⅰ類2011

刑法犯の身柄措置別、包括罪種別検挙人数

（平成21年、警視庁）

身柄措置＼罪種	凶悪犯	粗暴犯	窃盗犯	知能犯	風俗犯	その他の刑法犯
現行犯逮捕	259	1,734	2,504	514	855	1,309
緊急逮捕	30	29	113	13	9	21
通常逮捕	463	1,496	2,035	1,040	301	843
総　　数	752	3,259	4,652	1,567	1,165	2,173

（注）包括罪種とは、刑法犯を「凶悪犯」、「粗暴犯」、「窃盗犯」、「知能犯」、「風俗犯」、「その他の刑法犯」の６種に分類し、類似性の強い罪種を包括したものをいう。

1. 身柄措置別にみると、通常逮捕の総数は、全体の過半数を占めている。
2. 罪種別にみると、粗暴犯の総数と窃盗犯の総数の合計は、全体の$\frac{3}{4}$を超えている。
3. 知能犯の緊急逮捕が少ないのは、現場での証拠収集に時間を要するためである。
4. 風俗犯における現行犯逮捕の割合は、知能犯における通常逮捕の割合を超えている。
5. 仮に窃盗犯が３割少なかったら、全体の検挙人数は２割少なかった。

解説

正解 ❹

「実数の表」の問題である。

❶ × 通常逮捕の総数が全体の過半数を占めているかどうかを**概算で実際に確かめていく。** 実例 目標

ここで、**「過半数」とは「半数を超える」ことである**ことに注意したい。

そこでまず、通常逮捕の総数を計算していくが、同じ項目の足し算でも、桁の違う数値が含まれる場合は、「上から3桁目」を四捨五入すると誤差を含む位がバラバラになる。このような場合、四捨五入する位を統一するとよい。通常逮捕の総数は、**十の位を四捨五入して概算**をする。500＋1,500＋2,000＋1,000＋300＋800＝6,100であり、全体の計算でも、「総数」の合計を**十の位を四捨五入して概算**をすれば、800＋3,300＋4,700＋1,600＋1,200＋2,200＝13,800である。
概算·近似

全体の半数が6,900なので、通常逮捕の総数は全体の**過半数を占めていない**。

なお、全体の計算では「総数」の6項目のすべての数値が「四捨」されず「五入」されて繰り上がってしまい、誤差が積み上がって真値より大きくなっている。しかし、十の位を四捨五入しているので、各数値は最大で50程度大きくなっているが、積み上がっても誤差は高々50×6＝300程度であり、「過半数でない」という判定が覆ることはない。

❷ × 粗暴犯の総数と窃盗犯の総数の合計は、**十の位を四捨五入して概算**をすれば、3,300＋4,700＝8,000である。 概算·近似

全体である13,800の$\frac{3}{4}$は、13,800から13,800の$\frac{1}{4}$を引けばよい。13,800の$\frac{1}{4}$は、「13,800の**半分の半分**」と計算すると簡単である。13,800の半分は6,900であり、6,900の半分は3,450なので、結局13,800の$\frac{3}{4}$は13,800−3,450＝10,350である。

よって、粗暴犯の総数と窃盗犯の総数の合計は、全体の$\frac{3}{4}$を**超えていない**。

❸ × 緊急逮捕が少ない項目として、知能犯の他に風俗犯もあるが、検挙人数と証拠収集に要する時間との関係はこの資料からは不明である。よって、この資料

から正しいとは判断できない。

4 ○　風俗犯における現行犯逮捕の割合は$\frac{855}{1,165}$であり、知能犯における通常逮捕の割合は$\frac{1,040}{1,567}$である。**具体化**

この選択肢では、「風俗犯における現行犯逮捕の割合は、知能犯における通常逮捕の割合を超えている」かどうか、つまり、「$\frac{855}{1,165} > \frac{1,040}{1,567}$が成り立つ」かどうかを検討することになる。**目標**

唯一の「分数の大小比較」の選択肢であり、いったん後回しでもよい。**後回し**

検討する際は次のように行う。

判定法Ⅵを用いると、$\frac{855}{1,165}$**を基準**とすれば、$\frac{1,040}{1,567}$の分子は855から1,040へ185増加し、分母は1,165から1,567へ402増加している。分子の増加率は20％強、分母の増加率は35％弱（30％強とみてもよい）であるから、**（分子の増加率）＜（分母の増加率）**より、$\frac{855}{1,165} > \frac{1,040}{1,567}$である。**分数の大小** **実例**

よって、風俗犯における現行犯逮捕の割合は、知能犯における通常逮捕の割合を**超えている**。

5 ×　「仮に窃盗犯が３割少なかったら、全体の検挙人数は２割少なかった」が正しいとすれば、「窃盗犯の総数の３割」と「全体の検挙人数の２割」が等しいことになるが、窃盗犯の人数である4,652の３割は、おおよそ465.2×３≒1,400程度である。**概算・近似**

一方、全体の検挙人数である13,800の２割は、1,380×２＝2,760であり、**大幅に異なる**。

よって、窃盗犯が３割少なくなっても、全体の検挙人数は**２割も少なくはならない**。

問題2

表は1970年以降の我が国の映画の概況に関するものであるが、これから確実にいえるのはどれか。

国家一般職2006

	1970	1980	1990	2000	2003	2004
映画館数（館）	3,246	2,364	1,836	2,524	2,681	2,825
公開本数（本）	659	529	704	644	622	649
うち邦画の割合[%]	*64.2*	*60.5*	*33.9*	*43.8*	*46.1*	*47.8*
入場者数（千人）	254,799	164,422	146,000	135,390	162,347	170,092
平均入場料金（円）	324	1,009	1,177	1,262	1,252	1,240

（出典）日本映画制作者連盟調べより引用・加工

1　1990年の映画館の館数は1970年のそれの７割以下であったが、1990年の公開本数は1970年のそれよりも15％以上増加した。

2　2004年の邦画以外の映画の公開本数は、1970年のそれよりも減少した。

3　2000年の映画館１館当たりの入場者数は、1980年のそれよりも増加した。

4　2003年の入場料金の合計は、1970年のそれの４倍以上である。

5　2004年の公開本数１本当たりの入場料金の合計は、1990年のそれよりも増加した。

解説

正解 5

「実数の表」の問題である。

1 × まず前半の「1990年の映画館の館数は1970年のそれの7割以下であった」を検討する。目標

1990年の映画館数は1,836、1970年の映画館数の7割は3,246×0.7だが、かなり粗く概算して（しかし低く見積もって）、3,000×0.7＝2,100としても、1,836は確かに1970年の7割以下であることがわかり、前半は正しい。概算・近似

このように、選択肢内にいくつかの検討事項がある場合は、判定の簡単な方から一つずつ検討し、事実を積み上げていく。実例

次に後半の「1990年の公開本数は1970年のそれよりも15%以上増加した」を検討する。目標

1990年の公開本数が704、1970年のそれは659であり、1970年から1990年にかけて659から704へ45増加しているが、659の10%が65.9であるから、増加量の45は659の10%を下回る。よって、1990年の公開本数は1970年のそれよりも15%以上増加していない。概算・近似

2 × 邦画以外の公開本数は1970年が659×（100－64.2）%＝659×35.8%、2004年が649×（100－47.8）%＝649×52.2%である。具体化

659×35.8%＜660×40%＝294、649×52.2%＞648×50%＝324より、659×35.8%＜649×52.2%である。概算・近似

よって、2004年の邦画以外の映画の公開本数は、1970年のそれよりも減少していない。

3 × 「映画館1館当たりの入場者数」は$\frac{(入場者数)}{(映画館数)}$で求められる。目標

$\frac{(入場者数)}{(映画館数)}$について、1980年は$\frac{164,422}{2,364}$、2000年は$\frac{135,390}{2,524}$である。具体化

両者を比較すると、1980年の方が分子が大きく分母が小さいので、判定法Ⅲより、（1980年）＞（2000年）であることがわかる。よって、2000年の映画館1館当たりの入場者数は、1980年のそれよりも増加してはいない。分数の大小

4 × 「**入場料金の合計」は(平均入場料金)×(入場者数)で求められる。** 目標

この「入場料金の合計」について、1970年は324×254,799であり、2003年は1,252×162,347である。 具体化

両者を比較すると、(平均入場料金)は確かに324から1,252へ約4倍になっているが、(入場者数)が254,799から162,347へ大幅に減ってしまっているため、**積の値である「入場料金の合計」は4倍以上ではない。**

5 ○ 「**公開本数1本当たりの入場料金の合計」は、**

$$\frac{(\text{入場料金の合計})}{(\text{公開本数})}=\frac{(\text{平均入場料金})\times(\text{入場者数})}{(\text{公開本数})}$$

で求めことができる。 目標

この「公開本数1本当たりの入場料金の合計」について、1990年は$\frac{1,177\times 146,000}{704}$、2004年は$\frac{1,240\times 170,092}{649}$である。 具体化

3項目も登場する「分数の大小比較」の選択肢なので、いったん後回しでもよい。 後回し

検討する際は次のように行う。

1990年に対し、2004年は**分子が2項とも大きく、分母が小さい**ので、**判定法Ⅲ**より、**2004年の方が大きい**。よって、2004年の公開本数1本当たりの入場料金の合計は、1990年のそれよりも**増加**している。 分数の大小 実例

問題3

次の表から確実にいえるのはどれか。

特別区Ⅰ類2006

アジア５カ国の外貨準備高の推移

（単位100万米ドル）

国名	1999年	2000年	2001年	2002年	2003年
日本	288,080	356,021	396,237	462,456	664,569
インド	33,219	38,427	46,376	68,213	99,536
韓国	74,008	96,151	102,773	121,367	155,308
シンガポール	76,843	80,132	75,375	82,021	95,746
中国	158,338	168,857	216,313	292,045	409,154

1 2000年から2002年までの各年における日本の外貨準備高の平均は、3,800億米ドルを下回っている。

2 2002年のインドの外貨準備高の対前年増加額は、2001年のそれの３倍を上回っている。

3 2000年の韓国の外貨準備高の対前年増加率は、2001年のそれの３倍より小さい。

4 表中の各年とも、シンガポールの外貨準備高は、日本のそれの20％を超えている。

5 2001年において、中国の外貨準備高の対前年増加率は、インドの外貨準備高のそれより大きい。

解説

正解 5

「実数の表」の問題である。桁の大きな数字が多いので、本問の検討の際は、上から4桁目を四捨五入して概算する。 **概算・近似**

1 × 2000年から2002年までの各年における日本の外貨準備高の平均が3,800億米ドルを下回っているということは、2000年から2002年までの各年における日本の外貨準備高の和が3,800 × 3 = 11,400［億米ドル］を下回っていることと同じである。 **具体化**

そこで、**単位を［100万米ドル］から［億米ドル］に直し、上から4桁目を四捨五入した**、3,560 + 3,960 + 4,620［億米ドル］が11,400億米ドルを下回っているかどうかを計算すればよい。3,560 + 3,960 + 4,620 = 12,140より、11,400を**下回っていない**。 **概算・近似** **目標**

仮平均法を用いた方法も記載しておく。**仮平均（基準値）を3,800億米ドルとして、各年の仮平均に対する増減を足していけば**、−240 + 160 + 820の値が**プラス（正の値）**になる。よって、日本の外貨準備高の平均は3,800億米ドルを**下回っていない**。

2 × 2002年のインドの外貨準備高の対前年増加額は、（2002年）−（2001年）= 68,213 − 46,376 ≒ 68,200 − 46,400 = 21,800であり、2001年のそれは、（2001年）−（2000年）= 46,376 − 38,427 ≒ 46,400 − 38,400 = 8,000である。 **概算・近似**

8,000の3倍は24,000であるから、2002年は2001年の3倍を**上回っていない**。

3 × 2000年および2001年の韓国の外貨準備高の**対前年増加率を概算で求める**。 **目標**

2000年の韓国の外貨準備高は前年の1999年に対し、96,151 − 74,008 ≒ 96,200 − 74,000 = 22,200増加している。74,000の10%が7,400より、30%は7,400 × 3 = 22,200なので、**2000年の韓国の外貨準備高の対前年増加率は約30%**である。一方、2001年の韓国の外貨準備高は前年の2000年に対し、102,773 − 96,151 ≒ 102,800 − 96,200 = 6,600増加している。96,200の10%が9,620より、6,600は10%より小さい。 **概算・近似**

したがって、**2001年の韓国の外貨準備高の対前年増加率は10%未満**である。**30%は10%未満の3倍を超えている**ので、2000年の韓国の外貨準備高の対前年増加率は、2001年のそれの3倍より**小さくない**。

4 ✕ 「表中の各年とも…（である）」なので**反例を探す**。反例として、「（シンガポールの外貨準備高）≦（日本の外貨準備高）×20%である年」を探せばよい。 **目標**

そこで、**日本とシンガポールの差の大きい2003年に着目**する。シンガポールの外貨準備高は95,746であるのに対し、日本の外貨準備高は664,569であり、その20%はおおよそ66,500×2＝133,000である。 **概算・近似** **反例**

したがって、2003年のシンガポールの外貨準備高は、日本のそれの20%を**超えていない**。

5 ○ 2001年の中国およびインドの外貨準備高の**対前年増加率を概算で求める**。 **目標** **具体化**

2001年の中国の外貨準備高は前年の2000年に対し、216,313－168,857≒216,000－169,000＝47,000増加している。169,000の10%が16,900、30%が16,900×3＝50,700より、47,000は169,000の30%未満である。また、169,000の25%は［169,000の半分の半分］として、169,000÷2＝84,500、84,500÷2＝42,250である。したがって、47,000は169,000の25%より大きい。よって、**中国の対前年増加率は25～30%の間**である。

一方、2001年のインドの外貨準備高は前年の2000年に対し、46,376－38,427≒46,400－38,400＝8,000増加している。38,400の10%が3,840、20%が3,840×2＝7,680より、8,000は38,400の20%より大きい。また、38,400の25%は、38,400÷2＝19,200、19,200÷2＝9,600より、8,000は38,400の25%より小さい。よって、**インドの対前年増加率は20～25%の間**である。 **概算・近似**

したがって、2001年において、中国の外貨準備高の対前年増加率は、インドの外貨準備高のそれより**大きい**。

問題4　次の図から確実にいえるのはどれか。

特別区Ⅰ類2004

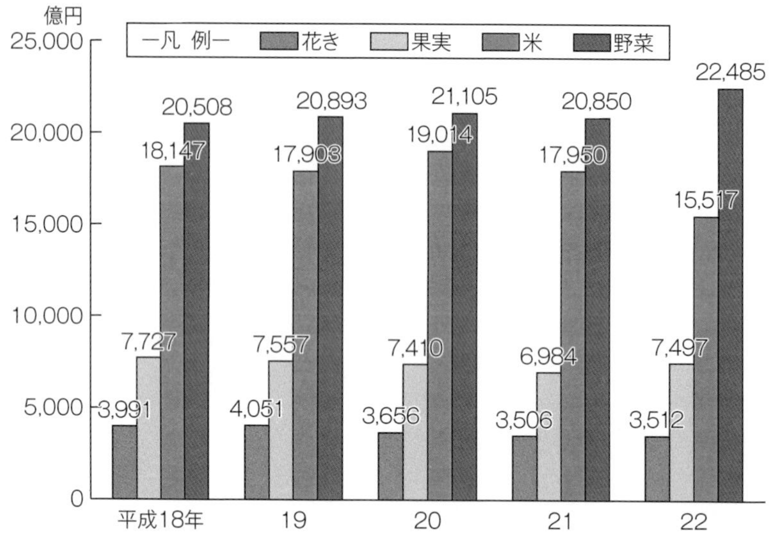

❶　図中の各年のうち、花き、果実、米、野菜の産出額の合計が最も少ないのは、平成21年である。

❷　平成18年の果実の産出額を100としたときの平成21年のそれの指数は、平成18年の花きの産出額を100としたときの平成21年のそれの指数を下回っている。

❸　図中の各農産物の産出額のうち、平成22年における産出額の対前年増加率が最も大きいのは、野菜である。

❹　平成21年の米の産出額の対前年減少額は、平成19年のそれの４倍を下回っている。

❺　平成20年において、野菜の産出額の、花き、果実、米、野菜の産出額の合計に占める割合は、花きのそれの６倍を上回っている。

解説

正解 ❸

「実数の棒グラフ」の問題である。

❶ ×　「図中の各年のうち、…が最も少ないのは」とあるので、**産出額の合計が平成21年より少ない年がないか、反例を探す。** 目標

平成22年の米の産出額が平成21年に比べてかなり少ないので、これに着目して、平成21年と平成22年を比較する。

平成22年の産出額は、平成21年に対して花きは3,512－3,506＝6増加、果実は7,497－6,984＝513増加、米は15,517－17,950＝－2,433より2,433減少、野菜は22,485－20,850＝1,635増加なので、**平成21年に対して平成22年の産出額の増加額は、＋6＋513－2,433＋1,635で計算でき、この式の値はマイナス（負の値）になる。** 反例

よって、産出額の合計が最も少ないのは、**平成21年ではない。**

❷ ×　「平成18年の果実の産出額を100としたときの平成21年のそれの指数」および「平成18年の花きの産出額を100としたときの平成21年のそれの指数」を**概算で求める。** 目標 具体化

果実の産出額は平成18年から平成21年にかけて、7,727から6,984へ743の減少である。7,727の10％は772.7なので、743は平成18年の10％より小さい。つまり、平成18年の果実の産出額を100とすると、**平成21年の果実の指数は90を上回る。** 概算・近似

花きの産出額は平成18年から平成21年にかけて、3,991から3,506へ485の減少である。3,991の10％は399.1なので、485は平成18年の10％より大きい。つまり、平成18年の花きの産出額を100とすると、**平成21年の花きの指数は90を下回る。** 概算・近似

よって、平成18年の果実の産出額を100としたときの平成21年のそれの指数は、平成18年の花きの産出額を100としたときの平成21年のそれの指数を**下回っていない。**

❸ ○　平成22年における産出額の対前年増加率が最大の項目を探すので、平成22年において前年より産出額が減少している米は考えなくてよい。また、花きは前年より3,512－3,506＝6増加しているが、これは前年3,512の１％にも満た

ないので、花きの対前年増加率は１％未満であり、最大の候補としてはあり得ない。したがって、**対前年増加率が最大の項目は残りの果実か野菜のいずれか**である。 **目標**

なお、「**実数の棒グラフ**」では、**棒グラフの伸び率の最大の年が対前年増加率の最大の年**である。したがって、**視覚的にも果実か野菜のいずれかに絞り込める。**

果実は前年より7,497－6,984＝513増加している。前年6,984の１％が約70なので、513は513÷70≒7.3［%］である。したがって、**平成22年における果実の対前年増加率は約7.3%**である。

野菜は前年より22,485－20,850＝1,635増加している。前年20,850の１％は約209なので、1,635は1,635÷209≒7.8［%］である。したがって、**平成22年における野菜の対前年増加率は約7.8%**であり、**これは果実よりも大きい。** **実例**

よって、平成22年における産出額の対前年増加率が最も大きいのは、野菜である。

ここでは、**果実の対前年増加率の約7.3%と野菜の対前年増加率の約7.8%が僅差**であり、**このような僅差の比較では、対前年増加率を分数で比較する**ことも検討したい。分数で検討すると次のようになる。

果実は前年より7,497－6,984＝513増加しているので、**対前年増加率は**$\frac{513}{6,984}\times 100$［%］である。野菜は前年より22,485－20,850＝1,635増加しているので、**対前年増加率は**$\frac{1,635}{20,850}\times 100$［%］である。 **具体化**

判定法Vを用いて分数の大小を比較する。$\frac{513}{6,984}$**を基準として**$\frac{1,635}{20,850}$**を見ると**、分子が513から1,635へ増加したので倍率３倍強であるのに対し、**分母は**6,984から20,850へ増加したので倍率３倍弱であり、**（分子の倍率）＞（分母の倍率）**より、$\frac{513}{6,984}<\frac{1,635}{20,850}$である。したがって、平成22年における対前年増加率が最も大きいのは、**野菜である。** **分数の大小**

④ ×　平成19年の米の対前年減少額は18,147－17,903＝244であり、その４倍は244×４＝976である。平成21年の米の対前年減少額は19,014－17,950＝1,064であり、これは平成19年のそれの４倍を**下回っていない。**

⑤ ×　平成20年において、「**野菜の産出額の、花き、果実、米、野菜の産出額**

の合計に占める割合」は$\frac{(野菜の産出額)}{(花き、果実、米、野菜の産出額の合計)}$であり、「花きのそれ」は$\frac{(花き)}{(花き、果実、米、野菜の産出額の合計)}$である。**具体化**

この**2つの分数の分母は同じ**なので、「6倍を上回っている」かどうかは**分子のみで比較すればよい**。つまり、「野菜の産出額が花きの6倍を上回っている」かどうかだけ検討すれば判断ができる。**目標**

平成20年の花きの産出額は3,656であり、その6倍は3,656×6＞3,600×6＝21,600であり、平成20年の野菜の21,105は（低く見積もった）21,600を**下回る**。**概算・近似**

よって、平成20年の野菜の産出額の、花き、果実、米、野菜の産出額の合計に占める割合は、花きのそれの6倍を**上回っていない**。

問題5

次の図から正しくいえるのはどれか。

東京都Ⅰ類2018

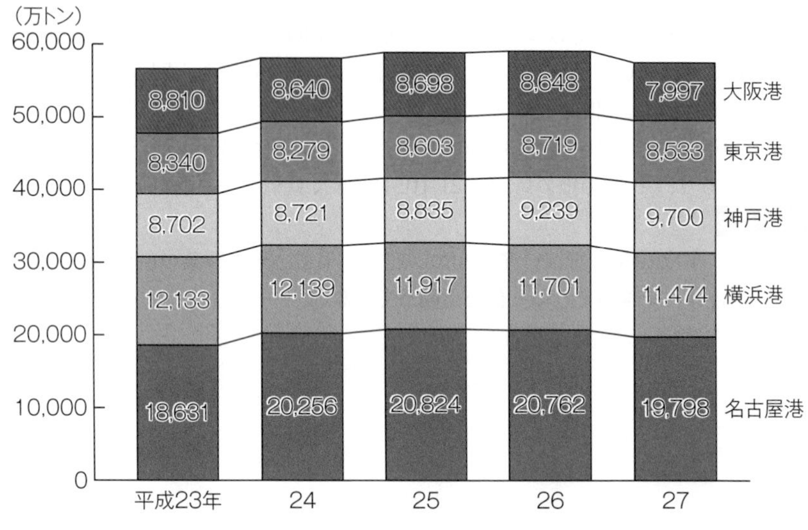

1 平成23年から25年までについてみると、名古屋港の取扱貨物量の３か年の累計に対する横浜港の取扱貨物量の３か年の累計の比率は0.5を下回っている。

2 平成23年における神戸港と大阪港との取扱貨物量の計を100としたとき、27年における神戸港と大阪港との取扱貨物量の計の指数は103を上回っている。

3 平成24年から26年までの各年についてみると、横浜港の取扱貨物量と東京港の取扱貨物量との差は、いずれの年も3,000万トンを下回っている。

4 平成25年から27年までの各年についてみると、５港湾の取扱貨物量の合計に占める名古屋港の取扱貨物量の割合は、いずれの年も30％を上回っている。

5 平成25年における取扱貨物量の対前年増加率を港湾別にみると、５港湾のうち最も大きいのは東京港であり、次に大きいのは神戸港である。

解説

正解 ④

「実数の積み上げグラフ」の問題である。桁の大きな数字が多いので、本問の検討の際は、**上から4桁目を四捨五入して概算**する。 **概算・近似**

① × 「名古屋港の取扱貨物量の3か年の累計」に対する「横浜港の取扱貨物量の3か年の累計」の比率が0.5を下回っているということは、**言い換えれば「名古屋港の取扱貨物量の3か年の累計」は「横浜港の取扱貨物量の3か年の累計」の2倍を超えるということ**である。 **目標**

名古屋港の3か年の累計は18,631＋20,256＋20,824≒18,600＋20,300＋20,800＝59,700であり、横浜港の3か年の累計は12,133＋12,139＋11,917≒12,100＋12,100＋11,900＝36,100である。 **概算・近似**

横浜港の2倍は36,100×2＝72,200であり、名古屋港は横浜港の2倍未満であることがわかる。したがって、名古屋港の取扱貨物量の3か年の累計に対する横浜港の取扱貨物量の3か年の累計の比率は0.5を**下回っていない**。

② × 「指数は103を上回っている」ということは、**言い換えれば「増加率は3％より大きい」ということ**である。 **目標**

神戸港と大阪港との取扱貨物量の合計は、平成23年が8,702＋8,810≒8,700＋8,800＝17,500、平成27年が9,700＋7,997≒9,700＋8,000＝17,700である。 **概算・近似**

17,500から17,700へ200の増加であり、17,500の1％が175であることから、増加量の200は増加率でいえば2％未満であって、3％より小さい。 **具体化**

したがって、指数は103を**上回っていない**。

③ × 「**いずれの年も**3,000万トンを下回っている」とあるので、3,000万トンを上回る**反例を探す**。横浜港と東京港との差が3,000を超えそうな年として、**横浜港が大きく東京港が小さい平成24年に着目**する。平成24年は横浜港が12,139、東京港が8,279であり、その差は12,139－8,279≒12,100－8,300＝3,800であるので、3,000を超えている。 **概算・近似** **反例**

したがって、3,000万トンを上回っている年が**存在する**。

④ ○ 「**いずれの年も**30％を上回っている」とあるので、30％を下回る**反例を探す**。

しかし、反例を探せども、(5港湾の合計に占める名古屋港の割合) = $\frac{(\text{名古屋港})}{(\text{5港湾の合計})}$が30%を下回りそうな年として**顕著なものは見当たらない**ので、この選択肢はいったん後回しでもよい。**後回し**

検討する際は次のように行う。

分母の(5港湾の合計)が大きく、分子の(名古屋港)が小さい平成26年に着目する。**5港湾の合計の概算値は、このような「積み上げグラフ」では左端の目盛りから読み取るとよい。**

平成26年の5港湾の合計は左端の目盛りより約59,000であり、そのうち名古屋港は20,762である。59,000の10%は5,900であり、30%は5,900×3=17,700であるので、5港湾の合計に占める名古屋港の割合は30%を上回っている。5港湾の合計が60,000だとしても、その30%は18,000であり、名古屋港はいずれの年も18,000を超える。したがって、**いずれの年も30%を上回っている。**

5 ✕　選択肢に「対前年増加率は神戸港が2番目に大きい」という内容の記述があるが、**神戸港は平成24年から25年で100程度しか増えていない反面、名古屋港は500以上増えている**ので、**名古屋港が神戸港に対する反例ではないかと考えて検討**するとよい。**目標**

平成24年から25年について、神戸港は8,721から8,835へ114増加している。8,721の1%は約87であり、114の増加量は増加率でいうと2%未満である。一方、名古屋港は20,256から20,824へ568増加している。20,256の1%は約203であり、568の増加量は増加率でいうと2%以上である。**概算·近似**

したがって、神戸港よりも名古屋港の方が対前年増加率は大きい。**反例**

よって、東京港の次に大きいのは**神戸港ではない。**

問題6 下の円グラフは、野菜の需給構造についてまとめたものである。この円グラフから判断できることとして、最も妥当なのはどれか。

東京消防庁Ⅰ類2021

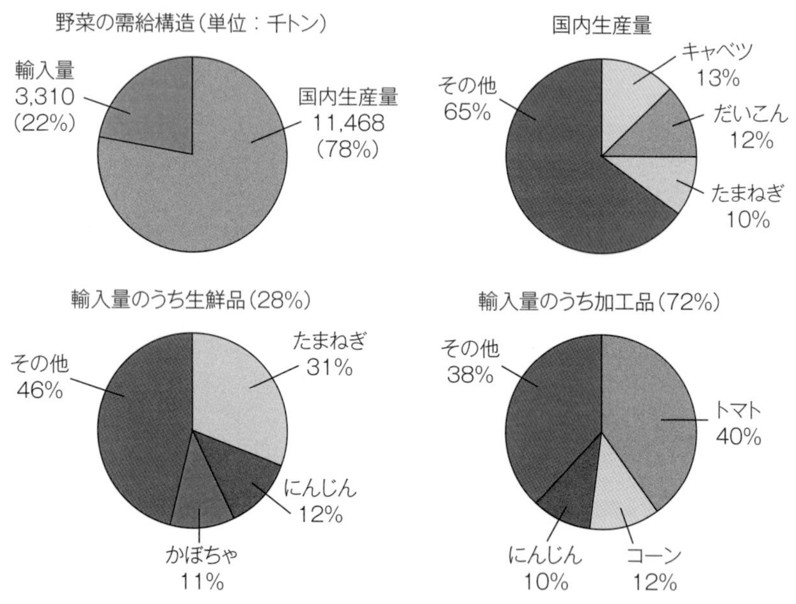

1. 国内生産量のたまねぎと輸入量のうち生鮮品のたまねぎを足した量は、輸入量のうち加工品のトマトとその他を足した量よりも多い。

2. 輸入量のうち生鮮品のにんじんとかぼちゃを足した量は、輸入量の5分の1を超えている。

3. 輸入量のうち加工品のにんじんと輸入量のうち生鮮品のにんじんの量を比較すると、輸入量のうち生鮮品のにんじんの方が多い。

4. 国内生産量のキャベツ、だいこん及びたまねぎを足した量は、5,000千トンを超えている。

5. 国内生産量のたまねぎの量は、輸入量のうち加工品のトマトの量よりも多い。

解説

正解 5

「総量付き構成比の円グラフ」の問題である。

問題には4つの円グラフがあり、左上の円グラフでは野菜の輸入量と国内生産量が総量付き構成比で示されており、右上の円グラフでは国内生産量のうち①キャベツ、②だいこん、③たまねぎ、④その他（①～③以外）の4項目の構成比が示されている。下の2つの円グラフでは野菜の輸入量を生鮮品と加工品の2種類に分類し、それぞれの構成比が円グラフの上の（ ）内に示されており、さらに左下の円グラフには、輸入量のうち生鮮品について、⑤たまねぎ、⑥にんじん、⑦かぼちゃ、⑧その他（⑤～⑦以外）の4項目の構成比が、右下の円グラフには、輸入量のうち加工品について、⑨トマト、⑩コーン、⑪にんじん、⑫その他（⑨～⑪以外）の4項目の構成比が示されている。したがって、**①～⑫の12項目の実数値は（総量）×（構成比）ですべて計算できることに注意したい。**

このように、**各円グラフがどのような役割を持っているか把握することが第一歩**である。

以下では、国内生産量と輸入量は十の位を四捨五入して、それぞれ11,500、3,300とし、輸入量のうち生鮮品は3,300×28％＝3,300×30％－3,300×2％＝330×3－33×2＝924、輸入量のうち加工品は3,300－924＝2,376として計算する。2桁の構成比ばかりなので、**割合（構成比）の計算は具体的に行っていけばよい。** **具体化**

1 × 国内生産量のうち、たまねぎの量は11,500×10％＝1,150であり、輸入量のうち生鮮品のたまねぎの量は924×31％である。また、輸入量のうち加工品のトマトとその他を足した量は、2,376×（40％＋38％）＝2,376×78％である。 **具体化**

よって、国内生産量のたまねぎと輸入量のうち生鮮品のたまねぎを足した量が、輸入量のうち加工品のトマトとその他を足した量より多いかは、1,150＋924×31％＞2,376×78％かどうかを判定すればよい。 **目標**

924×31％＝924×30％＋924×1％＝92.4×3＋9.24×1＝277.2＋9.24≒286より、1,150＋924×31％≒1,436であるが、2,376×78％＝2,376×80％－2,376×2％＝237.6×8－23.76×2＝1,900.8－47.52≒1,853より、1,150＋924×31％＜2,376×78％である。 **概算・近似**

❷ × 「輸入量のうち生鮮品のにんじんとかぼちゃを足した量」と「輸入量の５分の１」は輸入量が共通因数であるから、**共通因数である輸入量（3,300）を除いた「輸入量に占める生鮮品のにんじんとかぼちゃを足した割合」と「５分の１」を比較すればよい。** **目標**

「輸入量に占める生鮮品のにんじんとかぼちゃを足した割合」は28％×（12％＋11％）＝0.28×0.23で大きく見積もっても0.30×0.23＝0.069＝6.9％であるから、$\frac{1}{5}$＝20％を**超えていない**。 **概算・近似**

❸ × 輸入量のうち加工品のにんじんの量は2,376×10％＝237.6であり、輸入量のうち生鮮品のにんじんの量は924×12％＝924×10％＋924×2％＝92.4＋9.24×2＝92.4＋18.48≒111である。 **概算・近似**

よって、輸入量のうち加工品のにんじんと輸入量のうち生鮮品のにんじんの量を比較すると、輸入量のうち生鮮品のにんじんの方が**少ない**。

❹ × 国内生産量のキャベツ、だいこん及びたまねぎを足した量は、**共通因数である国内生産量11,500でくくれば**、11,500×（13％＋12％＋10％）＝11,500×35％＝11,500×30％＋11,500×5％＝1,150×3＋1,150÷2＜5,000より、5,000を**超えていない**。

❺ ○ 国内生産量のたまねぎの量は11,500×10％＝1,150であり（❶の解説で計算済み）、輸入品のうち加工品のトマトの量は2,376×40％＝237.6×4＝950.4であるから、国内生産量のたまねぎの量は、輸入品のうち加工品のトマトの量よりも**多い**。

問題7

表は、ある国をA地域とB地域に分け、それぞれの総人口及び特定の年齢層が総人口に占める割合の推移を示したものである。これからいえることとして最も妥当なのはどれか。

国家一般職2014

年	A地域			B地域		
	総人口（千人）	年齢層		総人口（千人）	年齢層	
		15歳未満（%）	65歳以上（%）		15歳未満（%）	65歳以上（%）
1960	811	27.3	7.9	1,721	37.6	3.9
1965	913	28.1	8.6	2,125	41.0	3.6
1970	1,006	26.0	9.9	2,690	41.7	3.6
1975	1,081	22.5	11.7	3,372	39.4	4.1
1980	1,144	20.6	12.5	4,162	36.1	4.5
1985	1,189	18.3	14.3	4,934	33.1	5.1
1990	1,236	16.5	15.9	5,660	29.0	5.8
1995	1,273	16.8	19.0	6,383	26.5	7.5
2000	1,296	16.3	22.4	7,025	24.1	9.8
2005	1,307	16.1	24.5	7,567	22.3	12.5
2010	1,312	16.6	25.7	7,994	21.1	14.7

1. 1960年～2010年の間で、A地域の65歳以上の人口の割合が一貫して上昇しているのは、B地域から65歳以上の人口が流入していることによるものである。

2. 1960年～ 2010年の間で、B地域の総人口の増加率は、A地域のそれの5倍に満たない。

3. この国全体において、1960年～ 2010年の間で、65歳以上の人口は10倍以上増加した。

4. この国全体において、1980年の15歳未満の人口及び65歳以上の人口の合計の割合は45%を超えている。

5. B地域において、1970年の15歳未満の人口及び65歳以上の人口の合計は、1995年のそれより多い。

解説　　正解 3

「**総量付き構成比（割合）の表**」の問題である。

本問では、ある国の年ごとの人口を、地域別、年別に、**3つの年齢層に分類し、この3つの年齢層のうち2つの年齢層（15歳未満及び65歳以上）の割合（構成比）が与えられている**。残りの1つの年齢層（15歳以上65歳未満）の割合は全体である100%から与えられた2層の年齢層の割合の合計を引けば得られる。

年ごとの総人口も地域別に与えられているので、（実数）＝（総量）×（構成比）より、各年齢層の人口が地域別にすべて計算できる。項目が多いので、該当する人口は概算するか、掛け算をせずに工夫して判定ができる場合は、掛け算しないで処理したい。**概算・近似**

1 ×　この国をA地域とB地域に分けていても、他国から流入している可能性もあり、**この資料のみからは判断できない**。

2 ×　1960年〜2010年の間の、A地域およびB地域の総人口の増加率を**具体的に概算で求めて比較する**。**目標**

A地域の総人口は1960〜2010年で、1,312－811＝501増加しており、811の10%が81.1、60%が81.1×6＝486.6なので、501は811の60%程度である。したがって、**A地域の総人口の増加率はおおよそ60%**である。B地域の総人口は1960〜2010年で、7,994－1,721＝6,273増加しており、1,721の300%（＝3倍）が5,163、60%が172.1×6≒1,033より、1,721の360%（＝300%＋60%）は5,163＋1,033＝6,196なので、6,273は1,721の360%程度である。したがって、**B地域の総人口の増加率はおおよそ360%**である。**概算・近似**

1960年〜2010年の間で、B地域の総人口の増加率は、A地域のそれの6倍程度であり、**5倍を超えている**。

3 ○　1960年〜2010年の間の、65歳以上の人口を上から3桁目を四捨五入して**具体的に概算で求めて比較する**。**目標**

この国の1960年における65歳以上の人口は、（A地域）＋（B地域）＝811×7.9%＋1,721×3.9%≒810×7.9%＋1,700×3.9%と概算できる。**割合の計算では次のように区切りの良い数値に分けて計算していくとよい**。810×7.9%の計算は、810の8%が8.1×8＝64.8であり、810の0.1%が0.81なので、810×7.9%＝

810×（8％－0.1％）＝64.8－0.81≒64である。1,700×3.9％の計算は、1,700の4％が17×4＝68であり、1,700の0.1％が1.7なので、1,700×3.9％＝1,700×（4％－0.1％）＝68－1.7≒66である。**よって、この国の1960年における65歳以上の人口の概算値は、64＋66＝130［千人］である。**

また、2010年における65歳以上の人口は、（A地域）＋（B地域）＝1,312×25.7％＋7,994×14.7％≒1,300×26％＋8,000×15％と概算できる。この値は、上と同様に区切りの良い数値に分けて計算すれば、1,300×（25％＋1％）＋8,000×（10％＋5％）＝325＋13＋800＋400＝1,538である。**よって、この国の2010年における65歳以上の人口の概算値は1,538［千人］である。** **概算・近似**

よって、1960年から2010年にかけての増加量の概算値は1,538－130＝1,408＞130×10＝1,300より、1960年～2010年の間で、**65歳以上の人口は10倍以上増加した。**

❹ ×　A地域の1980年の15歳未満の人口及び65歳以上の人口の割合の合計は20.6％＋12.5％＜45％、B地域のそれは36.1％＋4.5％＜45％である。各地域で構成比には総量（もちろんA地域とB地域では異なる）を掛けないと15歳未満の人口及び65歳以上の人口の合計は求められないが、A地域でもB地域でも1980年の15歳未満の人口及び65歳以上の人口の合計の割合は45％を超えていないので、**この国全体においても、15歳未満の人口及び65歳以上の人口の合計の割合は45％を超えない。**

❺ ×　B地域において、1970年および1995年の15歳未満の人口及び65歳以上の人口の合計を上から3桁目を四捨五入して**具体的に概算で求めて比較する。**
目標

B地域において、1970年の15歳未満の人口及び65歳以上の人口の合計は、2,690×（41.7％＋3.6％）＝2,690×45.3％≒2,700×45％＝2,700×50％－2,700×5％＝1,350－135＝1,215である。**よって、この国の1970年における15歳未満の人口及び65歳以上の人口の合計の概算値は1,215［千人］である。**

また、B地域において、1995年の15歳未満の人口及び65歳以上の人口の合計は、6,383×（26.5％＋7.5％）＝6,383×34.0％≒6,400×30％＋6,400×4％＝640×3＋64×4＝1,920＋256＝2,176である。**よって、この国の1995年における15歳未満の人口及び65歳以上の人口の合計の概算値は2,176［千人］である。**
概算・近似

以上より、1970年の15歳未満の人口及び65歳以上の人口の合計は、1995年の**それより少ない。**

問題8

表は、旅行や行楽を行った人の割合(行動者率)を調査した結果を示したものである。これから確実にいえるのはどれか。なお、行動者率とは、過去1年間に該当する種類の活動を行った者が調査対象者に占める割合をいう。

国家一般職2018

		平成18年	平成23年	平成28年
旅行(1泊2日以上)	全体	63.7	59.3	59.1
	男性	63.4	58.5	57.3
	女性	63.9	60.1	60.8
国内旅行	全体	62.2	57.9	58.0
	男性	62.0	57.2	56.2
	女性	62.5	58.6	59.6
観光旅行	全体	49.6	45.4	48.9
	男性	47.9	43.3	47.4
	女性	51.2	47.4	50.3
帰省・訪問などの旅行	全体	25.2	23.8	26.0
	男性	24.2	22.7	25.4
	女性	26.2	24.9	26.6
海外旅行	全体	10.1	8.9	7.2
	男性	10.2	8.5	6.3
	女性	10.0	9.2	8.1
行楽(日帰り)	全体	60.0	58.3	59.3
	男性	56.9	54.8	56.3
	女性	63.0	61.6	62.1

❶ 平成18年の調査結果についてみると、女性の行動者率は、「旅行(1泊2日以上)」に含まれるいずれの活動においても男性を上回っている。

❷ 平成18年の調査結果についてみると、「国内旅行」と「海外旅行」の両方を行った者が、同年の調査対象者全体に占める割合は、10%以上である。

❸ 平成23年の調査結果についてみると、「旅行(1泊2日以上)」を行ったが、「行楽(日帰り)」は行わなかった男性が、同年の調査対象の男性に占める割合は、5%未満である。

❹ 平成28年の調査結果についてみると、「行楽(日帰り)」を行った男性は、「行楽(日帰り)」を行った女性よりも多い。

❺ 平成28年の調査結果についてみると、「国内旅行」を行った者のうち、「観光旅行」と「帰省・訪問などの旅行」の両方を行った者の割合は、25%以上である。

解説

正解 5

「総量のない割合の階層別分類表」の問題である。

まずは、本問の表の読み方を説明する。そのために、まずは下表を見てもらいたい。大項目は2つの中項目に分類されている。また各中項目は3つの小項目に分類されている。このように、本問の表や下表は、**各項目が階層的にとらえやすく表現**されている。このような表を「**階層別分類表**」という。

大項目	中項目1	小項目1	数値A
		小項目2	数値B
		小項目3	数値C
	中項目2	小項目1	数値D
		小項目2	数値E
		小項目3	数値F

本問では、平成18年、平成23年、平成28年の3年において、「行動者率」という割合について、調査対象者を次のように分類している。まず、「旅行（1泊2日以上)」と「行楽（日帰り)」の2つが大項目になり、「旅行（1泊2日以上)」は「国内旅行」と「海外旅行」という2つの中項目に分類され、さらに「全体」、「男性」、「女性」という3つの小項目に分類されている。ただし、「国内旅行」のみ、「観光旅行」と「帰省・訪問などの旅行」という目的別に分類した上で小項目に分類されている。

まず、注意したいのは、「全体の行動者率」という割合では調査対象者の総数が割合の基準（分母）であるが、「男性の行動者率」という割合では調査対象者のうちの男性全体が割合の基準（分母）であり、「女性の行動者率」という割合では調査対象者のうちの女性全体が割合の基準（分母）となることである。したがって、**調査年ごとに、割合の基準（分母）に相当するものが、「調査対象者全体」、「調査対象者のうち男性」、「調査対象者のうち女性」の3つずつある**。さらに、**調査対象者の総数や、男性および女性の総数などの実数が一切与えられていない**。

もう一点注意してもらいたいのが、大項目の「旅行（1泊2日以上)」と「行楽（日帰り)」の両方を行った者がいるかもしれないし、いないかもしれない、中項目の「国内旅行」と「海外旅行」の両方を行った者がいるかもしれないし、いないかもしれないということである。このような**可能性を数値から判断する**のが本問の難しさであるが、この**問題を解くための背景知識として、数的推理で学んだ「平均」および判断推理で学んだ「集合」がある。**

そこで、具体的に説明するために、平成18年について、資料の一部分だけ取り出して考える。

		平成18年
旅行(1泊2日以上)	全体	63.7
	男性	63.4
	女性	63.9
行楽(日帰り)	全体	60.0
	男性	56.9
	女性	63.0

「旅行(1泊2日以上)」を行った者は平成18年の調査対象者全体の63.7%おり、「旅行(1泊2日以上)」を行った「男性」は同年の調査対象者の男性のうち63.4%、「旅行(1泊2日以上)」を行った「女性」は同年の調査対象者の女性のうちの63.9%いたことを表している。ここで、平成18年の調査対象者のうち男性の人数をx[人]、女性の人数をy[人]とすれば、調査対象者全体の人数は$(x+y)$[人]であり、**(「旅行(1泊2日以上)」を行った者)=(「旅行(1泊2日以上)」を行った「男性」)+(「旅行(1泊2日以上)」を行った「女性」)**より、$(x+y)\times 63.7\% = x\times 63.4\% + y\times 63.9\%$が成り立つ。これを整理すれば、$3x=2y$が成り立ち、**男性の人数$x$[人]と女性の人数$y$[人]に、隠れた条件が存在する**ことがわかる。このような隠れた条件を用いる選択肢は後回しにすればよい。**後回し**

表の読み方が理解できれば、各選択肢は次のように読むとよい。

❶ × 平成18年について、「女性の**行動者率**は、『旅行(1泊2日以上)』に含まれる**いずれの活動においても男性を上回っている**」かどうかを調べるので、**反例を探す。** **目標**

平成18年の「海外旅行」についてみると、女性の行動者率が10.0%に対し、男性のそれは10.2%であり、女性の行動者率が男性のそれを**下回っている。** **反例**

❷ × 平成18年について、「国内旅行」と「海外旅行」の両方を行った者の調査対象者全体に占める割合が実際に10%以上になるかどうかを、**集合の「ベン図」を描いて判断する。** **実例**

「旅行(1泊2日以上)」を行った者は調査対象者全体のうち63.7%おり、これは「**『国内旅行』または『海外旅行』**」のいずれかを行った者の割合であり、**「旅行(1泊2日以上)」を行った者は「国内旅行」を行った者と「海外旅行」を行った者の和集**

合である。

一方、「国内旅行」を行った者は調査対象者全体の62.2%であり、「海外旅行」を行った者は調査対象者全体の10.1%である。これらの割合の基準100%となる全体は、すべて共通の「平成18年調査対象者全体」であり、下のベン図のようになる。

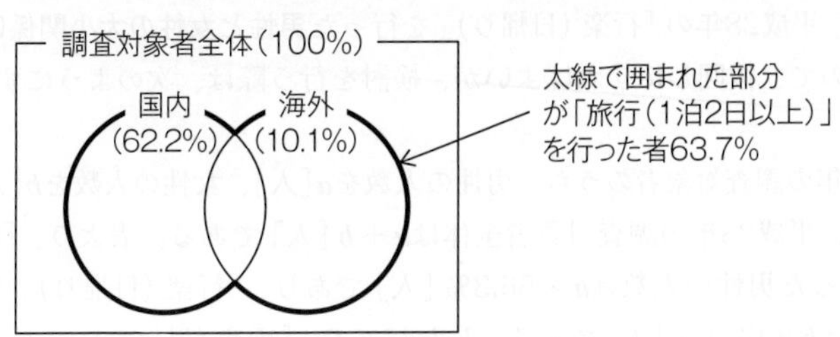

したがって、**「国内旅行」**と**「海外旅行」**の両方を行った者は**2つの集合の交わり（積集合）の部分**である。したがって、**集合の要素の「和の法則」**により、62.2＋10.1－63.7＝8.6［%］であり、調査対象者全体の**10%未満**である。

❸ ✕　集合の要素の数の最大値・最小値は、下図のように「線分図」を描き、線分をスライドさせて考えるとよいのであった。そこで、本選択肢も**線分図を描いて反例がないか考える。** **目標**

そこで、平成23年の調査対象者のうち男性の総数を指数100とする。下図は、**「旅行（1泊2日以上）」と「行楽（日帰り）」の両方を行った男性の最小値の計算方法**である。「旅行（1泊2日以上）」と「行楽（日帰り）」を表す線分をなるべく交わらないように、左右に離して配置すれば、2つを両方行った男性の最小値を表す線分図を描くことができる。

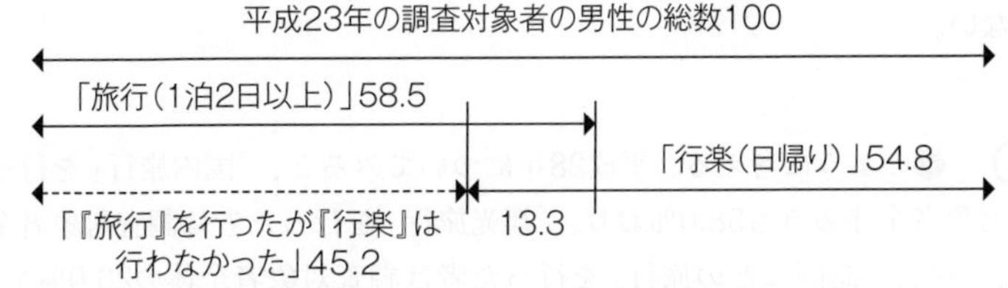

このとき、「旅行（1泊2日以上）」を行った男性は**指数58.5**であり、「行楽（日帰り）」を行った男性は**指数54.8**である。すると、「旅行（1泊2日以上）」と「行楽（日帰り）」の両方を行った男性の指数は少なくとも（最小で）58.5＋54.8－100＝13.3おり、多くとも（最大で）54.8いるので、**「旅行（1泊2日以上）」を行ったが「行楽（日帰り）」は行わなかった男性の指数**は58.5－54.8＝**3.7以上**、58.5－13.3＝**45.2以下**である。 **反例**

したがって、平成23年の「旅行（１泊２日以上）」を行ったが「行楽（日帰り）」は行わなかった男性の同年の調査対象の男性に占める割合が**５％未満であるとは確実にはいえない**[13]。

4 ✕　平成28年の「行楽（日帰り）」を行った**男性と女性の大小関係についての選択肢**なので、**後回しにすればよい**が、検討を行う際は、次のようにすればよい。

後回し

平成28年の調査対象者のうち、男性の人数を$\boldsymbol{a}$[人]、女性の人数を$\boldsymbol{b}$[人]とする。このとき、平成28年の調査対象者全体は$\boldsymbol{a}+\boldsymbol{b}$［人］である。表より、「行楽（日帰り）」を行った男性の人数は$\boldsymbol{a}\times 56.3\%$［人］であり、「行楽（日帰り）」を行った女性の人数は$\boldsymbol{b}\times 62.1\%$［人］である。したがって、「行楽（日帰り）」を行った人数は男女合わせて、$\boldsymbol{a}\times 56.3\%+\boldsymbol{b}\times 62.1\%$［人］であるが、平成28年の調査対象者全体のうち59.3%が「行楽（日帰り）」を行っているので、$\boldsymbol{a}\times 56.3\%+\boldsymbol{b}\times 62.1\%=(\boldsymbol{a}+\boldsymbol{b})\times 59.3\%$が成り立つ。この式を整理し、$\boldsymbol{b}$について解けば、$\boldsymbol{b}=\frac{3}{2.8}\boldsymbol{a}=\frac{15}{14}\boldsymbol{a}$である。ここで、「行楽（日帰り）」を行った男性の人数$\boldsymbol{a}\times 56.3\%$［人］と「行楽（日帰り）」を行った女性の人数$\boldsymbol{b}\times 62.1\%$［人］は、$\boldsymbol{b}\times 62.1\%$［人］に$\boldsymbol{b}=\frac{15}{14}\boldsymbol{a}$を代入することで、$\frac{15}{14}\boldsymbol{a}\times 62.1\%$［人］であり、共通因数$\boldsymbol{a}$を除いた部分を比較できる。56.3%と$\frac{15}{14}\times 62.1\%$を比較すると、$\frac{15}{14}$が１より大きいため、大きいものどうしを掛けた$\frac{15}{14}\times 62.1\%$の方が大きい。つまり、$1\times 56.3\%<\frac{15}{14}\times 62.1\%$といえる。よって、「行楽（日帰り）」を行った男性は、「行楽（日帰り）」を行った女性よりも**少ない**。

5 ◯　❷のように考える。平成28年についてみると、「国内旅行」を行った者が調査対象者全体のうち58.0%おり、「観光旅行」を行った者は調査対象者全体の48.9%、「帰省・訪問などの旅行」を行った者は調査対象者全体の26.0%である。**集合の要素の「和の法則」**により、「観光旅行」と「帰省・訪問などの旅行」の両方を行った者は調査対象者全体のうち$48.9+26.0-58.0=16.9$［%］である。したがって、「国内旅行」を行った者58.0%のうち、「観光旅行」と「帰省・訪問などの

13　平成23年の「旅行（１泊２日以上）」を行ったが「行楽（日帰り）」は行わなかった男性の同年の調査対象の男性に占める割合が「５%以上」となる反例が上図の線分図の状態である。

旅行」の両方を行った者16.9%の割合は$\frac{16.9\%}{58.0\%} \fallingdotseq \frac{17}{58} > \frac{17}{68} = \frac{1}{4}$（＝25%）となり、25%以上である。

問題9

次の図から確実にいえるのはどれか。

特別区Ⅰ類2008

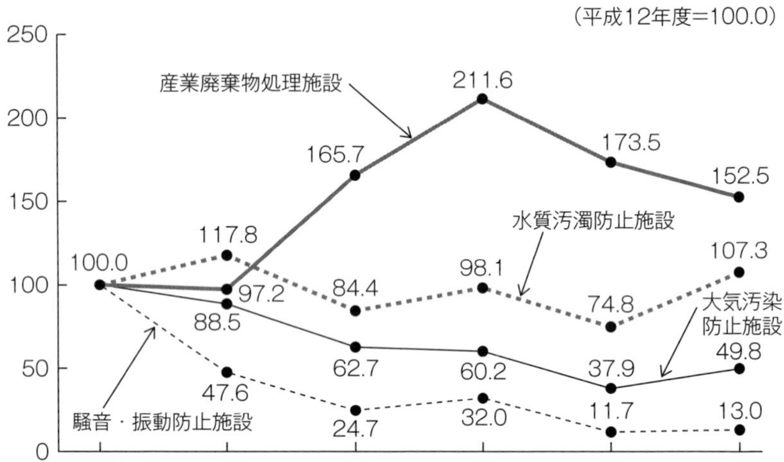

1 平成13年度から平成16年度までの各年度のうち、大気汚染防止施設への投資額の対前年度減少率が最も少ないのは、平成13年度である。

2 平成13年度から平成17年度までの各年度とも、産業廃棄物処理施設への投資額は、大気汚染防止施設への投資額を上回っている。

3 平成15年度の水質汚濁防止施設への投資額の対前年度増加額は、平成13年度のそれを下回っている。

4 図中の各施設のうち、平成16年度における投資額の対前年度減少率が最も大きいのは、産業廃棄物処理施設である。

5 平成17年度において、水質汚濁防止施設への投資額の対前年度増加率は、騒音・振動防止施設への投資額のそれの6倍より大きい。

解説

正解 ③

「指数の折れ線グラフ」の問題である。

まずは基準を把握する。本問の資料は、**4つの公害防止施設への設備投資額について、基準値を平成12年度に設定し、指数100としている**。したがって、違う年度でも同じ項目どうし（例えば公害防止施設どうし）であれば、基準は平成12年度の同じ項目なので比較ができる。

例えば、①産業廃棄物処理施設への投資額と②水質汚濁防止施設への投資額は、比例定数a、bを用いれば次表のようになることに注意する。 **具体化**

年度	12	13	14	15	16	17
①	100a	97.2a	165.7a	211.6a	173.5a	152.5a
②	100b	117.8b	84.4b	98.1b	74.8b	107.3b

上の表を横に見れば、例えば①の６つの数値には、指数に同じ比例定数aが付いている（掛けている）ので、**指数だけで比較できるが、縦に見ると**、例えば平成13年度では①は97.2a、②は117.8bであるが、基準値の比例定数aとbが不明なので**比較できない**。

一方、たとえ異なる項目を含む数値どうしでも比較できる場合がある。例えば、水質汚濁防止施設への投資額に対する産業廃棄物処理施設への投資額の比率の比較では、この比率が上表の$\frac{①}{②}$であるが、a、bが不明でも、$\frac{①}{②}$に$\frac{a}{b}$が共通因数として含まれるので、共通因数$\frac{a}{b}$を除いた指数の比率で比較が可能である。

また、対前年度増加率や対前年度減少率は異なる項目どうしであっても比較可能である。例えば、上表より、平成16年度の①産業廃棄物処理施設への投資額の対前年度減少率は$\frac{211.6a-173.5a}{211.6a}\times 100\,[\%]=\frac{38.1}{211.6}\times 100\,[\%]$であり、$a$が不明であっても指数だけで計算できる。

したがって、**基準の異なる項目であっても、比較ができるかどうかは要検討である**。

1 ✕　**対前年度減少率は、同じ項目であれば基準が共通するので指数のままでも比較ができる。**

平成13年度の大気汚染防止施設への投資額の対前年度減少率を考える。大気汚染防止施設は、平成12年度→平成13年度の指数が100→88.5で、減少した指数は100－88.5＝11.5である。**前年（平成12年度）の指数が100スタートなので、そのまま減少率は11.5％である。**

これより小さな対前年度減少率を大気汚染防止施設で探せばよい。**目標**

これには折れ線グラフの利点を生かすとよい。**折れ線グラフの減り方でおおよその増減率の大小を判断することができる。**そこで、大気汚染防止施設のグラフの平成13年から平成16年までで、対前年度減少率が小さな他の年度を探すと、**右下がりでほぼ横ばいの平成15年度に着目**できる。平成15年度の大気汚染防止施設への投資額の対前年度減少率を考える。大気汚染防止施設は、平成14年度→平成15年度の指数が62.7→60.2で、減少した指数は62.7－60.2＝2.5である。基準は前年の指数62.7であり、62.7の１％は約0.6なので、2.5は約４％であり、減少率は４％程度しかないことがわかる。**反例**

よって、大気汚染防止施設への投資額の対前年度減少率が最も少ない年は**平成13年度ではない。**

❷ ×　この資料はそれぞれの項目（施設）の平成12年度を指数100としており、異なる項目どうしの実数は比較ができない。本選択肢のように、産業廃棄物処理施設への投資額と大気汚染防止施設への投資額とは**基準が異なるため、指数だけでは比較ができない。**

❸ ○　平成13年度と平成15年度の水質汚濁防止施設への投資額の対前年度増加額は**項目が同じであり、基準が平成12年で一致する**ので、**指数のまま比較することができる。**

平成13年度と平成15年度の水質汚濁防止施設への投資額の対前年度増加額を指数で示すと、以下のとおりである。**具体化**

平成13年度の投資額の対前年度増加額（指数）…117.8－100＝17.8

平成15年度の投資額の対前年度増加額（指数）…98.1－84.4＝13.7

以上より、平成15年度は平成13年度を**下回っている。** **実例**

❹ ×　前述のとおり対前年度減少率は計算できる。これも折れ線グラフの利点を生かすとよい。

そこで、平成16年度の投資額の対前年度減少率が最も大きそうなものとして、産業廃棄物処理施設に対する反例として考えられるのは、**右下がりで平成15年度の半分以下に減少している**騒音・振動防止施設である。**目標**

平成16年度の産業廃棄物処理施設および騒音・振動防止施設への投資額の対前年度減少率を検討すると、平成15年度→平成16年度で産業廃棄物処理施設は211.6→173.5、騒音・振動防止施設は32.0→11.7になっている。対前年度減少率を**計算するまでもなく**、産業廃棄物処理施設は平成15年度の半分以下には減っていないが、騒音・振動防止施設は3分の1近くまで減少している。**反例**

したがって、反例として騒音・振動防止施設が得られたので、平成16年度における投資額の対前年度減少率が最も大きいのは**産業廃棄物処理施設ではない**。

5 ✕　実際に平成17年度の水質汚濁防止施設及び騒音・振動防止施設への投資額の対前年度増加率を求めて、**具体化** 水質汚濁防止施設への投資額の対前年度増加率が騒音・振動防止施設への投資額の対前年度増加率の**6倍より大きいかどうかを調べればよい**。**目標**

まずは、平成17年度の水質汚濁防止施設への投資額の対前年度増加率を求める。平成16年度→平成17年度の指数は74.8→107.3であり、増加した指数は107.3－74.8＝32.5である。基準は前年の指数74.8で、74.8の10％は7.48なので、32.5は40～50％であり、平成17年度の水質汚濁防止施設への投資額の対前年度増加率は40～50％である。

次に、平成17年度の騒音・振動防止施設への投資額の対前年度増加率を求める。平成16年度→平成17年度の指数は11.7→13.0であり、増加した指数は13.0－11.7＝1.3である。基準は前年の指数11.7で、11.7の10％は1.17なので、1.3は10％強であり、増加率は10％強、その6倍は10×6＝60［％］強である。

よって、水質汚濁防止施設への投資額の対前年度増加率は、騒音・振動防止施設へのそれの6倍より**大きくない**。

問題10

次の図から確実にいえるのはどれか。

特別区Ⅰ類2008

卸売業３業種の販売額の対前年増加率の推移　(単位　%)

区　分	平成13年	14	15	16	17
機械器具	△8.5	△5.7	2.4	3.7	5.8
鉱物·金属材料	△5.2	△5.9	2.5	10.3	11.8
食料·飲料	△1.0	△0.7	△1.3	2.3	△1.9

(注)△は、マイナスを示す。

1　表中の各業種のうち、平成13年における販売額の対前年減少額が最も小さいのは、「機械器具」である。

2　平成14年の「鉱物・金属材料」の販売額の対前年減少額は、平成13年のそれを下回っている。

3　平成13年の「機械器具」の販売額を100としたときの平成15年のそれの指数は、90を上回っている。

4　「鉱物・金属材料」の販売額の平成14年に対する平成16年の増加率は、「機械器具」の販売額のそれの３倍より大きい。

5　表中の各年のうち、「食料・飲料」の販売額が最も少ないのは、平成17年である。

解説

正解 ③

「対前年増加率の推移表」の問題である。

表中の対前年増加率の大きさの最大が11.8％であり、10％をわずかに超えてはいるものの、ほぼ10％程度に収まっているので、近似法を用いても問題ない。

❶ × 平成13年における販売額の対前年減少率は書いてあるが実数（金額）が与えられていないので、異なる区分の対前年減少額の大小はわからず、比較検討できない。

❷ × 同一区分である「鉱物・金属材料」の販売額の対前年減少額についてなので、実数（金額）が与えられていないが指数で大小の比較はできる。 目標

平成12年の「鉱物・金属材料」の販売額を100とすると、（平成13年の「鉱物・金属材料」の販売額）＝100×（1－0.052）＝100－5.2＝94.8である。よって、平成13年の対前年減少額は5.2である。平成14年の「鉱物・金属材料」の販売額は100×（1－0.052）×（1－0.059）≒100－5.2－5.9＝88.9なので、前年の販売額94.8に対して減少額は94.8－88.9＝5.9である。 概算・近似

したがって、平成14年の「鉱物・金属材料」の販売額の対前年減少額は、平成13年のそれを上回っている。

なお、正確に計算すれば、平成14年の「鉱物・金属材料」の販売額は100×（1－0.052）×（1－0.059）＝89.2068であり、対前年減少額は94.8－89.2068＝5.5932である。正しい値は近似法で得た5.9より若干小さいが、平成13年の対前年減少額の5.2との比較を考えると「許容」できる。

また、基準を100とすれば、近似法を用いると対前年減少額5.2および5.9もそれぞれの対前年減少率5.2％および5.9％と見かけ上一致する。

❸ ○ 平成13年の「機械器具」の販売額を100としたときの平成15年のそれの指数は、100×（1－0.057）×（1＋0.024）≒100－5.7＋2.4＝96.7であり、90を上回っている。 概算・近似 実例

❹ × 平成14年の販売額をそれぞれ100としたとき、平成16年の「鉱物・金属材料」の販売額は100×（1＋0.025）×（1＋0.103）≒100＋2.5＋10.3＝112.8である。 概算・近似

よって、「鉱物・金属材料」の販売額の平成14年に対する平成16年の増加率は112.8－100＝12.8である。これは、平成14年を基準として**100からスタート**したので、**もっと単純に平成15年と平成16年の対前年増加率を加えて**2.5＋10.3＝12.8［%］増加したとした方が簡単である。同様に、平成16年の「機械器具」の販売額は100×(1＋0.024)×(1＋0.037)≒100＋2.4＋3.7＝106.1である。**概算・近似**

よって、「機械器具」の販売額の平成14年に対する平成16年の増加率は106.1－100＝6.1である。これも、2.4＋3.7＝6.1［%］増加したとした方が簡単である。

12.8は6.1×3＝18.3より小さいので、「鉱物・金属材料」の販売額の平成14年に対する平成16年の増加率は、「機械器具」の販売額のそれの3倍より**小さい**。

5 ×　**同一区分**である「食料・飲料」の**販売額について**なので、**実数（金額）が与えられていないが指数で大小の比較はできる**。

「食料・飲料」の販売額は平成13年から平成15年まで常に減少しているので、この3年間では平成15年が最小である。平成16年は平成15年に対して増加している。したがって、「食料・飲料」の販売額の最小値は平成15年と平成17年のいずれかである。**目標**

平成15年の「食料・飲料」の販売額を100とすれば、平成17年のそれは100×（1＋0.023）×（1−0.019）≒100＋2.3－1.9＝100.4であり、100を上回る。**概算・近似**

よって、表中の各年のうち、「食料・飲料」の販売額が最も少ないのは、**平成15年**である。

第4章
資料解釈

問題11　次の図から正しくいえるのはどれか。

東京都Ⅰ類2013

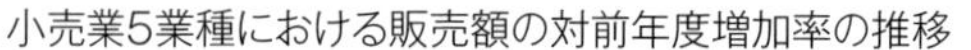

小売業5業種における販売額の対前年度増加率の推移

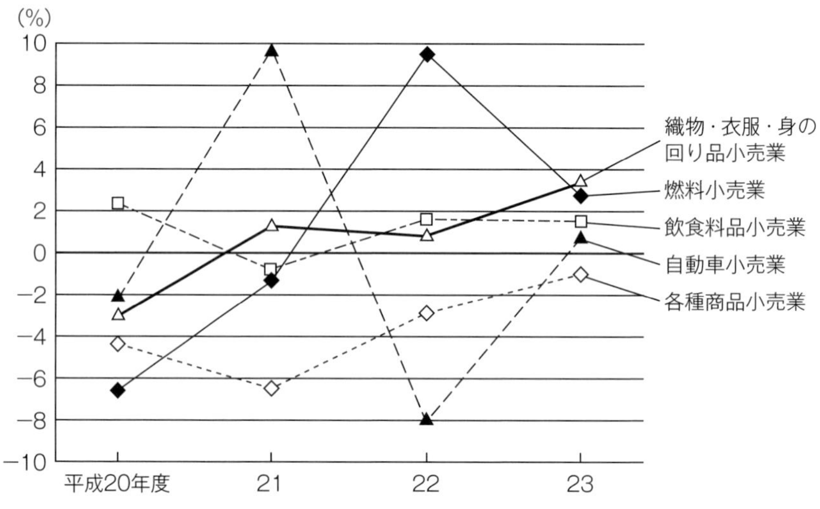

1　平成19年度における織物・衣服・身の回り品小売業の販売額を100としたとき、22年度における織物・衣服・身の回り品小売業の販売額の指数は102を上回っている。

2　平成20年度から22年度までの各年度についてみると、飲食料品小売業の販売額が前年度に比べて増加した年度は、いずれの年度も各種商品小売業の販売額が前年度に比べて増加している。

3　平成21年度から23年度までの３か年における飲食料品小売業の販売額の１年当たりの平均は、20年度における飲食料品小売業の販売額を上回っている。

4　平成21年度から23年度までのうち、燃料小売業の販売額が最も多いのは22年度であり、最も少ないのは21年度である。

5　平成23年度における自動車小売業の販売額に対する燃料小売業の販売額の比率は、20年度における自動車小売業の販売額に対する燃料小売業の販売額の比率を下回っている。

解説

正解 ❸

「対前年度増加率の推移グラフ」の問題である。

グラフの縦軸の目盛りを見ると、対前年度増加率の最小～最大が－10%～＋10%の間に入っているので、近似法を用いても問題ない。

❶ × 平成19年度における織物・衣服・身の回り品小売業の販売額を100としたとき、**近似法を用いて**、22年度における織物・衣服・身の回り品小売業の販売額の指数が102を上回っているか実際に計算して調べてみる。 **具体化** **目標**

織物・衣服・身の回り品小売業について、平成19年度を100とすると、平成22年度の指数は100×（1－0.03）×（1＋0.015）×（1+0.01）≒100－3＋1.5＋1＝99.5である。 **概算・近似**

よって、平成22年度の指数は102を**下回る**。

❷ × 平成20年度から22年度までで、飲食料品小売業の販売額が前年度に比べて増加した年度で、各種商品小売業の販売額が前年度に比べて減少している年度があるか探す。 **目標**

平成20年度から22年度までで、飲食料品小売業の販売額が前年度に比べて増加した年度は、＋2.3%の平成20年度、＋1.8%の平成22年度である。しかし、平成20年度と平成22年度の各種商品小売業の販売額の対前年度増加率は、－4.2%、－3%となっており、どちらも前年度に比べて減少している。 **反例**

❸ ○ 同項目についてなので検討可能である。検討方針としては、平成20年度から23年度までの飲食料品小売業の販売額をそれぞれ**近似法を用いて**具体的に求めたうえで、平成21年度から23年度の飲食料品小売業の販売額の平均と平成20年度の飲食料品小売業の販売額を比較すればよい。計算で登場する年度中、一番古い平成20年度を基準（指数＝100）として計算するのがよいだろう。 **具体化** **目標**

平成20年度を100として近似法を用いると、平成21年度は100×（1－0.008）≒100－0.8＝99.2、平成22年度は100×（1－0.008）×（1＋0.018）≒100－0.8＋1.8＝101、平成23年度は100×（1－0.008）×（1＋0.018）×（1＋0.017）≒100－0.8＋1.8＋1.7＝102.7である。 **概算・近似**

平均と平成20年度を比較するには、（合計）＝（平均）×（個数）より合計に着目すればよい。**平成20年度は100なので、平成21年度から23年度の３年間の合計が**

100×3＝300より大きければ、3年間の平均が平成20年度を上回っている。3年間の合計を計算すると99.2＋101＋102.7＝302.9であり、300を上回る。**実例**

なお、**仮平均100との増減の合計である－0.8＋1＋2.7の値が正**であることより、平均が仮平均100を上回るとして判定してもよい。

❹ × グラフの最大最小に騙されてはいけない。このグラフは対前年度増加率を表すので、**平成22年度で燃料小売業の販売額の対前年度増加率が最大なのであって、平成22年度で燃料小売業の販売額が最大なのではない。**

平成21年度から23年度までのうち、平成22年度と**平成23年度は燃料小売業の販売額の対前年度増加率がプラス**であり、両年は**前年に対して販売額が増加**している。したがって、平成23年度は平成22年度よりも燃料小売業の販売額が多い。**反例**

❺ × 「自動車小売業の販売額に対する燃料小売業の販売額の比率」は、$\frac{(\text{燃料小売業の販売額})}{(\text{自動車小売業の販売額})}$で表せる。**自動車小売業と燃料小売業は異なる区分の実数（販売額）ではあるが、指数の比率で比較検討可能**である。**目標**

平成20年度の自動車小売業および燃料小売業の販売額をそれぞれ100とすれば、

その比率は$\frac{100}{100}=1$であり、平成23年度の比率を**近似法で求める**と、

$$\frac{100\times(1-0.013)\times(1+0.095)\times(1+0.026)}{100\times(1+0.098)\times(1-0.080)\times(1+0.010)} \fallingdotseq \frac{100-1.3+9.5+2.6}{100+9.8-8+1}=\frac{110.8}{102.8}$$

である。**概算・近似**

平成20年度と平成23年度の比率を比較すると$1<\frac{110.8}{102.8}$であるので、平成23年度の比率は平成20年度の比率を**下回っていない**。

問題12　図は、平成元年～７年の地域Ａ及びＢのそれぞれの産業別就業者数の変化(前年の就業者数との差)を表したものである。これらの図に関する記述として正しいのはどれか。

国家一般職1998

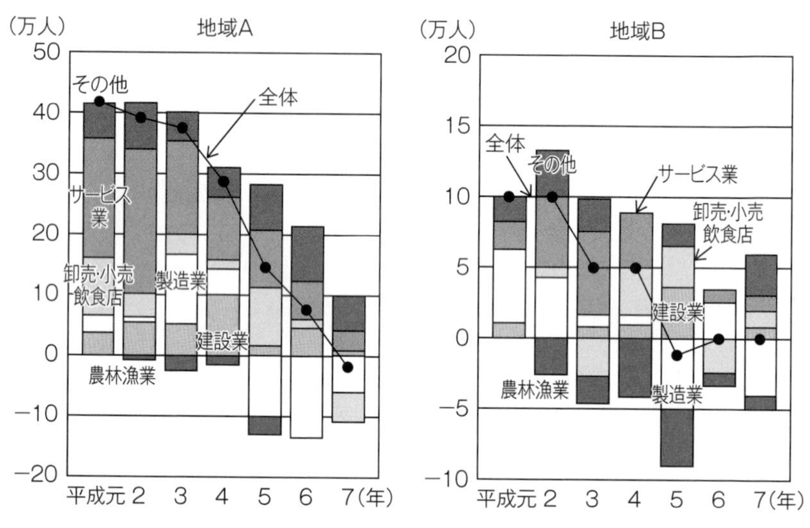

❶　地域Ａの製造業就業者数についてみると、平成５年は平成元年よりも少ないが、平成元年の前年の昭和63年より多い。

❷　地域Ｂの製造業就業者数の伸び率(前年比)は、平成３年から平成４年にかけてよりも、平成５年から平成６年にかけての方が大きい。

❸　地域Ｂの農林漁業就業者数の減少率(前年比)は、平成３年から平成４年にかけての方が平成４年から平成５年にかけてよりも大きい。

❹　地域Ａと地域Ｂそれぞれにおいて、平成７年の卸売・小売・飲食店就業者数を平成元年の前年の昭和63年のそれを100とする指数で表した場合、地域Ａの指数の方が地域Ｂのそれより大きい。

❺　サービス業就業者数の伸び率(前年比)は、地域Ａでは平成７年に全産業就業者数のそれを上回っているが、地域Ｂにおいてはそのような年はない。

解説

正解 ②

「対前年増加量の積み上げグラフ」の問題である。

2地域の資料が与えられており、項目も多いので情報量は多いが、例題と同じように解いていけばよい。

1 × 地域Aの製造業の対前年増加量を読み取れば、次の表のようになる。

年	元	2	3	4	5
対前年増加量[万人]	(＋2)	＋1	＋12	＋4	−10

平成元年から5年にかけての推移は＋1＋12＋4−10＝7［万人］と増加しているので、**平成5年は平成元年よりも多い。**

なお、平成5年は昭和63年より＋2＋7＝9［万人］多い。

2 ○ **対前年増加量の資料での対前年増加率の比較では、基準値を文字でおいて、対前年増加率を具体的に書き出さないと判定できるかどうかわからない。** 具体化

したがって、**この選択肢はいったんスキップして、検討は後回しにすればよい**が、検討する際は次のように行うとよい。 後回し

地域Bの平成3年における製造業就業者数をx［万人］とおくと次の表のようになる。ただし、表中の対前年増加率は$\dfrac{(対前年増加量)}{(前年生産量)}\times 100$［%］で計算できるが、大小比較で共通因数部分の検討は不要なため「×100［%］」の部分を除いて記入している。

年	3	4	5	6
対前年増加量[万人]	＋1	＋1	−5	＋3
製造業就業者数[万人]	x	$x+1$	$x-4$	$x-1$
対前年増加率(＝伸び率)[%]		$\dfrac{1}{x}$	$\dfrac{-5}{x+1}$	$\dfrac{3}{x-4}$

地域Bの製造業就業者数の伸び率（前年比）は平成3年から平成4年にかけてが$\dfrac{1}{x}\times 100$［%］、平成5年から平成6年にかけてが$\dfrac{3}{x-4}\times 100$［%］より、$\dfrac{1}{x}$と$\dfrac{3}{x-4}$

を比べると、**分子が大きく分母の小さな$\dfrac{3}{x-4}$の方が大きい**。 **分数の大小** **実例**

❸ × この選択肢も**基準値を文字で表して、対前年減少率を具体的に書き出さないと判定できるかどうかわからない**。 **具体化**

したがって、**この選択肢もいったんスキップして、検討は後回しにすればよい**が、検討する際は次のように行うとよい。 **後回し**

地域Bの平成３年における農林漁業就業者数をy［万人］とおくと次の表のようになる。ただし、**対前年減少量は対前年増加率に付いている「マイナス」を取ったもの**である。また、表中の対前年減少率は$\dfrac{(\text{対前年減少量})}{(\text{前年生産量})}\times 100$［%］で計算できるが、大小比較で共通因数部分の検討は不要なため「×100［%］」の部分を除いて記入している。

年	3	4	5
対前年減少量[万人]	2	4	4
農林漁業就業者数[万人]	y	$y-4$	$y-8$
対前年減少率[%]		$\dfrac{4}{y}$	$\dfrac{4}{y-4}$

地域Bの農林漁業就業者数の減少率（前年比）は、平成３年から平成４年にかけてが$\dfrac{4}{y}\times 100$［%］、平成４年から平成５年にかけてが$\dfrac{4}{y-4}\times 100$［%］より、$\dfrac{4}{y}$と$\dfrac{4}{y-4}$を比べると、**分母の小さな$\dfrac{4}{y-4}$の方が大きい**。 **分数の大小**

❹ × 対前年増加率の資料であれば、異なる区分でも指数どうしの比較は可能であるが、対前年増加量の資料から指数を計算しようとすると、(指数) ＝$\dfrac{(\text{実数値})}{(\text{基準値})}\times 100$を用いて計算しなければならない。この選択肢の場合、地域Ａと地域Ｂの昭和63年における卸売・小売・飲食店就業者数の実数をそれぞれの基準値として計算しなければならず、基準値は地域Ａと地域Ｂで異なるので、この**選択肢の大小の比較はできない**。

❺ × 地域Ａの平成７年における全産業（全体）の対前年増加量はマイナス、すなわち減少のため、伸び率もマイナス（負値）であり、サービス業の対前年増加量はプラス、すなわち増加のため、伸び率もプラス（正値）であるが、確かに全産

業（全体）の伸び率を上回っている。

一方、地域Ｂでは、**平成５年に着目すると**、**反例** 全産業（全体）は対前年増加量がマイナス、すなわち減少のため、伸び率もマイナス（負値）であるが、サービス業の対前年増加量はグラフが０のラインの上にも下にもない、つまり±０［万人］なので、伸び率は０％であり、**伸び率は全産業（全体）を上回っているといえる。**

問題13　表は、ある年のA～F国の降水量等を示したものである。これから確実にいえるのはどれか。

国家専門職2014

国名	年平均降水量（mm／年）	年降水総量（面積×年平均降水量）（km^3／年）	水資源量（km^3／年）	1人当たりの水資源量（m^3／人・年）
A	1,780	15,200	8,200	42,900
B	460	7,870	4,500	31,900
C	530	4,130	490	23,350
D	2,700	5,150	2,020	8,880
E	1,670	630	430	3,380
F	650	6,200	2,840	2,110

1　A～F国のうち、人口が最も多い国はB国である。

2　D国の人口密度（人口／面積）は、E国の人口密度の約3倍である。

3　B、E、F国のうち、面積が最も大きい国はB国である。

4　C国の1人当たりの年降水総量は、A国の1人当たりの年降水総量の約2分の1である。

5　A～F国についてみると、1人当たりの水資源量が多い国ほど、年降水総量に占める水資源量の割合が大きい。

解説

正解 ③

「単位数量当たりの数表」の問題である。

表の項目を左から順に①「年平均降水量」、②「年降水総量」、③「水資源量」、④「1人当たりの水資源量」と表す。以下では、簡略化のため、上の項目を①～④と呼ぶことにする。

このとき、②と④は次のようになる。

② （年降水総量）＝（面積）×（年平均降水量）

④ （1人当たりの水資源量）$=\dfrac{(\text{水資源量})}{(\text{人口})}$

（水資源量）の実数値が③で与えられているので、④より（人口）を求めることができることに注意したい。

※ 細かく見れば、水の量を表す単位に「km^3」や「m^3」が混在するが、**単位を揃えなくても、同じ項目どうしの大小は比較できる。**

❶ × 「人口」が含まれるのは④である。そこで、「人口」を求めるならば、④の分母にある「人口」が分子に来るように逆数を取らなければならない。その上で、不要な「水資源量」を③を用いて消去し、**（人口）$=\dfrac{1}{④}\times③=\dfrac{③}{④}$のように式変形して計算すればよい。** 目標

また、本選択肢は最大値についての問題なので反例を探す。

（B国の人口）$=\dfrac{③}{④}=\dfrac{4{,}500}{31{,}900}<1$であり、これより大きくなりそうなものとして、例えばF国に着目する。（F国の人口）$=\dfrac{③}{④}=\dfrac{2{,}840}{2{,}110}>1$であり、1より小さな（B国の人口）よりも大きい。 反例

よって、**人口が最も多いのはB国ではない。**

❷ × （人口密度）$=\dfrac{(\text{人口})}{(\text{面積})}$は選択肢に記述がある（がこれは知らなくてはならない）ので、これを用いて、「人口」および「面積」をそれぞれ求められるか考え

てみる。「人口」の求め方は前述❶の解説のとおり、(人口) $=\frac{③}{④}$である。「面積」については、これを含む②に着目すればよい。②は (年降水総量) = (面積) × (年平均降水量) なので、不要な (年平均降水量) を②の式から消せばよく、②を表の項目①で割ることで、つまり、② ÷ ①を計算することで、「面積」だけが残る。したがって、(面積) $=\frac{②}{①}$のように**式変形**して求めることができる。

(人口密度) = (人口) ÷ (面積) より、ここまでをまとめると、**(人口密度) $=\frac{③}{④}\div\frac{②}{①}=\frac{③}{④}\times\frac{①}{②}$のように式変形して求めることができる。** **目標**

この選択肢は、計算に①〜④をすべて使うので、他の選択肢に比べて計算量が多くなる。そこで、いったんスキップすればよいが、検討する際は次のように行うとよい。 **後回し**

(D国の人口密度) $=\frac{2,020}{8,880}\times\frac{2,700}{5,150}$、(E国の人口密度) $=\frac{430}{3,380}\times\frac{1,670}{630}$であるが、概算すれば、(D国の人口密度) $=\frac{2,020}{8,880}\times\frac{2,700}{5,150}\fallingdotseq\frac{1}{4}\times\frac{1}{2}=\frac{1}{8}$程度であり、[(E国の人口密度) の3倍] $=\frac{430}{3,380}\times\frac{1,670}{630}\times 3\fallingdotseq\frac{1}{8}\times\frac{8}{3}\times 3=1$程度である。

概算・近似

かなり粗く概算したが、**D国の人口密度はE国のそれの3倍よりもかなり小さい**ので、判定には問題ない。

❸ ◯ 「面積」の求め方は、前述❷の解説のとおり$\left(\frac{②}{①}\right)$である。これより、B国の面積 $=\frac{7,870}{460}$、E国の面積 $=\frac{630}{1,670}$、F国の面積 $=\frac{6,200}{650}$である。この3つの大小関係を比較すると、B国の面積は最も分母が小さく分子が大きい。よって、**判定法Ⅲ**より、分数全体ではB国の面積 $=\frac{7,870}{460}$が最大であるので、面積が最も大きいのはB国である。

❹ ✕ 「1人当たりの年降水総量」は$\frac{(\text{年降水総量})}{(\text{人口})}$で表せる。「年降水総量」は

②そのものであり、「人口」は前述❶の解説のとおり、(人口) $=\frac{③}{④}$である。これより、**(1人当たりの年降水総量) $=②\div\frac{③}{④}=②\times\frac{④}{③}$のように式変形して求めることができる。**

(C国の1人当たりの年降水総量) $=4{,}130\times\frac{23{,}350}{490}$、[(A国の1人当たりの年降水総量) の2分の1] $=15{,}200\times\frac{42{,}900}{8{,}200}\times\frac{1}{2}=7{,}600\times\frac{42{,}900}{8{,}200}$である。7,600は4,130のおおよそ2倍弱である。一方、$\frac{23{,}350}{490}$は50程度、$\frac{42{,}900}{8{,}200}$が5程度なので、概算のために比を取ってみれば、(C国の1人当たりの年降水総量):[(A国の1人当たりの年降水総量) の2分の1] ≒ 1 × 50:2 × 5 = 5:1より、**C国の1人当たりの年降水総量の方がA国のそれの2分の1よりもかなり大きい**ことがわかる。

❺ ✕　「年降水総量に占める水資源量の割合」は$\frac{(水資源量)}{(年降水総量)}=\frac{③}{②}$で表せる。そこで、本選択肢の主張である「④が大きいほど$\frac{③}{②}$も大きい」が正しいかどうか(反例がないか) 調べてみる。**目標**

このとき、C国の年降水総量に占める水資源量の割合は$\frac{③}{②}=\frac{490}{4{,}130}$で$\frac{1}{10}$程度しかないにもかかわらず、C国より④の小さいD、E、Fでは②が③の10倍より小さく(すべて3倍以内)、$\frac{③}{②}$が$\frac{1}{10}$よりかなり大きい。よって、C国のように、1人当たりの水資源量が多くても、年降水総量に占める水資源量の割合が小さい国がある。**反例**

★★★

3 様々な資料

ここでは、いままで学んだ資料解釈の応用を見ていきます。相関図や三角図表など、読み方に知識を要するものもありますが、第２節までに学んだ基本のフォームは崩さず、問題に応じて臨機応変に対応する技術を身につけましょう。

1 相関図

相関図(散布図)とは、**横軸と縦軸の２つの座標軸の作る座標平面上に、２つの数値を組にして打点(プロット)した資料**である[1]。２つの値に相関関係があるかを見るときに有効である。

例1

右の相関図はx＝(社員数)、y＝(売上高)を表しており、２点A、BはそれぞれA社、B社の(社員数, 売上高)を表している。

この図から、次のようなことがわかる。

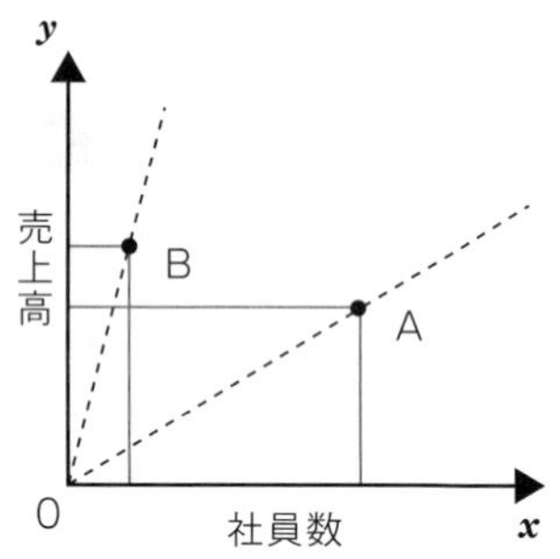

❶ **社員数について見る**と、A社の方がB社より多い。

これは、**x座標を比較**すればよい。

❷ **売上高について見る**と、B社の方がA社より多い。

これは、**y座標を比較**すればよい。

❸ **社員1人当たりの売上高**について見ると、B社の方がA社より**大きい**。

社員1人当たりの売上高は$\frac{(売上高)}{(社員数)}$で計算でき、これは図の原点Oとそれぞれの点を結んだ**破線の傾き**を見て**比較**すればよい[2]。

1 ２つの数値の組(x, y)は座標平面(２次元)上に表現されるため、「２次元データ」と呼ばれる。

2 グラフの直線の「傾き」とは、右に＋1増加したときの縦の増加量(正負あり)を表す。傾きが正であ

❹ **社員数×売上高**について見ると、A社の方がB社より大きい。
これは、**原点OとAを頂点としx軸、y軸を辺とする長方形の面積**と、**OとBを頂点としx軸、y軸を辺とする長方形の面積**を比較すればよい。

このように**相関図では、図形的、視覚的に考えることができる値は計算を回避して処理する**というスタンスで取り組むとよい。
また、次の2つも相関図でよく用いる性質である。

相関図の問題を解く際によく用いる性質

❶ 「**xに対するyの比率**」や「**xの単位量あたりのy**」は$\frac{y}{x}$で計算でき、これは相関図の**原点と点を結ぶ直線の傾き**であることに注意する。

※ 「**yに対するxの比率**」や「**yの単位量あたりのx**」は$\frac{x}{y}$で計算でき、これは相関図の原点と各点を結ぶ**直線の傾きの逆数**になる。**分数は逆数を取れば大小関係が逆転するので、$\frac{y}{x}$と大小関係が逆になる**ことに注意する。

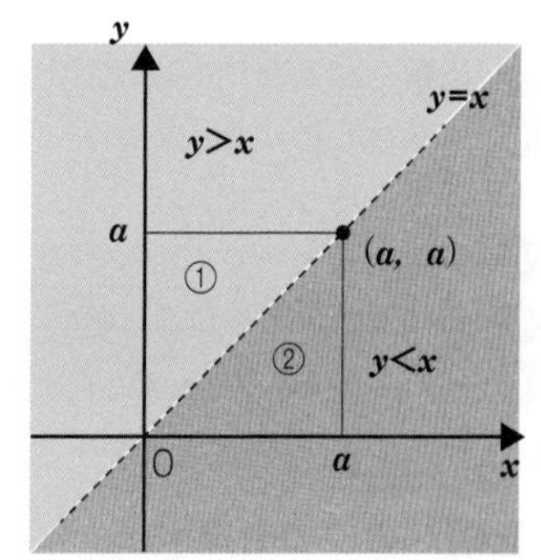

❷ **$y>x$**を満たす領域、**$y<x$**を満たす領域は、それぞれ**直線$y=x$の上側**①、**下側**②である(右図)。なお、直線$y=x$は原点(0, 0)とy座標とx座標が一致する点(a, a)を結んだ直線である。

る場合は、直感的には上り坂の「傾斜」をイメージすればよく、「傾斜が大きい」ほど「傾きが大きい」と考えればよい。

例題 4-8 次のグラフ(相関図)は、2010年におけるわが国と諸外国の1人あたりの穀類、肉類の消費量について表したものである。このグラフから読みとれることとして、正しいものはどれか。ただし、選択肢における「消費量」は、すべて1人あたりを指しているものとする。

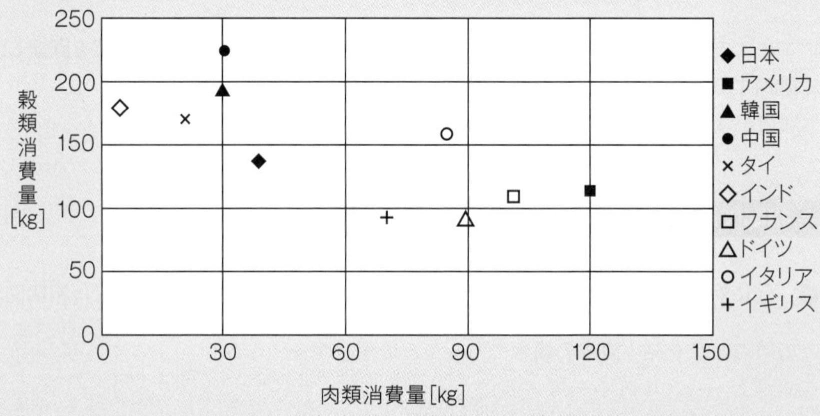

❶ 肉類1kgあたりの穀類消費量が2番目に小さい国は韓国である。

❷ アメリカの肉類1kgあたりの穀類消費量は、イギリスの肉類1kgあたりの穀類消費量よりも大きい。

❸ 穀類1kgあたりの肉類消費量がわが国より大きい国は、全部で5か国である。

❹ 穀類消費量の上位5か国は、すべて肉類消費量が50kg以下である。

❺ 穀類1kgあたりの肉類消費量を求めると、最小である国の値は約0.2である。

正解へのプロセス

「**相関図**」の問題である。

本問では、**横軸である肉類消費量をx、縦軸である穀類消費量をyとおくことがスタート**である。各選択肢は、次のように読むとよい。

❶、❷の「肉類1kgあたりの穀類消費量」は、この相関図の原点と各点を結んだ傾き$\frac{y}{x}$で表される。そこで、検討する国の点と原点を結び、直線の傾きを比較していけばよい。

また、**❸、❺の「穀類1kgあたりの肉類消費量」とは$\frac{x}{y}$であり、これは前述の傾**

き$\frac{y}{x}$の逆数である。**分数は逆数を取れば大小関係が逆転する**。つまり、「穀類1kgあたりの肉類消費量$\frac{x}{y}$が**大きいこと**」と「原点と点を結んだ直線の傾き$\frac{y}{x}$が**小さいこと**」は同じであることに注意する。

❺の「$\frac{x}{y}$≒0.2」かどうか判定するような、**具体的な値を計算する場合**、本問のようなグラフの目盛りが粗い資料解釈の読み取りでは、**目分量である以上、読み取りの精度は粗くても仕方がない**[3]。本問の場合、一の位まで(5kgずつの値で)読み取ればよい。

解説

❶ ×　前述のとおり、「肉類1kgあたりの穀類消費量」とはこの相関図の原点と各点を結んだ直線の傾き$\frac{y}{x}$である。下の図で赤く着色された領域にある点(国)は6つ(6か国)あり、韓国の傾きは小さい方から数えて7番目なので**「2番目に小さい」は誤り**である。なお、傾きが小さい国はアメリカ＜ドイツ≒フランスである。

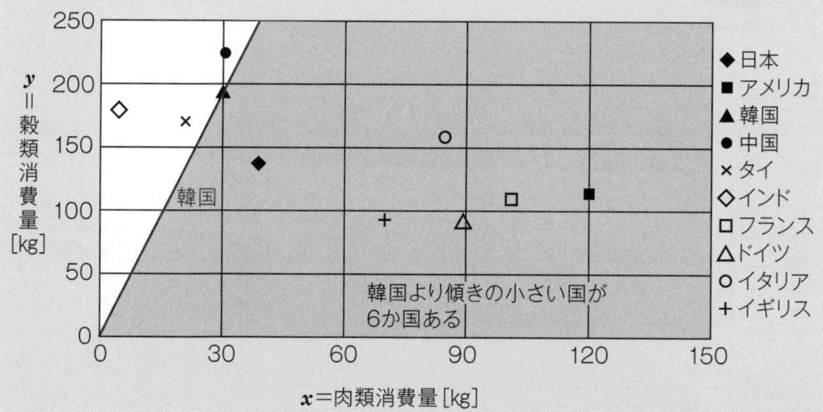

3　当然、目分量で判定できることを前提にした設問になっている。

❷ ×　原点と点を結んだ傾きを調べてみると、**アメリカの傾きはイギリスの傾きより小さい。**

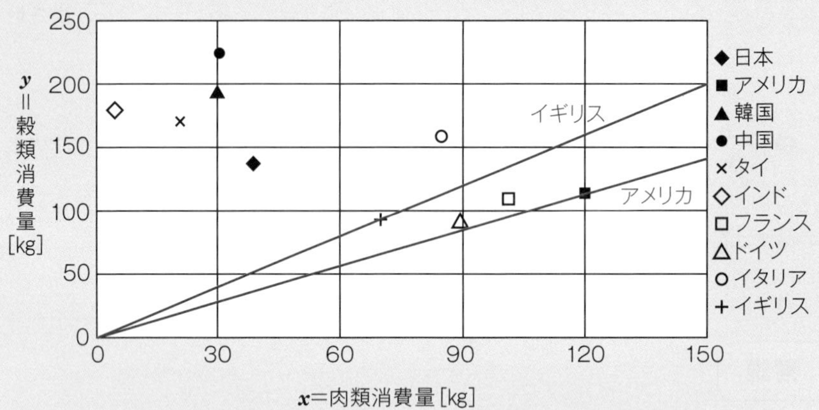

❸ ○　「穀類1kgあたりの肉類消費量$\frac{x}{y}$が大きいこと」と「原点と各点を結んだ直線の傾き$\frac{y}{x}$が小さいこと」は同じであるので、日本より傾きが小さい国を調べてみる。**目標**

すると、小さい順に**アメリカ、ドイツ、フランス、イギリス、イタリアの5か国がある。**

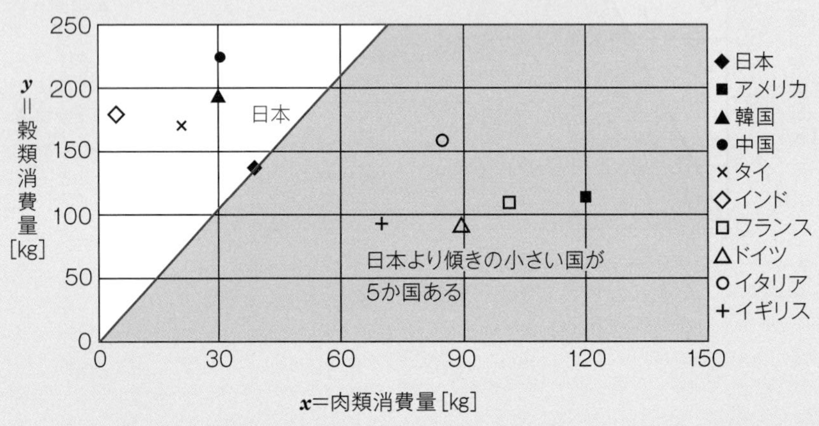

❹ ×　「穀類消費量の上位５か国は、すべて肉類消費量が50kg以下である」なので、穀類消費量の上位５か国のうち、肉類消費量が50kgを超える国（反例）を探す。 **目標**

まず、**穀類消費量は、この相関図の*y*座標で考えることができる**ので、穀類消費量の上位５か国は、上から順に、中国、韓国、インド、タイ、イタリアであり、このうち**５位のイタリアは肉類消費量が80kg以上であり、50kgを上回っている。** **反例**

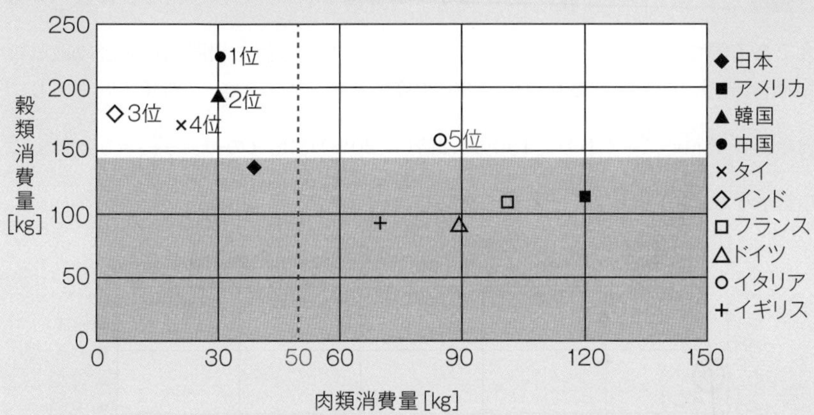

❺ × この選択肢は、割合を実際に計算する必要があり、他の選択肢に比べて手間がかかるので後回しでよいが、実際に検討する際は次のようにするとよい。

後回し

「穀類1kgあたりの肉類消費量」は$\frac{x}{y}$で求められる。これは$\frac{y}{x}$の逆数であるから、「穀類1kgあたりの肉類消費量」が**最小である国**は、原点と点を結んだ**傾き$\frac{y}{x}$が最大である国**である。これはインドであり、インドの数値を相関図から読み取れば(肉類消費量，穀類消費量)＝(5，180)程度である。このとき、「穀類1kgあたりの肉類消費量」＝$\frac{5}{180}$であり、180の0.2倍(＝20％)は36なので、$\frac{36}{180}$=0.2である。したがって、$\frac{5}{180}$は0.2とは**大きく異なる**。

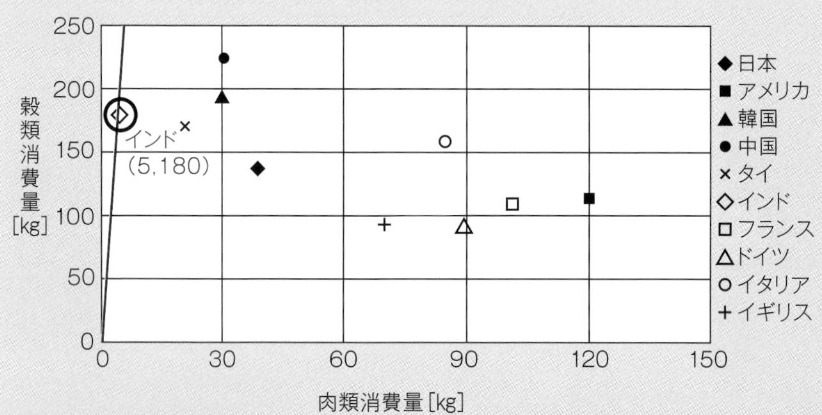

正解 ❸

例題 4-9 次のグラフは、我が国の社会保障関係費の対前年度増加率を横軸に、公共事業関係費の対前年度増加率を縦軸にし、それらの平成３年度から平成11年度までの推移を表したものである。このグラフから読みとれることとして、確実にいえるものはどれか。

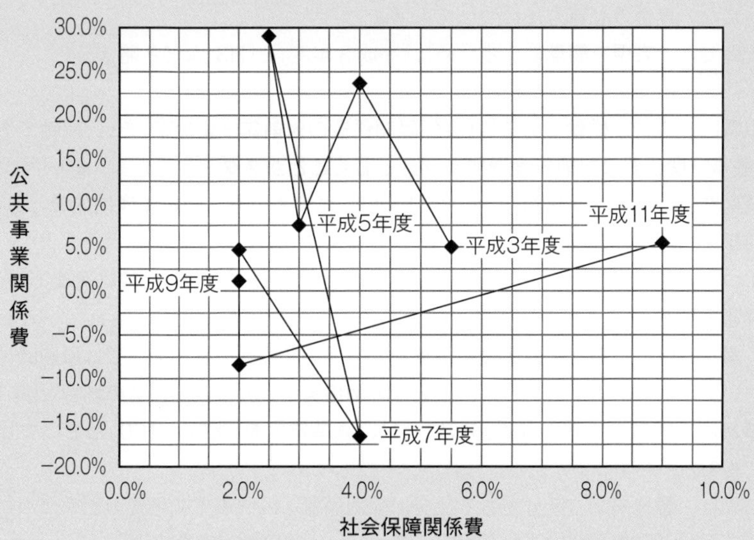

❶ 平成２年度の公共事業関係費を100とする指数で平成６年度の値を求めると、170を下回っている。

❷ 平成８年度から平成10年度のいずれの年度においても、社会保障関係費は等しい。

❸ 平成３年度から平成６年度において、公共事業関係費に対する社会保障関係費の比率が最小になった年度は平成６年度である。

❹ 平成７年度の値を100とする指数で平成11年度の社会保障関係費と公共事業関係費の値を求めると、その値は公共事業関係費の方が大きい。

❺ 社会保障関係費の対前年度増加率が公共事業関係費のそれを下回っている年度は５年ある。

正解へのプロセス

「対前年度増加率の経年相関図」の問題である。

この例題では、２つの異なる項目についての対前年度増加率の相関図について学んでいきたい。以下で説明するように、対前年度増加率の推移を考える際に近似法を使えない場合の計算方法についても学ぶ。

本問では、表現を簡潔にするために「平成３年度」を「H3」などと略す。

相関図なので、**横軸である「社会保障関係費の対前年度増加率」を$\boldsymbol{x}$、縦軸である「公共事業関係費の対前年度増加率」を$\boldsymbol{y}$とおくことがスタート**である。$\boldsymbol{x}=$(社会保障関係費)、$\boldsymbol{y}=$(公共事業関係費)ではない。あくまでも、**対前年度増加率**である。対前年度増加率の資料であるから、次の２点に注意したい。

１つ目の注意点は、**同一区分である社会保障関係費どうしの比較は可能であり、公共事業関係費どうしの比較も可能であるが**、実数値が一切与えられていないため、**異なる区分である社会保障関係費と公共事業関係費の実数の比較は原則的にできない**。ただし、以下のように、**社会保障関係費と公共事業関係費の割合(比率)は基準年度の実数の比率が共通因数になり、基準年度を「指数＝100」とおいて比較ができる**。

例えば、❸は異なる区分である社会保障関係費と公共事業関係費の比率についてであるが、基準値を(H3社会保障関係費)$=\boldsymbol{a}$、(H3公共事業関係費)$=\boldsymbol{b}$とすれば、

(公共事業関係費に対する社会保障関係費の割合)$=\dfrac{(\text{H3社会保障関係費})}{(\text{H3公共事業関係費})}=\dfrac{\boldsymbol{a}}{\boldsymbol{b}}$である。

このとき、

$$\frac{(\text{H4社会保障関係費})}{(\text{H4公共事業関係費})}=\frac{\boldsymbol{a}\times(1+0.040)}{\boldsymbol{b}\times(1+0.235)}=\frac{\boldsymbol{a}}{\boldsymbol{b}}\times\frac{1.040}{1.235}$$

$$\frac{(\text{H5社会保障関係費})}{(\text{H5公共事業関係費})}=\frac{\boldsymbol{a}\times(1+0.040)\times(1+0.030)}{\boldsymbol{b}\times(1+0.235)\times(1+0.075)}=\frac{\boldsymbol{a}}{\boldsymbol{b}}\times\frac{1.040}{1.235}\times\frac{1.030}{1.075}$$

$$\frac{(\text{H6社会保障関係費})}{(\text{H6公共事業関係費})}=\frac{\boldsymbol{a}\times(1+0.040)\times(1+0.030)\times(1+0.025)}{\boldsymbol{b}\times(1+0.235)\times(1+0.075)\times(1+0.290)}$$

$$=\frac{\boldsymbol{a}}{\boldsymbol{b}}\times\frac{1.040}{1.235}\times\frac{1.030}{1.075}\times\frac{1.025}{1.290}$$

であり、共通因数$\dfrac{\boldsymbol{a}}{\boldsymbol{b}}$が不明でも、大小の比較はできる。そこで、**(H3社会保障関係費の指数)＝100、(H3公共事業関係費の指数)＝100としても、割合の大小比較では一般性を失わない**。

２つ目の注意点は、**近似法が使えるかどうかを判断**することである。***x*軸、*y*軸の両軸を見てみれば、*x*軸は0%～10%であり問題なく近似法が使えるが、*y*軸は－20%～30%なので、近似法が使えない年度がいくつか存在する。**例えば、H4の***y***＝23.5%およびH6の***y***＝29.0%は20%を超えているので**近似法は使えない。**

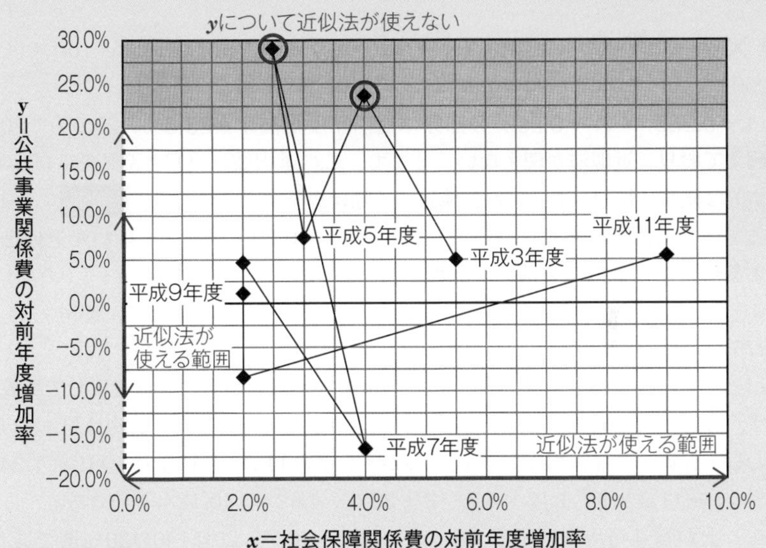

近似法が使えない場合は、（本年度）＝（前年度）× $\left(1+\frac{(\text{対前年度増加率})}{100}\right)$ **をそのままの形で計算するしかない。**この場合であってももちろん、**正確な値を求める必要はなく、概算すればよい。** **概算・近似**

ただし、近似法が使える選択肢から先に検討して、近似法の使えない選択肢の検討は後回しにする。

解説

x＝(社会保障関係費の対前年度増加率)、y＝(公共事業関係費の対前年度増加率)とする。

❶ × H2の公共事業関係費を指数100とすると、H6のそれは、100×(1＋0.050)×(1＋0.235)×(1＋0.075)×(1＋0.290)である。 目標

(1＋0.235)×(1＋0.290)の部分は**対前年度増加率が23.5%、29.0%で20%を超えており、近似法が使えない**。そこで、この選択肢はいったんスキップして、本格的な検討は後回しでよいが、検討する際は以下のように行う。 後回し

まずは、近似法が使えない(1＋0.235)×(1＋0.290)の部分を除いた**近似法の使える部分だけ近似法を用いて計算**すれば、100×(1＋0.050)×(1＋0.075)≒100＋5.0＋7.5＝112.5となるので、100×(1＋0.050)×(1＋0.235)×(1＋0.075)×(1＋0.290)≒112.5×1.235×1.290である。 概算・近似

112.5×1.235×1.290の計算では、**各項の上から４桁目を四捨五入して概算**すれば、112.5×1.235×1.290≒113×1.24×1.29となる。113×1.24は113の24%増として計算すれば、113の10%、1%がそれぞれ11.3、1.13より、113×1.24＝113×1＋11.3×2＋1.13×4＝113＋22.6＋4.52＝140.12≒140である。ここでも、**上から４桁目を四捨五入**した。次に、140×1.29は140の29％増であり、29％＝30％－1％として計算すれば、140の10%、1%がそれぞれ14.0、1.40より、140×1.29≒140×1＋14.0×3－1.40＝140＋42－1.42＝180.58≒181である。よって、100×(1＋0.050)×(1＋0.235)×(1＋0.075)×(1＋0.290)≒181であるから170を**上回る**。 概算・近似

なお、対前年度増加率が20%を大きく超えた23.5%、29.0%も近似法を使って計算してしまうと、100＋5.0＋23.5＋7.5＋29.0＝165.0となり、170を下回りこの選択肢は正しいと誤判定してしまう。このように、**対前年度増加率が±20%を超えた場合は、近似法を使うと大きなずれが生じ、誤判定を招く恐れがあるので注意が必要**である。

❷ × H8～10の社会保障関係費の対前年度増加率は＋2%で等しいが、これは社会保障関係費の「値」が等しいのではなく、「**増加率**」が等しいのであり、値は２%ずつ**増加**している。

❸ ○　(公共事業関係費に対する社会保障関係費の比率) $= \frac{(\text{社会保障関係費})}{(\text{公共事業関係費})}$

の最小値がH6かどうかを判定すればよいので、**H6より小さい値(反例)がないか探す。** **目標**

しかし、この割合は分子・分母の値が求められていないので、**具体的に書き出してから反例を探さなければならず**、この選択肢もいったんスキップして、検討は後回しでよい。 **後回し**

なお、検討する際は、**正解へのプロセス** にも示したが、**(H3社会保障関係費) = 100、(H3公共事業関係費) = 100とすればよく**、次のように計算していく。

$\frac{(\text{H3社会保障関係費})}{(\text{H3公共事業関係費})} = \frac{100}{100} = 1$であり、$\frac{(\text{H4社会保障関係費})}{(\text{H4公共事業関係費})} = \frac{100 \times (1+0.040)}{100 \times (1+0.235)}$

$= \frac{1.040}{1.235}$である。$\frac{1.040}{1.235} < 1$より、この時点で直ちに$\frac{(\text{H4社会保障関係費})}{(\text{H4公共事業関係費})} <$

$\frac{(\text{H3社会保障関係費})}{(\text{H3公共事業関係費})}$がいえる。このように、**この選択肢では近似法の使えない年度を含んではいるが、大小比較は簡単にできる。**

同様に、$\frac{(\text{H5社会保障関係費})}{(\text{H5公共事業関係費})} = \frac{(\text{H4社会保障関係費})}{(\text{H4公共事業関係費})} \times \frac{1.030}{1.075}$であり、$\frac{1.030}{1.075} <$

1より、これも直ちに$\frac{(\text{H5社会保障関係費})}{(\text{H5公共事業関係費})} < \frac{(\text{H4社会保障関係費})}{(\text{H4公共事業関係費})}$がいえる。また、

$\frac{(\text{H6社会保障関係費})}{(\text{H6公共事業関係費})} = \frac{(\text{H5社会保障関係費})}{(\text{H5公共事業関係費})} \times \frac{1.025}{1.290}$であり、$\frac{1.025}{1.290} < 1$より、こ

れも直ちに$\frac{(\text{H6社会保障関係費})}{(\text{H6公共事業関係費})} < \frac{(\text{H5社会保障関係費})}{(\text{H5公共事業関係費})}$がいえる。

以上より、$\frac{(\text{H3社会保障関係費})}{(\text{H3公共事業関係費})} > \frac{(\text{H4社会保障関係費})}{(\text{H4公共事業関係費})} > \frac{(\text{H5社会保障関係費})}{(\text{H5公共事業関係費})}$

$> \frac{(\text{H6社会保障関係費})}{(\text{H6公共事業関係費})}$であり、H3～6にかけて年々小さくなっているので、結局、反例は見つからず、最小になった年度は平成6年度である。

[参　考]

改めて、本選択肢の解法を見ると、

$$\frac{(当年度の社会保障関係費)}{(当年度の公共事業関係費)}=\frac{(前年度の社会保障関係費)}{(前年度の公共事業関係費)}\times\frac{1+\frac{\boldsymbol{x}}{100}}{1+\frac{\boldsymbol{y}}{100}}$$

であり、$\frac{1+\frac{\boldsymbol{x}}{100}}{1+\frac{\boldsymbol{y}}{100}}<1$であれば、$\frac{(当年度の社会保障関係費)}{(当年度の公共事業関係費)}<$

$\frac{(前年度の社会保障関係費)}{(前年度の公共事業関係費)}$と判定している。この判定条件$\frac{1+\frac{\boldsymbol{x}}{100}}{1+\frac{\boldsymbol{y}}{100}}<1$は変形すれば(分母を払えば)、$1+\frac{\boldsymbol{x}}{100}<1+\frac{\boldsymbol{y}}{100}$となり、これを整理すれば$\boldsymbol{y}>\boldsymbol{x}$となる。

したがって、[$\boldsymbol{y}$＝(公共事業関係費の対前年度増加率)]＞[$\boldsymbol{x}$＝(社会保障関係費の対前年度増加率)]であれば、$\frac{(前年度の社会保障関係費)}{(前年度の公共事業関係費)}>$

$\frac{(当年度の社会保障関係費)}{(当年度の公共事業関係費)}$と判定できる。

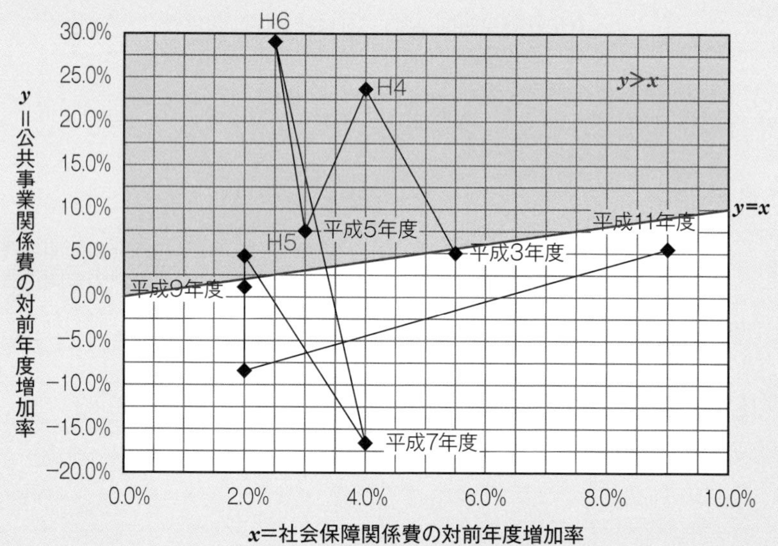

この考え方を用いれば、図よりH4、H5、H6が$y>x$に含まれるので、

$$\frac{(\text{H3社会保障関係費})}{(\text{H3公共事業関係費})} > \frac{(\text{H4社会保障関係費})}{(\text{H4公共事業関係費})} > \frac{(\text{H5社会保障関係費})}{(\text{H5公共事業関係費})} >$$

$\frac{(\text{H6社会保障関係費})}{(\text{H6公共事業関係費})}$がいえる。

この結果は、$\frac{(\text{社会保障関係費})}{(\text{公共事業関係費})}$の「分子の増加率」＝$x$が「分母の増加率」＝$y$より小さいとき、分数自体$\left(=\frac{(\text{社会保障関係費})}{(\text{公共事業関係費})}\right)$は小さくなるという、**分数の大小の判定法Ⅵそのもの**であり、この考え方が理解できれば、この選択肢は直ちに解答できる。 **分数の大小**

❹ × H8以降は社会保障関係費および公共事業関係費ともに**±10%程度に収まる対前年度増加率しかないので、近似法が使える。**

H7をそれぞれ指数100とすると、H11の社会保障関係費は100×(1＋0.020)×(1＋0.020)×(1＋0.020)×(1＋0.090)≒100＋2.0＋2.0＋2.0＋9.0＝115.0であり、H11の公共事業関係費は100×(1＋0.045)×(1＋0.010)×(1－0.080)×(1＋0.055)≒100＋4.5＋1.0－8.0＋5.5＝103.0である。 **具体化**

よって、指数としてみれば、H11の値は公共事業関係費の方が**小さい。** **概算・近似**

❺ × 社会保障関係費の対前年度増加率が公共事業関係費の対前年度増加率を下回っているのは、H4、H5、H6、H8の**4年**しかないので、誤りである。

なお、相関図上でxとyの値が等しい点(例えば、(x, y)＝(0%，0%)と(10%，10%))を直線で結び$y=x$を引けば、**グラフから次のように簡単に判断できる。**

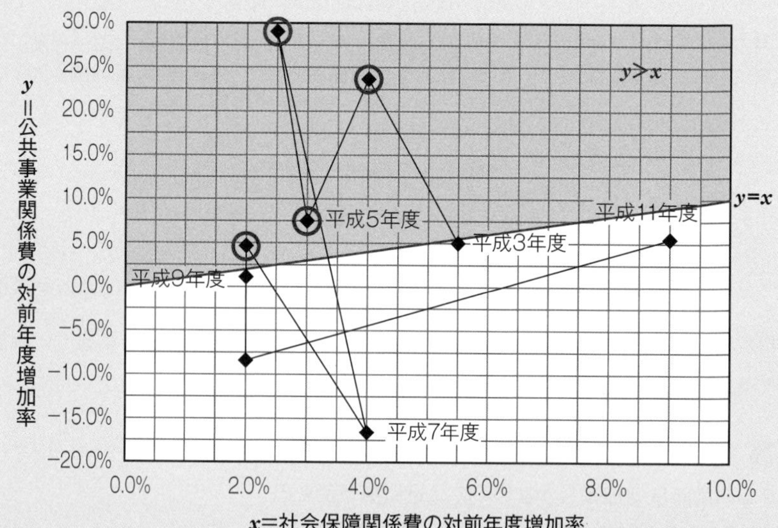

直線$y=x$上の点が「公共事業関係費の対前年度増加率＝社会保障関係費の対前年度増加率」が成り立つ年度である。**この直線の上側の領域が$y>x$、つまり、「公共事業関係費の対前年度増加率＞社会保障関係費の対前年度増加率」**が成り立つ年度であり、**これをグラフから読み取ればH4、H5、H6、H8の4年**しかないことがわかる。

※　H3の点（x, y）は直線$y=x$にかなり近い位置にあるが、数値を具体的に読み取れば、（x, y）＝（5.5%, 5.0%）であり、5.5＞5.0より$x>y$であり、領域$y>x$にはないことがわかる。**具体化**

このように、**相関図に直線を書いたときの読み取りで判定に困難が生じた場合は、数値で検証すればよい。**

正解 ❸

❷ 三角図表

三角図表(三角グラフ)とは、正三角形の3辺が座標軸となり、正三角形上に3つの数値を組にして打点(プロット)した資料である[4]。特に、3つの要素だけからなる構成比(略して「3構成比」と呼ぶ)の資料に用いられる。

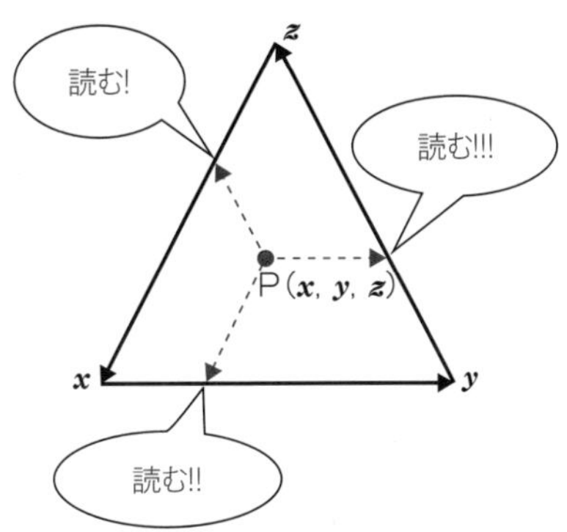

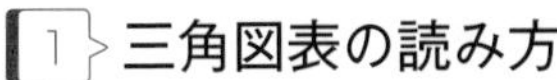

1 三角図表の読み方

問題文に読み方の指示がない限り[5]、原則的に、次の2段階で読み取る。

❶ 各辺(座標)の数値を見ながら、小さい方から大きい方へ矢印(座標の向き)を書き込む(右図の太線の矢印を3本引く)。

❷ 図中の各点から、❶で書き込んだ矢印(x軸、y軸、z軸)の方向へ、座標軸と平行な矢印(上図「破線の→」)を3本引き、矢印が指し示すx、y、z座標上の数値を読み取る。

---

4 本来3つの数値の組(x, y, z)は座標空間(3次元)上に表現されるため、「3次元データ」と呼ばれるが、三角図表は$x+y+z=$(一定)が成り立つ資料に用いることで、2次元上(正三角形上)に表現できる。

5 問題に読み方の指示のある場合がある。この場合は「指示通り」読み取る。

例2

次の三角図表は、サッカーチームＡ～Ｃのこれまでの試合の戦績について、勝ち・負け・引き分けの割合を示したものである。

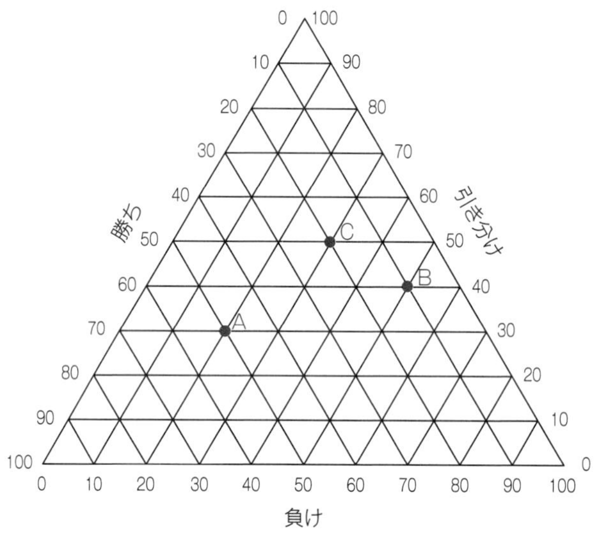

手順に従い、まずは❶各辺の軸の数値を見て、３辺に小さい方から大きい方へ矢印を書き込む。

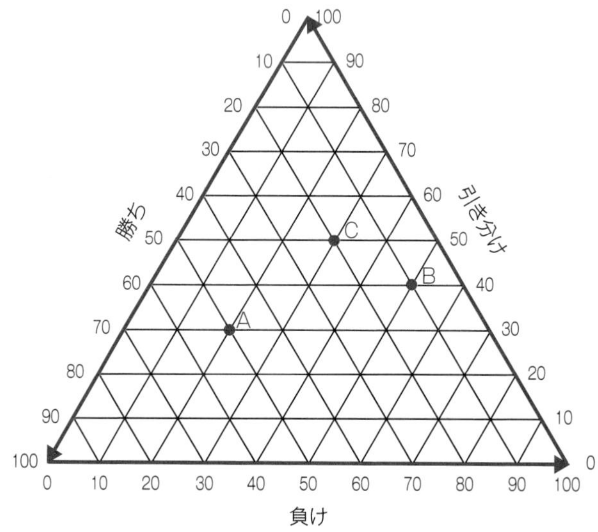

次に、❷矢印の指す方向へ、各点から座標軸と平行な矢印を３本引き、数値を読み取る。

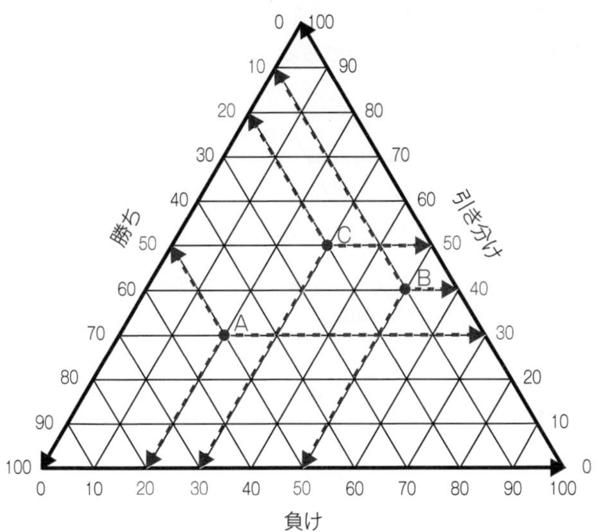

チームＡの戦績は、勝ち50％、負け20％、引き分け30％、チームＢの戦績は、勝ち10％、負け50％、引き分け40％、チームＣの戦績は、勝ち20％、負け30％、引き分け50％と読み取ることができる。

---

2 三角図表の性質

三角図表は多くの場合、３構成比の資料に用いられ、三角図表上のデータをＰ(x, y, z)とすれば、$x+y+z=100$［％］となる。これは正三角形の図形的性質に起因し、正三角形では内部の任意の点Ｐについて、$x+y+z=$（一定）が成り立つことによる。

例題 4-10 次の図表は、A～Eの5か国について、1980年と1995年の第1次産業、第2次産業、第3次産業の3つの産業に従事する人口を全就業者に占める割合(産業別人口構成比)で表したものである。この図表から読みとれることとして、確実にいえるものはどれか。

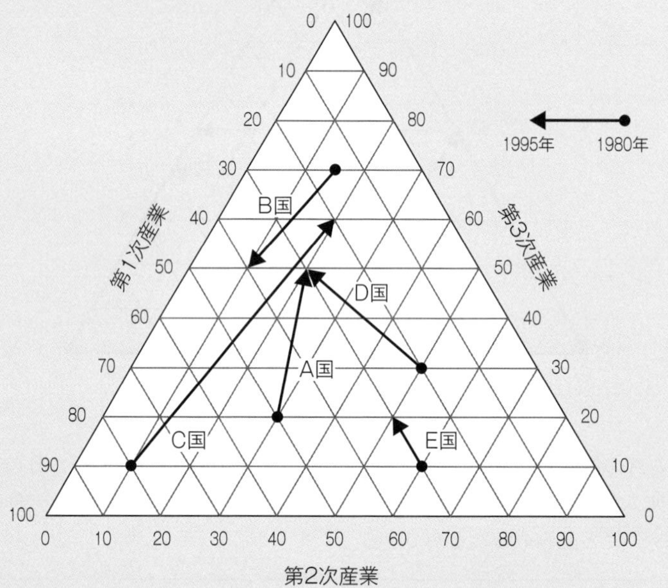

❶ 1995年のA国の第2次産業人口の構成比は、1980年のそれより増加している。

❷ B国における1995年の全就業者数が1980年のそれと等しいとすると、1995年のB国の第1次産業人口は1980年のそれの2倍以上である。

❸ 1995年におけるC国の第3次産業人口は、1980年のそれより増加している。

❹ 1995年におけるD国の第3次産業人口と、A国の第3次産業人口は等しい。

❺ E国の第2次産業人口は、1980年、1995年ともに、第1次産業人口と第3次産業人口の合計を上回る。

正解へのプロセス

「三角図表」の問題である。

まずは資料の内容を確認していく。問題本文に「A～Eの5か国について、1980年と1995年の第1次産業、第2次産業、第3次産業の3つの産業に従事する人口を全就業者に占める割合(産業別人口構成比)で表したもの」とあるので３構成比の問題であり、各産業別人口は、(実数)＝(総量)×(構成比)で計算する。本問では総量(全就業者数)が与えられていないが、同年同国の産業別人口であれば各国、各年の総量(全就業者数)が同じなので比較できることに注意したい。また、３構成比が三角図表で与えられているので、合計すると100％であるはず、と思って読んでいくとよい。 **目標**

問題文に読み方の指定がないので、次の２段階で読み取る。

❶ **第１次産業、第２次産業、第３次産業の軸（三角形の辺）の数値を見て、3辺に小さい方から大きい方へ矢印（座標の向き）を３本書き込む。**

❷ 図中の各点から、**❶で書き込んだ矢印の指す方向へ、座標軸と平行な矢印を３本引き**、矢印が指し示す**数値を読み取る。**

例えば、A国の1980年の産業別人口割合(構成比)は次のように読めばよい。このとき、A国の1980年の産業別人口割合(構成比)は(第１次産業，第２次産業，第３次産業)＝(50％，30％，20％)であり、合計すると50％＋30％＋20％＝100％であることを確認しておいてもらいたい。

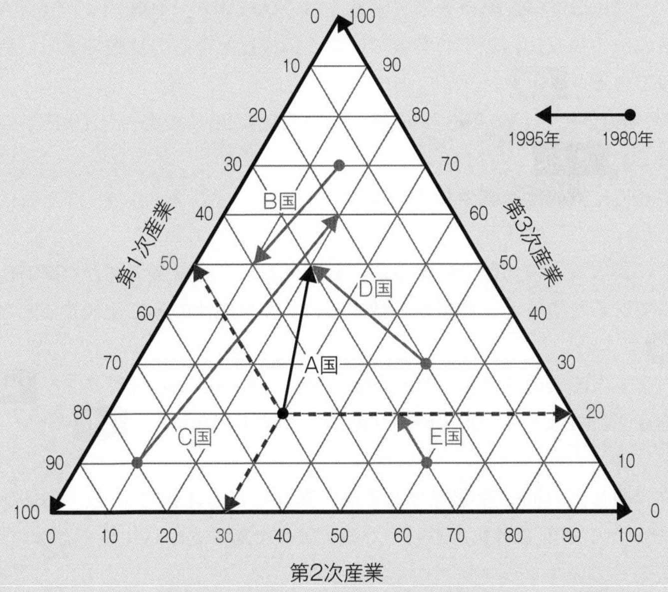

このようにして、A国からE国の産業別人口構成比を読み取り、表にまとめると

以下のようになる。**具体化**

もちろん、実際に解く際は選択肢ごとに確認すればよいので、すべてのデータを読み取る必要はないが、自分の読み取り方が正しいか、合計で100％であるかを確認できるように記載しておく。

	1980年				1995年			
	第1次産業	第2次産業	第3次産業	合計	第1次産業	第2次産業	第3次産業	合計
A国	50%	30%	20%	100%	30%	20%	50%	100%
B国	15%	15%	70%	100%	40%	10%	50%	100%
C国	80%	10%	10%	100%	20%	20%	60%	100%
D国	20%	50%	30%	100%	30%	20%	50%	100%
E国	30%	60%	10%	100%	30%	50%	20%	100%

解説

❶ ×　「1995年のA国の第２次産業人口の構成比」と「1980年のそれ（A国の第２次産業人口の構成比）」なので**実数ではなく構成比どうしの比較であり、異なる年でも比較できる。** **目標**

A国の1980年における第２次産業人口構成比は30％であり、1995年のそれは20％である。**具体化**

したがって、構成比は**減少**している。

❷ ○　異なる年の比較ではあるが、B国における**全就業者数が1980年と1995年で同じであるとすると、総量が一致する**ので、**構成比のみで比較することができる。** **目標**

B国の第１次産業の割合は、1980年が15％、1995年が40％である。**具体化**

40％ ≧ 15％×2より、1995年は1980年の２倍以上である。**実例**

❸ ×　同じ国の同じ産業ではあるが、異なる年の比較であり、C国の1980年および1995年の全就業者数が不明のため、実数である人口は比較できない。

❹ ×　同じ年の同じ産業ではあるが、異なる国の比較であり、1995年のA国とD国の産業人口に関する実数が一切書かれていないので、A国、D国それぞれの

第３次産業人口を比べることはできない。

❺ ×　**同年同国の産業別人口の比較は、総量（全就業者数）が同じであり、構成比だけから比較できる**ので具体的に計算していく。 **目標** **具体化**

1980年については、Ｅ国の第２次産業人口の構成比は60％であり、第１次産業人口の構成比30％と第３次産業人口10％の合計30％＋10％＝40％を上回るが、1995年については、Ｅ国の第２次産業人口の構成比は50％であり、第１次産業人口の構成比30％と第３次産業人口の構成比20％の合計30％＋20％＝50％と同じなので第２次産業人口が第１次産業人口と第３次産業人口の合計を上回るとはいえない。

※　Ｅ国の第２次産業の構成比が50％を超えていない時点で、Ｅ国の第２次産業人口は第１次産業人口と第３次産業人口の合計を上回るとはいえない。

正解 ❷

3 複数の資料

1問に表とグラフが提示されたり、両軸グラフなど**複数の資料や項目が組み合わされて提示されている問題を、本書では「複数の資料」と呼ぶ。**

一般に、複数の資料の問題は情報量が多くなるが、**どのような組合せであっても資料や項目どうしがどのような関係にあるのかを確認し、求められる項目と求められない項目を判断できるようにする**ことが重要である。

1 複数の資料における項目間の関係

複数の資料では、**項目間で相互に補完し合う**ことがある。次の例を見てもらいたい。

例3 ある地域の15歳以上人口を、労働力人口と非労働力人口の２つの区分に分けて調査をした結果、以下のとおりであることがわかったとき、求められるものには次のようなものがある。

非労働力人口	労働力人口の割合
4,000万人	60%

❶ **非労働力人口の割合**

「15歳以上人口を、労働力人口と非労働力人口の２つの区分に分けて」いるので、**15歳以上人口がこの割合の「基準（全体）」＝100%**である。これが、この例の**隠れた条件**であり、したがって、非労働力人口の割合は100－60＝40［%］である。

❷ **15歳以上人口**

15歳以上人口はこの資料の全体（総量）に相当する。**（総量）×（構成比）＝（実数）**より、**（総量）＝（実数）÷（構成比）**なので、（15歳以上人口）＝4,000÷40%＝10,000［万人］＝1［億人］である。

❸ **労働力人口**

労働力人口は（実数）＝（総量）×（構成比）より、（労働力人口）＝10,000×60%＝6,000［万人］である。

以上より、この例は次のようにまとめられる。黒字が資料に与えられたものであり、赤字が求められるものである。

	労働力人口	非労働力人口	15歳以上人口
実数	6,000万人	4,000万人	10,000万人
割合	60%	40%	100%

※　この資料のみからは、例えば「他の年齢階級の人口」や「正規・非正規労働者の数」などはわからない。

2 両軸グラフ

縦軸が左右についているグラフを「両軸グラフ」という。両軸グラフの例としては、次の「実数と対前年同月比の推移」を挙げておく[6]。

例4

次のグラフは、ある会社の2022年の売上とその対前年同月比の推移を両軸グラフで表したものである。ここで、対前年同月比とは前年同月に対する増加率である。棒グラフは売上を、折れ線グラフは対前年同月比を表し、左縦軸が売上を、右縦軸が対前年同月比を表している。

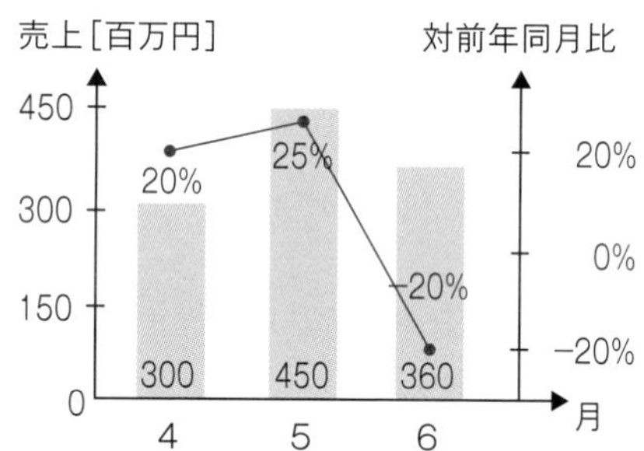

❶ 2021年の４月、５月、６月の売上は（前年）＝（本年）$\div\left(1+\frac{\text{対前年同月比}}{100}\right)$より、

$$2021年4月；300\div(1+0.20)=300\div\frac{6}{5}=300\times\frac{5}{6}=250$$

$$2021年5月；450\div(1+0.25)=450\div\frac{5}{4}=450\times\frac{4}{5}=360$$

$$2021年6月；360\div(1-0.20)=360\div\frac{4}{5}=360\times\frac{5}{4}=450$$

※ 2021年４〜６月の売上で最大であるのは、６月であることがわかる。

---

6 ここで扱っている「対前年同月比」のような「対●●比」という表現は、比率を表している場合と増加率を表している場合の２つがある。例えば「対前年比120%」は比率を、「対前年比20%増」では増加率を表す。例4のような「対前年同月比」の場合も、対前年同月比率と対前年同月比率増加率の２つがあり、資料をよく見てどちらの意味で用いられているかを判断しなければならない。

❷ 2021年の５月、６月の対前月増加率は次のように計算して求めることができる。

$$2021年5月；(対前月増加率)=\frac{360-250}{250}\times 100\,[\%]$$

$$=\left(\frac{360}{250}-1\right)\times 100\,[\%]=44\,[\%]$$

$$2021年6月；(対前月増加率)=\frac{450-360}{360}\times 100\,[\%]$$

$$=\left(\frac{450}{360}-1\right)\times 100\,[\%]=25\,[\%]$$

また、**両軸の目盛りの最下点が０とは限らないこと、目盛り幅が左右で一致するとは限らないことに注意する**。次の例で確認しよう。

例5　次の資料は、あるデパートの年度ごとの売上と来客数の推移を示した実数のグラフである。

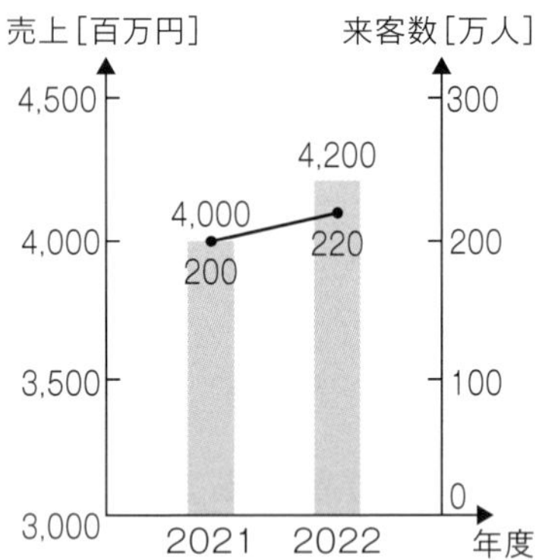

伸び率(比率)を見ると、棒グラフ(売上)の方が折れ線グラフ(来客数)より2022年度の対前年度増加率が大きく見える。ところが実際に計算で確かめてみると、

$$\text{売上の対前年度増加率；}\frac{4{,}200-4{,}000}{4{,}000}\times 100\,[\%]=\left(\frac{4{,}200}{4{,}000}-1\right)\times 100\,[\%]$$
$$=5\,[\%]$$

$$\text{来客数の対前年度増加率；}\frac{220-200}{200}\times 100\,[\%]=\left(\frac{220}{200}-1\right)\times 100\,[\%]$$
$$=10\,[\%]$$

であり、来客数の対前年度増加率の方が大きい。

種明かしをすると、**縦軸の下端の目盛りと棒グラフの長さが印象の異なる原因**である。売上を示す棒グラフの長さは「見えている部分」である4,000−3,000＝1,000［百万円］、4,200−3,000＝1,200［百万円］に対応しており、グラフの長さの伸び率(つまり見かけの対前年度増加率)は$\frac{1{,}200-1{,}000}{1{,}000}\times 100\,[\%]=\left(\frac{1{,}200}{1{,}000}-1\right)\times 100\,[\%]=20\,[\%]$である。要するに、**資料を読む際は単純な印象で判断してはいけないのだが、複数の資料ではこのようなミスリードが生じやすいので注意が必要である**[7]。

7　軸の最下点の値をずらすのは資料をコンパクトに見せるためではあるが、このような見せ方の工夫が結果的にその資料の印象操作になってしまっている。

例題 4-11 下のグラフは、男性の運転免許取得者数とそれに占める16～24歳の男性、および65歳以上の男性の運転免許取得者数の割合と、全運転免許取得者数に占める女性の運転免許取得者数の割合を表したものである。このグラフから読みとれることとして、確実にいえるものはどれか。

ただし、運転免許を取得できる者は16歳以上であるものとする。

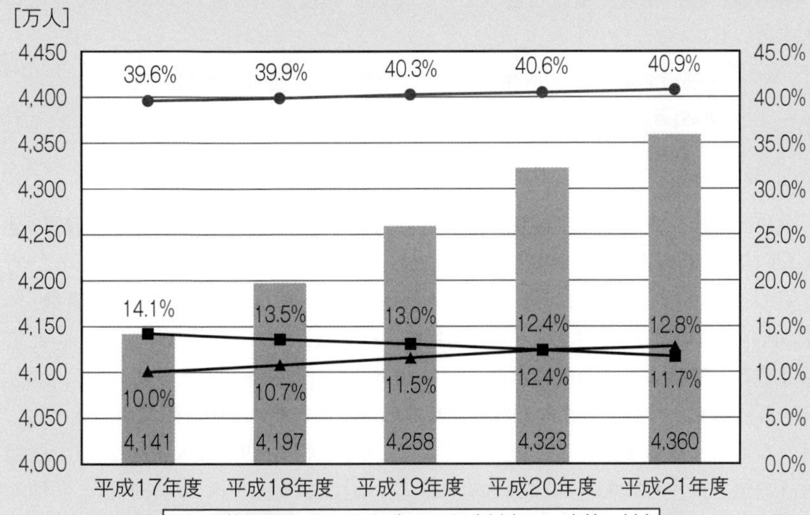

❶ 平成18年度以降の表中のすべての年度において、女性の運転免許取得者数が前年度に比べて減少した年度が少なくとも1回はある。

❷ 平成18年度以降の表中のすべての年度において、男性の運転免許取得者数の対前年度増加率は、女性のそれに比べて小さい。

❸ 表中のすべての年度において、16～24歳の女性の運転免許取得者数が最大になった年度は平成21年度である。

❹ 表中のすべての年度において、16～24歳の男性の運転免許取得者数と65歳以上の男性の運転免許取得者数の差が最大の年度は平成17年度であるが、その差は100万人以内である。

❺ 平成18年度以降の表中のすべての年度において、25～64歳の男性の運転免許取得者数が男性の運転免許取得者数全体に占める割合は、一貫して減少している。

正解へのプロセス

「**複数の資料(両軸グラフ)」の問題**である。

本問の資料には、平成17～21年度の5年における運転免許を取得できる16歳以上の全運転免許取得者数について、❶女性の割合、❷男性の実数、男性の年齢階級別に❸16～24歳、❹65歳～の男性に占める割合の4項目が与えられている。

項目❶と❷が相互に補完し合うことを平成17年度を例に説明する。下の表を見て考えてもらいたい。

平成17年度	男性	女性	全運転免許取得者数
実数[万人]	4,141		
割合		39.6%	100%

上の表には、資料から直接読み取れる数値を書き込んでいるが、**割合の基準(全体)が100%であることに注意する**。すると、男性の割合は100－39.6＝60.4［%］であり、平成17年度における全運転免許取得者数は、**(全運転免許取得者数)×60.4%＝4,141［万人］より、(全運転免許取得者数)＝4,141÷60.4%［万人］と求めることができる**。この計算は簡単ではないので、問題を解くときには実行せず、うまく回避する方法を考えなければならないが、ここでは説明を簡潔かつ具体的に行うために、計算を実行しておく。そこで、小数以下を四捨五入すれば、(全運転免許取得者数)＝4,141÷60.4%≒6,856［万人］となる。これを用いれば、女性の実数も次のように求めることができ、表が完成する。**具体化**

(女性の実数)＝(全運転免許取得者数)×39.6%≒2,715［万人］

平成17年度	男性	女性	全運転免許取得者数
実数[万人]	4,141	2,715	6,856
割合	60.4%	39.6%	100%

このように、**この資料からは、男性の割合だけでなく、表中の年度での全運転免許取得者数および女性の実数も求めることができる**。

項目❸と❹から、男性に占める❺25～64歳の割合を求めることができる。これは運転免許を取得できる16歳以上の❷(男性の実数)＝(男性の運転免許取得者数)である100%から❸と❹を引けば求められる。さらに、❷を用いれば男性の年齢階級別実数も求めることができる。例えば平成17年度では次のようになる。**具体化**

平成17年度	❸16～24歳男性	❺25～64歳男性	❹65歳～男性	❷男性の運転免許取得者数
実数[万人]	4,141×14.1%	4,141×75.9%	4,141×10.0%	4,141
割合	14.1%	75.9%	10.0%	100%

複数の資料では、どうしても項目が多くなり混乱しやすいため、選択肢の検討前に何が求められて、何が求められないのかを明確にしておき、選択肢を読みやすくする必要がある。 **目標**

この資料は、縦軸が左右に2つある両軸グラフである。一見すると、棒グラフ(男性の実数)が平成17～21年度の5年で2倍以上伸びているように見えるが、実際は4,141から4,360で5%程度増加したに過ぎない。このように、グラフ上の見かけの伸び率に開きはあるものの、**男性の実数が増加し、女性の割合も増加している、という事実に間違いはないので、これを足掛かりに選択肢の正誤を判定するとよい。**

解説

❶ ✕　女性の割合が平成17～21年度にかけて年々大きくなっていることに注目すると、(男性の割合)＝100%－(女性の割合)より、**相対的に男性の割合は年々小さくなっている**。さらに、**男性の実数は年々増加**していることをグラフから読み取ることができ、(全運転免許取得者数)×(男性の割合)＝(男性の実数)より、(全運転免許取得者数) $=\frac{(男性の実数)}{(男性の割合)}$ では**年々分母が減少し、分子が増加しているので、判定法Ⅲより、分数全体は年々増加**していることがわかる。 **分数の大小**

したがって、**全運転免許取得者数は年々増加**している。

(全運転免許取得者数)×(女性の割合)＝(女性の実数)であり、(全運転免許取得者数)も(女性の割合)も増加していることから、(女性の実数)、すなわち、**女性の運転免許取得者数は年々増加**している。よって、平成18年度以降の表中のすべての年度において、女性の運転免許取得者数が前年度に比べて減少した年度は1回もない。

❷ ○　男性の運転免許取得者数の対前年度増加率は

$\left(\frac{(本年度男性の運転免許取得者数)}{(前年度男性の運転免許取得者数)}-1\right)\times 100$ [%]、女性の運転免許取得者数の対前年度増加率は $\left(\frac{(本年度女性の運転免許取得者数)}{(前年度女性の運転免許取得者数)}-1\right)\times 100$ [%] より、共通因数

を除けば、本選択肢は、

$$\frac{(本年度男性の運転免許取得者数)}{(前年度男性の運転免許取得者数)}<\frac{(本年度女性の運転免許取得者数)}{(前年度女性の運転免許取得者数)}\cdots(*)$$

が成り立つかどうかを判定すればよい。**目標**

この選択肢は判定に手間がかかると考えて、いったんスキップして検討は後回しにしてもよいが、検討するには次の２つの方法がある。**後回し**

[解法１]

不等式(＊)を変形すれば、

$$\frac{(本年度男性の運転免許取得者数)}{(本年度女性の運転免許取得者数)}<\frac{(前年度男性の運転免許取得者数)}{(前年度女性の運転免許取得者数)}$$

が成り立つかどうかと同じことである。両辺の分数は「女性の運転免許取得者数に対する男性の運転免許取得者数の比率」だが、**割合の基準が共通であれば、(実数の比率) ＝ (割合の比率) が成り立つ**ので、$\frac{(男性の運転免許取得者数)}{(女性の運転免許取得者数)}=\frac{(男性の割合)}{(女性の割合)}$である[8]。したがって、(＊) は$\frac{(本年度男性の割合)}{(本年度女性の割合)}<\frac{(前年度男性の割合)}{(前年度女性の割合)}$であり、結局、本肢を言い換えると、「$\frac{(男性の割合)}{(女性の割合)}$は年々減少している」が正しいかどうかを考えればよいとわかる。

分子である(男性の割合)は年々減少し、分母である(女性の割合)は年々増加しているので、**判定法Ⅲ**より、「$\frac{(男性の割合)}{(女性の割合)}$は年々減少している」は正しいと結論できる。**分数の大小**

[解法２]

次のように考えてもよい。❶の解説より、**「男性の運転免許取得者数が年々増加している」**にも関わらず、**「全運転免許取得者数に占める女性の割合も年々増加している」**ということは、「女性が年々増加している (❶の結論)」だけでなく**「女性の増え方(増加率)が男性の増え方(増加率)より大きい」**からであると考えることもできる。

8　式で説明すれば、(全運転免許取得者数) で分母・分子を割ることで、

$$\frac{(男性の運転免許取得者数)}{(女性の運転免許取得者数)}=\frac{(男性の運転免許取得者数)／(全運転免許取得者数)}{(女性の運転免許取得者数)／(全運転免許取得者数)}=\frac{(男性の割合)}{(女性の割合)}$$

のように同値変形できる。

よって、平成18年度以降の表中のすべての年度において、男性の運転免許取得者数の対前年度増加率は、女性のそれに比べて**小さい**。

❸ ×　女性に関しては、16～24歳、25～64歳、65歳以上などの年齢階級別の割合が不明である。よって、女性の16～24歳の運転免許取得者数は求めることができない。

❹ ×　平成17年度の16～24歳男性の運転免許取得者数は4,141×14.1％であり、65歳以上男性の運転免許取得者数は4,141×10.0％であるので、その差は4,141×14.1％－4,141×10.0％である。**具体化**

共通因数である「4,141」でくくれば、4,141×14.1％－4,141×10.0％＝4,141×(14.1％－10.0％)＝4,141×4.1％である。4,141×4.1％＞4,000×4％＝160［万人］より、**100万人を超える。** **概算・近似**

❺ ×　男性の運転免許取得者数の割合を100％とすると、(25～64歳男性の割合)＝100％－{(16～24歳男性の割合)＋(65歳以上男性の割合)}で求めることができる。そこで、グラフより、16～24歳男性の割合と65歳以上男性の割合の合計を具体的に計算すると、以下の表のようになる。**具体化**

年度	17	18	19	20	21
16～24歳男性の割合	14.1%	13.5%	13.0%	12.4%	11.7%
65歳以上男性の割合	10.0%	10.7%	11.5%	12.4%	12.8%
合計	24.1%	24.2%	24.5%	24.8%	24.5%

平成20～21年度にかけては、この合計が24.8％から24.5％に減少しているので、(25～64歳男性の割合)＝100％－{(16～24歳男性の割合)＋(65歳以上男性の割合)}より、(25～64歳男性の割合)は、75.2％から75.5％に**増加している。**
反例

よって、平成18年度以降の表中のすべての年度において、25～64歳の男性の運転免許取得者数が男性の運転免許取得者数全体に占める割合が**一貫して減少しているとはいえない。**

正解 

過去問Exercise

問題1 次の図から確実にいえるのはどれか。

特別区Ⅰ類2012

平成21年における勤労者世帯の実収入及び消費支出の対前年増加率
（世帯主の年齢階級別、1世帯当たり）

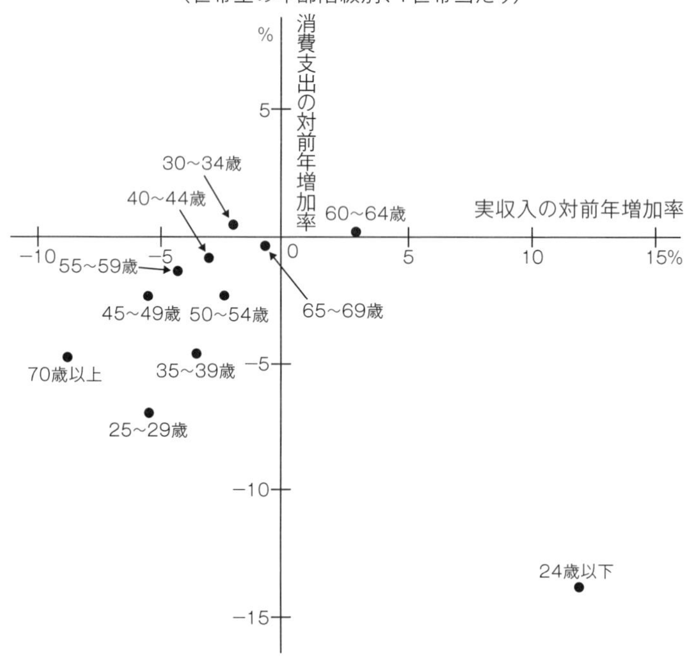

❶　平成21年において、図中の各年齢階級のうち、実収入の対前年増加率が消費支出の対前年増加率を上回っている年齢階級は、いずれの年齢階級とも、消費支出が前年より減少している。

❷　平成21年における35～39歳の年齢階級の実収入に対する消費支出の比率は、前年におけるそれを下回っている。

❸　図中の各年齢階級のうち、平成21年における実収入の対前年減少額が最も大きいのは、70歳以上である。

❹　平成21年において、図中の各年齢階級のうち、実収入が前年より減少し、かつ、消費支出が前年より増加している年齢階級は、２つある。

❺　平成21年において、25～29歳の年齢階級の消費支出の対前年減少率は、50～54歳の年齢階級の消費支出のそれの４倍より大きい。

解説

正解 ❷

「**対前年増加率の相関図**」の**問題**である。

本問では、**横軸**である「**平成21年における実収入の対前年増加率**」をx、**縦軸**である「**平成21年における消費支出の対前年増加率**」をyと**おくことがスタート**である。

そして、直線$y=x$を相関図に書き込んでおく（図1）。

なお、直線$y=x$は原点と座標（5，5）、（−5，−5）を通る直線である。

また、対前年増加率［%］の数値の読み取りの精度はグラフの目盛りの間隔から考えても、小数第1位程度までで十分である。

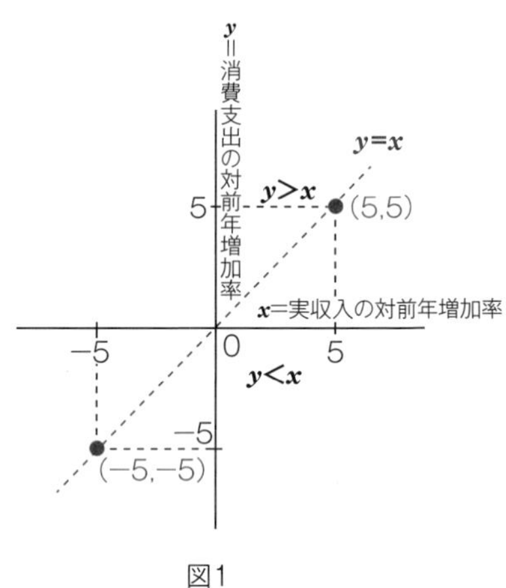

図1

❶ ×　「平成21年において、実収入の対前年増加率xが消費支出の対前年増加率yを上回っている」のは、「領域$x>y$を満たす点」のことである。**目標**

$x>y$つまり、$y<x$を表す領域は**直線$y=x$の下側**なので、具体的には図2に示す領域である。これを満たす点（年齢階級）は24歳以下、25～29歳、35～39歳、60～64歳である。**具体化**

このうち60～64歳の消費支出を見ると、対前年増加率は**0%に近いとはいえプラス**（x軸より上）であるので、消費支出は前年より増加している。**反例**

ちなみに50～54歳は直線$y=x$付近にあるが、反例ではないので、直線$y=x$の上側か下側かは気にしなくてよい。

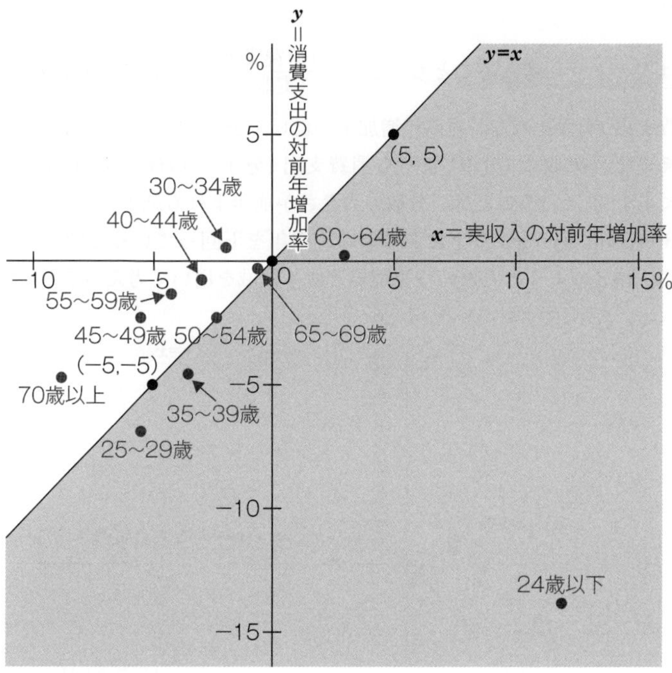

2 ○　実収入に対する消費支出の比率は$\frac{(\text{消費支出})}{(\text{実収入})}$で求められる。**目標**

平成21年の35～39歳について、実収入の対前年増加率は約−3.5%、消費支出の対前年増加率は約−4.8%程度であるから、

$$\frac{(\text{平成21年消費支出})}{(\text{平成21年実収入})}=\frac{(\text{平成20年消費支出})\times(1-0.048)}{(\text{平成20年実収入})\times(1-0.035)}$$

$$=\frac{(\text{平成20年消費支出})}{(\text{平成20年実収入})}\times\frac{0.952}{0.965}$$

である。**具体化**

$\frac{0.952}{0.965}$は（分子）＜（分母）より$\frac{0.952}{0.965}<1$であるので、$\frac{(\text{平成21年消費支出})}{(\text{平成21年実収入})}<\frac{(\text{平成20年消費支出})}{(\text{平成20年実収入})}$である。**実例**

よって、平成21年における35～39歳の年齢階級の実収入に対する消費支出の比率は、前年におけるそれを下回っている。

［別　解］

これは次のように考えることもできる。$\frac{(消費支出)}{(実収入)}$において、実収入（分母）よりも消費支出（分子）の方が対前年増加率が低い（［x＝−3.5%］＞［y＝−4.8%］）、言い換えると、実収入（分母）よりも消費支出（分子）の方が対前年減少率が高い（3.5%＜4.8%）ということは、分数の大きさが前年よりも減少している。

35〜39歳は直線$y=x$より下にあるので、前年を下回っていると判断できる。したがって、図３のように直線$y=x$を境界とする領域を用いて考えることもできる。

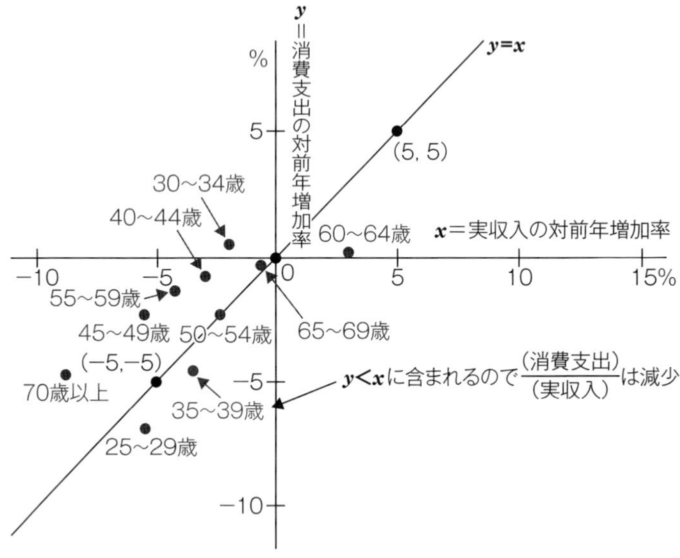

3 ✕　確かに、実収入の対前年増加率としては70歳以上が最も低い。しかし、**年齢階級の異なる区分は基準が異なり、実数である「対前年減少額」の大小比較はできない。したがって、実収入の対前年減少額が最も大きいかどうかは不明**である。

4 ✕　**実収入が前年より減少し、かつ、消費支出が前年より増加している年齢階級を見つけるには、原点より左上（座標平面でいう第２象限）にあるものを探せばよい**（図４）。**目標**

しかし、資料中には30〜34歳の１つしかない。

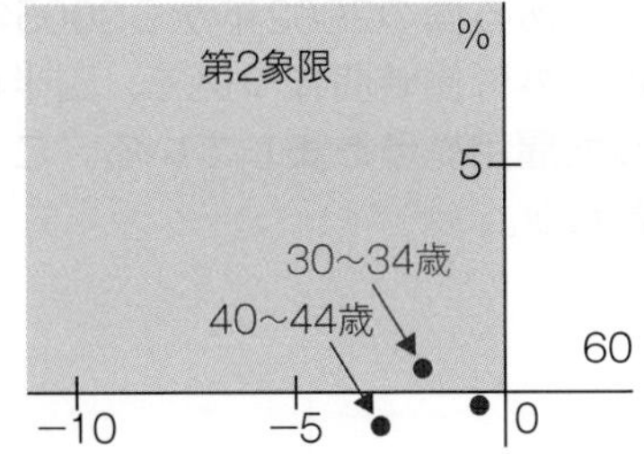

❺ × 「25～29歳の年齢階級の消費支出の対前年減少率は、50～54歳の年齢階級の消費支出のそれ（対前年減少率）の4倍」であるから、**対前年減少率どうしなので比較可能**である。**目標**

50～54歳の消費支出の対前年減少率は約−2.5%である。これの4倍は−2.5×4＝−10［%］であるが、25～29歳の消費支出の対前年減少率は約−7.0%であり、−10%にまでは届いていない。

問題2

図は、ある国の2002年から2005年までの常用雇用者数と所定外労働時間について、四半期ごとに前年同期と比較した雇用循環を表している。これから確実にいえるのはどれか。

国家一般職2008

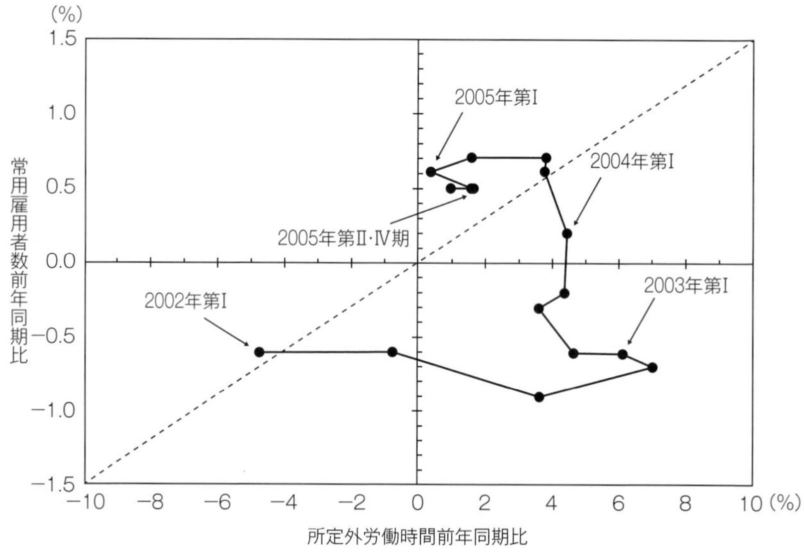

1 2002年第Ⅰ四半期から同年第Ⅳ四半期までの所定外労働時間は四半期ごとに一貫して増加している。

2 所定外労働時間は2002年第Ⅳ四半期が最大で、それ以降はこれを超えた四半期はない。

3 2004年第Ⅰ四半期の常用雇用者数は、2002年第Ⅰ四半期の常用雇用者数よりも少ない。

4 2002年から2005年の年間平均の常用雇用者数は、年ごとに一貫して増加している。

5 2005年の第Ⅱ四半期と第Ⅳ四半期は、常用雇用者数と所定外労働時間の両方とも、ほぼ同じ水準である。

解説

正解 ③

「**前年同期比（対前年同期増加率）の経年相関図**」の問題である。

四半期とは1年間（＝12か月間）を4等分した3か月間を指す[9]。また、本問における「**前年同期比**」とは「**対前年同期増加率[%]**」のことであり[10]、相関図の通例通り、横軸である（所定外労働時間の前年同期比）をxとおき、縦軸である（常用雇用者数の前年同期比）をyとおく。横軸の目盛りを見るとxは±10%の範囲に収まっており、縦軸の目盛りを見るとyは±1.5%の範囲に収まっているので、**近似法が使える**。

また、相関図上の各点（x, y）が線分でつながっているのは「時間的つながり（推移）」を表しており、図1のように読んでいく。

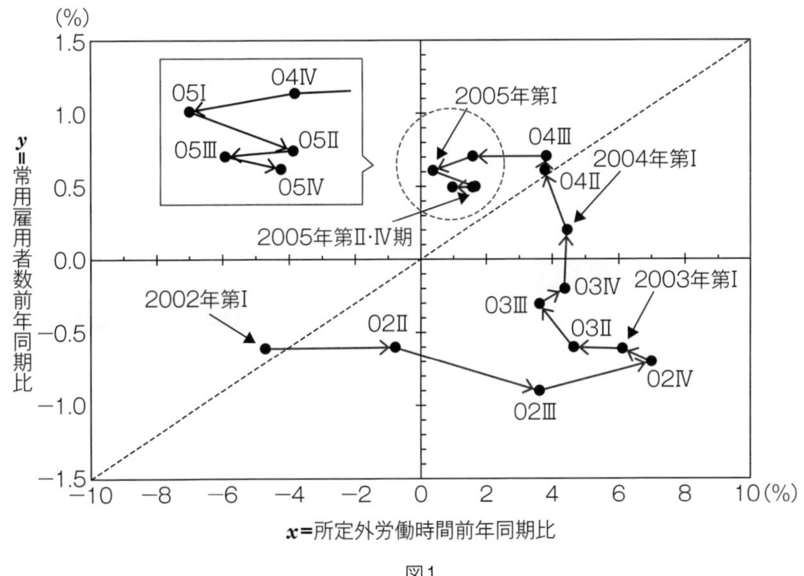

図1

---

9 一般的に、[年] 単位では、1月はじめから3月末までを第Ⅰ四半期、4月はじめから6月末までを第Ⅱ四半期、7月はじめから9月末までを第Ⅲ四半期、10月はじめから12月末までを第Ⅳ四半期とする。[年度] 単位では、4月はじめから6月末までを第Ⅰ四半期、7月はじめから9月末までを第Ⅱ四半期、10月はじめから12月末までを第Ⅲ四半期、1月はじめから3月末までを第Ⅳ四半期とする。

10 「前年同期比」は正確には「対前年同期増加率」と表さなければいけないが、慣例的に「(対) 前年同期比」と簡略的に表すことがある。

第Ⅰ四半期の$\boldsymbol{x}$および$\boldsymbol{y}$を相関図から読み取れば、下表のようになる。

第Ⅰ四半期	2001	2002	2003	2004	2005
$\boldsymbol{x}$ [%]		−4.8	6.1	4.3	0.2
$\boldsymbol{y}$ [%]		−0.6	−0.6	0.2	0.6

例えば、2001年第Ⅰ四半期の所定外労働時間を100とすれば、2005年は近似法を用いて100−4.8+6.1+4.3+0.2=105.8である。この例からもわかるように、この資料では、**基準が同じ区分は前年同期であるので、第Ⅰ～Ⅳ四半期の各期を異なる区分として扱わなければならないことに注意**する。

1 ×　2002年第Ⅰ四半期から同年第Ⅳ四半期までは基準が異なる区分のため**比較できず、「所定外労働時間が一貫して増加している」**かは不明である。

2 ×　同じ第Ⅳ四半期を比較して反例を探す（同四半期でなければ比較できない）。 **反例**

2003年第Ⅳ四半期の所定外労働時間は2002年第Ⅳ四半期に対して約4.3%増加しており、2002年第Ⅳ四半期が**最大とはいえない**。

3 ○　**2002年第Ⅰ四半期の常用雇用者数を指数100として近似法を用いれば、**（2004年第Ⅰ四半期の常用雇用者数）=100×（1−0.006）×（1+0.002）≒100−0.6+0.2=99.6である。 **具体化**

これは2002年第Ⅰ四半期の常用雇用者数よりも少ない。 **概算・近似** **実例**

4 ×　反例を探す。 **反例**

2003年のどの四半期も、$\boldsymbol{y}$の値が**マイナス**なので、2003年通年でも常用雇用者数は2002年のそれに対して**減少**している。

5 ×　第Ⅱ四半期と第Ⅳ四半期は異なる区分のため比較できず、**「ほぼ同じ水準」**かどうかは不明である。

問題3　次の図から確実にいえるのはどれか。

特別区Ⅰ類2010

平成17年における6道県の販売農家数の専兼業別構成比

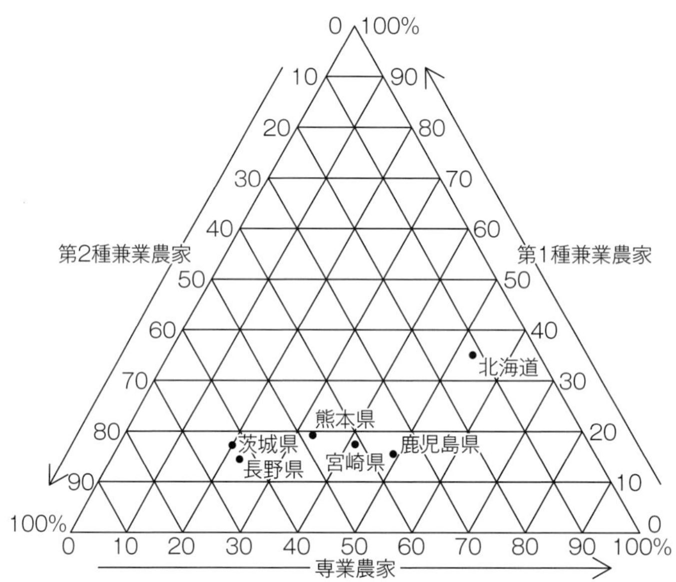

1　図中の各道県とも、第１種兼業農家数は、専業農家数を下回っている。

2　図中の各道県のうち、第１種兼業農家数の構成比が最も大きいのは、茨城県である。

3　宮崎県の第２種兼業農家数は、北海道のそれの３倍を上回っている。

4　長野県及び鹿児島県の第２種兼業農家数は、いずれもその県の第１種兼業農家数の３倍を上回っている。

5　熊本県の専業農家数の構成比は、北海道の第２種兼業農家数のそれより小さい。

解説

正解 1

「三角図表」の問題である。

内容としては、3構成比の問題であり、6道県のそれぞれの農家数の総量は与えられておらず不明である。したがって、**同じ道県であれば農家数を構成比のみで比較できるが、異なる道県では比較できないことに注意する。**

6道県における、「第1種兼業農家」、「第2種兼業農家」、「専業農家」の構成比を読み取り、表にまとめると、以下のようになる。**具体化**

もちろん、実際に解く際は選択肢ごとに確認すればよいので、表にまとめる必要はない。なお、構成比の一の位はだいたいの目算で読み取ればよいが、合計で100%になるようにする。**概算·近似**

	第1種兼業	第2種兼業	専業	合計
北海道	36%	11%	53%	100%
茨城県	18%	62%	20%	100%
長野県	16%	62%	22%	100%
熊本県	19%	48%	33%	100%
宮崎県	18%	41%	41%	100%
鹿児島県	16%	35%	49%	100%

1 ○　同じ道県の第1種兼業農家数と専業農家数の実数比較であり、**総量が同じなので、構成比のみで比較可能**である。**目標**

「すべて」に関する選択肢なので、反例を探すが（茨城県は僅差だが）**反例は見つからず**、表中の全ての道県において第1種兼業農家数は専業農家数を下回っている。

2 ×　「第1種兼業農家数の**構成比**」について問われているので、**異なる道県でも比較可能**である。第1種兼業農家数の構成比の**最大が茨城県かどうか**なので反例を探す。第1種兼業農家数の構成比は茨城県は18%で、北海道は36%である。
反例

よって、第1種兼業農家数の構成比が最も大きいのは**茨城県ではない**。

3 ×　構成比だけ見れば宮崎県は北海道の3倍を上回っているが、各道県における販売農家数の総数は不明であるため、**異なる道県での農家数の比較はできない。**

❹ ×　**同県での第２種兼業農家数と第１種兼業農家数（の３倍）の比較なので、構成比のみで比較できる。** **目標**

長野県の第２種兼業農家数の構成比は62％であり、第１種兼業農家数の構成比16％の３倍（＝48％）を上回っているといえるが、鹿児島県の第２種兼業農家数の構成比は35％であり、第１種兼業農家数の構成比16％の３倍（＝48％）を**下回る**。
具体化

❺ ×　**構成比**の大小について問われているので、**異なる道県でも比較可能**である。熊本県の専業農家数の構成比は33％であり、北海道の第２種兼業農家数の構成比である11％より**大きい**。

問題4　次の図表から正しくいえるのはどれか。

東京都Ⅰ類2015

我が国におけるメモリ部品の生産金額の状況

メモリ部品3品目の生産金額（平成21年）　（百万円）

種　類	磁気録音・録画テープ	その他の磁気テープ	光ディスク	合　計
生産金額	32,967	46,898	33,783	113,648

メモリ部品3品目の生産金額の**対前年増加率**の推移

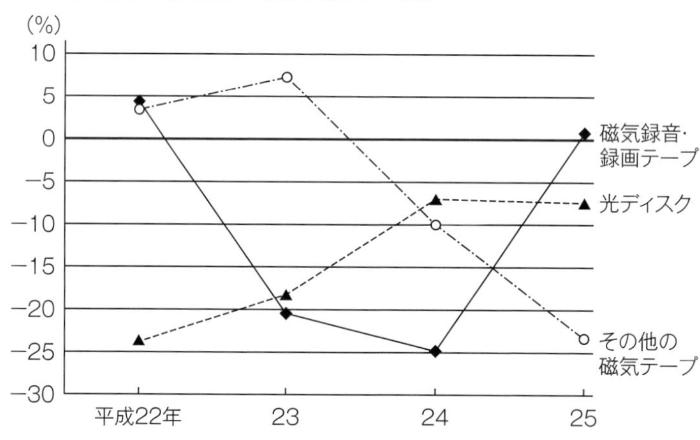

❶　平成21年から23年までの３か年についてみると、磁気録音・録画テープの１年当たりの平均生産金額は、30,000百万円を上回っている。

❷　平成21年から24年までのうち、光ディスクの生産金額が最も多いのは24年であり、最も少ないのは22年である。

❸　平成22年から24年までのうち、その他の磁気テープの生産金額が前年より増加した年は、いずれの年も光ディスクの生産金額は前年より増加している。

❹　平成23年における光ディスクの生産金額を100としたとき、25年における光ディスクの生産金額の指数は80を下回っている。

❺　平成25年における磁気録音・録画テープの生産金額とその他の磁気テープの生産金額との計は、70,000百万円を上回っている。

解説

正解 ❶

「複数の資料」の問題である。**基準年となる平成21年における各品目の生産金額の実数値と、それぞれの対前年増加率の折れ線グラフが与えられており、表中の年における各品目の生産金額は計算で求めることができる。**また、**対前年増加率のグラフを見ると、−20%を下回っているものがあり、近似法が使えない年があることに注意**したい。

❶ ○　まずは、平成21年から23年までの3か年について、磁気録音・録画テープの生産金額を、対前年増加率をもとに具体的に求めておく。**具体化**

平成21年は数表より32,967であり、約33,000である。平成22年は33,000の＋4%程度となっており、33,000の1%は330なので、33,000＋330×4＝33,000＋1,320＝34,320である。平成23年は34,320の−20%程度となっており、34,320の10%は約3,430なので、34,320−3,430×2＝27,460である。

次に仮平均法を使って検討する。仮平均を30,000として、これとの増減を計算すれば、平成21年は約＋3,000、平成22年は約＋4,300、平成23年は約−2,500である。これらをすべて足すと＋3,000＋4,300−2,500＝＋4,800>0であるので、**30,000百万円を上回っている**ことがわかる。**実例**

❷ ×　この折れ線グラフは対前年増加率のグラフであるから、**グラフの最大値・最小値はあくまで対前年増加率の最大・最小値であり、実数である生産金額の最大・最小ではない**ことに注意する。

光ディスクの対前年増加率を見ると、グラフ中の年度では常に0のラインの下側にある(平成22年が−24%程度、平成23年が−18%程度、平成24年が−7%程度である)。**具体化**

平成22年から光ディスクの生産金額は年々減少し続けているので、平成21年から24年までのうち、**生産金額が最も多いのは平成21年、最も少ないのは平成24年**である。

❸ ×　対前年増加率が0のラインの上側(正値)であれば、「生産金額が前年より増加した年である」といえる。その他の磁気テープで前年より増加しているのは平成22年と平成23年であるが、光ディスクは❷でも検討したとおり、対前年増加

率は一貫してマイナスであり、**前年より増加してはいない。** 反例

4 × 平成23年の光ディスクを指数100としたとき、**近似法を用いれば**、平成24年の生産金額は100×（1−0.07）＝100−7＝93、平成25年の生産金額は100×(1−0.07)×(1−0.075)≒100−7−7.5＝85.5であるので、80を**下回っていない。**
概算・近似

5 × 両者の項目について、平成21年の金額をもとにして、平成25年の金額を計算していけばよい。しかし、近似法が使えないものがあるので、**この選択肢はいったんスキップして、検討は後回しにすればよいが**、検討する際は次のように行うとよい。 後回し

磁気録音・録画テープの生産金額を検討する。平成21年の生産金額を指数100とすると、それ以降の対前年増加率は平成22年が＋4％程度、23年が−20％程度、24年が−25％程度、25年が＋1％程度なので、平成25年の生産金額は100×（1＋0.04)×(1−0.20)×(1−0.25)×(1＋0.01)である。×(1−0.20)×(1−0.25)の部分は対前年増加率が−20％、−25％で近似法が使えない。そこで、近似法を一部使い、−20％、−25％の年を正確に計算すると、100×（1＋0.04）×（1−0.20）×（1−0.25）×（1＋0.01）≒（100＋4＋1）×0.80×0.75＝105×0.60＝63である。平成21年の実際の生産金額は32,967なので、平成25年の実際の生産金額は上から４桁目を四捨五入した概算で計算すれば、32,967×0.63≒33,000×0.63＝20,790である。 概算・近似

その他の磁気テープの生産金額を検討する。平成21年の生産金額を指数100とすると、それ以降の対前年増加率は平成22年が＋3％程度、23年が＋7％程度、24年が−10％程度、25年が−23％程度なので、平成25年の生産金額は100×（1＋0.03）×（1＋0.07）×（1−0.10）×（1−0.23）である。×（1−0.23）以外の部分に近似法を使って計算すると、100×（1＋0.03）×（1＋0.07）×（1−0.10）×（1−0.23）≒（100＋3＋7−10）×0.77＝100×0.77＝77である。平成21年の実際の生産金額は46,898なので、平成25年の実際の生産金額を上から４桁目を四捨五入した概算で計算すれば、46,898×77％≒46,900×（70＋7）％＝46,900×70％＋46,900×7％＝32,830＋3,283＝36,113である。 概算・近似

20,790＋36,113は57,000程度であり、70,000を上回っていないので、平成25年における磁気録音・録画テープの生産金額とその他の磁気テープの生産金額との計は、70,000百万円を**上回っていない。**

付録

空間図形・最適化

数的処理の学習の最後に、本編で取り上げられなかったテーマを2つ、付録として収録しておきます。

★★★

1 空間図形

空間図形の計量（計算）の問題が単体で出題される頻度は高くありませんが、空間把握の問題と一緒に出題されることがあり、立体図形の名称や体積の公式などは重要な知識です。問題を解きながら理解を深めるために、付録ではありますが、例題や過去問を掲載しておきました。空間把握の番外編としてだけでなく、上巻の平面図形の応用分野として平面図形の復習も兼ねて取り組んでみてください。

1 空間図形の計量

1 空間図形と立体図形

空間内にある図形(直線、多角形、円などを含む)を空間図形といい、空間図形のうち、空間的広がりを持つ図形を立体図形という。

2 柱体と錐体

① 柱　体

柱体(ちゅうたい)とは、合同で平行な2つの平面図形を底面として持つ筒状の立体図形[1]のことである。

円柱の底面の形が円、三角柱の底面の形が三角形であるように、それぞれの名称が「**底面の形＋柱**」で構成されていることがわかる(図1-1)。

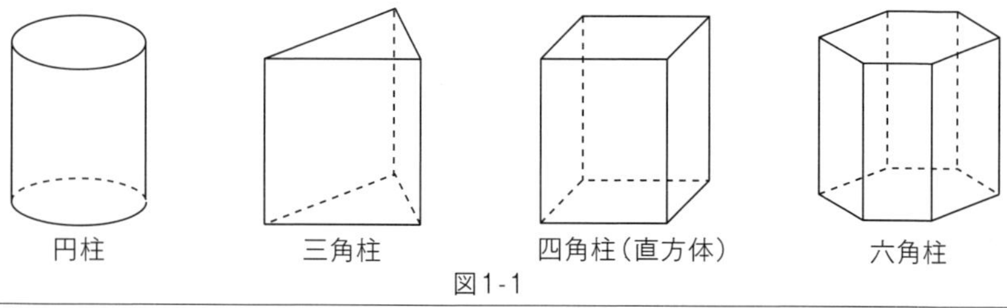

図1-1

1　2つの面は、逆さまにすればともに底面になり得るが、一方を「底面」と決めたとき、他方を「上面」という。

※　図1-1の三角柱は五面体、四角柱は六面体、六角柱は八面体の一種であり、**各面が多角形で囲まれた立体図形を多面体**という[2]。各面が長方形の四角柱を**直方体**、各面が正方形の直方体を**立方体**という。

② 錐　体

錐体(すいたい)とは、空間の１点と底面を結んだ線分によって形作られる立体図形のことである。直感的には「**尖った立体図形**」を表し、この空間の１点を**頂点**といい、底面以外の面を**側面**という[3]。**頂点は底面に対し、錐体の「先端」に相当**する。

円錐の底面の形が円、三角錐の底面の形が三角形であるように、それぞれの名称が「**底面の形＋錐**」で構成されていることがわかる(図1-2)。

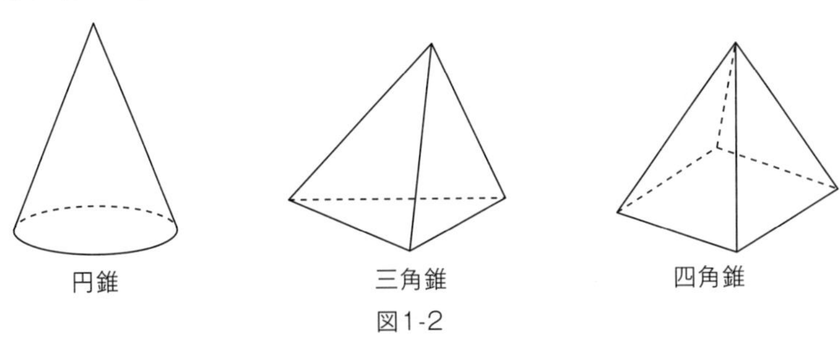

図1-2

※１　三角錐は四面体、四角錐は五面体の一種である[4]。また、正方形（正四角形）を底面に持ち、全ての側面が二等辺三角形からなる四角錐を「正四角錐」という。正四角錐については、次の例題を参照してもらいたい。

※２　頂点から底面に下ろした垂直の足が底面の重心（中心）に一致する錐体を「直錐（体）」、これに対して、そうでない錐体を「斜錐（体）」という。

2　正確には、４つ以上の平面で囲まれた立体図形を多面体という。したがって、曲面で囲まれる円柱、円錐、球は多面体ではない。

3　正確には、頂点と底面の周上の点を結ぶ線分の軌跡を「側面」と定義する。

4　錐体では頂点と底面から側面を定めるため、錐体の頂点と底面は、底面の頂点や側面に対し特別視するが、多面体では、立体を構成する全ての頂点や面を対等に扱う。

③ 直円錐の頂点、高さ、母線

円錐の頂点と底面の円の中心を結んだ線分が、底面に対して**垂直に交わる**円錐を直円錐という(図1-3)。

直円錐ではこの線分が**高さ**であり、頂点と底面の円周上の任意の1点を結んだ線分を**母線**(ぼせん)という。

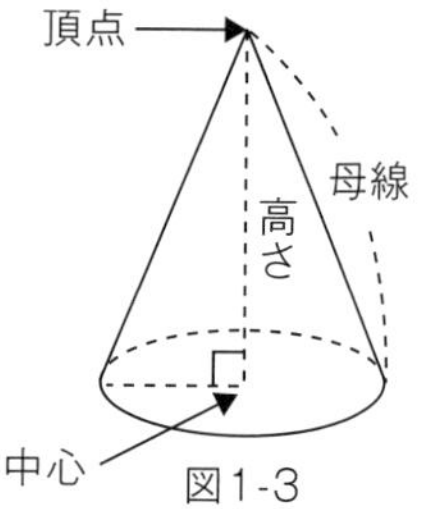

図1-3

④ 柱体と錐体の体積

柱体では、底面と上面との距離(長さ)を高さといい、**錐体では底面と頂点との距離(長さ)を高さ**という。このとき、体積は次式で計算する。

柱体と錐体の体積

$$(\text{柱体の体積}) = (\text{底面積}) \times (\text{高さ})$$

$$(\text{錐体の体積}) = \frac{1}{3} \times (\text{底面積}) \times (\text{高さ})$$

つまり、**柱体や錐体の体積を求めるには、底面積と高さを求めればよい。**

3 球

空間内において[5]、**定点からの距離が一定の点**の集合を球(球体)という。**この定点を球の中心、中心と球面上の一点との距離を半径**という(図1-4)。半径$\boldsymbol{r}$の球の体積$\boldsymbol{V}$および表面積$\boldsymbol{S}$は次式で計算する。

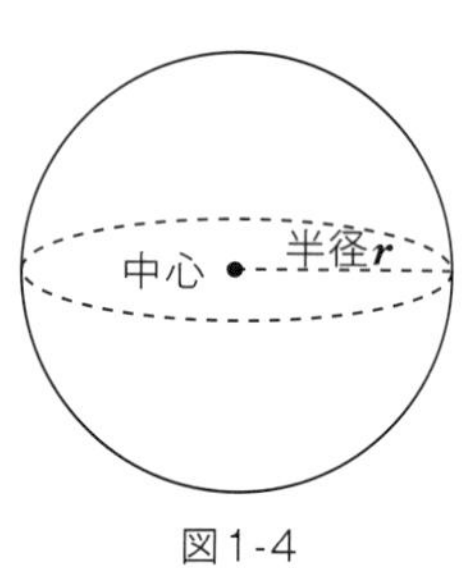

図1-4

球の体積・球の表面積

❶ $(\text{球の体積}) = \frac{4}{3} \times (\text{円周率}) \times (\text{半径})^3$; $V = \frac{4}{3}\pi r^3$

❷ $(\text{球の表面積}) = 4 \times (\text{円周率}) \times (\text{半径})^2$; $S = 4\pi r^2$

5 平面上での、この定義による平面図形は「円」である。

4 相似立体図形の体積比（再掲）

相似立体図形の体積比

(相似立体図形の体積比) = (相似比)^3

２つの立体図形が相似であり、相似比が$\boldsymbol{a}:\boldsymbol{b}$のとき、体積比は$\boldsymbol{a}^3:\boldsymbol{b}^3$である[6]。

例1　球どうしは互いにサイズが拡大・縮小しただけであるため相似である。

２つの球の半径の比が４：５のとき、相似比は４：５である。したがって、これらの球の体積比は、$4^3:5^3=64:125$である。

例2　円錐形の水槽があり、右図のように、頂点が下で底面が水平になるように置かれている。この水槽から底面を取り外し、上から一定の割合で水を入れたところ、水の深さが満水時のそれの$\frac{1}{3}$になるまでに２分かかった。水を入れ始めてから満水にするまでに、かかった時間はいくらか。

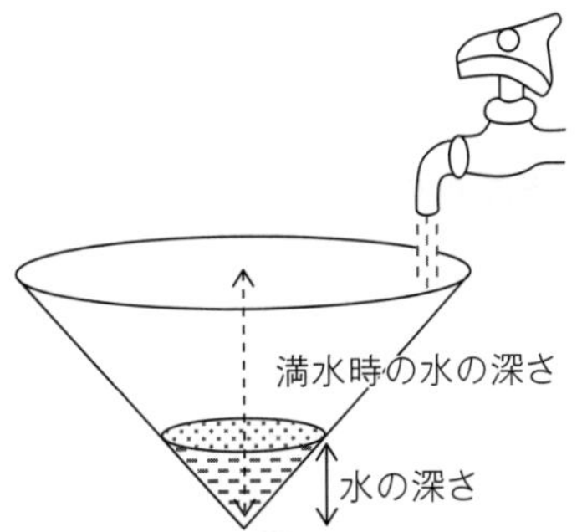

２分間で給水された水のたまっている部分は円錐であり、水槽全体(容器)の形状である円錐と相似である。相似比はそれぞれの円錐の高さの比と同じなので、$\frac{1}{3}:1=1:3$である。(**相似立体図形の体積比**)＝(**相似比**)^{3}より、(２分間で給水された水のたまっている部分である円錐の体積)：(容器の体積) = $1^3:3^3=1:27$である。

水を入れ始めてから満水にするまでに、かかった時間を$\boldsymbol{x}$［分］とおく。**一定の割合**で水を入れているので、水の深さが満水時の$\frac{1}{3}$になるまでにかかった時間と、満水になるまでにかかる時間はそれぞれの水の体積に**比例**する。したがって、$2:\boldsymbol{x}=1:27$であり、(内項の積)＝(外項の積)より、$\boldsymbol{x}=2\times27=$<u>54［分］</u>である。

6　一般に、空間は３次元、平面は２次元である。このため、空間図形の公式には「3」がしばしば登場する。

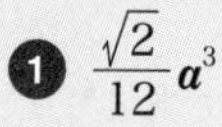

すべての辺の長さが$\boldsymbol{a}$の正四角錐の体積として、正しいのはどれか。

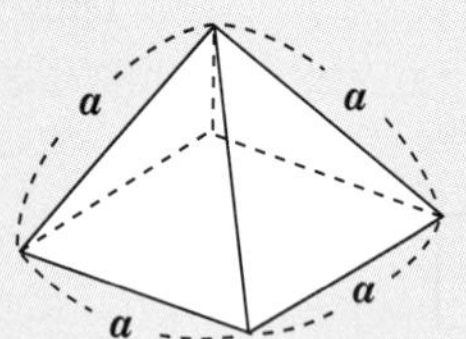

❶ $\dfrac{\sqrt{2}}{12}a^3$

❷ $\dfrac{\sqrt{3}}{12}a^3$

❸ $\dfrac{\sqrt{2}}{6}a^3$

❹ $\dfrac{\sqrt{3}}{6}a^3$

❺ $\dfrac{\sqrt{2}}{3}a^3$

正解へのプロセス

「錐体(正四角錐)の体積」の問題である。

空間図形の問題は平面図形に次元を落として考えるとよい。

本問では、**「錐体の体積の公式」**;**(錐体の体積)$=\dfrac{1}{3}\times$(底面積)$\times$(高さ)**を用いることはすぐに気づける。そこで、**底面積と高さを求めなければならないが、**底面は1辺の長さが$\boldsymbol{a}$の正方形であるため、底面積は$\boldsymbol{a}^2$である。

次に、正四角錐の高さを考える。このような場合、**高さを含む断面図(平面図形)のうち、計算がしやすく特徴的なものを探すとよい。**図1のように、正四角錐は頂点Aから底面の重心Hへ下ろした線分AHが高さになるため、AHを含む**特徴的な断面図(平面図形)**として、**二等辺三角形ABC**を考える(図2)。

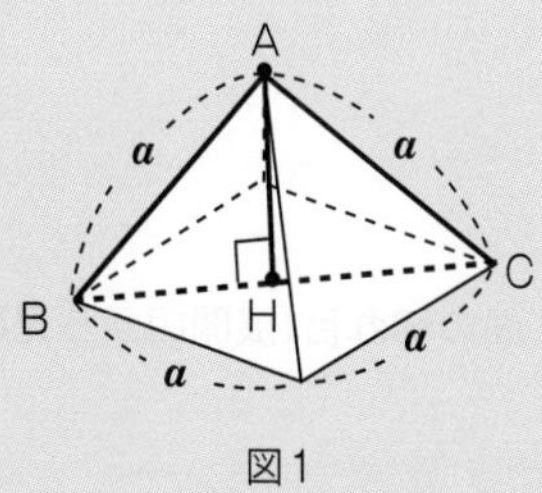

図1

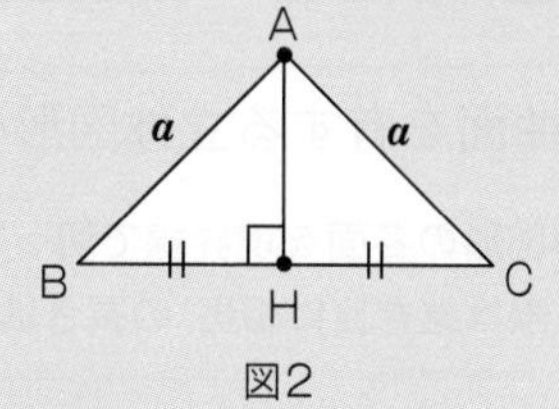

図2

二等辺三角形は対辺に降ろした垂線が対辺の垂直二等分線になるので、HはBCの中点である。

また、BCは底面である正方形の対角線であるため、長さは$\sqrt{2}\boldsymbol{a}$である。すると、△ABCの辺の比はAB：AC：BC＝$\boldsymbol{a}:\boldsymbol{a}:\sqrt{2}\boldsymbol{a}=1:1:\sqrt{2}$であり、**△ABCは直角二等辺三角形**であることがわかる。したがって、AH＝BH＝CHより、正四角錐の高さはAH＝BH＝BC×$\frac{1}{2}=\frac{\sqrt{2}}{2}\boldsymbol{a}$である。

解説

上述のように、全ての辺の長さが$\boldsymbol{a}$の正四角錐の底面積は$\boldsymbol{a}^2$であり、高さは$\frac{\sqrt{2}}{2}\boldsymbol{a}$である。**(錐体の体積)＝$\frac{1}{3}$×(底面積)×(高さ)**を用いると、(正四角錐の体積)＝$\frac{1}{3}\times\boldsymbol{a}^2\times\frac{\sqrt{2}}{2}\boldsymbol{a}=\frac{\sqrt{2}}{6}\boldsymbol{a}^3$である。

なお、空間把握で学ぶ正八面体は２つの正四角錐の底面どうしを重ねてつなげた図形である。したがって、１辺の長さが$\boldsymbol{a}$の正八面体の体積は$\frac{\sqrt{2}}{6}\boldsymbol{a}^3\times2=\frac{\sqrt{2}}{3}\boldsymbol{a}^3$である。

正解 

❷ 立体表面上の最短経路

1 曲面を有する立体図形の展開図

立体図形の各面を境界線で切って生じた、面と面の切れ目(展開図から見取り図に戻す際は継ぎ目に相当)の長さは必ず一致する。

① 円柱、円錐の展開図

例3 円柱の展開図は、上面、底面の２つの円、側面の１つの長方形からなる(図2-1)。

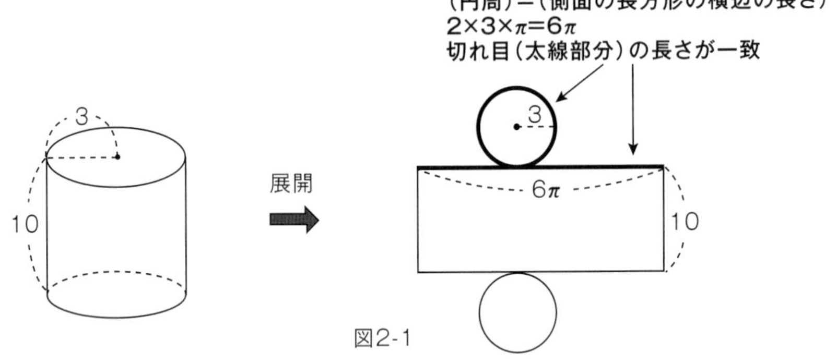

図2-1

例4 円錐の展開図は、底面の円、側面の扇形１つずつからなる(図2-2)。

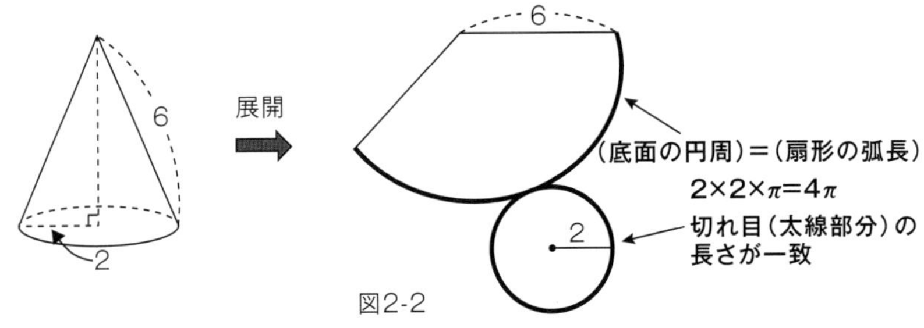

図2-2

② 円錐側面の中心角

平面図形で学んだ、扇形の弧長の公式

$$(\text{扇形の弧長}) = (\text{円周}) \times \frac{(\text{中心角})}{360^\circ} = \{2 \times (\text{半径}) \times (\text{円周率})\} \times \frac{(\text{中心角})}{360^\circ}$$

より、面と面の切れ目の長さが一致する条件を用いれば、例4の側面の扇形の中心角を次のように求めることができる。

例4では、側面の扇形の弧長が4π、側面の円周が$2 \times 6 \times \pi = 12\pi$より、側面の扇形の中心角は$4\pi = 12\pi \times \frac{(\text{中心角})}{360^\circ}$より、$(\text{中心角}) = \frac{4\pi}{12\pi} \times 360^\circ = 120^\circ$である。

円錐側面の中心角

切れ目（太線）の長さが一致する条件より、

（底面の円周）＝（側面の扇形の弧長）

である。よって、次の❶、❷が成り立つ。

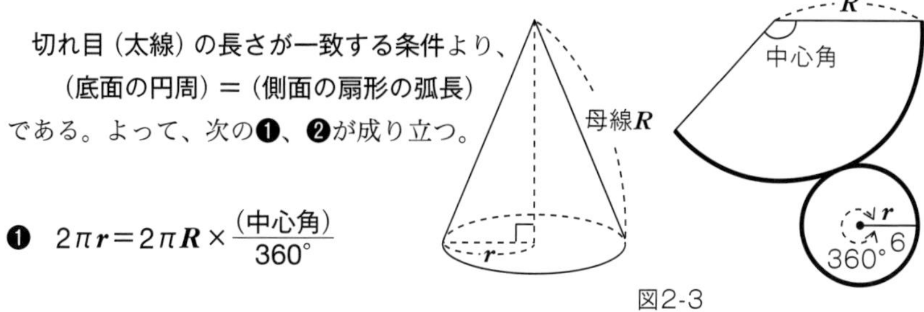

図2-3

❶ $2\pi \boldsymbol{r} = 2\pi \boldsymbol{R} \times \frac{(\text{中心角})}{360^\circ}$

❷ （側面の扇形の中心角）$= \frac{\boldsymbol{r}}{\boldsymbol{R}} \times 360^\circ$

また❷は、展開した側面の扇形の中心角に対し、

❸ （中心角）：$360^\circ = \boldsymbol{r} : \boldsymbol{R}$

が成り立つことを表す。したがって、展開図に現れる**側面の扇形と底面の円の中心角の比がそれぞれの半径の比の逆比**になっている。

2 立体表面上の２点を結ぶ最短距離

平面上の２点間を結ぶ最短経路は２点を通る直線である。したがって、立体表面上の２点を結ぶ最短経路は、展開図上の２点を結んだ線分経路の１つで与えられる。

ただし、立体の開き方(すなわち展開図)によって、２点を通る線分には何通りかの経路が存在する場合がある。このあとの過去問で確認されたい。

例題 5-2

次の図のような、底面の円の半径が4、高さが$4\sqrt{15}$の直円錐がある。この直円錐に、点AからOAの中点Mまで、ひもを１周だけ巻きつける。ひもが最も短くなるように巻きつけたときのひもの長さはいくらか。

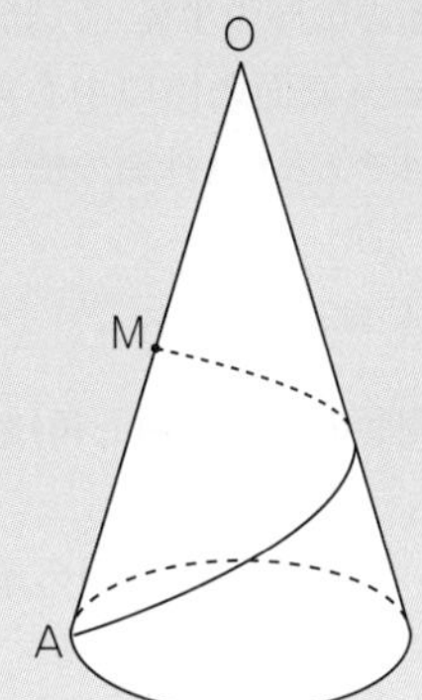

❶ $4\sqrt{5}$
❷ $8\sqrt{3}$
❸ $10\sqrt{3}$
❹ $8\sqrt{5}$
❺ 10

正解へのプロセス

「立体表面上の最短経路」の問題である。

平面上の２点間を結ぶ最短経路は２点を通る直線である。この事実を用いて考えていけばよい。

立体図形の問題では、平面に次元を落として考えるとよいが、本問のように、円錐の側面(曲面上)の最短経路や、このあとの過去問Exerciseのように直方体の表面上の最短経路を考える場合、**最短経路は展開図上での直線を考えればよい**。

したがって、円錐の展開図を描いて考えるが、**円錐の展開図をある程度正確に描く上で重要な値が、底面の半径と、側面の扇形の半径および中心角**である。

底面の半径が４、直円錐の高さが$4\sqrt{15}$より、図１の網掛けの直角三角形に三平方の定理を適用すれば、(母線の長さ) $=\sqrt{4^2+(4\sqrt{15})^2}=4\sqrt{1^2+(\sqrt{15})^2}=16$である。これが、側面の扇形の半径である。

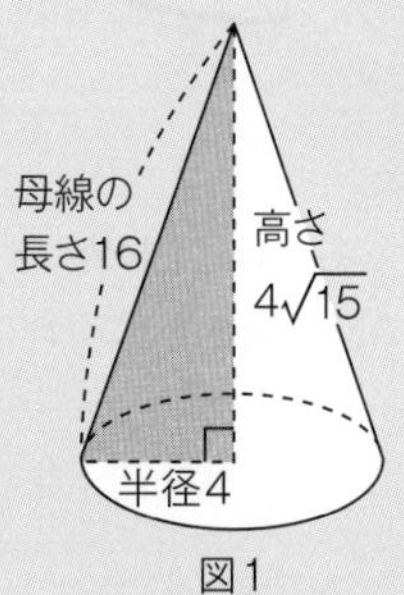

図1

次に、側面の扇形の中心角を計算するために、中心角をx [°]とおく。

円錐の展開図では底面と側面が１つずつ現れるが、底面と側面の切れ目(継ぎ目)の長さは、底面が(円周) $=2\pi\times4=8\pi$、側面が(扇形の弧長) $=2\pi\times16\times\dfrac{x}{360°}$

であり、これらが一致することから、$8\pi = 2\pi \times 16 \times \frac{x}{360^\circ}$が成り立ち、$x = 90$［°］を得る。これは、円錐の展開図では、**底面の円と側面の扇形の中心角の比はそれぞれの半径の比の逆比である**ことを用いれば、次のように求めることもできる。

（側面の扇形の半径）:（底面の半径）＝16：4＝4：1であり、（側面の扇形の中心角）＝xと（底面の円の中心角）＝360°の比はそれぞれの半径の逆比より、x：360°＝1：4である。（外項の積）＝（内項の積）により、$4x = 360$となり、x=90［°］を得る。

あるいは、公式、

$$（側面の扇形の中心角）= \frac{（底面の半径）}{（側面の扇形の半径）} \times 360^\circ$$

を用いることで、（側面の扇形の中心角）$= \frac{4}{16} \times 360^\circ = \frac{1}{4} \times 360^\circ = 90^\circ$と求めることもできる。

以上より、この円錐の展開図は図２である。

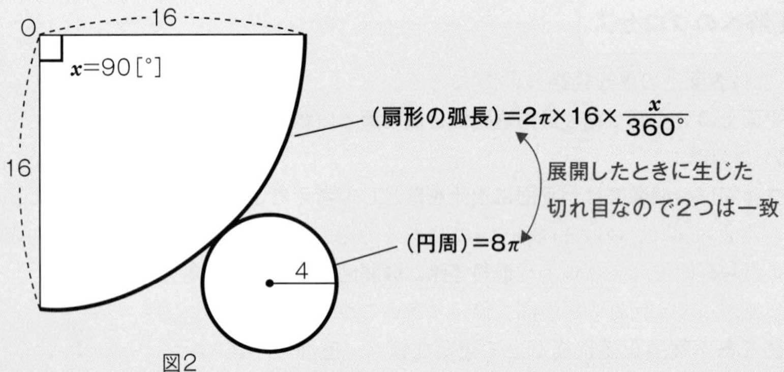

図2

あとは、図２に点Aと点Mを書き込み、AMを結ぶ線分が最短経路を与えるので、AMの長さを求めればよい。

解説

円錐を展開したとき、**側面の展開図は扇形**である。**この扇形の半径は円錐の母線の長さを計算して求めればよい。**

（扇形の半径）＝（母線の長さ）＝$\sqrt{4^2+(4\sqrt{15})^2}=4\sqrt{1^2+(\sqrt{15})^2}=16$であるので、側面の扇形と底面の円の半径の比は16：4＝4：1である。ゆえに、側面の扇形の中心角は$\frac{1}{4}\times 360°=90°$である（下図）。

Aは底面の円周上の任意の1点であるから、側面の展開図はOAで切ったと考えてよい。MはOAの中点なので、OM＝8である。

このとき、△OAMは∠AOM＝90°の直角三角形で、OM＝8、OA＝16より、三平方の定理から、AM＝$\sqrt{8^2+16^2}=8\sqrt{1^2+2^2}=8\sqrt{5}$である。

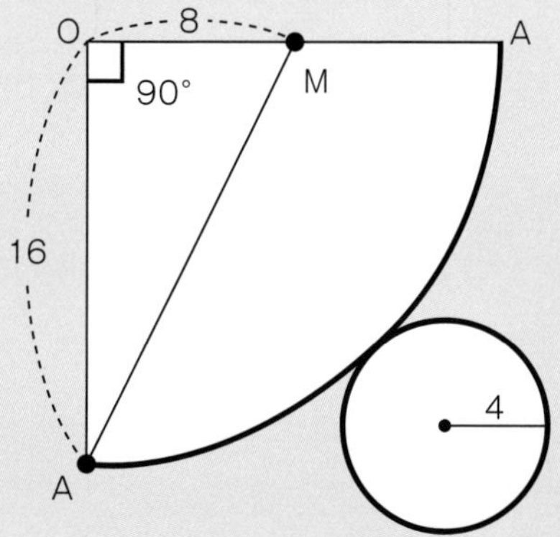

正解 ④

過去問Exercise

問題1

右の図のような、辺ABの長さと辺ADの長さの比が1：2である長方形ABCDの紙が２枚ある。この紙を１枚ずつ丸めて、２種類の円柱を作った。辺ABと辺DCが一致する円柱Ｘと、辺ADと辺BCが一致する円柱Ｙの体積比として、最も妥当なのはどれか。

東京消防庁Ⅰ類2018

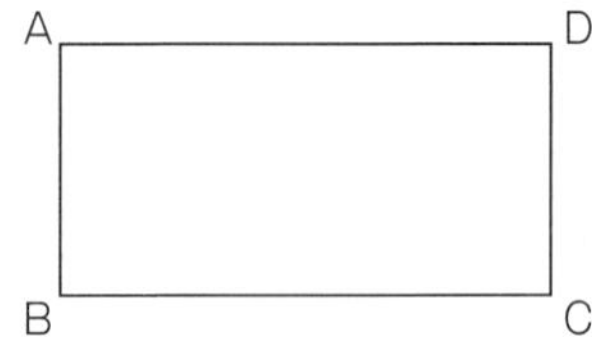

	円柱X		円柱Y
1	1	：	1
2	1	：	2
3	1	：	4
4	2	：	1
5	4	：	1

解説

正解 ❹

「**体積比**」の問題である。

問題文中に具体的な長さが与えられておらず、「辺ABの長さと辺ADの長さの比が1：2」とあるので、ABの長さを１、ADの長さを２としても**一般性を失わないが、計算しやすくするために**、以下では、ABの長さを２、ADの長さを４として**具体的に計算**する。

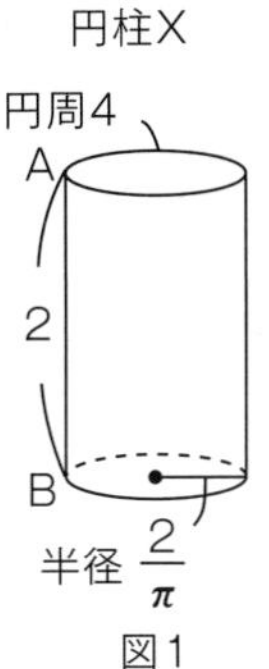

図1

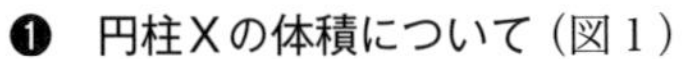

❶ 円柱Xの体積について（図１）

面と面の切れ目（展開図から見取り図に戻す際は継ぎ目に相当）の長さは必ず一致するから、**円柱XはADが底面（上面）の円周**である。

（円周）＝π×（直径）より、円周が４である円の直径は$\frac{4}{\pi}$であり、円の半径は直径の半分であるから$\frac{2}{\pi}$である。円柱Xの高さはAB＝2であり、**柱体の体積公式**より、（円柱Xの体積）$=\pi\times\left(\frac{2}{\pi}\right)^2\times 2=\frac{8}{\pi}$である。

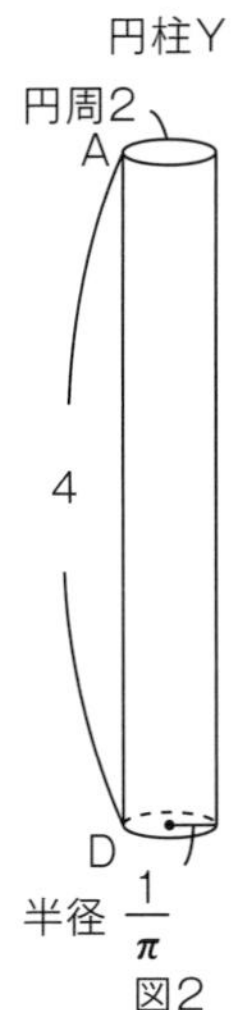

図2

❷ 円柱Yの体積について（図２）

面と面の切れ目（展開図から見取り図に戻す際は継ぎ目に相当）の長さは必ず一致するから、**円柱YはABが底面（上面）の円周**である。

❶と同様に考えれば、円周が２である円の直径は$\frac{2}{\pi}$であり、円の半径は$\frac{1}{\pi}$である。円柱Yの高さはAD＝4であり、**柱体の体積公式**より、（円柱Yの体積）$=\pi\times\left(\frac{1}{\pi}\right)^2\times 4=\frac{4}{\pi}$である。

以上より、（円柱Xの体積）：（円柱Yの体積）$=\frac{8}{\pi}:\frac{4}{\pi}=2:1$である。

問題2

図のような辺AB＝3、辺AD＝2、辺AE＝5の直方体ABCD-EFGHがある。糸をこの直方体の表面に張り、頂点AとGを結ぶとき、張った糸が最短となる長さはいくらか。なお、図に示した糸の張り方は一例であり、糸は必ずしもこの面を通るとは限らない。

裁判所一般職2017

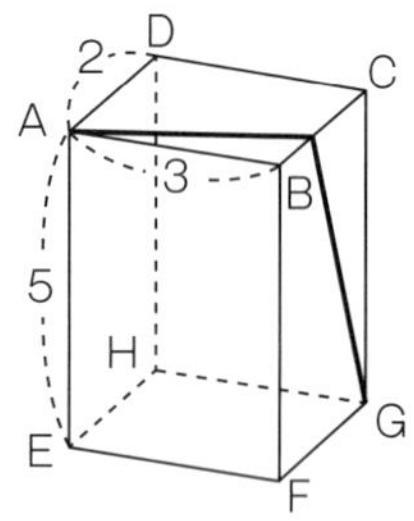

1. $2\sqrt{7}$
2. 3
3. $\sqrt{42}$
4. $5\sqrt{2}$
5. $\sqrt{58}$

解説　　正解 4

「**立体表面の最短経路**」の問題である。

展開図は切り方（開き方）によって様々なものがあることに注意する（図1、図2）。

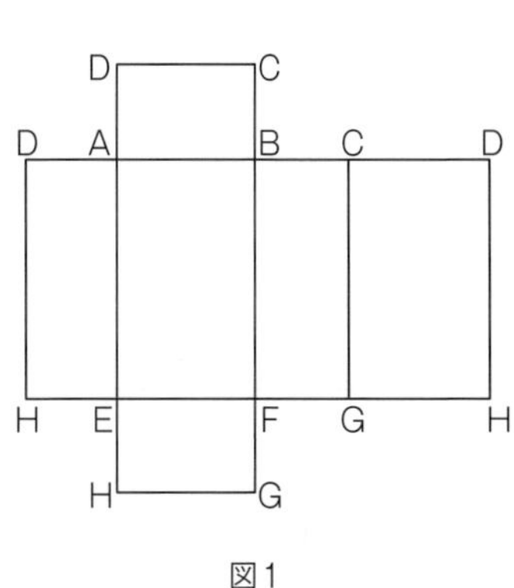

図1

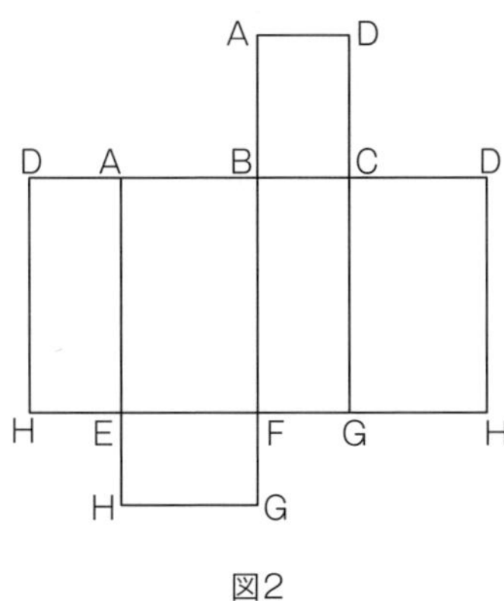

図2

直方体を図3のように開いてみる。すると、AGの最短経路として、4本の**線分**A_1G_1、A_2G_1、A_1G_2、A_2G_2**が最短経路の候補**になる。これを、図2に描き込むと図4〜7のようになる。ただし、図3〜7は説明のため、A、Gを（例えばAをA_1、A_2のように）区別している。

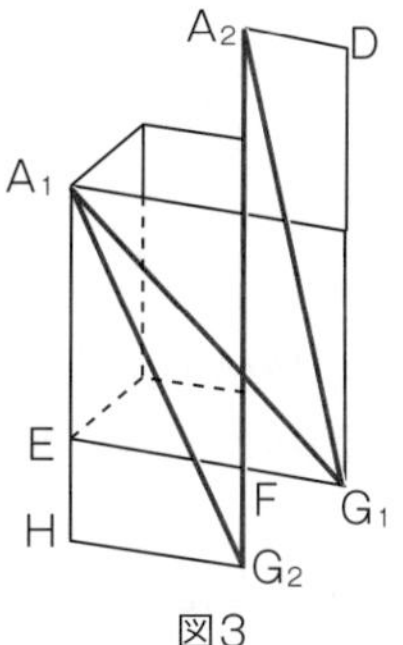

図3

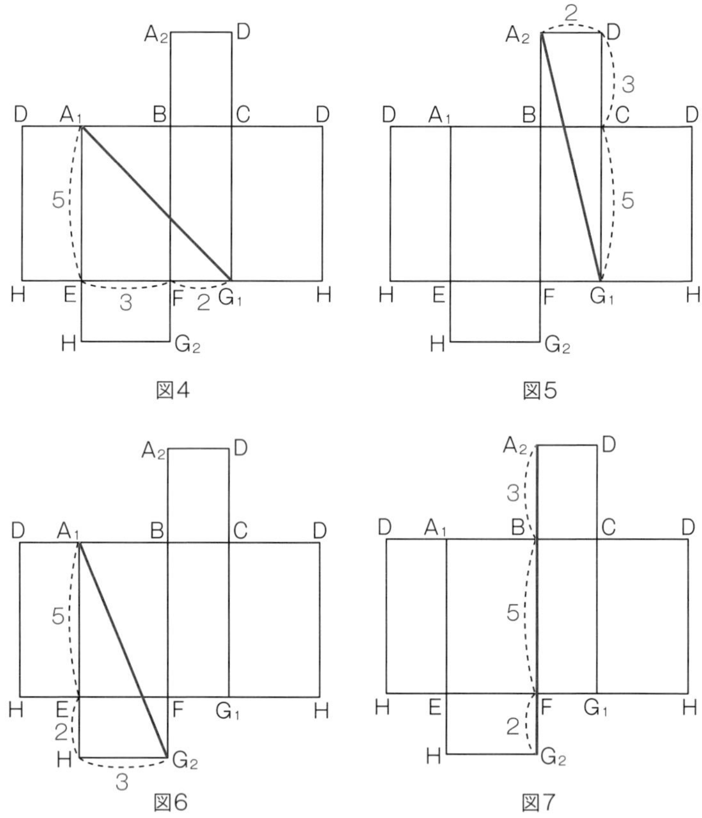

図4　図5

図6　図7

4つ目のA_2G_2は$3+5+2=10$であるが、図4〜7を見れば明らかに遠回りなので、その他の3つの候補に絞って計算すればよい。

三平方の定理を$\triangle A_1EG_1$、$\triangle A_2DG_1$、$\triangle A_1HG_2$に用いれば、$A_1G_1{}^2=A_1E^2+EG_1{}^2$より$A_1G_1=\sqrt{5^2+(3+2)^2}=\sqrt{50}\ (=5\sqrt{2})$、$A_2G_1{}^2=A_2D^2+DG_1{}^2$より$A_2G_1=\sqrt{2^2+(3+5)^2}=\sqrt{68}\ (=2\sqrt{17})$、$A_1G_2{}^2=A_1H^2+HG_2{}^2$より$A_1G_2=\sqrt{(5+2)^2+3^2}=\sqrt{58}$であり、$\sqrt{68}>\sqrt{58}>\sqrt{50}$より、一番短いのは$A_1G_1=5\sqrt{2}$である。

★☆☆

2 最適化

ここでは、上下巻で扱えなかった「最適化」を扱っていきます。「最適化」は経済学や経営学などで登場しますが、数的処理でも「最適化」に関する問題が出題されます。数的処理の最適化は知識的な分野ではありますが、数学的にはやや高度な知識（高校で学ぶ程度の数学）を使いますので、初学者は無理のない範囲で取り組んでください。

1 最適化問題とは

ある制約条件の下で、**目的となる量（「目的関数」と呼ばれる）**が「最適」となるのがどのようなときかを考える問題である。**目的となる量が「最適」となるのは、目的関数が最大や最小になるとき**である。制約条件や目的関数には様々なタイプ（型）があり、そのタイプに応じてテーマが変わる。

最適化問題では最適解が問われることが多いため、**選択肢を代入して考えることができる問題が多い**。つまり、すべての選択肢を代入して、最大または最小になる選択肢を探すことができる。

例1

損益算で学んだように、（売上額）＝（販売価格）×（販売個数）であり[1]、売上額を最大化しようとすると、販売価格を上げるか販売個数を増やすしかないが、一般的に、販売価格を上げると販売個数が減るため、絶妙な「最適ポイント」が存在する。

このように、最適化問題の多くには、**一方を上げれば、他方が下がる関係（トレードオフ）が存在**する。

以下に公務員試験で出題される「最適化問題」の主なテーマを紹介する。「付録」ではあるが、例題だけでなく、過去問Exerciseですべてのテーマを確認できるようにしたので、自分の力に応じて、理解できそうなテーマの問題を解きながら解法を理解していけばよい。また、問題を解く際の注意として、最適化問題では**問題の条件**

1 正確には（売上額）＝{（販売価格）×（販売個数）の和}＝（平均販売価格）×（販売個数）であるが、説明を簡単にするために、「平均」という記述を省略している。

が図や表(マトリックス)で与えられることも多いので、表の読み方を含め、一度目を通しておくとよい。

❷ 売上・利益の最大化

上の例でも述べたが、(売上額)＝(販売価格)×(販売個数)や、(総利益)＝(売上額)－(原価合計)の売上額にはトレードオフが存在する。したがって、**目的関数を売上額や総利益として最適解を求めていく**[2]。

❸ 輸送問題

最適化問題の一種であり、**輸送料金の最低金額を求める問題**である。

輸送料金(＝目的関数)を求める式を立て、**制約条件や式を見ながら最適な輸送量を充てて決定**する。

❹ 巡回セールスマン問題

最適化問題の一種であり、都市の集合と各２都市間の移動コストが表で与えられたとき、全ての都市をちょうど一度ずつ巡り出発地に戻る巡回経路のうち、**総移動コストが最小のものを求める「組合せ最適化問題」**である。巡回経路が少ない場合しか出題されないので、**経路を「しらみつぶし」で全部書き出してみて調べる**とよい。

---

2 公務員試験では、販売価格が１次増加関数、販売個数が１次減少関数で表され、(売上額)＝(販売価格)×(販売個数)が、上に凸の２次関数になることがほとんどである。

5 線形計画法

最適化問題の一種であり、ある制約条件のもとで最適な計画を立てるときに利用される手法である。多くの場合、材料・人員等に制約がある条件下で、利益の最大化を考える問題である。

通常、**制約条件は1次(線形)不等式で表され、目的となる量(目的関数)も1次式(線形)で表される**[3]。このとき、1次不等式は領域として図示でき、最終的に目的関数(1次式)の最大・最小問題になる。

解き方は決まっており、**最大値・最小値(最適解)は制約条件が表す領域(多くは多角形になる)の頂点のどれかになる**。したがって、**領域の境界線の交点の1つが最大値・最小値**を与え、それが最適解となる。

6 在庫管理

最適化問題の一種であり、一般に、在庫を抱えると保管経費がかさむが、在庫を抱えないようにすれば頻繁に注文経費がかかり、**保管経費と注文経費の2つの経費がトレードオフ**になっている。

この**2つの合計経費(=目的関数)が最小になるように、適切な在庫量を求める問題**である。

7 PERT法

PERT法とは「Program Evaluation & Review Technique」の略で、仕事やプロジェクトなどを進めるための作業工程の計画や管理を、矢印を用いたネットワーク図を用いて行う方法である[4]。このようなネットワーク図をアローダイヤグラムと呼ぶ。アローダイヤグラムから作業完了までに必要となる最小の所要時間を検討していく。

所要時間を最小にする工程のうち、遅延が発生すると作業全体の完了時間にも遅延が生じてしまう経路を**クリティカルパス**という。PERT法の問題では、クリティカルパスを問われることが多い。

---

3 xとyの1次式$ax+by+c=0$は「直線の方程式」と呼ばれ、xy座標平面上の直線を表す。これが「線形」の名前の由来である。

4 1957年にアメリカ海軍SPO (Special Project Office) 局が考案した。日本では1962年頃から建設省、道路公団、建設業界、造船業界で用いられるようになり、テレビ局の番組放送システムなどにも利用された。

例題 5-3

下の図は、ある作業における手順を図に示したものである。この作業は、①から⑥までの６つのステップと、その間を進めるＡからＨまでの８つの作業工程からなり、矢印は作業の流れを示している。各作業工程には次のステップに到達するまでにかかる最低日数を示しているが、作業は必ずしもステップのアルファベット順に行われるものとは限らない。また、次の作業を開始するには、そのステップに集まるすべての作業を終わらせておく必要がある。例えば、下図のＥを開始するには、③に集まる作業工程ＢとＣを終わらせておかなければならない。これらをふまえ、以下の問いに答えよ。

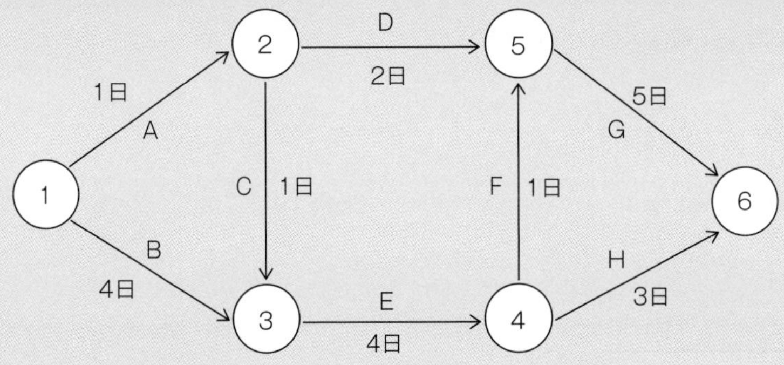

(1)　ＡからＨまでの作業工程をすべて完了するまでの最低日数として正しいのはどれか。

❶ 10日間
❷ 11日間
❸ 12日間
❹ 13日間
❺ 14日間

(2) 作業工程Dだけに最低日数より３日間の遅延が発生したとき、(1)の最低日数に対して何日間遅れるか。

❶ ０日間
❷ １日間
❸ ２日間
❹ ３日間
❺ ４日間

(3) 最も早く①から⑥までのステップをすべて完了させるために、作業の遅延が許されない工程は次のうちではどれか。

❶ A
❷ C
❸ D
❹ G
❺ H

正解へのプロセス

最適化の「PERT法」の問題である。

PERT法では、図１のような矢印で表された図を組み合わせて描かれた「ネットワーク図」を用いて考える。**「ネットワーク図」全体は、あるプロジェクトを完成させるまでの、一連の作業工程の「計画」を表している。**そこでまずは、図１の読み方を説明する。

○で囲まれたｉ、ｊは作業工程の途中段階を表し、「ステップ」と呼ばれる。**矢印はステップｉからステップｊへの「作業工程」を表し、**上に書かれたＸは作業工程の名称である。**矢印の下に書かれた日数は、作業工程Ｘに見込まれる所要時間で最短の予定時間（最短工期）**を示している。

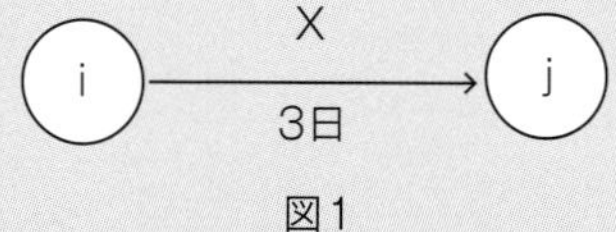

図1

PERT法で重要なのは、各ステップから作業工程を開始できるタイミングが、そのステップに流れ込む作業工程を全て完了したときでなければならないことである。次の図２を見てもらいたい。

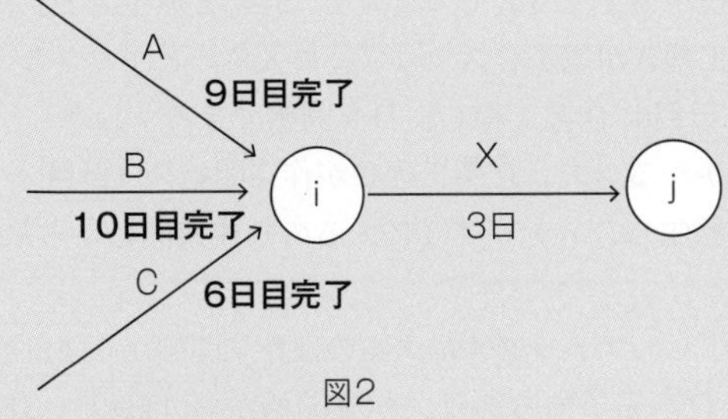

図2

ステップｉには３つの作業工程A、B、Cが流れ込み、Aは作業開始から９日目完了予定、Bは開始から10日目完了予定、Cは開始から６日目完了予定である。このとき、**作業工程Xを開始できるのは、A、B、Cの全てが完了した、作業開始から10日目**である。したがって、Aが予定通り作業開始から９日目で完了したとき、**作業工程Xに着手するまでに10－9＝1［日間］の「待ち」が発生する**ことになり、Cが予定通り６日目で完了したとき、**作業工程Xに着手するまでに10－6＝4［日間］の「待ち」が発生する**ことになる。

以上より、**作業工程Xが完了するのは、最短で10日目＋3日＝13日目**の予定である。この13日目を作業工程Xを表す矢印の先に書き込むと図３になる。

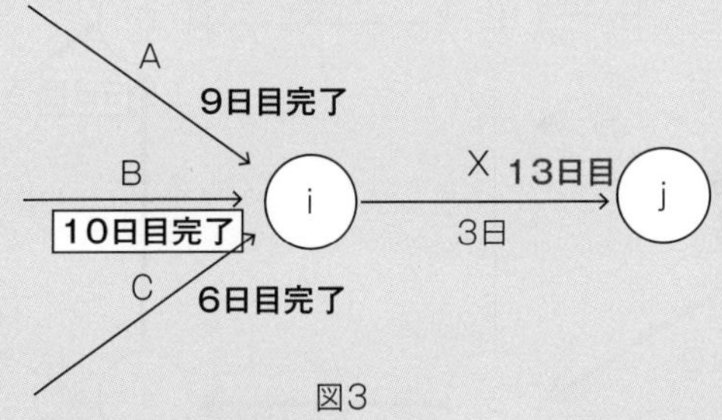

図3

このように、PERT法では、各作業工程を完了しステップに到達するまでの日数や次の作業工程に着手するまでの日数をネットワーク図に書き込んで解いていく。

解説

(1)

ステップ①から作業を開始し（**０日目とする**）、**ステップ⑥に入るのが最短で何日目になるか**を考える（図４）。

以下では、開始から数えて、各作業工程が完了するまでの日数を「**日目**」で表し、各ステップに入り次の作業工程に着手するまでの日数を「日目」で表している。また、全ての作業工程が完了するまでの日数を「日目」と赤字で表す。

最短１日で作業工程Ａが完了しステップ②に入ることができる。したがって、最短で作業開始後 1日目 に作業工程Ｃ、Ｄを開始できる。しかし、作業工程Ｂが完了するのに４日もかかるので、作業工程Ｃが作業開始後 1日目 ＋1日＝2日目に完了しても**「待ち」が発生**し、ステップ③に入るのは作業開始から最短で 4日目 になる。

作業工程Ｅが完了し、ステップ④に入るのは作業開始から 4日目 ＋4日＝ 8日目 になる。作業工程Ｄが完了するのは、作業開始から 1日目 ＋2日＝3日目になるが、作業工程Ｆが完了するのは作業開始してから 8日目 ＋1日＝9日目になるので、作業工程Ｄが完了後、9日目－3日目＝**6日間の「待ち」が発生**し、ステップ⑤に入るのは作業開始日から最短 9日目 になる。

作業工程Ｈが完了するのは作業開始してから 8日目 ＋3日＝11日目である。一方、作業工程Ｇが完了するのは作業開始してから 9日目 ＋5日＝14日目なので、ステップ⑥に入るのは作業開始日から最短で 14日目 になる。したがって、すべての作業工程が完了するには**14日間**かかる。

以上を書き込んだ図が下の図４である。

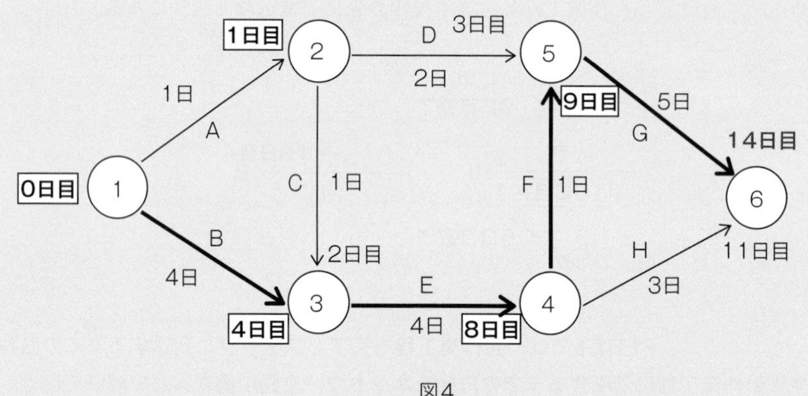

図4

正解 ❺

⑵

作業工程Ｄの日数が３日遅れて、５日になっても、作業工程Ｄが完了するのは、作業開始から 1日目 ＋5日＝6日目になるが、作業工程Ｆが完了するのは作業開始してから 8日目 ＋1日＝9日目になるので、**依然**9日目－6日目＝**3日間の「待ち」が発生**し、ステップ⑤に入るのは作業開始日から最短 9日目 で変わらない。したがって、全体としては変わらず、最短**14日間**である(図５)。

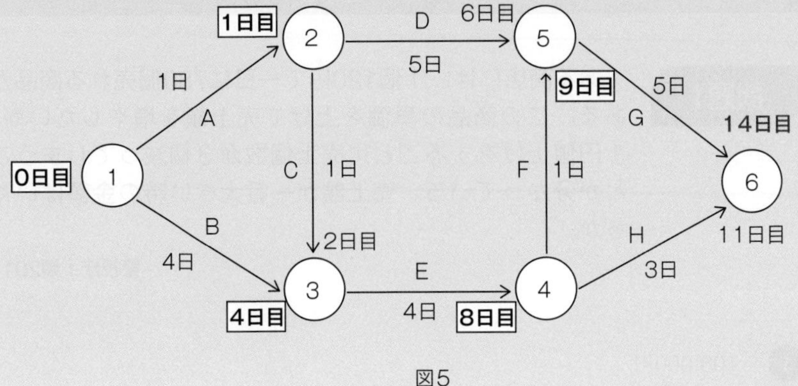

図5

正解 ❶

(3)

図４の最低日数を生み出した作業工程をたどっていけば、図４の**太線の作業工程**(B, E, F, G)が**クリティカルパス**である。この作業工程に遅延が発生すると、ネットワーク全体に遅延が発生する。

正解 ❹

過去問Exercise

問題1

　ある商店には、１個120円で一日に780個売れる商品がある。この商品の単価を上げて売上額を増やしたいが、１円値上げをするごとに売上個数が３個減ってしまうことが分かっている。売上額が一番大きい時の金額はいくらか。

警視庁Ⅰ類2011

1. 108,000円
2. 108,150円
3. 108,300円
4. 108,450円
5. 108,500円

解説

正解 3

「最適化（売上最大化）」の問題である。

損益算で学んだ公式、**(売上額) ＝ (販売単価) × (販売個数)** より、この商品の基準の売上額は120 × 780［円］である。これをもとに具体的に見ていく。

1円値上げすると、3個だけ売上個数が減るので、このときの売上額は（120＋1）×（780－3）［円］である。

2円値上げすると、3×2個だけ売上個数が減るので、このときの売上額は（120＋2）×（780－6）［円］である。

そこで、販売価格の値上げ額をx［円/個］とし、x［円］値上げしたときの売上額をy［円］とする。

x［円］値上げすると、3×x［個］だけ売上個数が減るので、このときの売上額は$y=(120+x)\times(780-3x)$［円］である。この**売上額が目的関数**であり、目的関数（xの2次関数）が最大になるときのxの値を求めればよい。

右辺を展開すると$y=-3x^2+420x+93600=-3(x^2-140x)+93600$…①となり、これを「平方完成」する。

2次関数では平方完成により最大値や最小値を求めることができる[5]。平方完成とは①の（　　）の部分を、$x^2-2ax=(x-a)^2-a^2$を用いて平方式を作り出す変形のことであり、

$$y=-3\{(x-70)^2-70^2\}+93600=-3(x-70)^2+3\times70^2+93600$$
$$=-3(x-70)^2+108300$$

となる。xを変化させたとき$(x-70)^2$は常に0以上であり、－3倍した$-3(x-70)^2$の値は常に0以下になる。したがって、yの最大値は$-3(x-70)^2$の部分が0、すなわち$x=70$のときに$y=108{,}300$［円］である。

5　自然科学の数学や経済学を学んでいて、「微分」を使える場合は、目的関数を微分してもよい。微分して解くと次のとおりである。

$y'=-6x+420$より、$y'=0$となるxが目的関数yの最大値を与える。これより、最大値は$x=\dfrac{420}{6}=70$［円］値上げしたときに与えられることがわかる。このとき、$y=-3\times70^2+420\times70+93600=108{,}300$［円］である。

問題2

ある会社で二つの工場A、Bから三つの営業所a、b、cに同じ製品を輸送したい。いま、A、Bの生産量、a、b、cへの輸送必要量、各工場から各営業所への輸送費が下表で与えられているとき、全輸送費の最小値はいくらになるか。ただし、どの輸送路も任意量の製品を輸送できるものとする。

国家一般職1998

	営業所a	営業所b	営業所c	生産量
工場A	4万円/t	2万円/t	3万円/t	100t
工場B	2万円/t	1万円/t	5万円/t	100t
輸送必要量	60t	90t	50t	

1. 390万円
2. 410万円
3. 430万円
4. 450万円
5. 470万円

解説

正解 ❷

最適化の「輸送問題」である。

工場Aから営業所a、b、cのそれぞれに輸送する製品量をそれぞれx[t]、y[t]、z[t]とする。このとき、x[t]、y[t]、z[t]は$0 \leqq x \leqq 60$[t]、$0 \leqq y \leqq 90$[t]、$0 \leqq z \leqq 50$[t]…①を満たし、工場Aの生産量が100tなので、$x + y + z = 100$[t]…②を満たす。

各営業所への輸送必要量より、工場Bから営業所a、b、cのそれぞれに輸送する量はそれぞれ$60 - x$[t]、$90 - y$[t]、$50 - z$[t]である。なお、工場Bの生産量が100tなので、$(60 - x) + (90 - y) + (50 - z) = 100$[t]だが、整理すれば、②式と同じ$x + y + z = 100$になることがわかる。

最適化する目的の量は「全輸送費」であり、**(全輸送費)＝(工場Aからの輸送費)＋(工場Bからの輸送費)**で、これは、

$$(\text{全輸送費}) = (4x + 2y + 3z) + \{2(60 - x) + 1(90 - y) + 5(50 - z)\}$$
$$= 2x + y - 2z + 460 \text{[万円]}$$

である。**これが目的関数であり、制約条件である①と②の下で目的関数を最小にすることを考える。**

この関数はx、yの係数が正であり、zの係数が負なので、zの値が大きいほど全輸送費は下がる。したがって、zには最大の50[t]を充てる。このとき②は$x + y = 50$[t]になり、全輸送費は$2x + y + 360$[万円]になる。xの係数は2でyの係数1より大きいので、xよりyの値を大きくすると全輸送費が小さくなる。$y \leqq 90$[t]だが、$x + y = 50$[t]より、yに最大の50[t]を充てる。このとき、$x = 0$[t]であり、全輸送費$= 2 \times 0 + 50 + 360 = 410$[万円]である。

これが全輸送費の最小値である。

問題3

A、B、C、D、Eは観光名所であり、次の表は2つの観光名所間の移動に要する交通費である。ただし、A－B間は無料シャトルバスがあるので交通費はかからない。1つの観光名所を出発してからすべての名所を一度だけ訪問して最初の訪問地に戻るとき、交通費の総額の最小値はいくらか。なお、無料シャトルバスは必ず利用するものとする。

裁判所一般職2011

(単位；円)	A	B	C	D	E
A		0	200	210	150
B	0		130	130	120
C	200	130		150	100
D	210	130	150		80
E	150	120	100	80	

1. 480円
2. 510円
3. 530円
4. 550円
5. 590円

解説

正解 ❷

最適化の「巡回セールスマン問題」である。

A、B、C、D、Eへの移動の仕方（巡回経路の場合の数）はA、B、C、D、Eの円順列の場合の数と一致する。上巻の第1章第4節（場合の数）で学んだように、**円順列では1つの要素を固定して数える**とよい。そこで、スタートをAと固定しても一般性を失わない。そして、巡回経路の場合の数は円順列の総数である（5－1)!＝4!＝24[通り]ある。しかし、24通りもあるので、もう少し絞り込みたい。問題の資料よりA－B間は無料（0円）なので、交通費を抑えるためには、この区間を必ず利用する。そこで、**B以降の回り方を考える。**

残りのC、D、Eの並べ方は3!＝6［通り］なので、B以降の移動の仕方は6通りである。**6通り程度なので、すべて書き出して（数え上げて）交通費を確認する。**

この6通りは下の網掛けの部分の並べ方であり、網掛けの部分は**辞書式に書き上げる**とよい。

① A－B－C－D－E－Aのとき、交通費の総額は、0＋130＋150＋80＋150＝510［円］になる。
② A－B－C－E－D－Aのとき、交通費の総額は、0＋130＋100＋80＋210＝520［円］になる。
③ A－B－D－C－E－Aのとき、交通費の総額は、0＋130＋150＋100＋150＝530［円］になる。
④ A－B－D－E－C－Aのとき、交通費の総額は、0＋130＋80＋100＋200＝510［円］になる。
⑤ A－B－E－C－D－Aのとき、交通費の総額は、0＋120＋100＋150＋210＝580［円］になる。
⑥ A－B－E－D－C－Aのとき、交通費の総額は、0＋120＋80＋150＋200＝550［円］になる。

よって、最も安くなるのは①と④の510［円］である。

なお、例えば①のルートのうち、A→B→C→D→E→AとA←B←C←D←E←Aのルートは逆回りであり、**逆回りの交通費の総額は同じ**であるため、同一視して計算している[6]。

6 逆回りを同一視しているので、移動の仕方（巡回経路の場合の数）は結局「数珠順列」の場合の数と一致することがわかる。

問題4

下の表は、２種類の製品Ａ、Ｂを製造する工場において、Ａ、Ｂをそれぞれ１個製造するときの電気使用量及びガス使用量、１個当たりの利益を示している。この工場の１日の電気使用量の上限が105kWh、１日のガス使用量の上限が60m^3のとき、製品Ａ、Ｂの製造個数をそれぞれ調整することによって、１日に得られる最大の利益として正しいのはどれか。

東京都Ⅰ類2005

製品	電気使用量(kWh/個)	ガス使用量(m^3/個)	利益(千円/個)
A	7	3	7
B	3	2	4

1. 126千円
2. 127千円
3. 128千円
4. 129千円
5. 130千円

解説

正解 ❶

最適化の「線形計画法」の問題である。

製品A、Bの製造個数をそれぞれx［個］、y［個］として、電気使用量、ガス使用量、利益について式を立てる。

まず、電気使用量については上限が105kWhより、$7x+3y \leqq 105$［kWh］、ガス使用量については上限が60m^{3}より、$3x+2y \leqq 60$［m^3］である。**この制約条件のもとで、利益（＝目的関数）$7x+4y$［千円］の最大値を考える。**

これは、領域「$x \geqq 0$、$y \geqq 0$、$7x+3y \leqq 105$、$3x+2y \leqq 60$」を満たす点(x, y)に対し、直線$k=7x+4y$におけるkの最大値を考えることと同じであり、領域（網掛けの四角形）、直線を図示すれば下図のようになる。

［参　考］　図示の仕方

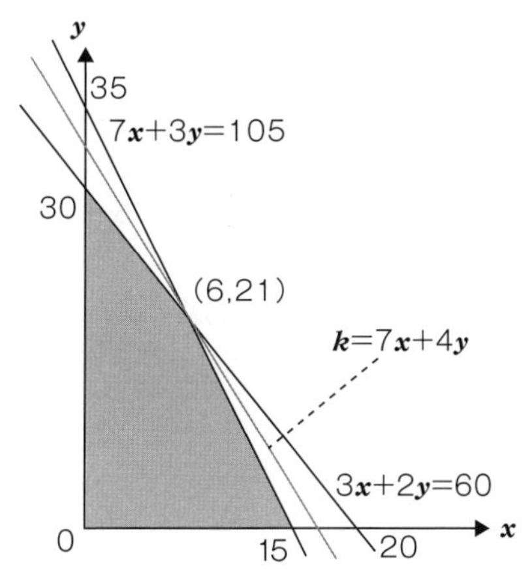

$x \geqq 0$、$y \geqq 0$は第1象限（座標の右上）を表し、$7x+3y \leqq 105$は境界線である直線$7x+3y=105$…①の下側、$3x+2y \leqq 60$は境界線である直線$3x+2y=60$…②の下側を表す。

また、直線①、②を書く際はx軸、y軸との交点（切片という）を求めておくと書きやすい。

直線①；$7x+3y=105$のx切片は$y=0$を代入すれば、$7x=105$より、$x=15$となる。y切片は$x=0$を代入すれば、$3y=105$より、$y=35$となる。よって、直線①は$(x, y)=(15, 0)$、$(0, 35)$の2点を通る。同様にして、直線②；$3x+2y=60$は$(x, y)=(20, 0)$、$(0, 30)$を通る。

さらに、2直線①と②の交点の座標も求めておく。交点の座標は①および②を連立して解くことで求められる。

$$
\begin{array}{rl}
①\times 2\ ; & 14x+6y=210 \\
-)\ ②\times 3\ ; & \ \ 9x+6y=180 \\
\hline
& 5x \qquad = 30 \qquad \therefore\ x=6
\end{array}
$$

②に$\boldsymbol{x}=6$を戻せば、$3\times6+2\boldsymbol{y}=60$より、$\boldsymbol{y}=21$となり、交点の座標は$(\boldsymbol{x},\ \boldsymbol{y})=(6,\ 21)$である。

次に直線$\boldsymbol{k}=7\boldsymbol{x}+4\boldsymbol{y}$は、$\boldsymbol{y}=-\frac{7}{4}\boldsymbol{x}+\frac{1}{4}\boldsymbol{k}$より、$\boldsymbol{x}$の係数から、傾きが$-\frac{7}{4}$であることがわかる。同様にして、直線①；$\boldsymbol{y}=-\frac{7}{3}\boldsymbol{x}+35$、直線②；$\boldsymbol{y}=-\frac{3}{2}\boldsymbol{x}+30$の傾きはそれぞれ$-\frac{7}{3}$と$-\frac{3}{2}$であることがわかり、$-\frac{7}{3}=-\frac{28}{12}$、$-\frac{7}{4}=-\frac{21}{12}$、$-\frac{3}{2}=-\frac{18}{12}$がすべて負の値であることに注意すれば、$-\frac{7}{3}<-\frac{7}{4}<-\frac{3}{2}$より、直線$\boldsymbol{k}=7\boldsymbol{x}+4\boldsymbol{y}$の傾きは2直線①；$7\boldsymbol{x}+3\boldsymbol{y}=105$と②；$3\boldsymbol{x}+2\boldsymbol{y}=60$の間にある。〈図示終わり〉

この領域内で$\boldsymbol{k}$を最大にするには、直線$\boldsymbol{k}=7\boldsymbol{x}+4\boldsymbol{y}$が交点(6, 21)を通るようにすればよい。このとき、$\boldsymbol{k}=7\times6+4\times21=126$［千円］である。

しかし、**領域や直線を図示するという上記のやり方は手間も多く、そのため時間もかかる。線形計画法では、制約条件が表す領域（本問のように多角形になる）の頂点が最適解になることが知られている。**

そこで、この知識を使って、$7\boldsymbol{x}+3\boldsymbol{y}\leqq105$、$3\boldsymbol{x}+2\boldsymbol{y}\leqq60$の境界である2直線$7\boldsymbol{x}+3\boldsymbol{y}=105$と$3\boldsymbol{x}+2\boldsymbol{y}=60$の交点を連立して求め、交点である$(\boldsymbol{x},\ \boldsymbol{y})=(6,\ 21)$を、目的関数である利益の式$7\boldsymbol{x}+4\boldsymbol{y}$［千円］に代入して最大値$7\times6+4\times21=126$［千円］を出す、という解き方で素早く簡単に解いてしまうのがよい。

問題5

石油を1日150L(リットル)使用する工場がある。石油がなくなったら一定量の石油を注文し即座に工場に届け、その石油を工場内に保管しながら使用してゆき、なくなったら再び一定量の石油を注文し即座に工場に届けるという過程を繰り返す。その際、注文に要する経費(石油の原価を除いた輸送代など)は石油の量によらず1回の注文につき12,000円であり、また、石油を工場内に保管する経費(場所代や保険料など)は1日、1L当たり0.1円である。このとき、一定期間における、注文及び保管に要する経費の合計を最小にするには、1回に注文する石油の量を何Lにすればよいか。

ただし、x [L]注文した場合、石油が工場に届いてからなくなるまでの間の石油の平均保管量は$\frac{x}{2}$[L]とする。

国家一般職2004

1. 3,000 L
2. 4,500 L
3. 6,000 L
4. 7,500 L
5. 9,000 L

解説

正解 ❸

最適化の「在庫管理」の問題である。

注文及び保管に関する経費について１日当たりいくらかかるかを**選択肢から考えていく。**

その際、

「１回の注文で石油が何日もつか」＝「石油の注文量が使用量の何回分か」
＝（注文周期）
＝（注文量）÷（１日当たりの消費量）
＝（注文量）÷150

$$(\text{1日当たりの注文経費}) = \frac{(\text{注文コスト})}{(\text{注文周期})} = \frac{12{,}000}{(\text{注文周期})}$$

であり、１Lあたりの保管経費が0.1円、１日あたりの平均保管量が$\frac{\boldsymbol{x}}{2}$［L］なので、

$$(\text{1日当たりの平均保管経費}) = \frac{\boldsymbol{x}}{2} \times 0.1\ [\text{円}]$$

で求めることができる。その上で、**目的関数である、**

（１日当たりの注文及び保管に要する経費の合計）
＝（１日当たりの注文経費）＋（１日当たりの平均保管経費）

の最小値を、選択肢をすべて代入して調べると、下表のようになる。ただし、以下では、（１日当たりの注文経費）＝（注文経費/日）、（１日当たりの平均保管経費）＝（保管経費/日）、（１日当たりの注文及び保管に要する経費の合計）＝（経費合計/日）と略す。

肢	注文量	注文周期	注文経費/日	保管経費/日	経費合計/日
❶	3,000L	3,000÷150=20[日]	$\frac{12{,}000}{20}$=600[円/日]	$\frac{3{,}000}{2}$×0.1=150[円/日]	750円/日
❷	4,500L	4,500÷150=30[日]	$\frac{12{,}000}{30}$=400[円/日]	$\frac{4{,}500}{2}$×0.1=225[円/日]	625円/日
❸	6,000L	6,000÷150=40[日]	$\frac{12{,}000}{40}$=300[円/日]	$\frac{6{,}000}{2}$×0.1=300[円/日]	600円/日
❹	7,500L	7,500÷150=50[日]	$\frac{12{,}000}{50}$=240[円/日]	$\frac{7{,}500}{2}$×0.1=375[円/日]	615円/日
❺	9,000L	9,000÷150=60[日]	$\frac{12{,}000}{60}$=200[円/日]	$\frac{9{,}000}{2}$×0.1=450[円/日]	650円/日

これより、(経費合計/日)が最も安いのは6,000 Lの注文を繰り返したときだとわかる。

[参　考]

1回の注文量を$\boldsymbol{x}$［L］とすると、(経費合計/日）＝$\boldsymbol{y}$［円/日］は次のように求めることができる。

注文周期は$\frac{\boldsymbol{x}}{150}$［日］である。1回の注文につき12,000円の経費がかかるので、(注文経費/日）$= 12{,}000 \div \frac{\boldsymbol{x}}{150} = 12{,}000 \times \frac{150}{\boldsymbol{x}}$［円/日］である。また、保管経費は1日1 Lあたり0.1円かかるので、(保管経費/日）$=0.1 \times \frac{\boldsymbol{x}}{2}$［円/日］かかる。したがって、(経費合計/日）＝$\boldsymbol{y}$［円/日］は

$$\boldsymbol{y} = 12{,}000 \times \frac{150}{\boldsymbol{x}} + 0.1 \times \frac{\boldsymbol{x}}{2}$$

であり、これが**目的関数**である。

一般に**関数$\boldsymbol{y}$が$\boldsymbol{x}$の比例式**（$0.1 \times \frac{\boldsymbol{x}}{2}$）**と反比例の式**（$12{,}000 \times \frac{150}{\boldsymbol{x}}$）**の項の和で表されているとき、このような関数の最小値は数学公式の「相加相乗平均の不等式」で求めることができる。**

相加相乗平均の不等式は、「相加平均≧相乗平均」の形の不等式であり、次の通りである。

相加相乗平均

2つの正の数a、bに対し、常に

$$\frac{a+b}{2} \geqq \sqrt{ab} \qquad (\text{等号は}a=b\text{のときに成立})$$

が成り立つ。

相加相乗平均の不等式により、$a+b \geqq 2\sqrt{ab}$が成り立つ。この不等式を用いれば、目的関数yは、

$$y = 12{,}000 \times \frac{150}{x} + 0.1 \times \frac{x}{2} \geqq 2\sqrt{\left(12{,}000 \times \frac{150}{\cancel{x}}\right) \times \left(0.1 \times \frac{\cancel{x}}{2}\right)}$$

$$= 2\sqrt{12{,}000 \times 150 \times 0.1 \times \frac{1}{2}} = 600\ [\text{円/日}]$$

である[7]。等号は$12{,}000 \times \frac{150}{x} = 0.1 \times \frac{x}{2}$のときに成立する。$x$について解けば、$x^2 = \frac{12{,}000 \times 150 \times 2}{0.1}$、すなわち、$x = 6{,}000$［L］のときに成立する。ゆえに、1回の注文量が$x = 6{,}000$［L］のとき、経費合計/日が最小であり、この最小値は600円/日である。

相加相乗平均の不等式を用いると$x = 6{,}000$［L］のときy**の最小値が600**［円/日］**であることの証明**にはなるが、**時間制限の厳しい公務員試験では、選択肢を逐次代入する方が現実的**である。

7　このように、比例式と反比例式の和で表された関数は、相加相乗平均の不等式を用いると√の中で変数が約分できるため、最小値が求められる。

問題6

野菜と鶏肉のスープ煮に関する次のようなレシピがある。

ア　鶏肉は下処理（5分間）の後、塩胡椒を振り馴染ませる（2分間）。
イ　野菜は下処理（4分間）の後、熱湯で茹でる（3分間）。
ウ　イにアの鶏肉を加えて煮る（3分間）。
エ　鶏がら及び香草の下処理（7分間）の後、熱湯を加えて煮立てる（5分間）。
オ　エの一部をウに加え（0分間）たものを、さらに弱火で煮込む（8分間）。
カ　エの残りに塩胡椒を加えて味を調え（2分間）、さらに煮る（5分間）。
キ　オで煮込んだ野菜と鶏肉に、カを濾したスープを加える。

このとき、完成するまでの時間を短縮する効果があるものとして、最も妥当なのはどれか。ただし、調理は複数人で行い、同時に作業できるものについては、手分けをして同時進行することができる。

警視庁Ⅰ類2014

1. アの鶏肉の下処理の時間を短縮する。
2. イの野菜を熱湯で茹でる時間を短縮する。
3. ウの野菜と鶏肉を茹でる時間を短縮する。
4. エの鶏がらと香草を煮立てる時間を短縮する。
5. カの調味したスープをさらに煮る時間を短縮する。

解説

正解 ❹

「**PERT法」の問題**である。

条件から、鶏肉、野菜、スープは手分けをして同時進行できることに注意し、**作業開始（START）から作業終了（END）までの作業ステップとその工程のアローダイヤグラムを描いていく**（図１）。

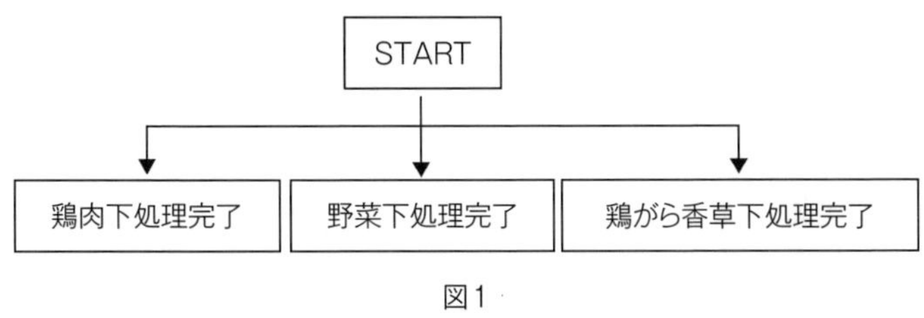

図1

また、ア、イ、エ、カなどの**作業手順を表す条件は作業ステップを上から順に並べ、作業時間を矢印の横に書いて表す**とよい。例えば、条件ア「鶏肉は下処理（５分間）の後、塩胡椒を振り馴染ませる（２分間）」については、図２のように描いていけばよい。

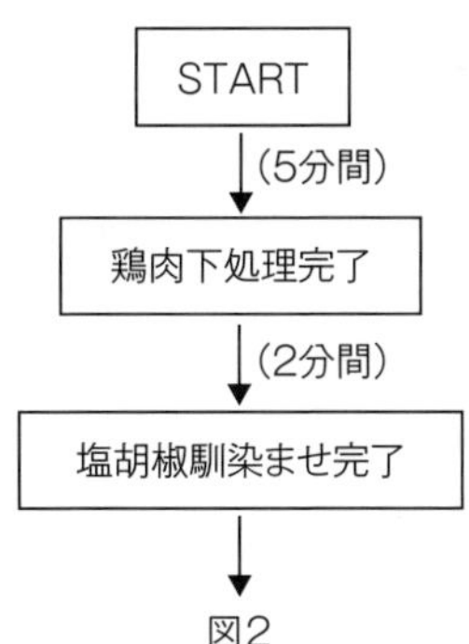

図2

ウ、オ、キなど、**手分けした作業が合流する条件は矢印（流れ）がまとまるように描いて表せばよい**。例えば、条件ウ「イにアの鶏肉を加えて煮る（３分間）」は図３のように描いていけばよい。

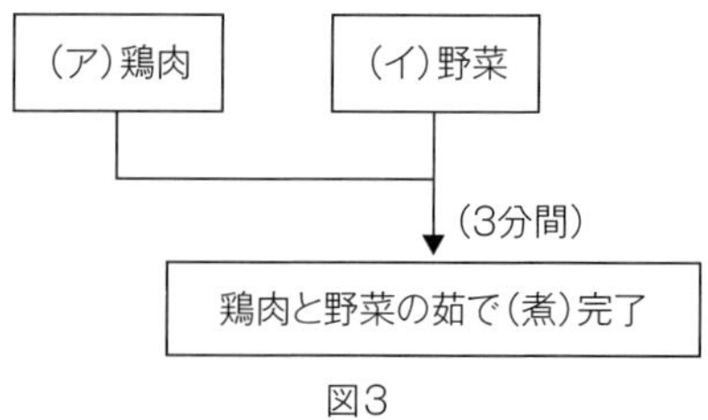

図3

以上を踏まえて、PERT図を描けば図４のようになる。

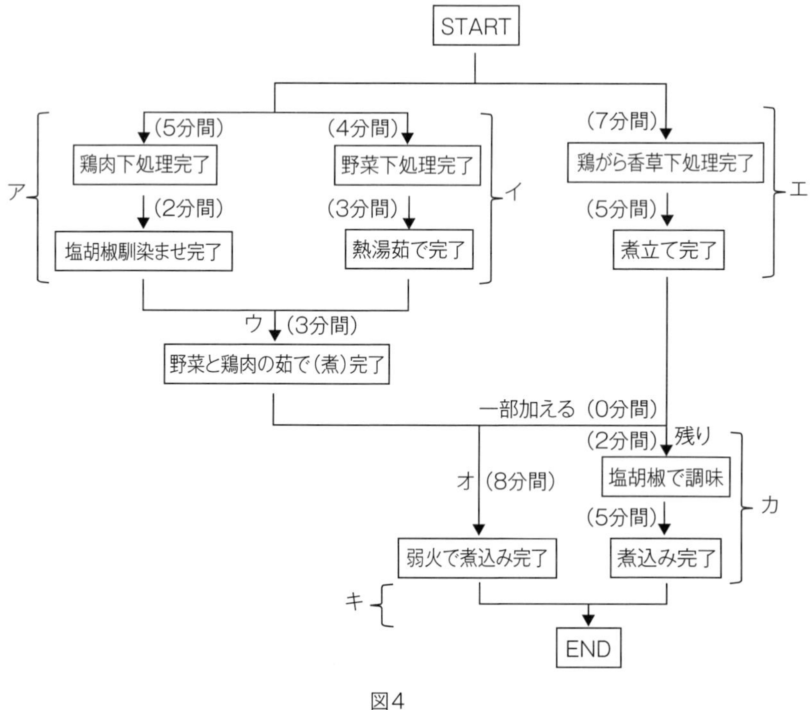

図4

STARTを０分とし、図４に各ステップの完了時刻を**赤字**で記入する。これをもとに、**クリティカルパスを太線**で表せば図５のようになる。

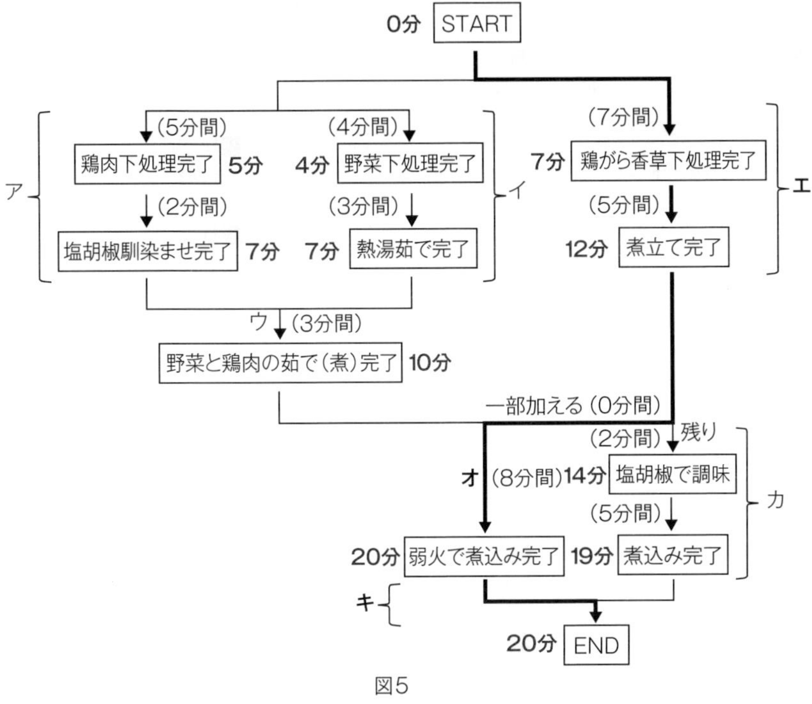

図5

全作業工程完了時間は20分であるが、**クリティカルパスである太線の工程エ、オ、キの３工程にかかる時間を短縮すると、完成するまでの時間を短縮できる**。したがって、エ、オ、キのいずれかを含む工程を選べば、❹が正解である。

索　　引

【執　筆】
TAC公務員講座講師室
第3章：三好 雅宣（TAC公務員講座）
第4章：佐藤 保幸（TAC公務員講座）

【校　閲】
三好 雅宣（TAC公務員講座）
佐藤 保幸（TAC公務員講座）
西依 弘典（TAC公務員講座）
保正 真（TAC公務員講座）

◎本文デザイン／黒瀬 章夫（ナカグログラフ）
◎カバーデザイン／河野 清（有限会社ハードエッジ）

本書の内容は、小社より2022年9月に刊行された「公務員試験 過去問攻略Vテキスト 17 数的処理(下) 第2版（ISBN：978-4-300-10097-4）」と同一です。

公務員試験　過去問攻略Vテキスト　17　数的処理(下)　新装版

2019年7月15日　初　版　第1刷発行
2024年4月1日　新装版　第1刷発行

編著者　TAC株式会社（公務員講座）
発行者　多田敏男
発行所　TAC株式会社　出版事業部（TAC出版）

〒101-8383
東京都千代田区神田三崎町3-2-18
電話　03(5276)9492(営業)
FAX　03(5276)9674
https://shuppan.tac-school.co.jp

組　版　トラストビジネス株式会社
印　刷　日新印刷株式会社
製　本　東京美術紙工協業組合

ISBN 978-4-300-11157-4
N.D.C. 317

乱丁・落丁による交換，および正誤のお問合せ対応は，該当書籍の改訂版刊行月末日までといたします。なお，交換につきましては，書籍の在庫状況等により，お受けできない場合もございます。
また，各種本試験の実施の延期，中止を理由とした本書の返品はお受けいたしません。返金もいたしかねますので，あらかじめご了承くださいますようお願い申し上げます。

公務員講座のご案内

大卒レベルの公務員試験に強い!

2022年度 公務員試験

公務員講座生※1
最終合格者延べ人数※2

5,314名

国家公務員（大卒程度）	計2,797名
地方公務員（大卒程度）	計2,414名
国立大学法人等　大卒レベル試験	61名
独立行政法人　大卒レベル試験	10名
その他公務員	32名

※1 公務員講座生とは公務員試験対策講座において、目標年度に合格するために必要と考えられる、講義、演習、論文対策、面接対策等をパッケージ化したカリキュラムの受講生です。単科講座や公開模試のみの受講生は含まれておりません。
※2 同一の方が複数の試験種に合格している場合は、それぞれの試験種に最終合格者としてカウントしています。（実合格者数は2,843名です。）
＊2023年1月31日時点で、調査にご協力いただいた方の人数です。

全国の公務員試験で1位合格者を輩出!

詳細は公務員講座（地方上級・国家一般職）パンフレットをご覧ください。

2022年度 国家総合職試験

公務員講座生※1
最終合格者数 **217名**

法律区分	41名	経済区分	19名
政治・国際区分	76名	教養区分※2	49名
院卒/行政区分	24名	その他区分	8名

※1 公務員講座生とは公務員試験対策講座において、目標年度に合格するために必要と考えられる、講義、演習、論文対策、面接対策等をパッケージ化したカリキュラムの受講生です。単科講座や公開模試のみの受講生は含まれておりません。
※2 上記は2022年度目標の公務員講座最終合格者のほか、2023年度目標公務員講座生の最終合格者40名が含まれています。
＊ 上記は2023年1月31日時点で調査にご協力いただいた方の人数です。

2022年度 外務省専門職試験

最終合格者総数55名のうち54名がWセミナー講座生※1です。

合格者占有率※2 **98.2%**

外交官を目指すなら、実績のWセミナー

※1 Wセミナー講座生とは、公務員試験対策講座において、目標年度に合格するために必要と考えられる、講義、演習、論文対策、面接対策等をパッケージ化したカリキュラムの受講生です。各種オプション講座や公開模試など、単科講座のみの受講生は含まれておりません。また、Wセミナー講座生はそのボリュームから他校の講座生と掛け持ちすることは困難です。
※2 合格者占有率は「Wセミナー講座生（※1）最終合格者数」を、「外務省専門職採用試験の最終合格者総数」で除して算出しています。また、算出した数字の小数点第二位以下を四捨五入して表記しています。
＊ 上記は2022年10月10日時点で調査にご協力いただいた方の人数です。

Wセミナーは TACのブランドです

公務員講座のご案内

無料体験入学のご案内

3つの方法でTACの講義が体験できる!

教室で体験

迫力の生講義に出席

予約不要！　最大3回連続出席OK!

1. **校舎と日時を決めて、当日TACの校舎へ**

TACでは各校舎で毎月体験入学の日程を設けています。

▼

2. **オリエンテーションに参加（体験入学1回目）**

初回講義「オリエンテーション」にご参加ください。体験入学ご参加の際に個別にご相談をお受けいたします。

▼

3. **講義に出席（体験入学2・3回目）**

引き続き、各科目の講義をご受講いただけます。参加者には体験用テキストをプレゼントいたします。

- 最大3回連続無料体験講義の日程はTACホームページと公務員講座パンフレットでご覧いただけます。
- 体験入学はお申込み予定の校舎に限らず、お好きな校舎でご利用いただけます。
- 4回目の講義前までにご入会手続きをしていただければ、カリキュラム通りに受講することができます。

※地方上級・国家一般職、理系（技術職）、警察・消防以外の講座では、最大2回連続体験入学を実施しています。また、心理職・福祉職はTAC動画チャンネルで体験講義を配信しています。
※体験入学1回目や2回目の後でもご入会手続きは可能です。「TACで受講しよう！」と思われたお好きなタイミングで、ご入会いただけます。

ビデオで体験

校舎のビデオブースで体験視聴

TAC各校のビデオブースで、講義を無料でご視聴いただけます。（要予約）

各校のビデオブースでお好きな講義を視聴できます。視聴前日までに視聴する校舎受付までお電話にてご予約をお願い致します。

ビデオブース利用時間 ※日曜日は④の時間帯はありません。

① 9：30 ～ 12：30　② 12：30 ～ 15：30
③ 15：30 ～ 18：30　④ 18：30 ～ 21：30

※受講可能な曜日・時間帯は一部校舎により異なります。
※年末年始・夏期休業・その他特別な休業以外は、通常平日・土日祝祭日にご覧いただけます。
※予約時にご希望日とご希望時間帯を合わせてお申込みください。
※基本講義の中からお好きな科目をご視聴いただけます。（視聴できる科目は時期により異なります）
※TAC提携校での体験視聴につきましては、提携校各校へお問合せください。

Webで体験

スマートフォン・パソコンで講義を体験視聴

TACホームページの「TAC動画チャンネル」で無料体験講義を配信しています。時期に応じて多彩な講義がご覧いただけます。

TAC ホームページ　https://www.tac-school.co.jp/

※体験講義は教室講義の一部を抜粋したものになります。

(2021年7月現在)

書籍のご購入は

1 全国の書店、大学生協、ネット書店で

2 TAC各校の書籍コーナーで

資格の学校TACの校舎は全国に展開!
校舎のご確認はホームページにて

資格の学校TAC ホームページ
https://www.tac-school.co.jp

3 TAC出版書籍販売サイトで

CYBER BOOK STORE TAC出版書籍販売サイト

24時間 ご注文 受付中

TAC 出版 で 検索

https://bookstore.tac-school.co.jp/

新刊情報をいち早くチェック!

たっぷり読める立ち読み機能

学習お役立ちの特設ページも充実!

TAC出版書籍販売サイト「サイバーブックストア」では、TAC出版および早稲田経営出版から刊行されている、すべての最新書籍をお取り扱いしています。
また、無料の会員登録をしていただくことで、会員様限定キャンペーンのほか、送料無料サービス、メールマガジン配信サービス、マイページのご利用など、うれしい特典がたくさん受けられます。

サイバーブックストア会員は、特典がいっぱい!(一部抜粋)

通常、1万円(税込)未満のご注文につきましては、送料・手数料として500円(全国一律・税込)頂戴しておりますが、1冊から無料となります。

専用の「マイページ」は、「購入履歴・配送状況の確認」のほか、「ほしいものリスト」や「マイフォルダ」など、便利な機能が満載です。

メールマガジンでは、キャンペーンやおすすめ書籍、新刊情報のほか、「電子ブック版TACNEWS(ダイジェスト版)」をお届けします。

書籍の発売を、販売開始当日にメールにてお知らせします。これなら買い忘れの心配もありません。

公務員試験対策書籍のご案内

TAC出版の公務員試験対策書籍は、独学用、およびスクール学習の副教材として、各商品を取り揃えています。学習の各段階に対応していますので、あなたのステップに応じて、合格に向けてご活用ください!

INPUT

『みんなが欲しかった！
公務員
合格へのはじめの一歩』

A5判フルカラー

- 本気でやさしい入門書
- 公務員の"実際"をわかりやすく紹介したオリエンテーション
- 学習内容がざっくりわかる入門講義

・数的処理（数的推理・判断推理・空間把握・資料解釈）
・法律科目（憲法・民法・行政法）
・経済科目（ミクロ経済学・マクロ経済学）

『みんなが欲しかった！
公務員 教科書&問題集』

A5判

- 教科書と問題集が合体！
でもセパレートできて学習に便利！
- 「教科書」部分はフルカラー！
見やすく、わかりやすく、楽しく学習！

・憲法
・【刊行予定】民法、行政法

『新・まるごと講義生中継』

A5判
TAC公務員講座講師
郷原 豊茂 ほか

- TACのわかりやすい生講義を誌上で！
- 初学者の科目導入に最適！
- 豊富な図表で、理解度アップ！

・郷原豊茂の憲法
・郷原豊茂の民法Ⅰ
・郷原豊茂の民法Ⅱ
・新谷一郎の行政法

『まるごと講義生中継』

A5判
TAC公務員講座講師
渕元 哲 ほか

- TACのわかりやすい生講義を誌上で！
- 初学者の科目導入に最適！

・郷原豊茂の刑法
・渕元哲の政治学
・渕元哲の行政学
・ミクロ経済学
・マクロ経済学
・関野喬のパターンでわかる数的推理
・関野喬のパターンでわかる判断整理
・関野喬のパターンでわかる空間把握・資料解釈

要点まとめ

『一般知識
出るとこチェック』

四六判

- 知識のチェックや直前期の暗記に最適！
- 豊富な図表とチェックテストでスピード学習！

・政治・経済
・思想・文学・芸術
・日本史・世界史
・地理
・数学・物理・化学
・生物・地学

記述式対策

『公務員試験論文答案集
専門記述』

A5判
公務員試験研究会

- 公務員試験（地方上級ほか）の専門記述を攻略するための問題集
- 過去問と新作問題で出題が予想されるテーマを完全網羅！

・憲法〈第2版〉
・行政法

地方上級・国家一般職（大卒程度）・国税専門官 等 対応　TAC出版

過去問学習

『ゼロから合格 基本過去問題集』
A5判
TAC公務員講座

●「解ける」だから「つづく」／充実の知識まとめでこの1冊で知識「ゼロ」から過去問が解けるようになる、独学で学習を始めて完成させたい人のための問題集です。

全12点

・判断推理　・数的推理　・空間把握・資料解釈
・憲法　・民法Ⅰ　・民法Ⅱ
・行政法　・ミクロ経済学　・マクロ経済学
・政治学　・行政学　・社会学

『一問一答で論点総チェック』
B6判
TAC公務員講座講師 山本 誠

●過去 20 年の出題論点の 95%以上を網羅
●学習初期の確認用にも直前期のスピードチェックにも

全4点

・憲法　・民法Ⅰ
・民法Ⅱ　・行政法

『出るとこ過去問』 A5判
TAC出版編集部

●本試験の難問、奇問、レア問を省いた効率的なこの1冊で、合格ラインをゲット！ 速習に最適

全16点

・憲法　・民法Ⅰ　・民法Ⅱ
・行政法　・ミクロ経済学　・マクロ経済学
・政治学　・行政学　・社会学
・国際関係　・経営学　・数的処理（上・下）
・自然科学　・社会科学　・人文科学

直前対策

『小論文の秘伝』
A5判
年度版
TAC公務員講座講師 山下 純一

●頻出 25 テーマを先生と生徒のブレストで噛み砕くから、解答のツボがバッチリ！
●誌上「小論文道場」で答案改善のコツがわかる！
●合格者のアドバイスも掲載！

『面接の秘伝』
A5判
年度版
TAC公務員講座講師 山下 純一

●面接で使えるコア（自分の強み）を見つけられる「面接相談室」で自己分析が進む！
●集団討論のシミュレーション、官庁訪問のレポートも掲載！

『時事問題総まとめ&総チェック』
A5判
年度版
TAC公務員講座

●知識整理と問題チェックが両方できる！
●試験種別の頻出テーマが一発でわかる！

『科目別・テーマ別過去問題集』
B5判　年度版
TAC出版編集部

●試験ごとの出題傾向の把握と対策に最適
●科目別、学習テーマ別の問題掲載なので、学習のどの段階からも使えます

・東京都Ⅰ類B（行政／一般方式）
・特別区Ⅰ類（事務）
・裁判所（大卒程度／一般職）
・国税専門官（国税専門A）
・国家一般職（大卒程度／行政）

TAC出版の書籍はこちらの方法でご購入いただけます

1 全国の書店・大学生協　2 TAC各校 書籍コーナー
3 インターネット　CYBER BOOK STORE TAC出版書籍販売サイト　アドレス https://bookstore.tac-school.co.jp/

（2023年3月現在・刊行内容、刊行月、表紙等は変更になることがあります／年度版 マークのある書籍は、毎年、新年度版が発行される予定です）

書籍の正誤に関するご確認とお問合せについて

書籍の記載内容に誤りではないかと思われる箇所がございましたら、以下の手順にてご確認とお問合せをしてくださいますよう、お願い申し上げます。

なお、正誤のお問合せ以外の**書籍内容に関する解説および受験指導などは、一切行っておりません。**

そのようなお問合せにつきましては、お答えいたしかねますので、あらかじめご了承ください。

1 「Cyber Book Store」にて正誤表を確認する

TAC出版書籍販売サイト「Cyber Book Store」の
トップページ内「正誤表」コーナーにて、正誤表をご確認ください。

CYBER BOOK STORE TAC出版書籍販売サイト

URL:https://bookstore.tac-school.co.jp/

2 1の正誤表がない、あるいは正誤表に該当箇所の記載がない ⇒ 下記①、②のどちらかの方法で文書にて問合せをする

★ご注意ください★

お電話でのお問合せは、お受けいたしません。

①、②のどちらの方法でも、お問合せの際には、「お名前」とともに、
「対象の書籍名(○級・第○回対策も含む)およびその版数(第○版・○○年度版など)」
「お問合せ該当箇所の頁数と行数」
「誤りと思われる記載」
「正しいとお考えになる記載とその根拠」
を明記してください。

なお、回答までに1週間前後を要する場合もございます。あらかじめご了承ください。

① ウェブページ「Cyber Book Store」内の「お問合せフォーム」より問合せをする

【お問合せフォームアドレス】

https://bookstore.tac-school.co.jp/inquiry/

② メールにより問合せをする

【メール宛先 TAC出版】

syuppan-h@tac-school.co.jp

※土日祝日はお問合せ対応をおこなっておりません。

※正誤のお問合せ対応は、該当書籍の改訂版刊行月末日までといたします。

乱丁・落丁による交換は、該当書籍の改訂版刊行月末日までといたします。なお、書籍の在庫状況等により、お受けできない場合もございます。

また、各種本試験の実施の延期、中止を理由とした本書の返品はお受けいたしません。返金もいたしかねますので、あらかじめご了承くださいますようお願い申し上げます。

TACにおける個人情報の取り扱いについて

■お預かりした個人情報は、TAC(株)で管理させていただき、お問合せへの対応、当社の記録保管にのみ利用いたします。お客様の同意なしに業務委託先以外の第三者に開示、提供することはございません(法令等により開示を求められた場合を除く)。その他、個人情報保護管理者、お預かりした個人情報の開示等及びTAC(株)への個人情報の提供の任意性については、当社ホームページ(https://www.tac-school.co.jp)をご覧いただくか、個人情報に関するお問い合わせ窓口(E-mail:privacy@tac-school.co.jp)までお問合せください。

?年7月現在)